EBS 연계 문학
내신과 수능 대비를 한번에!

메가스터디에서
해설강의 수강 가능!

나BS 수능특강 문학
변형문제 N제

KB213425

1 콘텐츠가 강하다!
실전 국어 전형태

megastudy

나BS의 특징 이 책의 활용법

01.

갈래별 목차 구성으로 해당 파트 집중 훈련

현대시, 고전시가, 현대 산문, 고전 산문. 총 4가지 갈래로 나누어 해당 파트 고난도 문제를 풀이함으로써 어려운 문제가 나와도 흔들리지 않도록 하였다.

02.

8. 설총, 화왕계 / 윤선도, 몽천요

1. ④

장미가 화왕에게 "봄비가 내리면 목욕하여 몸의 먼지를 씻고, 상쾌하고 맑은 바람 속에 유유자적하면서 지냈습니다."라고 자신을 소개한 것을 통해, 장미는 정갈하고 안락한 삶을 살아왔음을 알 수 있다. 반면 백두옹이 화왕에게 자신이 "서울 밖 한길 옆"에 살며 "창망한 들판을 내려다보고 위로는 우뚝 솟은 산 경치를 의지하고 있"다고 소개한 것을 통해, 백두옹은 자연에서 소박한 삶을 살아왔음을 알 수 있으므로 선지의 내용은 적절하지 않다.

오답풀이

① "전하의 높으신 덕을 듣자옵고"라는 장미의 발화와 "제가 온 것은 전하의 총명이 모든 사리를 잘 판단한다고 들었기 때문입니다."라는 백두옹의 발화를 통해 알 수 있다.
② '붉은 얼굴과~방랑하는 무희처럼 얌전하게 걸어' 나온 장미의 모습과 '둔중한(둔하고 느린) 걸음으로 나와 공손히 허리를 굽'힌 백두옹의 모습을 통해 알 수 있다.
③ 장미가 '신선하고 탐스러운 감색 나들이옷을 차려입고' 온 것에서 장미의 아름답고 화려한 차림새를, 백두옹이 '베옷을 입고 허리에는 가죽띠를 두르고 손에는 지팡이'를 든 채 온 것에서 백두옹의 소박하고 초라한 차림새를 확인할 수 있다.
⑤ "꽃다운 침소에 그윽한 향기를 더하여 모시고자 찾아 왔습니다."라는 장미의 발화와 "나쁜 돌이 있다면 그것은 그것대로 전하의 몸에 있는 독을 제거해 올려야 할 줄 아옵니다."라는 백두옹의 발화를 통해 알 수 있다.

상세한 해설을 통해 복습에 최적화

나BS 스페셜은 강의용 교재지만, 시간이 부족해서 강의 수강이 어렵거나 수강 이후 복습을 원하는 학생들을 위해 해설의 상세함을 극대화시켰다. 충분한 해설을 통해 학생의 사고를 교정할 수 있다.

03.

다음을 읽고 물음에 답하시오.

깊은 개 지나서 신안역 찾아오니
주자(朱子)와 우암(尤庵) 선생 **영당(影堂)**이 있는데
갈 길이 바빠서 참배를 못 하니
현인(賢人)을 사모하는 **후학(後學)** 마음 섭섭하기 가이없다
점심 먹고 일어서니 날씨가 서늘하다
당아지고개 넘어 너분들 주막 지나니
길가의 비석 하나 우습고 신기하다
좌수(座首) 현(玄) 아무개의 선좌비(善佐碑)라 하더라
칠송정 지나갈 때 **큰 소나무** 하나 서 있는데
굵기는 두어 아름 높이는 여남은 길 되더라
마침 ㉠ 늙은 어부 하나 지나가다 하는 말이
전하는 말에 저 소나무가 병자호란 겪었다네
들으니 신기하여 두 번 세 번 돌아보고
고개 둘 또 넘어서 회양부(淮陽府)에 들어가니
해는 아직 덜 저물고 **삼백팔십 리 왔네**
(중략)
잘 있었느냐 삼각산아, 우리 고향 가깝구나
다락원서 점심 먹고 동소문으로 들어오니
신시 남짓 되었고 시장도 하기에
길가의 주막에서 밥 사서 요기하고
옷차림 더럽고 모습도 부끄러워
어둡기 기다려서 집에를 들어가니
조부모님 건강하시고 기력이 좋으시며
처자들 탈 없이 모두들 반겨하고
달포 만에 만난 어린 딸은 낯설어하지 않네
저녁 먹고 피곤하여 벗고 누워 생각하니
전후 삼십육일 만에 **일천육백여 리** 돌아다니며
만이천봉 구경하고 시 **백사십 수** 읊었으며
일행 다섯 사람이 **병 없이** 다녀왔으니
강산이 도왔는가 각각 **복력(福力)**인가
내외 금강산 뛰어난 경치 눈앞에 삼삼하여
꿈인 듯 진경(眞景)인 듯 반신반의하겠구나
듣고 본 좋은 경치 대강 적어 기록하고
도중의 우스운 일 간단하게 적었으니
아무나 보시는 이 짐작하여 주오소서
우리나라 명산이요 삼한(三韓) 때 고찰들이
한곳에 모여 있어 천하에 유명하다
세상의 ㉡ 호걸님들 다 한번 보옵소서

- 홍정유, 「동유가」 -

03 〈보기〉를 참고하여 윗글을 감상한 내용으로 적절하지 **않은** 것은?

<보기>

> 선생님 : 전통적으로 기행 가사는 군자가 갖추어야 할 덕과 기상을 함양하기 위해 떠난 유생의 여행 경험을 그려 냈습니다. 그러나 조선 후기 한양을 기반으로 활동하던 문인들은 대상의 실제를 탐구하고 기록하는 새로운 학문 경향을 기행 가사에 반영했습니다. 홍정유 역시 「동유가」에서 유교적 덕목이나 교훈을 앞세우기보단, 유람 중 경험한 사실을 객관적으로 묘사하는 데에 집중했습니다. 나아가 사소한 일상과 개인적 소회를 자유롭게 표현하고, 구체적 수치를 제시함으로써 기존 기행 가사와 구별되는 면모를 보여 주었습니다.

① '영당'을 지나치며 '갈 길이 바빠서'라고 말하는 대목에서, 작가의 유람 목적이 유교적 덕목 함양에 있지 않음을 알 수 있군.

② '큰 소나무'에 관해 묘사하는 부분에서, 작가가 자연물이 주는 교훈보다는 자연물 그 자체에 호기심을 보였음을 알 수 있군.

③ '삼백팔십 리', '삼십육일' 같은 표현에서, 작가가 객관적 사실을 수치화해 기록함으로써 사물의 실제를 탐구하려 했음을 알 수 있군.

④ '내외 금강산 뛰어난 경치'가 '눈앞에 삼삼하'다고 말하는 대목에서, 작가가 유람 체험에 대한 개인적 소회를 드러내어 기존 기행 가사와는 구별되는 면모를 보여 주었음을 알 수 있군.

⑤ '듣고 본 좋은 경치'뿐만 아니라 '도중의 우스운 일'까지 기록했다는 언급에서, 작가가 유람 중 겪은 사소한 일상까지 자유롭게 표현했음을 알 수 있군.

평가원 고난도 문학 트렌드 반영
나BS 수특 변형문제 N제

최근 평가원 트렌드에 맞춰 고난도 문항으로 구성했다. 평가원은 교육청이나 사설과 다른 **깊이 있는 사고를** 요구한다. 이에 따라 지문의 핵심을 제대로 잡지 못하면 틀리는 문제들을 많이 배치하여 **정교한 사고를 할 수 있도록** 했다. 또한 평가원과 이질감이 느껴지지 않도록 **현대시와 고전시가는 비연계 작품과 묶어 출제**하는데 최대한 신경을 썼다. 기출을 통해 평가원 문제에 친숙한 학생이라면 **문제의 질을 알아볼 것이다.**

CONTENTS 이 책의 순서

나BS 수능특강 문학
변형문제 N제

콘텐츠가 강하다!
실전 국어 전형태

Part 01
현대시

1 | 조지훈, 산상의 노래 / 박남수, 종소리

다음을 읽고 물음에 답하시오.

(가)

높으디높은 산마루
㉠ 낡은 고목(古木)에 못 박힌 듯 기대어
내 홀로 긴 밤을
무엇을 간구하며 울어 왔는가.

아아 이 **아침**
시들은 핏줄의 구비구비로
사늘한 가슴의 한복판까지
은은히 울려오는 종소리.

이제 눈감아도 오히려
꽃다운 하늘이거니
내 영혼의 촛불로
어둠 속에 나래 떨던 샛별아 숨으라.

환히 트이는 이마 우
떠오르는 햇살은
시월상달*의 꿈과 같고나.

㉡ 메마른 입술에 피가 돌아
오래 잊었던 피리의
가락을 더듬노니

새들 즐거이 구름 끝에 **노래** 부르고
㉢ 사슴과 토끼는
한 포기 향기로운 싸릿순을 사양하라.

여기 높으디높은 **산마루**
맑은 바람 속에 옷자락을 날리며
내 홀로 서서
무엇을 기다리며 노래하는가.

- 조지훈, 「산상(山上)의 노래」 -

*시월상달 : 햇곡식을 신에게 바치기에 좋은 시기인 시월을 예스럽게 이르는 말.

(나)

나는 떠난다. 청동(青銅)의 표면에서
일제히 **날아가는** 진폭의 새가 되어
광막한 하나의 울음이 되어
하나의 소리가 되어.

인종(忍從)은 끝이 나는가.
㉣ 청동의 벽에
'역사'를 가두어 놓은
칠흑의 감방에서.

나는 바람에 실리어
들에서는 푸름이 된다.
꽃에서는 웃음이 되고
천상에서는 악기가 된다.
먹구름이 깔리면
하늘의 꼭지에서 터지는
뇌성(雷聲)이 되어
㉤ 가루 가루 가루의 음향(音響)이 된다.

- 박남수, 「종소리」 -

01 (가)와 (나)의 공통점으로 가장 적절한 것은?

① 공간의 이동을 통해 대상의 다양한 속성을 드러내고 있다.
② 대조적 시어를 사용하여 화자의 주제 의식을 강조하고 있다.
③ 유사한 문장 형태를 변주하여 화자의 심리 변화를 나타내고 있다.
④ 대상을 의인화하여 상황을 모면하고자 하는 태도를 강조하고 있다.
⑤ 첫 연과 마지막 연에 비슷한 문장 구조를 배치하여 구조적 안정감을 높이고 있다.

02 ㉠~㉤에 대한 이해로 적절하지 <u>않은</u> 것은?

① ㉠ : 정적인 속성을 지닌 대상에 빗대어 고뇌에 찬 화자의 모습을 표현하고 있다.
② ㉡ : 생명력을 회복하는 모습을 감각적으로 표현하여 새로운 현실을 맞이하는 자세를 드러내고 있다.
③ ㉢ : 명령적 어조를 활용하여 고통스러운 상황에서 벗어나려는 의지를 드러내고 있다.
④ ㉣ : 추상적 대상을 구체화하여 억압적인 현실에 대한 비판적 태도를 부각하고 있다.
⑤ ㉤ : 동일한 단어를 반복하여 허공에 소리가 퍼지는 모습을 감각적으로 표현하고 있다.

03 (가)의 <u>종소리</u>와 (나)의 <u>소리</u>에 대한 설명으로 가장 적절한 것은?

① (가)에서 '종소리'는 '긴 밤'을 유발하는 원인으로 제시된다.
② (나)에서 '소리'는 '청동의 표면'에 예속된 모습으로 표현된다.
③ (가)는 '종소리'가 끝나는 시간을, (나)는 '소리'가 퍼져 가는 공간을 배경으로 한다.
④ (가)에서는 '종소리'가 울리면서 시적 상황이 변하고, (나)에서는 '소리'가 퍼지면서 시적 분위기가 조성된다.
⑤ (가)에서는 '종소리'의 생명력을, (나)에서는 '소리'의 비극성을 통해 부정적인 상태를 넘어서는 모습을 부각하고 있다.

04 〈보기〉를 바탕으로 (가)와 (나)를 감상한 내용으로 적절하지 <u>않은</u> 것은?

> **보기**
>
> (가)와 (나)는 모두 부정적 현실로부터 존재적 자유를 추구하는 주체의 모습을 형상화한 작품이다. (가)는 부정적 현실을 견디며, 고대하던 '아침'을 맞이하는 화자의 모습을 그리고 있다. 이때 '아침'은 존재적 자유가 도래한 시간으로서, 화자는 '아침'을 맞아 환희를 느끼면서 생명이 소생하는 모습을 찬미하고 있다. (나)는 '종'의 표면에서 퍼져 나가는 '종소리'를 통해 존재적 자유를 획득한 주체의 모습을 그리고 있는데, 이때 주체와 현실의 관계는 '종소리'와 '종'의 관계에 비유된다.

① (가)는 첫 연과 마지막 연에 동일한 공간인 '산마루'를 배치하여 화자의 변화를 강조하는군.
② (가)의 화자가 '떠오르는 햇살'을 '시월상달의 꿈'처럼 여기는 데서 '아침'을 맞이하며 느끼는 환희가 드러나는군.
③ (나)는 '날아가는' '새'의 이미지를 통해 존재적 자유를 획득한 주체의 모습을 형상화하는군.
④ (나)는 화자와 '뇌성'의 관계를 통해 존재적 자유를 추구하는 주체와 부정적 현실 간의 관계를 보여 주는군.
⑤ (가)는 '노래'를 부르는 '새들'을 통해, (나)는 '천상'에서 '악기'가 되는 '소리'를 통해 존재적 자유가 실현된 이상적인 현실의 모습을 보여 주는군.

2 | 이육사, 황혼 / 기형도, 그날

다음을 읽고 물음에 답하시오.

(가)

내 골방의 커-튼을 걷고 / 정성된 맘으로 황혼을 맞아들이노니
바다의 흰갈매기들같이도 / 인간은 얼마나 외로운 것이냐

황혼아 네 부드러운 손을 힘껏 내밀라
내 뜨거운 입술을 맘대로 맞추어 보련다
그리고 네 품안에 안긴 모-든 것에
나의 입술을 보내게 해 다오

저-십이성좌의 반짝이는 별들에게도
종소리 저문 삼림 속 그윽한 수녀들에게도
시멘트 장판 위 그 많은 수인(囚人)들에게도
의지할 가지 없는 그들의 심장이 얼마나 떨고 있을까

고비 사막을 걸어가는 낙타 탄 행상대에게나
아프리카 녹음 속 활 쏘는 인디언에게라도
황혼아 네 부드러운 품 안에 안기는 동안이라도
지구의 반쪽만을 나의 타는 입술에 맡겨다오

내 오월의 골방이 아늑도 하오니
황혼아 내일도 또 저-푸른 커-튼을 걷게 하겠지
암암(暗暗)히 사라지는 시냇물 소리 같아서
한번 식어지면 다시는 돌아올 줄 모르나 보다

- 이육사, 「황혼」 -

(나)

어둑어둑한 여름날 아침 낡은 창문 틈새로 빗방울이 들이친다. 어두운 방 한복판에서 **김(金)**은 짐을 싸고 있다. 그의 **트렁크**가 가장 먼저 접수한 것은 김의 넋이다. 창문 밖에는 엿보는 자 없다. ㉠마침내 전날 김은 직장과 헤어졌다. 잠시 동안 김은 무표정하게 침대를 바라본다. 모든 것을 알고 있는 침대는 말이 없다. ㉡비로소 나는 풀려나간다, 김은 자신에게 속삭인다, ㉢마침내 세상의 중심이 되었다.

㉣나를 끌고 다녔던 몇 개의 길을 나는 영원히 추방한다. 내 **생의 주도권**은 이제 **마음에서 육체**로 넘어갔으니 지금부터 나는 길고도 오랜 여행을 떠날 것이다. 내가 지나치는 거리마다 **낯선 기쁨과 전율**은 가득 차리니 어떠한 권태도 더 이상 내 혀를 지배하면 안 된다.

모든 의심을 짐을 꾸리면서 김은 거둔다. 어둑어둑한 여름날 아침 창문 밖으로 보이는 젖은 길은 침대처럼 고요하다. 마침내 낭하*가 텅텅 울리면서 문이 열린다. 잠시 동안 김은 무표정하게 거리를 바라본다. 김은 천천히 손잡이를 놓는다. 마침내 희망과 걸음이 동시에 떨어진다. 그 순간, 쇠

뭉치 같은 트렁크가 김을 쓰러뜨린다. ㉤그곳에서 계집아이 같은 가늘은 울음소리가 터진다. 주위에는 아무도 없다. 빗방울은 은퇴한 노인의 백발 위로 들이친다.

- 기형도, 「그날」 -

*낭하 : 건물 안에 다니게 된 통로.

01 (가)에 대한 이해로 가장 적절한 것은?

① 유사한 구조의 문장을 반복하여, 부정적 상황이 심화하는 과정을 나타낸다.
② 자연물에 인격을 부여하여, 시적 대상에 대한 화자의 친근한 태도를 부각한다.
③ 대상에 대한 호칭을 전환하여, 시적 대상에 대한 화자의 인식 변화를 드러낸다.
④ 시선의 이동에 따라 시상을 전개하여, 시적 상황에 대한 화자의 긍정적 전망을 보여 준다.
⑤ 특정 시어의 음절 길이에 변화를 줌으로써, 화자와 대상 간의 거리가 멀어지는 양상을 표현한다.

02 ㉠~㉤의 의미를 고려하여 (나)를 감상한 내용으로 적절하지 않은 것은?

① ㉠의 '직장과 헤어졌다'라는 표현에서, '김'이 권태로운 일상에서 벗어났음이 드러난다.
② ㉡의 '풀려나간다'라는 표현에서, '김'이 자신을 구속해 온 생활에서 벗어난 것에 대해 해방감을 느끼고 있음이 드러난다.
③ ㉢의 '마침내'라는 표현에서, 삶의 중심이 되어보지 못한 '김'이 주체적으로 살아가기를 마음먹었다는 점이 드러난다.
④ ㉣의 '나를 끌고 다녔던'이라는 표현에서, '김'이 외부의 압력에 따라 수동적으로 살아왔다는 점이 드러난다.
⑤ ㉤의 '계집아이 같은'이라는 표현에서, '김'이 퇴색하지 않은 본연의 순수성을 내면에 지니고 있었다는 점이 드러난다.

니BS _ 나 없이 EBS 풀지마라

03 〈보기〉를 참고하여 (가), (나)를 이해한 내용으로 적절하지 <u>않은</u> 것은?

> [보기]
>
> 　시에서 자아를 확장하여 새로운 세계를 경험하고자 하는 화자는 보통 '탈일상'을 추구하는 모습으로 형상화된다. 탈일상은 새로운 인식의 획득이나 다른 삶을 향한 열망에 따라 이루어지는데, 어느 경우에든 그것을 추구하는 주체의 내면에는 일상과 탈일상에 대한 양가감정이 공존하게 된다. 예컨대 '탈일상'을 모티프로 시상을 전개하는 (가)와 (나)에서 (가)의 화자는 탈일상을 적극적으로 희망하면서도 일상을 긍정하는 모습을, (나)의 화자는 탈일상에 대한 기대와 실패를 보여 주는데, 이는 탈일상과 자아의 확장이 그만큼 어렵다는 사실을 부각한다.

① (가)에서 '인간은 얼마나 외로운 것이냐'는 화자의 탈일상이 인간 존재와 관련된 인식의 획득으로 촉발되었음을 드러내는군.

② (가)에서 '골방'의 '커-튼'을 걷으려는 것은 일상과 단절하고 탈일상의 세계를 지향하는 화자의 내면을 보여 주는 행위로군.

③ (나)에서 '생의 주도권'이 '마음에서 육체'로 넘어갔다는 것은 탈일상에 대한 '김'의 시도가 실패하는 이유와 관련이 있군.

④ (나)에서 '낯선 기쁨과 전율'이 가득 차기를 바라는 것은 '김'의 탈일상이 새로운 세계를 향한 열망에 의한 것임을 나타내는군.

⑤ (가)는 '고비 사막'이나 '아프리카'라는 외국의 지명들을 통해, (나)는 '트렁크'로 연상되는 여행의 이미지를 통해 탈일상의 모티프를 드러내는군.

다음을 읽고 물음에 답하시오.

(가)

알룩 조개에 입 맞추며 자랐나
눈이 바다처럼 푸를뿐더러 까무스레한 네 얼골
가시내야
나는 발을 얼구며* / **무쇠 다리를 건너온** 함경도 사내

바람 소리도 호개*도 인전 무섭지 않다만
어두운 등불 밑 안개처럼 자욱한 시름을 ㉠달게 마시련다만
어디서 흉참한 기별이 뛰어들 것만 같애
두터운 벽도 이웃도 못 미더운 북간도 술막

온갖 방자의 말을 품고 왔다 / 눈포래를 뚫고 왔다
가시내야
너의 가슴 ㉡그늘진 숲속을 기어간 오솔길을 나는 헤매이자
술을 부어 남실남실 술을 따르어
가난한 이야기에 고히 잠거 다오

네 **두만강을 건너왔다는** 석 달 전이면
단풍이 물들어 천 리 천 리 또 천 리 산마다 불탔을 겐데
그래두 외로워서 슬퍼서 초마폭으로 얼굴을 가렸더냐
두 낮 두 밤을 두루미처럼 울어 울어
불술기* 구름 속을 달리는 양 유리창이 흐리더냐

차알삭 부서지는 파도 소리에 취한 듯
때로 싸늘한 웃음이 소리 없이 새기는 보조개
가시내야 / 울 듯 울 듯 울지 않는 전라도 가시내야
두어 마디 **너의 사투리로 때아닌 봄을** 불러 줄게
손때 수집은 분홍 댕기 휘휘 날리며
㉢잠깐 너의 나라로 돌아가거라

이윽고 얼음길이 밝으면
나는 눈포래 휘감아 치는 벌판에 우줄우줄* 나설 게다
노래도 없이 사라질 게다 / 자욱도 없이 사라질 게다

— 이용악, 「전라도 가시내」 —

*얼구며 : '얼리며'의 방언.
*호개 : 호가(胡歌). 북방 오랑캐의 노래.
*불술기 : '불수레', 즉 태양. 혹은 '기차'의 함경도 사투리.
*우줄우줄 : 몸이 큰 사람이나 짐승이 가볍게 율동적으로 자꾸 움직이는 모양.

(나)

돌아가야 할 때가 있다

막배 떠난 항구의 스산함 때문이 아니라
대기실에 ㉣쪼그려앉은 노파의 복숭아 때문에

짓무르고 다친 것들이 안쓰러워
애써 빛깔 좋은 과육을 고르다가
내 **몸속의 상처**가 덧날 때가 있다

먼곳을 돌아온 열매여
보이는 상처만 상처가 아니어서
아직 푸른 생애의 안뜰 ㉤이토록 비릿한가

손가락을 더듬어 심장을 찾는다
가끔씩 검불처럼 떨어지는 살비늘
고동소리 들렸던가, 사랑했던가
가슴팍에 수십 개 바늘을 꽂고도
상처가 상처인 줄 모르는 **제웅***처럼
피 한방울 후련하게 흘려보지 못하고
휘적휘적 가고 또 오는 목포항

아무도 사랑하지 못해 아프기보다
열렬히 사랑하다 버림받게 되기를

떠나간 막배가 내 몸속으로 들어온다

— 김선우, 「목포항」 —

*제웅 : 짚으로 만든 사람 모양의 물건.

01 (가)와 (나)에 대한 설명으로 가장 적절한 것은?

① (가)는 도치된 표현을 통해 화자가 처한 부정적 현실에 대한 극복 의지를 강조하고 있다.

② (나)는 공간의 이동에 따라 포착되는 사물을 제시함으로써 화자의 태도를 드러내고 있다.

③ (가)는 (나)와 달리, 명시적 청자에게 말을 건네는 방식을 통해 화자의 소망을 드러내고 있다.

④ (나)는 (가)와 달리, 색채어를 활용함으로써 대상의 모습을 감각적으로 묘사하고 있다.

⑤ (가)와 (나)는 모두, 물음의 형식을 활용함으로써 화자의 낙관적 상황 인식을 보여 주고 있다.

03 〈보기〉를 참고하여 윗글을 감상한 내용으로 적절하지 <u>않은</u> 것은?

> **보기**
>
> (가)와 (나)에는 상처 입은 대상을 마주한 화자의 각기 다른 태도가 나타난다. (가)에서 이방인의 처지를 공유하는 대상과 만난 화자는 그 대상에 주목하여 그의 아픔에 공감하고 그의 상처를 위로하려는 자세를 보인다. 반면, (나)에서 보이지 않는 내적 상처를 지닌 대상과 만난 화자는 자기 내면에 주목하여 타인과의 관계에서 겪게 될 아픔을 두려워하지 않으려는 자세를 보인다.

① (가)에서 '무쇠 다리를 건너온' 화자와 '두만강을 건너'온 '가시내'는 이방인의 처지를 공유하는 존재들로 볼 수 있겠군.

② (가)에서 화자가 '가난한 이야기에 고히 잠겨' 달라고 하는 것은 대상에 주목하여 그의 아픔에 관심을 드러내는 태도라고 볼 수 있겠군.

③ (나)에서 '몸속의 상처'를 지닌 화자와 '먼곳을 돌아온' 복숭아는 보이지 않는 내면의 상처를 입은 존재들로 볼 수 있겠군.

④ (나)에서 화자가 '피 한방울' 흘려보지 않은 '제웅'과 자신을 동일시하는 것은 상처라고 생각했던 것이 사실은 상처가 아니었음을 깨달은 모습이라고 볼 수 있겠군.

⑤ (가)의 화자가 '너의 사투리로 때아닌 봄'을 불러 주겠다는 것은 대상의 상처를 위로하려는 자세를, (나)의 화자가 '열렬히 사랑하다 버림받게 되기'를 바라는 것은 타인에게서 받게 될 상처를 두려워하지 않으려는 자세를 드러내는 것이겠군.

02 ㉠~㉤에 대한 이해로 적절하지 <u>않은</u> 것은?

① ㉠은 타향에서 겪고 있는 현실의 고통을 감내하려는 태도를 드러내는 표현이다.

② ㉡은 고독감과 슬픔을 견뎌 온 '가시내'의 내면 심리를 형상화한 표현이다.

③ ㉢은 '가시내'가 현실에서 벗어나 자신이 떠나온 곳을 떠올릴 수 있는 시간을 나타내는 표현이다.

④ ㉣은 '짓무르고 다친' 복숭아들을 가지고 있는 '노파'의 상황을 드러내는 표현이다.

⑤ ㉤은 '과육' 안에 '상처'가 없다는 점에서 '열매'가 아직 고통을 겪지 않은 미성숙한 상태임을 드러내는 표현이다.

4 | 신경림, 나목 / 박성룡, 과목

다음을 읽고 물음에 답하시오.

(가)

나무들이 실오라기 하나 걸치지 않고 서서
㉠하늘을 향해 길게 팔을 내뻗고 있다
밤이면 메마른 손끝에 아름다운 별빛을 받아
드러낸 몸통에서 흙 속에 박은 뿌리까지
그것으로 말끔히 씻어내리는 것이겠지
㉡터진 살갗에 새겨진 고달픈 삶이나
뒤틀린 허리에 배인 구질구질한 나날이야
부끄러울 것도 숨길 것도 없어
한밤에 내려 몸을 덮는 눈 따위
흔들어 시원스레 털어 다시 알몸이 되겠지만
㉢알고 있을까 그들 때로 서로 부둥켜안고
온몸을 떨며 깊은 울음을 터뜨릴 때
멀리서 같이 우는 사람이 있다는 것을

- 신경림, 「나목(裸木)」 -

(나)

㉣과목에 과물들이 무르익어 있는 사태처럼
나를 경악케 하는 것은 없다.

뿌리는 박질* 붉은 황토에
㉤가지들은 한낱 비바람들 속에 뻗어 출렁거렸으나

모든 것이 멸렬하는* 가을을 가려 그는 홀로
황홀한 빛깔과 무게의 은총을 지니게 되는

과목에 과물들이 무르익어 있는 사태처럼
나를 경악케 하는 것은 없다.

— 흔히 시를 잃고 저무는 한 해, 그 가을에도
나는 이 과목의 기적 앞에서 시력을 회복한다.

- 박성룡, 「과목(果木)」 -

*박질 : 좋지 않은 토질. 척박한 토양.
*멸렬하다 : 찢기고 흩어져 완전히 형태를 잃다.

01 (가)에 대한 설명으로 가장 적절한 것은?

① 어순의 도치를 통해 시적 대상에 대한 화자의 예찬적 태도를 강조하고 있다.
② 추측을 나타내는 표현을 통해 현실과 이상의 거리감을 드러내고 있다.
③ 시간의 흐름에 따라 시상을 전개하여 대상의 변화를 묘사하고 있다.
④ 인간과 자연의 대비를 통해 바람직한 삶의 태도를 제시하고 있다.
⑤ 의인화된 대상이 처한 문제 상황을 구체적으로 제시하고 있다.

02 ㉠~㉤에 대한 이해로 적절하지 않은 것은?

① ㉠: 상승적 이미지를 활용하여 나무의 의지적인 태도를 나타내고 있다.
② ㉡: 부정적인 정서를 내포한 시어를 활용하여 나무에 대한 화자의 인상을 표현하고 있다.
③ ㉢: 물음의 형식을 통해 나무들에게 닥칠 미래에 대한 화자의 염려를 드러내고 있다.
④ ㉣: 단정적 어조를 구사하여 자연 현상을 대하는 화자의 반응을 부각하고 있다.
⑤ ㉤: 역동적 이미지를 사용하여 시적 상황의 긴장감을 고조하고 있다.

03 〈보기〉를 바탕으로 (가)와 (나)를 감상한 내용으로 적절하지 <u>않은</u> 것은?

> **보기**
>
> (가)와 (나)에서 '나무'라는 시적 대상은 화자가 표현하고자 하는 주제 의식에 따라 서로 다른 모습으로 형상화된다. (가)의 화자는 앙상한 나목 (裸木)에서 고단하고 힘겨운 삶을 살아가는 사람들의 모습을 떠올리고, 희망을 잃지 않으려는 그들을 향한 연대 의식과 위로를 드러내고 있다. (나)의 화자는 열매를 매달고 있는 과목(果木)에서 역경을 딛고 결실을 이루어 내는 존재의 경이로움을 발견하고, 생명력을 잃어버렸던 자신의 모습을 반성하고 있다.

① (가)에서 나무들의 '메마른 손끝'에 내리는 '아름다운 별빛'과 '눈'은 고단한 삶을 살아가는 이들이 품는 희망을 나타낸다고 볼 수 있어.

② (가)에서 나무들이 '깊은 울음'을 터뜨릴 때 '멀리서 같이 우는 사람이 있다 는 것'은 힘겹게 살아가는 이들을 향한 화자의 위로를 의미한다고 할 수 있어.

③ (나)에서 '과목에 과물들이 무르익어 있는 사태'를 보고 '경악'하는 것은 존재 의 경이로움을 발견한 화자의 모습을 나타낸다고 볼 수 있어.

④ (나)에서 '박질 붉은 황토'에 뿌리를 내린 나무가 지니게 된 '황홀한 빛깔'과 '무게의 은총'은 '과목'이 역경을 딛고 이루어 낸 결실을 상징한다고 할 수 있어.

⑤ (나)에서 화자가 '시를 잃고 저무는 한 해'에 '과목의 기적'을 접하고 '시력을 회복'하는 것은 생명력을 잃어버렸던 자신의 모습에 대한 반성을 나타낸다 고 할 수 있어.

5 | 이성복, 꽃 피는 시절 / 김수영, 파밭 가에서

다음을 읽고 물음에 답하시오.

(가)

멀리 있어도 나는 당신을 압니다
㉠ 귀먹고 눈먼 당신은 추운 땅속을 헤매다
누군가의 입가에서 잔잔한 웃음이 되려 하셨지요

부르지 않아도 당신은 옵니다
생각지 않아도, 꿈꾸지 않아도 당신은 옵니다
당신이 올 때면 먼발치 마른 흙더미도 고개를 듭니다

당신은 지금 내 안에 있습니다
당신은 나를 알지 못하고
나를 벗고 싶어 몸부림하지만

내게서 당신이 떠나갈 때면
내 목은 갈라지고 **실핏줄 터지고**
내 눈, 내 귀, 거멀 난 **몸뚱이 갈가리 찢어지고**

나는 울고 싶고, 웃고 싶고, 토하고 싶고
벌컥벌컥 물사발 들이켜고 싶고 길길이 날뛰며
㉡ 절편보다 희고 고운 당신을 잎잎이, 뱉아 낼 테지만

부서지고 무너지며 당신을 보낼 일 아득합니다
굳은 살가죽에 불 댕길 일 막막합니다
불탄 살가죽 뚫고 다시 태어날 일 꿈같습니다

지금 당신은 내 안에 있지만
나는 당신을 어떻게 보내 드려야 할지 모르겠습니다
㉢ 조막만 한 손으로 뻣센 내 가슴 쥐어뜯으며 발 구르는 당신

　　　　　　　　　　　- 이성복, 「꽃 피는 시절」 -

(나)

㉣ 삶은 계란의 껍질이
벗겨지듯
묵은 사랑이
벗겨질 때
붉은 파밭의 **푸른 새싹**을 보아라
얻는다는 것은 곧 잃는 것이다

먼지 앉은 석경(石鏡) 너머로
너의 그림자가

움직이듯
묵은 사랑이
움직일 때
붉은 파밭의 푸른 새싹을 보아라
얻는다는 것은 곧 잃는 것이다

㉤ 새벽에 준 조로의 물이
대낮이 지나도록 마르지 않고
젖어 있듯이
묵은 사랑이
뉘우치는 마음의 한복판에
젖어있을 때
붉은 파밭의 푸른 새싹을 보아라
얻는다는 것은 곧 잃는 것이다

　　　　　　　　　　　- 김수영, 「파밭 가에서」 -

01 (가)와 (나)에 대한 설명으로 적절하지 **않은** 것은?

① (가)와 달리 (나)는 색채 이미지의 대조를 통하여 주제 의식을 드러내고 있다.
② (나)와 달리 (가)는 자연물에 인격을 부여하여 대상의 행위를 묘사하고 있다.
③ (가)와 (나)는 모두 대상에 대한 관조로부터 깨달은 삶의 교훈을 제시하고 있다.
④ (나)와 달리 (가)는 유사한 통사 구조의 나열을 통하여 화자의 상태를 표현하고 있다.
⑤ (가)와 달리 (나)는 직유를 활용하여 추상적 개념을 구체적 대상으로 제시하고 있다.

02 ㉠~㉤을 이해한 것으로 가장 적절한 것은?

① ㉠ : 부정적 현실로 고통 받는 대상을 향한 화자의 연민이 드러나 있다.
② ㉡ : 대상과의 이별을 낙화에 빗대어 표현한 부분이다.
③ ㉢ : 화자와의 이별을 수용하지 못하고 괴로워하는 대상의 모습이다.
④ ㉣ : 화자가 오래전부터 이별의 상황을 원해 왔음을 알 수 있다.
⑤ ㉤ : 과거에 대상을 향해 품었던 사랑의 감정에 대한 비유이다.

03 〈보기〉는 선생님 수업의 일부이다. 선생님의 질문에 대한 학생의 의견으로 적절하지 <u>않은</u> 것은?

> **보기**
>
> **선생님** : 대상이 자신의 존재적 가능성을 아름답게 발현할 수 있도록 적절한 순간에 그 대상을 놓아주는 것이 진정한 사랑이자 모두의 내면적 성장의 길임을 알면서도 우리는 대상을 구속하거나 집착하려 하고, 대상과의 이별을 큰 아픔으로 받아들이는 경향이 있습니다. (가)와 (나)는 모두 사랑의 주체와 대상 간의 이러한 관계를 형상화한 작품으로서, (가)는 이별의 순간에 주체가 겪는 아픔에, (나)는 이별 이후 느끼는 지난 사랑에 대한 집착과 새로운 사랑의 가능성에 초점을 맞추고 있습니다. 이제 이러한 관점에서 (가)와 (나)를 함께 감상해 볼까요?

① (가)의 '누군가의 입가에서' 피어나는 '잔잔한 웃음'은 대상이 자신의 존재적 가능성을 아름답게 발현하여 도달하고자 하는 모습이겠어요.

② (가)의 '실핏줄 터지고'와 '몸뚱이 갈가리 찢어지고'는 이별의 순간에 사랑의 주체가 느낄 큰 아픔을 표현한 부분이겠군요.

③ (가)의 '불탄 살가죽 뚫고 다시 태어날' 시간은 사랑의 주체가 대상을 놓아줄 적절한 순간으로 느끼는 때이겠어요.

④ (나)의 '푸른 새싹'은 새로운 사랑의 가능성을, '얻는다는 것'은 이별 후에 주체가 경험할 내면적 성장을 의미하겠어요.

⑤ (나)의 '뉘우치는 마음의 한복판에 / 젖어 있는' '묵은 사랑'에서 대상과의 이별 후 지난 사랑에 집착하고 있는 주체의 모습을 볼 수 있어요.

6 박재삼, 한 / 김용택, 들국

다음을 읽고 물음에 답하시오.

(가)

감나무쯤 되랴
서러운 노을빛으로 익어 가는
내 마음 사랑의 열매가 달린 나무는!

이것이 제대로 벋을 데는 저승밖에 없는 것 같고
그것도 내 생각하던 사람의 등 뒤로 벋어가서
그 사람의 머리 위에서나 마지막으로 휘드러질까 본데.

그러나 그 사람이
그 사람의 안마당에 심고 싶던
느꺼운* 열매가 될는지 몰라!
새로 말하면 그 열매 빛깔이
전생(前生)의 내 전(全) 설움이요 전(全) 소망인 것을
알아내기는 알아낼는지 몰라!
아니, 그 사람도 이 세상을
설움으로 살았던지 어쨌던지
그것을 몰라, 그것을 **몰라!**

— 박재삼, 「한(恨)」 —

*느꺼운 : 어떤 느낌이 마음에 북받쳐서 벅찬.

(나)

산마다 **단풍**만 저리 고우면 뭐헌다요
뭐헌다요. 산 아래
물빛만 저리 고우면 뭐헌다요
산 너머, 저 산 너머로
산그늘도 다 도망가불고
산 아래 집 뒤안
하얀 억새꽃 하얀 손짓도
당신 안 오는데 뭔 헛짓이다요
저런 것들이 다 뭔 소용이다요
뭔 소용이다요, 어둔 **산머리**
초생달만 **그대 얼굴**같이 걸리면 뭐헌다요
마른 지푸라기 같은 내 마음에
허연 서리만 끼어가고
저 **달** 금방 져불면
세상 길 다 막혀 막막한 **어둠 천지**일 틴디
병신같이, 바보 천치같이
이 가을 다 가도록
서리밭에 하얀 **들국**으로 피어 있으면

뭐헌다요, 뭔 소용이다요.

— 김용택, 「들국」 —

01 (가)와 (나)의 공통점으로 가장 적절한 것은?

① 도치된 문장을 통해 상황의 긴박성을 강조하고 있다.
② 설의적 어조를 활용하여 화자의 내면을 드러내고 있다.
③ 시적 공간의 탈속성이 시상을 형성하는 데 기여하고 있다.
④ 계절의 변화를 통해 쓸쓸한 시적 분위기를 고조하고 있다.
⑤ 색채 이미지를 활용하여 화자와 대비되는 자연을 묘사하고 있다.

02 (가)에 대한 이해로 가장 적절한 것은?

① '감나무쯤 되랴'라는 물음을 던져 자기 감정에 대한 화자의 의구심을 드러내고 있다.
② '이것'과 '그것'이라는 지시어를 활용하여 화자와 시적 대상 간의 대립적 관계를 표현하고 있다.
③ '그러나'라는 시상 전환의 표지를 활용하여 희망이 좌절된 화자의 체념적 태도를 강조하고 있다.
④ '아니'라는 부정 표현을 통해 과거와 단절하려는 화자의 의지를 보여 주고 있다.
⑤ '몰라!'라는 영탄적 표현으로 종결하여 화자의 고조된 감정을 표출하고 있다.

03 (나)에 대한 감상으로 적절하지 <u>않은</u> 것은?

① '단풍'과 '물빛'이 고운 '산'의 풍경은 화자의 현재 심리와 거리감이 있군.

② '산머리'에 걸린 '초생달'은 화자에게 '그대 얼굴'을 연상시켜 그리움의 정서를 유발하는군.

③ '마른 지푸라기'는 '허연 서리'와 연결되어 황량하고 쓸쓸한 화자의 내면 풍경을 보여 주는군.

④ '달'은 '세상 길'이 다 막힌 '어둠 천지'를 밝히는 대상으로, 화자의 극복 의지를 강조하는군.

⑤ '서리밭'에 피어 있는 '하얀 들국'은 하염없이 '당신'을 기다리는 화자의 처지를 상징하는군.

04 〈보기〉를 바탕으로 (가)와 (나)를 이해한 내용으로 적절하지 <u>않은</u> 것은?

> **보기**
>
> (가)와 (나)는 모두 시적 대상과 닫힌 관계에 있는 화자의 내면세계를 그려 내고 있다. (가)의 화자는 대상에게 자신의 마음을 전달하고 싶어 하면서도 그러지 못하는, (나)의 화자는 오지 않는 대상을 기다리는 데에서 비롯하는 애달픈 심정을 토로하고 있다. (가)를 지배하는 한(恨)의 정서는 화자의 간절한 소망과 서러움을 담은 상징적 매개물로 구체화되고, (나)를 지배하는 그리움의 정서는 자조(自嘲)와 탄식의 어조로 나타난다.

① (가)의 화자가 '이것'이 뻗을 데가 '저승'밖에 없다고 말하는 것은 대상에게 자신의 마음을 전달하고 싶어 하면서도 그러지 못하는 상황에서 비롯한다.

② (가)의 화자가 '그 열매 빛깔'을 '전 설움'이자 '전 소망'이라고 표현한 것은 화자가 품은 한의 정서를 부각한다.

③ (가)는 '그것을 몰라'라는 표현을 반복하여, (나)는 '뭔 소용이다요'라는 표현을 반복하여 화자가 시적 대상과 닫힌 관계에 있음을 강조한다.

④ (나)의 화자가 '하얀 억새꽃'을 향해 '손짓'하는 것은 대상이 돌아오기를 간절히 기다리는 화자의 애달픈 심정을 드러낸다.

⑤ (나)의 화자가 자신을 '병신'이나 '바보 천치' 같다고 표현한 것은 화자가 대상을 그리워하며 자조적 태도를 보이고 있음을 나타낸다.

7 이형기, 산 / 복효근, 느티나무로부터

▷다음을 읽고 물음에 답하시오.

(가)

산은 조용히 비에 젖고 있다

밑도 끝도 없이 내리는 가을비

가을비 속에 **진좌(鎭座)한*** 무게를

그 누구도 가늠하지 못한다

표정은 뿌연 시야에 가리우고

다만 **윤곽만을 드러낸** 산

천 년 또는 그 이상의 세월이

오후 한때 가을비에 젖는다

이 심연 같은 적막에 싸여

조는 둥 마는 둥

아마도 반쯤 눈을 감고

방심무한(放心無限)* 비에 젖는 산

그 옛날의 격노(激怒)의 기억은 간데없다

깎아지른 절벽도 앙상한 바위도

오직 한 가닥

완만한 곡선에 눌려 버린 채

어쩌면 눈물 어린 눈으로 보듯

가을비 속에 어룽진 윤곽

아 아 그러나 지울 수 없다

- 이형기, 「산」 -

*진좌한 : 자리를 잡아 앉은.
*방심무한 : 걱정과 집착에서 벗어나 자유로운 상태.

(나)

푸른 수액을 빨며 매미 울음꽃 피우는 한낮이면

꿈에 젖은 듯 반쯤은 졸고 있는 느티나무

울퉁불퉁 뿌리, 나무의 발등

혹은 발가락이 땅 위로 불거져 나왔다

군데군데 굳은살에 **옹이**가 박혔다

먼 길 걸어왔단 뜻이리라

⊙ 화급히 바빠야 할 일은 없어서 나도

그 위에 앉아 신발을 벗는다

그렇게 너와 나와는

ⓒ 참 멀리 왔구나 어디서 왔느냐

언제부터 여기에 있었느냐

어디로 가는 길이냐 물으며 하늘을 보는데

무엇이 그리 무거웠을까 **부러진 가지**

껍질 그 안 쪽으로

속살이 썩어 몸통이 비어 가는데

그 속에 뿌리를 묻고 **풀 몇 포기가 꽃을 피워**

잠시 느티나무의 **내생**을 보여 준다

돌아보면

ⓒ 삶은 커다란 상처 혹은 구멍인데

그것은 또 그 무엇의 자궁일지 알겠는가

ⓔ 그러니 섣불리

치유를 꿈꾸거나 덮으려 하지 않아도 좋겠다

ⓜ 때 아닌 낮 모기 한 마리

내 발등에 앉아 배에 피꽃을 피운다

잡지 않는다

남은 길이 조금은 덜 외로우리라

다시 신발끈을 맨다

- 복효근, 「느티나무로부터」 -

01 (가), (나)에 대한 설명으로 가장 적절한 것은?

① (가)는 상승과 하강의 이미지를 대비하여 화자의 정서를 구체화한다.
② (나)는 음성 상징어를 통해 대상의 역동적 움직임을 드러낸다.
③ (가)는 (나)와 달리, 명령형 어조를 활용하여 화자의 의지를 부각한다.
④ (나)는 (가)와 달리, 계절감을 드러내는 표현으로 분위기를 환기한다.
⑤ (가)와 (나)는 모두, 인격화한 대상을 통해 주제 의식을 강조한다.

02 ⊙~ⓜ에 대한 이해로 적절하지 않은 것은?

① ⊙에서는 '그 위에 앉아 신발을 벗는' 행위를 통해 느티나무와 교감하려는 화자의 의도를 보여 주고 있다.
② ⓒ에서는 질문을 거듭하여 느티나무에 대해 관심을 보이는 화자의 태도를 드러내고 있다.
③ ⓒ에서는 '구멍'을 '자궁'으로 전환하여 '상처'로 인한 결핍을 해소하려는 화자의 인식을 드러내고 있다.
④ ⓔ에서는 '섣불리 치유를 꿈꾸거나 덮으려 하지 않아도 좋겠다'는 화자의 자각을 통해 신중한 태도의 필요성을 드러내고 있다.
⑤ ⓜ에서는 '남은 길이 조금은 덜 외로우리라'는 기대를 통해 화자가 '모기'를 '잡지 않은' 이유를 보여 주고 있다.

03 〈보기〉를 참고하여 윗글을 감상한 내용으로 적절하지 <u>않은</u> 것은?

> 보기
>
> (가)와 (나)는 모두 시간의 흐름 속에서 생긴 대상의 흔적을 그려 내는데, 화자가 대상에 부여하는 상징적 의미에 따라 그 형상화 방식이 달라진다. (가)는 산을 모호한 형상으로 제시해 쉽게 가늠하기 어려운 경지를 부각하고, (나)는 느티나무의 다양한 면모를 포착해 생명 순환의 원리를 제시한다.

① (가)는 '깎아지른 절벽'과 '앙상한 바위'를 통해 사람들이 산의 장엄한 본질을 헤아리기 어려운 이유를 나타내는군.
② (가)는 '완만한 곡선'을 통해 '천 년 또는 그 이상의 세월' 속에서 산이 많은 변화를 겪었음을 암시하는군.
③ (나)는 '옹이'와 '부러진 가지'를 통해 '먼 길 걸어'온 느티나무에게 세월의 고단한 흔적이 남았음을 그려 내는군.
④ (가)는 '방심무한'을 통해 산이 도달한 초연한 경지를 나타내고, (나)는 '풀 몇 포기가 꽃을 피'운 것을 '내생'으로 표현해 느티나무에서 발견한 생명 순환의 원리를 보여 주는군.
⑤ (가)는 산을 '윤곽만을 드러낸' 형상으로 제시해 그 '진좌한 무게'를 부각하고, (나)는 느티나무의 겉모습뿐만 아니라 '안 쪽'까지 살피며 생명의 근원을 탐색하는군.

8 | 김영랑, 모란이 피기까지는 / 최승호, 내 영혼의 북가시나무

다음을 읽고 물음에 답하시오.

(가)

모란이 피기까지는
나는 ㉠아직 나의 봄을 기다리고 있을 테요
모란이 ㉡뚝뚝 떨어져 버린 날
나는 ㉢비로소 봄을 여읜 설움에 잠길 테요
오월 어느 날, 그 하루 무덥던 날
떨어져 누운 꽃잎마저 시들어 버리고는
천지에 모란은 **자취도 없어지고**
뻗쳐 오르던 내 보람 서운케 무너졌느니
모란이 지고 말면 그뿐, 내 한 해는 ㉣다 가고 말아
삼백 예순 날 ㉤하냥* 섭섭해 우옵내다
모란이 피기까지는
나는 아직 기다리고 있을 테요, 찬란한 **슬픔의 봄을**

　　　　　　　　　　　- 김영랑, 「모란이 피기까지는」 -

*하냥 : 늘, 한결같이.

(나)

하늘에서 새 한 마리 깃들지 않는
내 영혼의 북가시나무를
무슨 무슨 주의(主義)의 엿장수들이 가위질한 지도
오래 되었다
이제 내 영혼의 북가시나무엔
가지도 없고 잎도 없다
있는 것은 흠집투성이 몸통뿐.

허공은 나의 나라, 거기서는 더 해 입을 것도 의무도 없으니
죽었다 생각하고 사라진 신목(神木)의 향기 맡으며 밤을 보내고

깨어나면 다시 국도변에 서 있는 내 영혼의 북가시나무,
귀 있는 바람은 들었으리라
원치 않는 **깃발과 플래카드들**이
내 앙상한 몸통에 매달려 나부끼는 소리,
그 뒤에 내 영혼이 소리 죽여 울고 있는 소리를.

봄기운에
대장간의 낫이 시퍼런 생기를 띠고
톱니들이 갈수록 뾰족하게 빛이 나니
살벌한 몸통으로 서서 **반역하는** 내 영혼의 북가시나무여
잎사귀 달린 시를, 과일을 나눠 주는 시를
언젠가 나는 쓸 수도 있으리라 초록과 금빛의 향기를 뿌리는 시를

하늘에서 새 한 마리 깃들어
지저귀지 않아도

　　　　　　　　　　　- 최승호, 「내 영혼의 북가시나무」 -

01 (가), (나)에 대한 설명으로 가장 적절한 것은?

① (가)는 (나)와 달리 의인화를 통해 사물의 속성을 선명하게 부각한다.
② (가)는 (나)와 달리 감각적 이미지를 통해 시적 상황을 생동감 있게 묘사한다.
③ (나)는 (가)와 달리 역설적 표현을 통해 대상의 의미를 긴장감 있게 제시한다.
④ (가)와 (나)는 모두 시적 대상에게 말을 건네는 방식으로 친밀감을 강조한다.
⑤ (가)와 (나)는 모두 도치의 방식으로 시상을 마무리하여 주제 의식을 드러낸다.

02 ㉠~㉤에 대한 이해로 적절하지 **않은** 것은?

① ㉠은 모란이 피지 않은 상황과 연결되어 기다림을 지속해야 하는 화자의 처지를 부각한다.
② ㉡은 모란이 떨어지는 모습과 연결되어 이를 바라보는 화자의 상실감을 부각한다.
③ ㉢은 봄이 오고 가는 시기가 모란의 피고 짐에 달려 있다는 화자의 주관적 판단을 부각한다.
④ ㉣은 한 해가 지나간 상황과 연결되어 화자가 모란을 다시 만날 날이 가까워졌음을 부각한다.
⑤ ㉤은 슬픔이 계속되는 상황을 부각하여 모란이 화자에게 의미 있는 존재임을 보여 준다.

03 (나)에 대한 이해로 가장 적절한 것은?

① 1연에서 '없다'가 강조하는 나무의 상황은, 2연의 '없으니'에서 비롯되었다고 볼 수 있다.

② 1연에서 '흠집투성이'에 나타난 나무의 상태는, 4연의 '봄기운'으로 인해 '생기를 띠'는 모습으로 변화한다고 볼 수 있다.

③ 3연에서 '울고 있는'에 나타난 모습은, 4연의 '있으리라'로 이어져 희망을 상실한 나무의 상황을 부각한다고 볼 수 있다.

④ 4연에서 '낫'과 '톱니들'에 나타난 나무의 상황은, 1연의 '가위질'당하는 처지에서 이어진 것이라고 볼 수 있다.

⑤ 4연에서 '새 한 마리 깃'드는 상황에 대한 바람은, 1연의 '새 한 마리 깃들지 않는'에 나타난 나무의 모습에서 비롯되었다고 볼 수 있다.

04 〈보기〉를 참고하여 (가), (나)를 감상한 내용으로 적절하지 <u>않은</u> 것은?

보기

시에서 자연물은 인간의 삶과 밀접한 연관성을 지니는 대상으로 나타나는 경우가 많다. (가)에서 모란의 이미지는 저마다 간절히 열망하는 절대적 가치의 실현을 위해 기다림을 반복해야 하는 인간의 보편적 숙명을 드러내는 데 활용되었다. (나)에서 북가시나무의 이미지는 폭력적인 외부의 억압에 저항하며 생명력을 회복하길 바라는 개인의 소망을 드러내는 데 활용되었다.

① (가)에서 모란이 '자취도 없어'져 '뻗쳐 오르던 내 보람'이 무너졌다는 것은, 인간이 간절히 열망하는 절대적 가치가 실현된 순간이 영원하지 않음을 나타내는군.

② (가)에서 모란이 진 뒤 '삼백 예순 날'을 '섭섭해' 운다는 것은, 절대적 가치를 실현하지 못할 경우 긴 시간을 슬픔 속에서 기다려야 함을 나타내는군.

③ (나)에서 북가시나무에 '깃발과 플래카드들'이 매달렸다는 것은, 화자가 자기 의사와 상관없이 외부에 의해 억압받고 있음을 나타내는군.

④ (나)에서 '잎사귀 달린 시'와 '과일을 나눠 주는 시'를 쓰고 싶어 하는 것은, 화자가 잎이 나고 열매가 열릴 북가시나무처럼 생명력을 회복하길 바라고 있음을 나타내는군.

⑤ (가)의 '슬픔의 봄'은 기다림을 반복해야 하는 인간의 보편적 숙명을, (나)의 '반역하는'은 폭력에 저항하는 개인의 의지를 함축적으로 나타내는군.

9 │ 박목월, 경사 / 배한봉, 공명을 듣다

다음을 읽고 물음에 답하시오.

(가)

　유자낡에 유자가 열리고 귤나무에는 귤이 열리는 이 지순(至純)한 ㉠ 길은 바다로 기울었다.

　길에는 자갈이 빛났다. 건조한 가을길에 **가뿐한 나의 신발**(겨우 **무거운 젊음의 젖은 구두를 벗은**……) 길은 바다로 기울고 발바닥에 느껴지는 이 신비스러운 **경사감**.

　겨우 시야가 열리는 남색(藍色), 심오한, 잔잔한 세계. 하늘과 맞닿을 즈음에 이 신비스러운 수평의 거리감.

　유자낡에 유자가 열리고 귤나무에는 귤이 열리는 이 당연한 길은 바다로 기울고, 가뿐한 나의 신발.

　나의 뒤통수에는 해가 저물고. 설레는 구름과 바람. 저녁 햇살 속에 **자갈**이 빛나는 **길**은 바다로 기울고, 나의 발바닥에 이 신비스러운 경사감. 오오 **기우는** 세계여.

- 박목월, 「경사」 -

(나)

햇살이 ㉡ 산길을 넘어오는 아침
탈골하는 **억새들**, 음성이 청량하다
살과 피 다 버리고 뼈 속까지
텅 비운 한 생애의 여백
여백은 세상을 아름답게 하지만,
얼마나 많은 사연 담고 있는 것이냐
면도날 같은 잎으로 여름
베어 눕히며 언덕 점령하던 때 지나
흰 꽃 속에 허파에 든 바람 실어
허허허허거리던 시절,
간과 쓸개 빼놓던 굽이를 돌아
비로소 세상에 풀어놓은 넉넉한 정신
바람 찬 산을 넘어온 아침이
내 얼굴을 만진다, 이제 겨우 마흔 몇
넘어야할 고개, 보내야할 계절이
돌아오고 또 돌아와서 숨가쁜 나이
산에 올라 억새들 뼈 속에서 울려나오는
깊고 맑은 공명을 듣는다
내 심중에서도 조금씩 여백이 보이고
누가 마음놓고 들어와 앉아 불어도 좋을
젓대* 하나, 가슴뼈 어딘가에 만들어지고 있었다

- 배한봉, 「공명을 듣다」 -

*젓대 : 우리나라의 전통적인 목관 악기 가운데 하나.

01 (가)와 (나)에 대한 설명으로 가장 적절한 것은?

① (가)는 유사한 문장 구조를 반복하여 화자의 의지를 강조하고 있다.
② (나)는 자연물을 인격화하여 운명론적 시각을 부각하고 있다.
③ (가)는 (나)와 달리, 명사로 연을 마무리하여 대상을 향한 화자의 안타까움을 드러내고 있다.
④ (나)는 (가)와 달리, 청각적 이미지를 활용하여 삶에 관한 화자의 이중적 심리를 드러내고 있다.
⑤ (가)와 (나)는 모두, 시간적 배경을 제시하여 시적 분위기를 환기하고 있다.

02 ㉠과 ㉡에 대한 이해로 가장 적절한 것은?

① ㉠은 '설레는 구름과 바람'을 마주하는 공간이라는 점에서 미지의 세계를 향한 동경을 자아내는 공간이다.
② ㉡은 '간과 쓸개 빼놓던 굽이'를 이룬다는 점에서 인간관계에 관한 회의감을 자아내는 공간이다.
③ ㉠은 '귤나무에는 귤이 열리'는 '당연한 길'이라는 점에서 자연의 섭리를 깨닫는, ㉡은 '넉넉한 정신'을 풀어놓는 곳이라는 점에서 삶의 여유를 회복하는 공간이다.
④ ㉠은 '수평의 거리감'을 느끼게 한다는 점에서 세상에서 소외된 처지를, ㉡은 '허허허허거리던 시절'과 관련된다는 점에서 과거의 경험을 상기시키는 공간이다.
⑤ ㉠은 '잔잔한 세계'로 이어진다는 점에서 안식을 추구하도록 하는, ㉡은 '면도날 같은 잎'으로 '언덕 점령하던 때'와 관련된다는 점에서 타인을 향한 적대감을 해소하는 공간이다.

03 〈보기〉를 참고하여 (가)와 (나)를 감상한 내용으로 적절하지 <u>않은</u> 것은?

━━ 보기 ━━

　　외부 세계를 지각하는 과정에는 필연적으로 주체의 의식이 반영되기에, 주체에게 지각된 대상은 주체의 내면에서 특정한 변형을 겪게 될 수 있다. 따라서 정신적 성숙과 같은 주체 내면의 변화는 주체가 외부 세계를 인식하는 방식을 변화시킬 수 있다. 이처럼 외부 세계와 시적 주체의 내면은 긴밀히 상호 작용하는데, 이는 시적 주체가 외부 세계의 대상에 주관적인 인상을 부여하여 그 대상을 특정한 의미를 지닌 존재로 부각하는 방식으로 작품에서 구체화한다.

① (가)의 '가뿐한 나의 신발'은 '무거운 젊음의 젖은 구두'를 벗은 상태를 나타낸다는 점에서, 젊은 시절에 느꼈던 부담감에서 벗어난 화자의 의식을 암시한다고 볼 수 있군.

② (가)의 '경사감'이 '세계'가 '기우는' 느낌으로 전이되는 것은, 화자가 기울어진 길을 지각하며 나이 들어가는 것에 관한 내면의 변화를 겪고 있음을 암시한다고 볼 수 있군.

③ (나)의 '억새'의 속성에서 '텅 비운 한 생애의 여백'을 연상하는 것은, 욕심 없이 살아가는 존재로서의 의미가 외부 세계의 대상에 부여된 결과라고 볼 수 있군.

④ (나)의 '바람 찬 산을 넘어온 아침'이 '내 얼굴'을 만진다는 것은, 부정적 현실에서 벗어났다는 안도감으로 인해 화자의 내면에서 아침 공기의 의미가 변형된 것으로 볼 수 있군.

⑤ (가)의 '자갈'은 '길'의 아름다움을 부각하기 위해, (나)의 '젓대'는 화자 내면의 변화를 드러내기 위해 지각 주체의 주관적 인상이 부여된 존재로서 구체화하였다고 볼 수 있군.

▶▶ 수능특강 272 page

10 고재종, 감나무 그늘 아래 / 이재무, 감나무

2026 수능 국어 대비
실전 국어 전형태

다음을 읽고 물음에 답하시오.

(가)

감나무 잎새를 흔드는 게
어찌 **바람**뿐이랴.
감나무 잎새를 반짝이는 게
어찌 **햇살**뿐이랴.
아까는 오색딱따구리가
따다다닥 찍고 가더니
봐 봐, 시방은 청설모가
쪼르르 타고 내려오네.
사랑이 끝났기로서니
그리움마저 사라지랴.
그 그리움 날로 자라면
주먹송이처럼 커 갈 **땡감**들.
때론 머리 위로 흰 구름 이고
때론 온종일 **장대비** 맞아보게.
이별까지 나눈 마당에
기다림은 웬 것이랴만,
감나무 그늘에 평상을 놓고
그래 그래, **밤**이면 잠 뒤척여
산이 우는 소리도 들어 보고
새벽이면 퍼뜩 깨어나
계곡 물소리도 들어보게.
그 기다림 날로 익으니
서러움까지 익어선
저 **짙푸른 감**들, 마침내
형형 등불을 밝힐 것이라면
세상은 어찌 환하지 않으랴.
하늘은 어찌 부시지 않으랴.

- 고재종, 「감나무 그늘 아래」 -

(나)

감나무 저도 소식이 궁금한 것이다
그러기에 사립 쪽으로는 가지도 더 뻗고
가을이면 그렁그렁 매달아 놓은
붉은 눈물
바람결에 슬쩍 흔들려도 보는 것이다
저를 이곳에 뿌리박게 해 놓고
주인은 삼십년을 살다가
도망 기차를 탄 것이
그새 십오 년인데……

감나무 저도 안부가 그리운 것이다
그러기에 봄이면 새순도
담장 너머 쪽부터 내밀어 틔워보는 것이다

- 이재무, 「감나무」 -

01 (가)와 (나)의 표현상의 특징을 비교하여 이해한 것으로 적절하지 <u>않은</u> 것은?

① (가)와 (나) 모두 종결 어미의 반복을 통해 운율감을 자아내고 있군.
② (가)와 (나) 모두 의태어를 사용하여 대상을 생동감 있게 그려 내고 있군.
③ (가)와 (나) 모두 구체적 자연물을 통해 화자의 주관적 인식을 드러내고 있군.
④ (가)와 (나) 모두 말을 건네는 방식으로 대상에 대한 친밀감을 드러내고 있군.
⑤ (가)는 (나)와 달리 설의적 표현을 사용하여 말하고자 하는 바를 강조하고 있군.

02 (가)에 쓰인 소재의 역할과 관계에 대한 이해로 적절하지 <u>않은</u> 것은?

① '바람'과 '햇살'은 '사랑'에 대응하는 시어로 외적인 자극으로 볼 수 있겠어.
② '땡감'과 '짙푸른 감'이 미성숙한 상태를 의미한다면, '장대비'는 성숙을 위해 필요한 시련으로 볼 수 있어.
③ '기다림은 웬 것이랴만'은 기다림의 결과에 대한 화자의 부정적 전망으로 볼 수 있어.
④ '밤'과 '새벽'은 모두 성숙을 위한 인고와 내면적 성찰의 시간으로 볼 수 있겠어.
⑤ '형형 등불'은 익은 감을 지칭하는 것으로 성숙한 상태를 의미할 수 있겠어.

03 (나)와 〈보기〉의 시를 비교한 내용으로 적절하지 <u>않은</u> 것은?

> [보기]
>
> 어린 눈발들이, 다른 데도 아니고
> 강물 속으로 뛰어내리는 것이
> 그리하여 형체도 없이 녹아 사라지는 것이
> 강은,
> 안타까웠던 것이다 //
> 그래서 눈발이 물위에 닿기 전에
> 몸을 바꿔 흐르려고
> 이리저리 자꾸 뒤척였는데
> 그때마다 세찬 강물소리가 났던 것이다 //
> 그런 줄도 모르고
> 계속 철없이 철없이 눈은 내려,
> **강은,**
> 어젯밤부터
> 눈을 제 몸으로 받으려고
> 강의 가장자리부터 살얼음을 깔기 시작한 것이었다
>   - 안도현, 「겨울 강가에서」 -

① (나)와 〈보기〉 모두 사물에 인격을 부여하여 시상을 전개하고 있다.
② (나)와 〈보기〉 모두 계절감을 주는 시어를 통해 시상을 구체화하고 있다.
③ (나)와 〈보기〉 모두 단정적 어조로 화자의 인식을 드러내고 있다.
④ (나)와 〈보기〉 모두 자연 현상의 인과 관계에 대한 객관적 판단을 통해 새로운 시적 인식을 보여 주고 있다.
⑤ (나)의 '붉은 눈물'과 〈보기〉의 '강은'을 보면 두 작품 모두 행 구분의 방법으로 호흡을 조절하고 있다.

I. 현대시

11 서정주, 무등을 보며 / 나희덕, 그 복숭아나무 곁으로
신영복, 평등은 자유의 최고치입니다

▶▶ **수능특강 310 page**

2026 수능 국어 대비
실전 국어 전형태

다음을 읽고 물음에 답하시오.

(가)

가난이야 한낱 남루(襤褸)에 지나지 않는다
저 눈부신 햇빛 속에 갈맷빛의 등성이를 드러내고 서 있는
여름 산 같은
우리들의 타고난 살결 타고난 마음씨까지야 다 가릴 수 있으랴

청산(靑山)이 그 무릎 아래 지란(芝蘭)을 기르듯
우리는 우리 새끼들을 기를 수밖엔 없다
목숨이 가다가다 농울쳐 휘어드는
오후(午後)의 때가 오거든
내외(內外)들이여 그대들도
더러는 앉고
더러는 차라리 그 곁에 누워라

지어미는 지아비를 물끄러미 우러러보고
지아비는 지어미의 이마라도 짚어라

어느 가시덤불 쑥 구렁에 놓일지라도
우리는 늘 옥(玉)돌같이 호젓이 묻혔다고 생각할 일이요
청태(靑苔)라도 자욱이 끼일 일인 것이다.

– 서정주, 「무등을 보며」 –

(나)

㉠ 너무도 여러 겹의 마음을 가진
그 **복숭아나무** 곁으로
㉡ 나는 왠지 가까이 가고 싶지 않았습니다
흰 꽃과 분홍 꽃을 나란히 피우고 서 있는 그 나무는 아마
사람이 앉지 못할 그늘을 가졌을 거라고
㉢ 멀리로 멀리로만 지나쳤을 뿐입니다
흰 꽃과 분홍 꽃 사이에 **수천의 빛깔**이 있다는 것을
나는 그 나무를 보고 멀리서 알았습니다
눈부셔 눈부셔 알았습니다
㉣ 피우고 싶은 꽃빛이 너무 많은 그 나무는
그래서 외로웠을 것이지만 외로운 줄도 몰랐을 것입니다
㉤ 그 여러 겹의 마음을 읽는 데 참 오래 걸렸습니다

흩어진 꽃잎들 어디 먼 데 닿았을 무렵
조금은 심심한 얼굴을 하고 있는 그 복숭아나무 그늘에서
가만히 들었습니다 저녁이 오는 소리를

– 나희덕, 「그 복숭아나무 곁으로」 –

(다)

해가 뜨고 안개가 걷히면서 무등산이 드러나기 시작하였습니다. 적어도 내게는 빙설과 칠흑의 저편에서 그리고 안개 속에서 걸어 나오는 참으로 어려운 산이었습니다. 해발 1천 2백 미터에 가까운 높은 산임에도 불구하고 그 높이를 조금도 드러내지 않는 산이었습니다.

그리고 가장 인상적인 것은 능선(稜線)이었습니다. 무등의 능선은 아무 욕심 없이 하늘에 그은 한 가닥 선이었습니다. 완만하면서도 무덤덤한 능선은 무언(無言)의 메시지였습니다. 당신의 말처럼 **무등산은 최고의 산**이 아니라 무등(無等)의 산, '**평등(平等)의 산**'이었습니다. 하늘(天)과 땅(地)과 사람(人)이 평등하고 산과 들판이 평등하고 나무와 바위가 평등하다는 자연의 이치를 무등산은 이야기하고 있었습니다.

무등산은 **하늘을 향하는 산**이 아니라 **땅을 거두는 산**이었습니다. 자신을 하늘에 높이 솟구쳐 올리는 산이 아니라 기쁨도 아픔도 모두 안으로 간직하는 산이었습니다. 스스로 대지(大地)가 됨으로써 아픈 역사를 그윽이 안고 있는 산이었습니다.

백두대간과 호남정맥을 타고 걸어오다 잠시 멈추어 너른 벌판을 만들어 놓고 조용히 바다를 바라보는 산이 무등산입니다. 삼한(三韓)에서부터 백제, 후백제 그리고 고려, 조선 시대를 거쳐 오늘에 이르는 그 긴 세월의 우여곡절 속에서 모든 좌절한 사람들의 한(恨)을 갈무리하고 있는 역사의 덩어리였습니다. 과연 무등산 자락에는 곳곳에 사림(士林)의 고고한 뜻이 묻혀 있고 우국지사의 울분이 묻혀 있는가 하면 유랑의 시인이 한 많은 그의 생을 이곳에서 거두고 있었습니다.

그러나 그러한 '한(恨)'이 한으로 응어리져 있지 않고 어느 것이나 빛나는 예술로 승화되고 있습니다. 그리고 이러한 예술적 정화(精華)*는 역사의 격동기에 인내천의 평등사상으로, 식민지의 해방 사상으로 그리고 군사 독재의 총검에 맞서는 민주의 실체가 되어 역사 무대의 한복판으로 걸어 나오는 것이었습니다. 이것이 무등산의 **너른 품**이고 무등산의 **무게**입니다.

– 신영복, 「평등은 자유의 최고치입니다」 –

*정화 : 깨끗하고 순수한 알짜. 정수가 될 만한 뛰어난 부분.

01 (가)~(다)에 대한 설명으로 적절하지 <u>않은</u> 것은?

① (가)는 단정과 명령의 어조를 활용하여 화자의 생각을 분명하게 드러내고 있다.

② (나)는 도치된 표현으로 시상을 마무리하여 화자가 대상을 이해하였음을 드러내고 있다.

③ (가)와 (나)는 시간의 경과를 나타내는 표현을 통해 화자의 심리가 변화하는 과정을 보여 주고 있다.

④ (가)와 (다)는 비유적 표현을 활용하여 대상의 긍정적 속성을 강조하고 있다.

⑤ (나)와 (다)는 대상에 생명력을 부여하여 의지를 지닌 존재로 나타내고 있다.

02 (가)와 (다)에 대한 감상으로 가장 적절한 것은?

① (가)의 '청태'는 존재에 내재한 생명력을, (다)의 '대지'는 생명력이 고갈된 존재의 모습을 환기한다.

② (가)의 '옥돌'은 호젓이 현실을 견디는 고결한 존재를, (다)의 '예술적 정화'는 한을 승화시킨 결과를 표현하고 있다.

③ (가)의 '가시덤불 쑥 구렁'은 갈등이 없는 화합의 세계를, (다)의 '무덤덤한 능선'은 자연의 섭리가 반영된 세계를 의미한다.

④ (가)의 '남루'는 가난이 초래한 궁핍한 현실을, (다)의 '아픈 역사'는 황량한 풍경에서 느껴지는 암울한 심정을 드러내고 있다.

⑤ (가)의 '오후의 때'는 위협이 지나간 안정된 상황을, (다)의 '역사의 격동기'는 '무등산'이 겪어온 변화를 환기하고 있다.

03 (나)의 ㉠~㉤에 대한 이해로 적절하지 <u>않은</u> 것은?

① ㉠의 '여러 겹의 마음'이라는 표현에서, 화자가 복숭아나무의 내면을 이해하기 힘들 것이라 생각했음이 드러난다.

② ㉡의 '가고 싶지 않았습니다'라는 표현에서, 화자가 복숭아나무에 대한 부정적 인식을 갖고 있었음이 드러난다.

③ ㉢의 '멀리로'라는 표현에서, 복숭아나무에 대한 정서적 거리감으로 인해 공간적 거리를 두고 있음이 드러난다.

④ ㉣의 '피우고 싶은 꽃빛'이라는 표현에서, 화자는 기존에 알지 못했던 복숭아나무의 내면을 인식하고 있음이 드러난다.

⑤ ㉤의 '여러 겹의 마음을 읽는 데'라는 표현에서, 화자가 예전과 달리 복숭아나무의 내면을 이해하여 공간적 거리가 좁아졌음이 드러난다.

04 〈보기〉를 바탕으로 (나)와 (다)를 이해한 결과로 적절하지 <u>않은</u> 것은?

> **보기**
>
> 문학 작품의 창작에는 대상에 대한 작가의 '재해석' 과정이 개입한다. 여기서 재해석이란 개인적 관념 또는 일반적인 지식에 근거하는 일차적 해석을 수정함으로써 대상의 가치를 다시 판단하고 이해하는 일이다. 이 작업으로 주체는 기존의 세계관을 해체하고 새로운 세계관을 얻게 된다. (나)의 주체는 '복숭아나무'를, (다)의 주체는 '비할 데 없이 높은 산'이라는 '무등'의 명칭을 재해석함으로써 주제 의식을 부각하고 있다.

① (나)의 화자가 '복숭아나무'가 '사람이 앉지 못할 그늘'을 가졌을 거라고 생각하는 데에서 일차적 해석을 확인할 수 있다.

② (나)의 화자가 '흰 꽃과 분홍 꽃' 사이에 있는 '수천의 빛깔'을 발견하는 데에서 재해석을 통해 인식 주체의 세계관이 해체되는 양상을 확인할 수 있다.

③ (다)의 '나'가 '무등산'을 '최고의 산'이 아니라 '평등의 산'이라고 인식하는 데에서 대상의 가치를 다시 판단하는 재해석의 과정을 확인할 수 있다.

④ (다)의 '나'가 '무등산'을 '하늘을 향하는 산'이 아니라 '땅을 거두는 산'이라고 인식하는 것에서 개인적 관념에 근거하여 대상을 해석하고 있음을 확인할 수 있다.

⑤ (다)의 '나'가 '무등산'을 '너른 품'과 '무게'를 가진 존재로 인식하는 데에서 주체가 얻게 된 새로운 세계관을 확인할 수 있다.

12 오장환, 여수 / 이건청, 폐항의 밤

다음을 읽고 물음에 답하시오.

(가)

여수*에 잠겼을 때, 나에게는 조그만 희망도 숨어버린다.
요령*처럼 **흔들리는 슬픈 마음**이여!
요지경 속으로 나오는 좁은 세상에 **이상스러운 세월들**
나는 추억이 ㉠ <u>무성한</u> 숲속에 섰다.

요지경을 메고 다니는 **늙은 장돌뱅이**의 고달픈 주막 꿈처럼
누덕누덕이 기워진 때 묻은 추억,
신뢰할 만한 현실은 어디에 있느냐!
나는 시정배와 같이 현실을 모르며 아는 것처럼 믿고 있었다.

괴로운 행려*속 ㉡ <u>외로이</u> 쉬일 때이면
달팽이 깍질 틈에서 문밖을 내다보는 얄미운 **노스타르자***
너무나, 너무나, 뼈 없는 마음으로
오—늬는 무슨 **두 뿔따구를 휘**저어 보는 것이냐!

— 오장환, 「여수」 —

*여수: 객지에서 느끼는 쓸쓸함이나 시름.
*요령: 놋쇠로 만든 종 모양의 큰 방울.
*행려: 나그네가 되어 돌아다님.
*노스타르자: 노스탤지어. 고향이나 지난 시절을 그리워하는 마음.

(나)

겨울에도 출렁였다.
묶인 배들은 기우뚱거리고
황혼 속에 흔들리는 빈자의 손,
앙상한 숲을 바라보며 울었다.

늦기 전에 가리라.
방파제 너머로 몰려와 **부서지는 지겨운 시간들**,
남은 것들이 하얗게 부서지는 밤바다
아, 묶인 배들은 묶인 채 울고
굵고 ㉢ <u>튼튼한</u> 끈 위에 눈은 쌓였다.
우리는 알지도 못하면서
기우뚱거릴 뿐, 피를,
잘려 나가는 육신을 견디고 있다.

저 ㉣ <u>막막한</u> 눈보라 속으로
껌정신을 끌고 갔다.
늦기 전에 가리라.
흰옷을 입은 남자들이 휠체어에 실려
분수가 쏟아지는 마을의 긴 골목을

밤새도록 밀려가고
이 세대의 폐항에
돌아온 배들이 ㉤ <u>굳게 굳게</u> 묶인다.
묶인 채 기우뚱거리며
눈보라 속에 있다.

— 이건청, 「폐항의 밤」 —

01 (가)와 (나)에 대한 설명으로 가장 적절한 것은?

① (가)는 영탄적 어조를 활용하여 대상을 향한 경외감을 표현하고 있다.
② (나)는 계절을 나타내는 어휘를 활용하여 비극적 분위기를 환기하고 있다.
③ (가)는 (나)와 달리, 청자를 명시적으로 설정하여 풍자적으로 비판하고 있다.
④ (나)는 (가)와 달리, 동일한 종결 어미의 반복을 활용하여 리듬감을 형성하고 있다.
⑤ (가)와 (나)는 모두, 색채어를 활용하여 대상을 선명한 이미지로 제시하고 있다.

02 ㉠~㉤에 대한 이해로 적절하지 <u>않은</u> 것은?

① ㉠은 '희망'이 사라진 현실 속에서 화자가 수없이 많은 '때 묻은 추억'을 상기하고 있음을 드러내는 표현이다.
② ㉡은 의지할 수 있는 대상이 부재한 상황에서 화자가 '여수'를 느끼고 있음을 드러내는 표현이다.
③ ㉢은 현실의 시련을 감내하는 견고한 힘이 '묶인 배'들에게 잠재해 있음을 드러내는 표현이다.
④ ㉣은 화자가 향하려는 '눈보라 속'에도 헤쳐 나가기 어려운 고통이 존재할 것이라는 생각을 드러내는 표현이다.
⑤ ㉤은 '돌아온 배'들이 현실의 구속에서 여전히 벗어나기 어려우리라는 생각을 드러내는 표현이다.

나BS _ 나 없이 EBS 풀지마라

03 〈보기〉를 바탕으로 (가)와 (나)를 감상한 내용으로 적절하지 <u>않은</u> 것은?

보기

시인은 다양한 방식으로 이미지를 활용하여 부정적 현실에 대한 인식과 그에 대응하는 태도를 드러내는 경우가 많다. (가)는 성격이 서로 다른 이미지들을 병치하여, 혼란스러운 현실 인식과 내면적 도피의 한계를 자각하는 태도를 형상화한다. (나)는 '폐항'이라는 중심 이미지와 그와 밀접하게 연관된 이미지들을 통해, 피폐하고 정체된 현실에서 벗어나려 하지만 반복되는 좌절로 무력감에 빠지는 태도를 형상화한다.

① (가)는 '늙은 장돌뱅이'의 이미지를 통해, 한곳에 안주하지 못하고 '괴로운 행려'를 거듭하는 화자의 부정적 상황을 형상화한다.

② (가)는 '두 뽈따구를 휘'젓는 달팽이의 이미지를 통해, '노스타르자'에 잠겨 고달픈 현실에서 도피하려는 화자의 모습을 형상화한다.

③ (나)는 '지겨운 시간들'이 '부서지'는 '방파제'의 이미지를 통해, 화자가 처한 정체된 현실 상황이 개선될 가능성이 있음을 나타낸다.

④ (가)는 '흔들리'는 '요령'의 이미지를 통해 화자의 불안감을 나타내고, (나)는 '묶인 배들'의 이미지를 통해 현실에 구속된 화자의 답답함을 나타낸다.

⑤ (가)는 '요지경'의 이미지를 통해 '이상스러운 세월들'을 목격한 화자의 혼란스러운 현실 인식을 나타내고, (나)는 '앙상한 숲'의 이미지를 통해 화자의 피폐한 내면을 나타낸다.

13 이수익, 방울소리 / 이용악, 그리움

다음을 읽고 물음에 답하시오.

(가)

청계천 7가 골동품 가게에서

나는 어느 **황소 목**에 걸렸던 **방울**을

하나 샀다.

그 영롱한 소리의 방울을 딸랑거리던

소는 이미 **이승**의 짐승이 아니지만,

나는 소를 몰고 여름 해질녘 하산(下山)하던

그날의 소년이 되어, ㉠배고픈 저녁연기 피어오르는

마을로 터덜터덜 걸어 내려왔다.

장사치들의 흥정이 떠들썩한 **문명**의

골목에선 지금, ㉡삼륜차가 울려대는 경적이

저자바닥에 따가운데

내가 몰고 가는 소의 딸랑이는 **방울소리**는

돌담 너머 옥분이네 안방에

들릴까 말까,

사립문 밖에 나와 날 기다리며 섰을

㉢누나의 귀에는 들릴까 말까.

- 이수익, 「방울소리」 -

(나)

눈이 오는가 북쪽엔

함박눈 쏟아져 내리는가

㉣험한 벼랑을 굽이굽이 돌아간

백무선 철길 우에

느릿느릿 밤새워 달리는

화물차의 검은 지붕에

연달린 산과 산 사이

너를 남기고 온

작은 마을에도 복된 눈 내리는가

잉크병 얼어드는 이러한 **밤**에

㉤어쩌자고 잠을 깨어

그리운 곳 차마 그리운 곳

눈이 오는가 북쪽엔

함박눈 쏟아져 내리는가

- 이용악, 「그리움」 -

01 (가)와 (나)의 공통점으로 가장 적절한 것은?

① 하강의 이미지를 통해 화자의 지친 모습을 형상화하고 있다.

② 과거 시제를 사용하여 서사적 사건을 들려주는 형식을 취하고 있다.

③ 공간과 관련된 표지를 제시하여 일상적 공간에 의미를 부여하고 있다.

④ 동일한 종결 어미를 반복하여 대상을 향한 화자의 정서를 부각하고 있다.

⑤ 수미상관의 기법을 활용하여 절망적 현실에 대한 화자의 냉소적 태도를 드러내고 있다.

02 ㉠~㉤에 대한 이해로 적절하지 <u>않은</u> 것은?

① ㉠은 화자의 유년 시절을 감각적으로 표현하고 있다.

② ㉡은 청각적 심상을 활용하여 화자가 시장에서 느끼는 활기차고 밝은 분위기를 표현하고 있다.

③ ㉢은 의문과 추측의 표현을 활용하여 그리운 대상을 떠올리고 있는 화자의 내면을 드러내고 있다.

④ ㉣은 공간을 구체적으로 묘사하여 화자와 고향 사이에 존재하는 단절감을 표현하고 있다.

⑤ ㉤은 잠을 이루지 못하는 화자의 반응을 제시하여 당면한 현실에서 화자가 느끼는 고뇌를 드러내고 있다.

03 〈보기〉를 바탕으로 (가)와 (나)를 감상한 내용으로 적절하지 <u>않은</u> 것은?

> 보기

그리움은 부재한 대상과 동일한 시공간에 존재할 수 없는 상황에서 발생하는 정서이다. 시적 상황에서 그리움은 대개 주체의 상실감을 유발하는 외적 자극으로 인해 촉발되는데, 시인은 주체와 대상을 연결하는 매개물을 등장시키거나, 주체의 반응을 보여 주는 방식으로 그리움의 정서를 극대화하는 경우가 많다.

① (가)는 '그날'에 있을 수 없는, (나)는 '작은 마을'에 있을 수 없는 상황으로 인해 화자의 그리움이 발생하는군.

② (가)는 '이승'에 없는 '소'의 부재로 인해, (나)는 '너'의 부재로 인해 화자가 느끼는 그리움의 정서를 드러내는군.

③ (가)는 '장사치들의 흥정'이 떠들썩한 '문명의 골목'을, (나)는 '잉크병'이 '얼어드는' '밤'을 화자가 상실감을 느끼는 상황으로 제시하는군.

④ (가)는 '황소 목'에 걸렸던 '방울'을 과거와 현재를 연결하는 매개물로, (나)는 '함박눈'을 화자와 '너'를 연결하는 매개물로 제시하는군.

⑤ (가)는 '방울소리'가 '돌담 너머'에 들릴지 궁금해하는 화자의 반응을 통해, (나)는 '그리운 곳'을 거듭 부르는 화자의 반응을 통해 그리움의 정서를 극대화하는군.

나BS 수능특강 문학
변형문제 N제

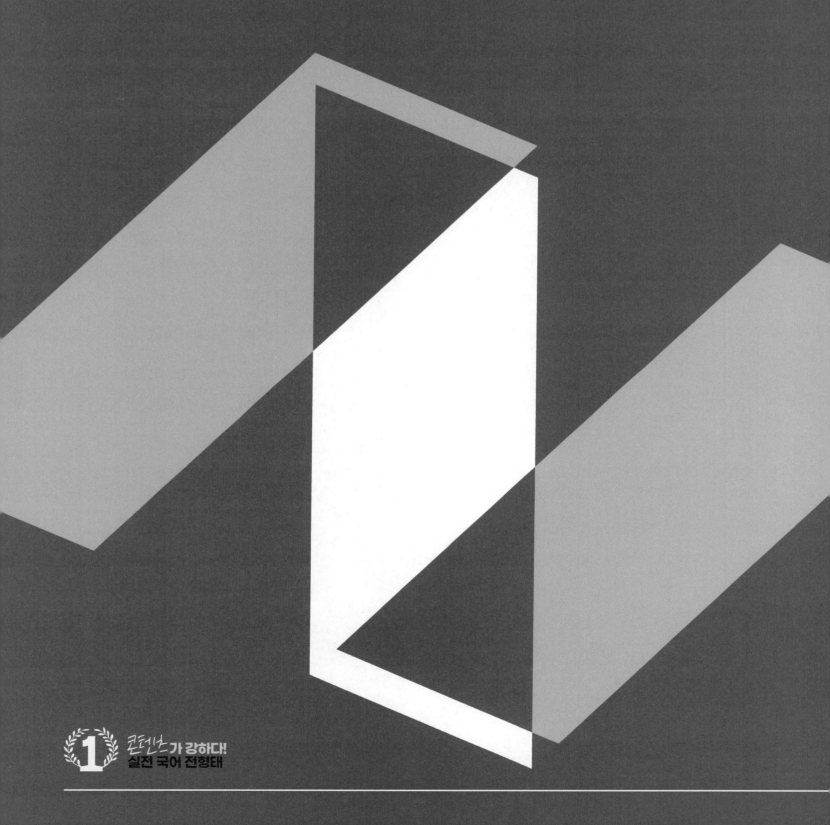

Part 02
고전시가

나BS _ **나 없이 EBS** 풀지마라

다음을 읽고 물음에 답하시오.

(가)

엇그제 졈엇더니 ᄒ마 어이 다 늘거니
소년행락(少年行樂) 싱각ᄒ니 닐너도 속절업다
㉠ 늙거야 셜운 말ᄉᆞᆷ ᄒ쟈 ᄒ니 목이 멘다
부생모육(父生母育) 신고(辛苦)ᄒ야 이 내 몸 길너낼 제
공후배필(公侯配匹) 못 ᄇ라도 군자호구(君子好逑)* 원(願)ᄒ더니
삼생(三生)*의 원업(怨業)이오 월하(月下)*의 연분(緣分)으로
장안유협(長安遊俠) 경박자(輕薄者)를 ᄭᅮᆷ ᄀᆞᆺ치 맛나 이셔
당시(當時)에 용심(用心)ᄒ기 살어름 드듸ᄂᆞᆫ 듯
삼오이팔(三五二八) 겨오 디나 천연여질(天然麗質) 졀노 이니
이 얼골 이 태도(態度)로 백년기약(百年期約) ᄒ얏더니
연광(年光)이 홀홀ᄒ고 조물(造物)이 다시(多猜)*ᄒ야
봄ᄇᆞ람 ᄀᆞ을믈이 뵈오리 북 디나듯
설빈화안(雪鬢花顔) 어ᄃᆡ 두고 면목가증(面目可憎)* 되거고나
㉡ 내 얼골 내 보거니 어느 님이 날 괼소냐
스스로 참괴(慙愧)ᄒ니 누구를 원망(怨望)ᄒ랴
삼삼오오(三三五五) 야유원(冶遊園)의 새 사ᄅᆞᆷ이 나닷 말가
㉢ 곳 픠고 날 저물 제 정처(定處) 업시 나가 이셔
백마 금편(白馬金鞭)*으로 어ᄃᆡ 어ᄃᆡ 머므ᄂᆞᆫ고.
원근(遠近)을 모ᄅᆞ거니 소식(消息)이야 더욱 알냐
인연(因緣)을 ᄭᅳᆫ쳐신들 싱각이야 업슬소냐
얼굴을 못보거든 그립기나 마르려믄
㉣ 열 두 ᄡᅢ 김도 길샤 셜흔 날 지리(支離)ᄒ다
옥창(玉窓)의 심근 매화(梅花) 몃 번이나 픠여 딘고
겨울 밤 ᄎᆞ고 찬 제 자최눈 섯거 치고
녀름 날 길고 길 제 구즌 비ᄂᆞᆫ 므슴 일고
삼춘화류(三春花柳) 호시절(好時節)의 경물(景物)이 시름업다

                                        (중략)

천상(天上)의 견우직녀(牽牛織女) 은하수(銀河水) 막혀서도
칠월칠석(七月七夕) 일년일도(一年一度) 실기(失期)티 아니거든
우리 님 가신 후(後)ᄂᆞᆫ 므슴 약수(弱水)* ᄀᆞ렷관대
오거나 가거나 소식(消息)조차 ᄭᅳ쳣ᄂᆞᆫ고

                              - 허난설헌, 「규원가」 -

*군자호구 : 군자의 좋은 배필. 시경의 구절에서 따온 말.
*삼생 : 전생(前生), 현생(現生), 내생(來生)인 과거세, 현재세, 미래세를 통틀어 이르는 말.
*월하 : 부부의 인연을 맺어 준다는 전설상의 늙은이. 중국 당나라의 위고(韋固)가 달밤에 어떤 노인을 만나 장래의 아내에 대한 예언을 들었다는 데서 유래함.
*다시 : 시기(猜忌)가 많음.
*면목가증 : 얼굴 생김생김이 남에게 미움을 살 만한 데가 있음.
*백마 금편 : 흰말과 금 채찍. 사내의 호사스러운 기마 풍류를 나타내는 관용적 표현.
*약수 : 중국 서쪽의 전설 속의 강. 부력이 약해 기러기의 깃털도 가라앉는다고 함.

(나)

내 임을 그리워해 우니나니
산(山) 접동새 난 이슷하요이다*
아니며 거짓인 줄 아으
잔월효성(殘月曉星)*이 아시리이다
넋이라도 임과 한곳으로 가고 싶어라 아으
우기던 이 누구였습니까
㉤ 과(過)도 허믈도 천만(千萬) 업소이다
무리들의 말이랍니다
슬프도다 아으
임이 나를 ᄒ마 잊으셨나이까
아아 임아 돌이켜 들어서 사랑해 주소서

                              - 정서, 「정과정곡」 -

*이슷하요이다 : 비슷합니다.
*잔월효성 : 새벽녘의 달과 별.

나BS _ 나 없이 EBS 풀지마라

01 (가)와 (나)를 비교한 것으로 가장 적절한 것은?

① (가)의 화자는 현재를 부정적으로 인식하면서도 긍정적인 미래를 예측하고 있다.
② (나)의 화자는 임과 떨어진 이유가 자신이 아닌 타인에게 있다고 진술하고 있다.
③ (나)의 화자와 달리 (가)의 화자는 외적 존재를 통해 자신의 결백함을 하소연하고 있다.
④ (가)의 화자와 달리 (나)의 화자는 과거 회상을 통해 한탄의 정서를 드러내고 있다.
⑤ (가)의 화자가 이상과 현실 사이의 차이 때문에 갈등하는 것과 달리 (나)의 화자는 이상과 현실을 화합시키고 있다.

02 (가), (나)의 공통점으로 가장 적절한 것은?

① 자연물을 통해 화자의 정서를 드러내고 있다.
② 영탄적 표현을 통해 대상의 속성을 예찬하고 있다.
③ 바람직하지 않은 인간에 대한 연민의 시선을 담고 있다.
④ 물음의 방식을 활용해 대상에 대한 친밀감을 표현하고 있다.
⑤ 역설적 표현을 통해 대상의 의미를 긴장감 있게 제시하고 있다.

03 ㉠~㉤에 대한 이해로 적절하지 <u>않은</u> 것은?

① ㉠ : 현재 시점에서 자신의 과거를 회상하며 느끼는 심정을 직설적으로 토로하고 있다.
② ㉡ : 자신의 외모를 거론하면서 자책을 하고 있는 화자의 한탄이 나타나 있다.
③ ㉢ : 정처 없이 방황하는 화자의 모습이 드러나 있다.
④ ㉣ : 외롭게 보내는 시간을 점층적으로 확대해서 강조하고 있다.
⑤ ㉤ : 단호한 어조로 자신은 잘못이 없음을 강조해서 표현하고 있다.

04 〈보기〉를 참고하여 (가)를 감상한 내용으로 적절하지 <u>않은</u> 것은?

> **보기**
>
> 사대부의 유교적 정신세계를 담아내는 일반적인 가사와 달리 부녀자가 짓고 읊은 내방 가사는 여성 화자가 자신과 같은 처지의 여성 또는 딸, 가족 등을 독자로 설정하여 남성 중심의 억압적 사회에서 겪는 여성의 한과 경험에 대해 이야기했다. 이때 한 작품을 여러 사람이 함께 향유하면서 여성들이 공감대를 형성하고 연대 의식을 갖기도 했다.

① 이 작품은 남편의 부재로 인한 여성의 괴로움을 노래했으니, 내방 가사에 해당되겠어.
② '장안유협 경박자'라는 표현에는 남편에 대한 화자의 한이 투영되었다고 볼 수 있겠어.
③ 화자가 같은 여성인 '직녀'에 주목하여 설화를 인용한 것은 화자와 상황이 유사하여 공감대를 형성했기 때문이겠어.
④ 이 작품을 독수공방하는 여인들이 모여서 읽었다면 작품을 통해 서로를 이해하고 긴밀한 연대 의식을 느낄 수 있었을 것 같아.
⑤ 화자가 일반적인 가사처럼 충절을 다루지 않고, 비애의 정서를 사실적으로 표출하는 것은 남성 중심 사회에서 억압받는 여성의 상황과 관련이 있겠어.

05 〈보기〉를 참고하여 (나)를 이해한 내용으로 적절하지 <u>않은</u> 것은?

> **보기**
>
> 텍스트를 구성하는 장치에는 반복, 환언, 생략 기법이 있다. '반복'은 같은 텍스트 안에서 먼저 사용된 언어 표현을 되풀이하는 기법으로 의미나 감정을 강조, 재확인하기 위한 방법이다. '환언'은 비슷한 의미의 다른 표현을 추가하는 기법으로, 의미를 확장하기 위해 사용한다. '생략'은 텍스트의 일부 표현을 생략하는 기법으로, 표현을 간결하게 하여 경제성을 얻기 위해 사용한다.

① 3, 5행에서 여음구를 반복한 것은 화자의 감정을 강조해서 표현하기 위한 것이다.
② 3행에서 '아니며'에 호응하는 문장 성분을 생략한 것은 표현을 간결하게 하기 위한 것이다.
③ 7행에서는 '과'와 '허믈'을 통해 비슷한 의미의 다른 표현을 제시하여 환언을 하고 있다.
④ 8, 9행의 '무리들의 말이랍니다'와 '슬프도다'는 동일한 의미를 반복하는 것으로 둘 중 하나를 생략하면 경제성을 추구할 수 있다.
⑤ 10행, 11행에서 '임'을 반복함으로써, 하소연과 청원의 의미를 강조하고 있다.

2 | 이신의, 사우가 / 신경준, 순원화훼잡설

다음을 읽고 물음에 답하시오.

(가)

바위에 섰는 솔이 늠연(凜然)한* 줄 반가온며
풍상(風霜)을 겪어도 여위는 줄 전혀 업다
어쩌다 봄빛을 가져 고칠 줄 모르나니   〈제1수〉

㉠ 동리(東籬)에 심은 국화(菊花) 귀(貴)한 줄을 뉘 아나니
춘광(春光)을 번폐하고* 엄상(嚴霜)에 혼자 피니
어즈버 청고한 내 벗이 다만 넨가 하노라   〈제2수〉

꽃이 무한(無限)호되 매화(梅花)를 심은 뜻은
눈 속에 꽃이 피어 한 빛인 줄 귀하도다
하물며 그윽한 향기(香氣)를 아니 귀(貴)코 어이리   〈제3수〉

백설(白雪)이 잦은 날에 대를 보려 창(窓)을 여니
온갖 꽃 간데업고 대숲이 푸르러셰라
어쩌서 청풍(淸風)을 반겨 흔덕흔덕*하나니   〈제4수〉

— 이신의, 「사우가(四友歌)」 —

*늠연한 : 위엄이 있고 당당한.
*번폐하고 : 마다하고.
*흔덕흔덕 : 흔들흔들.

(나)

어상(禦霜)

국화에게는 서리를 이겨 내는 높은 절개가 있기 때문에 진나라 도잠(陶潛)*이 이 꽃을 사랑한 것이다. 도잠이야말로 은일(隱逸)인이다. 이 꽃을 가리켜 주무숙(周茂淑)*이 은일하다고 했기 때문에 은일의 이름을 얻게 된 것이지 국화 자신은 실로 은일하지 않다. 왕궁, 귀인 부호가로부터 여염의 천한 선비에 이르기까지 뜨락이나 동산에 심어 사랑하지 않는 사람이 없다. 고금의 시인 문사들이 가사나 서설을 지어 훌륭히 찬양했으며, 또 화가들은 아름답게 그 모습을 그렸다. 심지어 유몽(劉蒙), 범지능(范至能), 사정지(史正志), 왕관(王觀) 등은 그 종류를 빠짐없이 모아 국보를 만들었으니, ㉡ 과연 국화를 보고 바위와 숲이 어울린 험한 빈터에 깊숙이 숨어 삶으로써 사람들이 그 이름을 모르는 꽃이라고 할 수 있겠는가. **혁혁**한 그 명성은 **모란보다** 더 **높**다. 그러니 참으로 꽃 중에서 **은일**은 '어상'이라 하겠다. 이 **꽃**은 담홍색으로 송이가 많으며 **잎**은 국화와 같은데 **줄기**가 약간 가늘다. 늦가을에야 비로소 피며, 서리가 내릴수록 그 빛깔이 더욱 선명하니, 아마 도잠이 이 꽃을 보았다면 그 사랑이 국화보다 못하지 않았을 것인데, 어찌 된 연유로 지금토록 아름다운 빛깔과 높은 은일의 덕을 홀로 간직하고, 세상에 그 이름을 숨기고만 있을까. 나 역시 이제야 이 꽃을 보았으니 이와 같은 종류가 얼마나 있는지는 알 수 없다. 그러나 필시 깊숙한 산언덕 쑥대와 넝쿨이 엉킨 사이에 절개를 가진 꽃들이 어상처럼 숨어 살고 있을 것이다. 참답게 산야에 숨어 사는 선비들은 이런 꽃들을 알겠지만, 설령 알고 있는 자가 있다 하더라도 이런 꽃들이 도잠처럼 글을 지어

이름을 널리 드러내 주기를 바라랴.

매화(梅花)

나는 혹 일 년 넘게 고향에 돌아오지 못하기도 하고, 혹은 일 년에 한 번, 혹은 일 년에 두 번 돌아오기도 했다. 그러나 매번 매화 피는 시기를 놓쳐서 10년 동안 한 번도 매화꽃을 보지 못하였다. 어지러운 인간 세상에서 두루 흘러서 오가며 한 일이 무슨 일이기에 내가 매화와 더불어 떨어져 있었던 것도 역시 오래였다. 일찍이 당나라 사람의 시에, "그대는 고향에서 왔으니, 응당 고향의 일들을 알겠군요. 떠나온 날 비단창 앞에, 한매(寒梅)가 꽃을 피웠던가요." 하였다. 무릇 먼 객지에서 고향 사람을 만났으므로 고향집 일을 물을 것이 하나가 아닐진대, 오직 매화만 아껴 돌아보는 것은 어째서였을까. 마음속으로 의아해했었는데, 이제야 옛사람의 마음을 알겠다. 매화가 필 때를 맞을 때마다 좋은 벗이 먼 곳에 있어 볼 수 없는 것을 한탄하는 것 같았다. 예전에 매화 아래에 살면서 날마다 매화와 만난 것을 생각해 보니, 또한 스스로 그 기쁨이 어느 정도였는지 몰랐던 것이다. 지금 떨어져 멀리 있으니 그 그리움의 절실함이 어찌 이에까지 이르렀을까. 갑자년 겨울에 고향에 돌아와 다음 해 봄에 이르기까지 매화의 피고 지는 것을 모두 얻었다. 그 성근 **가지**가 늙어가는 것을 보고 여윈 **꽃술**과 찬 **꽃받침**을 살펴보니 마음속이 진실로 **유연(悠然)**하여 말로 할 수 없구나.

— 신경준, 「순원화훼잡설(淳園花卉雜說)」 —

*도잠 : 중국 육조 시대의 시인인 도연명의 본명.
*주무숙 : 중국 북송 시대의 유학자로 성리학의 기초를 닦은 인물.

01 (가)의 시상 전개에 대한 설명으로 가장 적절한 것은?

① 〈제1수〉에서 대상에 대해 제기된 의문이 〈제2수〉에서 화자의 인식 전환을 통해 해소되고 있다.

② 〈제1수〉에서는 대상을 향한 화자의 정서를, 〈제3수〉에서는 대상과 화자의 갈등을 드러내고 있다.

③ 〈제2수〉에서는 계절감을, 〈제4수〉에서는 색채를 드러내는 시어를 활용하여 대상과 화자의 거리감을 강조하고 있다.

④ 〈제2수〉에서는 영탄적 표현을, 〈제3수〉에서는 반어적 표현을 활용함으로써 대상과 관련된 행위의 이유를 밝히고 있다.

⑤ 〈제3수〉에서는 후각적 이미지를, 〈제4수〉에서는 시각적 이미지를 활용함으로써 대상의 긍정적인 속성을 부각하고 있다.

03 ㉠과 ㉡에 대한 설명으로 가장 적절한 것은?

① ㉠은 화자가 대상의 속성을 통해 자기 삶에 대한 인식을 전환하고 있음을 드러내고 있다.

② ㉡은 대상의 생태적 특성을 언급하며 대상과 조화를 이루는 자연물을 드러내고 있다.

③ ㉠은 ㉡과 달리, 대상이 지닌 가치를 알아보지 못하는 사람들을 향한 안타까움을 드러내고 있다.

④ ㉡은 ㉠과 달리, 대상에 대해 사람들이 비판적 시각을 지니고 있음을 우회적으로 드러내고 있다.

⑤ ㉠과 ㉡은 모두, 대상과 관련된 잘못된 편견을 지니고 있었다는 깨달음을 드러내고 있다.

02 (나)를 이해한 내용으로 적절하지 않은 것은?

① '나'는 '도잠'이 '어상'을 보았다면 '국화'를 사랑했던 것만큼 '어상' 또한 아꼈을 것이라고 생각한다.

② '나'는 '어상처럼 숨어 살고 있는' '꽃들'이 자신의 이름이 세상에 드러나는 것을 바라지 않는다고 추측한다.

③ '나'는 자신을 '고향에 돌아오지 못하'게 하는 '어지러운 인간 세상'을 완전히 떠났다는 사실에 기쁨을 느낀다.

④ '나'는 '10년 동안'이나 '매화 피는 시기'를 놓쳤던 경험을 바탕으로 '당나라 사람의 시'에 대한 깨달음을 얻는다.

⑤ '나'는 예전과는 다르게 '매화'를 자주 보지 못하게 되면서 '날마다 매화'를 보았던 '기쁨'의 소중함을 인식한다.

04 〈보기〉를 바탕으로 (가)와 (나)를 이해한 내용으로 적절하지 않은 것은?

> **보기**
>
> 전통적으로 사대부들은 자연을 하늘의 이치[天理]가 구현된 세계로 보았기에, 자연물을 이상적 가치를 상징하는 관념적인 대상으로 형상화하였다. 그런데 조선 후기에 이르러 자연을 객관적인 경물(景物)로 대하는 작품들이 등장하기 시작했다. 이 작품들은 자연물의 외양 및 특성에 대한 관찰을 바탕으로 작가의 개인적 정서를 드러내거나, 자연물에 관한 기존의 보편적 인식을 전복하는 방식으로 변화하는 자연관을 담아냈다. 자연과의 합일을 지향하는 (가)의 화자와, 자연을 대상화하는 (나)의 '나' 사이에 존재하는 태도의 차이는 이러한 변화를 잘 보여 준다.

① (가)에서 '솔'이 '풍상'에도 '봄빛을 가져 고칠 줄 모르'는 것에 감탄한 것에서, 작가가 '솔'을 절개와 지조라는 가치를 상징하는 자연물로 인식하고 있음을 알 수 있다.

② (가)에서 '백설이 잦은 날' '대'를 보기 위해 '창'을 열었다는 것에서, 작가가 '백설'을 하늘의 이치가 구현된 이상적 세계로 인식하고 있음을 알 수 있다.

③ (나)에서 '매화'의 '가지', '꽃술', '꽃받침'을 보고 '유연'한 마음을 가지는 것에서, 작가가 자연물의 외양을 관찰하며 느낀 개인적 정서를 드러내고 있음을 알 수 있다.

④ (나)에서 '국화'의 '혁혁'한 명성이 '모란보다 더 높'음을 언급하며 진정한 '은일'이 아니라고 평가하는 것에서, 작가가 자연물에 대한 기존의 보편적 인식을 전복하고 있음을 알 수 있다.

⑤ (가)에서 '국화'를 '청고한 내 벗'으로 여긴 것과, (나)에서 '어상'의 '꽃', '잎', '줄기'의 외양을 자세하게 설명한 것에서, 자연물을 관념적인 대상으로 형상화하였던 사대부의 전통적인 자연관이 변화하였음을 알 수 있다.

다음을 읽고 물음에 답하시오.

유배가사는 작가의 유배 체험을 작품으로 형상화한 가사로서, 저마다 고유한 담론(談論) 형식을 활용하여 개성적인 면모를 드러내며 우리 시사(詩史)에서 중요한 역할을 담당한다.

(가)
어르는 듯 괴는 듯 나밖에 없는 님을 만나
금화성(金華省) 백옥당(白玉堂)*의 [꿈]조차 향기롭다
오색(五色)실 이음 짧아 님의 옷을 못 지어도
바다 같은 님의 은혜를 조금이나마 갚으려고
백옥(白玉) 같은 이내 마음 님 위하여 지키고 있었더니
한양에 어제 밤에 무서리 섞어 치니
해질녘 대나무숲에 푸른 소매가 차갑기도 하구나
                              (중략)
외로운 마음으로 나라만 생각하다 원분(冤憤)만 쌓였으니
차라리 눈먼 말 같이 눈 감고 지내고자
창창막막(蒼蒼漠漠)하여 못 믿을 건 조화(造化)*로다
이러나 저러나 하늘을 원망할까
도척(盜跖)*은 멀쩡히 놀고 백이(伯夷)*는 아사(餓死)하니
동릉(東陵)*이 높은 걸까 수양(首陽)*이 낮은 걸까

                              - 조위, 「만분가」 -

*금화성 백옥당 : 작가가 젊은 시절 머물던 궁 내의 기관.
*조화 : 우주 만물의 이치.
*도척, 동릉 : 도척은 유명한 도적으로, 동릉은 도척의 무덤이 있는 곳임.
*백이, 수양 : 백이는 도리에 어긋난 주 무왕을 비판한 인물이며, 수양은 백이가 굶어 죽은 곳임.

유배가사의 효시인 (가)는 ⊙ 성종의 사후 연산군으로 인하여 유배형을 받은 작가가 선왕(先王) 성종을 향한 충심을 드러내는 한편, 억울한 누명을 쓰고 유배된 자기 처지와 그에 따른 상실감을 호소하고자 창작한 작품이었다. 이때 '의사(疑似)애정담론'의 형식이 활용되는데, 특정 부분에서 '님'과의 군신 관계를 형성하는 남성 화자가 여성 화자로 치환되면서 작품의 담론이 남녀 간의 애정 관계를 중심으로 재편되곤 하였다. 이러한 의사애정담론의 형식은 작가의 심정을 호소력 있게 독자에게 전달하는 한편, 정치적으로 민감할 수 있는 견해를 우회적으로 드러내는 전략으로 활용되었다.

(나)
나도 님을 미더 군 쁘디 젼혀 업서
이릭야 교틱야 어즈러이 구돗썬디
반기시는 낫비치 녜와 엇디 다르신고
누어 싱각호고 니러안자 혜어호니
내 몸의 지은 죄 뫼 구티 싸혀시니

하늘히라 원망호며 사룸이라 허믈호랴
                              (중략)
졍셩(情誠)이 지극호야 [꿈]의 님을 보니
옥 구튼 얼굴이 반(半)이나마 늘거셰라
모옴의 머근말숨 슬쿠장 숣쟈호니
눈믈이 바라나니 말인들 어이호며
졍(情)을 못다호여 목이 조차 몌여
오면된 계셩(鷄聲)의 줌은 엇디 씨돗던고
어와 허ᄉ(虛事)로다 이 님이 어디 간고
결의 니러 안자 창을 열고 브라보니
어엿븐 그림재 날 조출 뿐이로다

                              - 정철, 「속미인곡」 -

(가)에서 시작된 유배가사의 전통이 (나)로 이어지면서, 의사애정담론은 더욱 본격적으로 활용되었다. (가)의 담론에서는 작가의 분신으로서 남성 화자가 제시됨에 따라 작품의 내용과 유배 체험 간의 표면적 연관성이 유지되었던 데에 반해, (나)의 담론 형식에서는 여성 화자를 중심으로 가상적 상황이 제시되면서, 상징적·함축적 언어를 통해 유배의 현실이 제시되었다. 이는 작품의 초점을 '님'과의 관계에서 여성 화자가 겪는 체험과 감정에 맞춤으로써 잠재적 독자인 임금이 자신을 다시 불러주기를 바라는 마음을 효과적으로 전하기 위한 전략이었다.

(다)
어와 세상 사람들아 이내 거동 구경하소
과거를 하려거든 청춘에 아니하고
오십에 등과(登科)하여 백수홍진(白首紅塵)* 무슨 일인고
공명이 늦을망정 행색이나 약삭빠르지
무단히 내달아서 소인(小人)의 적이 되어
부월(斧鉞)*을 무릅쓰고 임금에게 상소하니
예전으로 보게 되면 빛나고 옳건마는
흔들리는 세상에서 남다른 노릇이라
소(訴) 한 장 오르면서 조정이 진동한다
어와 황송할사 임금이 진노하사
삭탈관직하시면서 엄중하게 꾸중하니
운수 나쁜 이 몸이 고향으로 돌아가서
춘풍에 배를 타고 강호(江湖)로 향하다가
남수찬의 상소 끝에 명천(明川) 유배 놀랍도다
                              (중략)
주인의 하는 말이 그렇지 아니하다
악양누(岳陽樓) 황강경(黃崗景)도 왕등의 사적(事蹟)이요
적벽강 제석놀음 구소의 풍정(風情)이니*
김학사(金鶴寺) 칠보산 놀음 무슨 허물 있으리오
그 말을 반겨 듣고 서둘러 일어나서

나귀에 술을 싣고 칠보산(七寶山) 들어가니
구름 같은 일천 봉이 그림 같은 광경이라
박달영(朴達嶺) 넘어가서 금장동(金藏洞) 들어가니
골골이 물소리는 백옥을 젖혀있고
봉우리마다 단풍 빛은 비단 장막을 둘러놓은 듯
육십 명 선비 들여 앞세우고 뒤세우니
풍경도 좋거니와 광경이 더욱 좋다

          - 김진형, 「북천가」 -

*백수홍진 : 나이가 들어 험한 세파에 휩쓸림.
*부월 : 크고 작은 도끼를 이르는 말로, 왕이 지닌 생살권을 의미함.
*악양루~풍정이니 : 왕원지와 등자경이 황강을, 구양수와 소동파가 적벽강을, 유배 상황에서 감상한 후 훌륭한 시를 남긴 업적을 이름.

 조선 후기까지 (다)와 같은 유배가사가 창작되었는데, 이때의 유배가사들은 (가), (나)와 같은 이전 시기 유배가사와 구별되는 담론 형식을 보였다. 조선 전기 유배가사가 대규모의 정치적 변동하에서 창작되어 작가가 작품에 실제 현실을 직접 반영하기 어려웠던 데에 반하여, 조선 후기 유배가사의 작가들은 주로 개인적 과실로 유배객이 되어 정치적 부담이 적었기 때문이었다. 이에 조선 후기 유배가사는 유배 체험을 사실적으로 반영하는 한편, 이를 서사화하는 경향을 띠었다. 한편 당대 독자에게 유배 체험이 호기심을 유발하는 비일상적인 체험으로 여겨져서 유배가사에서 경물의 묘사나 특정 발화 방식 등을 통해 독자의 흥미를 유도하는 전략이 활용되기도 하였다.
 이처럼 분화해 온 유배가사의 담론 양식은 텍스트로 표현된 발화 양식을 통해 구체화하였는데, 발화 양식은 그것이 주목하는 바에 따라 세 가지로 나뉘었다. 먼저 ⓐ 화자 중심 발화는 작가의 내면을 드러내는 것을 주된 목적을 하는 발화로, 유배가사의 서정성을 담보하곤 하였다. ⓑ 청자·독자 중심 발화는 청자나 독자를 설득하려는 의도를 내포한 발화인데, 이는 예상 독자를 전제로 정치적 목적을 달성하기 위한 전략의 일환이었다. ⓒ 지시물 중심 발화는 작품에서 다루는 공간이나 대상, 사건 등을 묘사하고 조명하기 위한 발화로서, 독자에게 정보를 제공하는 기능을 수행하고자 동원되었다.

01 ㉠을 바탕으로 (가)를 감상한 내용으로 적절하지 <u>않은</u> 것은?

① '님의 은혜'를 갚으려는 마음을 '백옥'에 빗대는 것에서 선왕을 향한 작가의 충심이 구체적으로 형상화되는군.
② '소매'가 차가운 상태는 '무서리'의 결과로서 화자가 유배로 인해 불안한 상황에 놓이게 되었음을 암시하는군.
③ 화자가 '나라만 생각'한 결과로 '원분'만 쌓였다고 한 것은 억울한 상황에 놓인 화자의 상실감을 보여 주는군.
④ 화자가 '눈먼 말'같이 지내려 하면서도 '조화'를 받아들이지 못하는 것은 유배로 인한 '원분'이 남았음을 보여 주는군.
⑤ 당대 유명했던 '도척'도 결국은 '동릉'에 묻혀서 죽었다는 점에서 누명을 쓰고 유배형을 받은 화자와 동일시되고 있군.

02 <u>꿈</u>을 중심으로 (가)와 (나)를 비교한 내용으로 가장 적절한 것은?

① (가)와 달리 (나)의 '꿈'은 화자가 추구하는 이상 세계의 모습을 보여 준다.
② (가)와 (나)의 '꿈'에는 모두 화자의 고난이 심화될 것임을 암시하는 소재가 제시된다.
③ (가)의 '꿈'이 화자에게 '님'과 지냈던 기억을 상기시킨다면, (나)의 '꿈'은 화자에게 '님'에 대한 안타까움을 환기한다.
④ (가)의 '꿈'이 임을 향한 화자의 그리움을 반영한 결과라면, (나)의 '꿈'은 임을 향한 화자의 원망을 심화하는 원인이다.
⑤ (가)의 '꿈'은 화자가 이상과 현실의 괴리를 인정하는 계기가, (나)의 '꿈'은 화자가 현실 극복을 다짐하는 계기가 된다.

03 ⓐ~ⓒ를 중심으로 (가)~(다)를 이해한 내용으로 적절하지 <u>않은</u> 것은?

① (가)에서 '바다 같은 님의 은혜를 조금이나마 갚으려고'는 예상 독자인 임금을 대상으로 한다는 점에서 ⓑ에 해당한다.
② (나)에서 '어엿븐 그림재 날 조츨 뿐이로다'는 화자가 느끼는 상실감을 환기한다는 점에서 ⓐ에 해당한다.
③ (나)에서 '내 몸의 지은 죄 뫼 ᄀ티 빠혀시니'는 잠재적 독자의 태도 변화를 의도한다는 점에서 ⓑ에 해당한다.
④ (다)에서 '흔들리는 세상에서 남다른 노릇이라'는 현실에 대한 화자의 생각을 직접 드러낸다는 점에서 ⓐ에 해당한다.
⑤ (다)에서 '박달영 넘어가서 금장동 들어가니'는 실제 공간에 관한 정보를 제공하는 발화라는 점에서 ⓒ에 해당한다.

04 (다)를 감상한 내용으로 가장 적절한 것은?

① 늦은 나이에 과거에 급제하여 벼슬살이를 시작한 일을 떠올리는 데에서 화자의 자부심이 드러나는군.
② 임금에게 직언하지 못한 일을 회상하는 데에서 제 역할을 다하지 못했다고 생각하는 화자의 회한이 드러나는군.
③ 남수찬이 올린 상소 덕택에 목숨을 건진 일을 회고하는 데에서 화자의 안도감이 드러나는군.
④ 명승지와 관련한 시를 남긴 유배객의 사례를 듣고 일어나는 데에서 놀이를 즐길 정당성을 얻은 화자의 기쁨이 드러나는군.
⑤ 단풍이 물든 산의 풍경을 보며 고향을 연상하는 데에서 화자의 고조되는 감흥이 드러나는군.

05 (가)~(다)의 향유 양상에 대한 추론으로 적절하지 <u>않은</u> 것은?

① (가)에서 오색실로 옷을 지으려 한다는 진술은 여성 화자를 연상시키면서 독자에게 호소력 있게 느껴졌겠군.
② (나)를 감상한 독자들은 작품의 내용과 작가의 유배 체험 간의 표면적 관련성을 직접 파악할 수 있었겠군.
③ (나)의 작가가 사대부 남성임을 아는 독자들은 '님'을 향한 화자의 믿음을 임금을 향한 신하의 충성으로 치환하여 이해하겠군.
④ (다)에서 화자가 호명하는 청자가 독자와 동일시됨에 따라 독자는 작가의 개인적 체험에 관심을 느낄 수 있겠군.
⑤ (다)에서 소인들의 적이 되었다는 화자의 진술을 통해 (다)를 쓴 작가가 당대의 정치 현실을 직접 언급하는 것에 부담이 적었음을 알 수 있군.

4 │ 홍정유, 동유가

다음을 읽고 물음에 답하시오.

깊은 개 지나서 신안역 찾아오니
주자(朱子)와 우암(尤庵) 선생 **영당(影堂)**이 있는데
갈 길이 바빠서 참배를 못 하니
현인(賢人)을 사모하는 후학(後學) 마음 섭섭하기 가이없다
점심 먹고 일어서니 날씨가 서늘하다
당아지고개 넘어 너분들 주막 지나니
길가의 비석 하나 우습고 신기하다
좌수(座首) 현(玄) 아무개의 선좌비(善佐碑)라 하더라
칠송정 지나올 때 **큰 소나무** 하나 서 있는데
굵기는 두어 아름 높이는 여남은 길 되더라
마침 ㉠ 늙은 어부 하나 지나가다 하는 말이
전하는 말에 저 소나무가 병자호란 겪었다네
들으니 신기하여 두 번 세 번 돌아보고
고개 둘 또 넘어서 회양부(淮陽府)에 들어가니
해는 아직 덜 저물고 **삼백팔십 리** 왔네

(중략)

잘 있었느냐 삼각산아, 우리 고향 가깝구나
다락원서 점심 먹고 동소문으로 들어오니
신시 남짓 되었고 시장도 하기에
길가의 주막에서 밥 사서 요기하고
옷차림 더럽고 모습도 부끄러워
어둡기 기다려서 집에를 들어가니
조부모님 건강하시고 기력이 좋으시며
처자들 탈 없이 모두들 반겨하고
달포 만에 만난 어린 딸은 낯설어하지 않네
저녁 먹고 피곤하여 벗고 누워 생각하니
전후 삼십육일 만에 일천육백여 리 돌아다니며
만이천봉 구경하고 시 백사십 수 읊었으며
일행 다섯 사람이 병 없이 다녀왔으니
강산이 도왔는가 각각 복력(福力)인가
내외 금강산 뛰어난 경치 눈앞에 삼삼하여
꿈인 듯 진경(眞景)인 듯 반신반의하겠구나
듣고 본 좋은 경치 대강 적어 기록하고
도중의 우스운 일 간단하게 적었으니
아무나 보시는 이 짐작하여 주오소서
우리나라 명산이요 삼한(三韓) 때 고찰들이
한곳에 모여 있어 천하에 유명하다
세상의 ㉡ 호걸님들 다 한번 보옵소서

– 홍정유, 「동유가」 –

01 윗글에 대한 설명으로 적절하지 <u>않은</u> 것은?

① 지명을 언급하여 공간의 이동을 구체화한다.
② 자연물의 모습을 묘사하여 계절의 변화상을 보여 준다.
③ 영탄적 표현을 활용하여 여정에 대한 만족감을 표출한다.
④ 말을 건네는 방식을 활용하여 대상을 향한 친밀감을 드러낸다.
⑤ 화자의 행동을 시간의 흐름에 따라 열거하여 상황을 구체적으로 보여 주고 있다.

02 ㉠과 ㉡에 대한 이해로 가장 적절한 것은?

① ㉠은 화자에게 놀라움을 주는 인물이고, ㉡은 화자가 안타깝게 여기는 인물이다.
② ㉠은 화자가 여정 중에 만난 인물이고, ㉡은 화자가 여정을 마친 후에 만난 인물이다.
③ ㉠은 화자가 알지 못했던 사실을 알려 주는 인물이고, ㉡은 화자가 본받고자 하는 인물이다.
④ ㉠은 화자의 정서적 반응을 불러일으키는 인물이고, ㉡은 화자가 특정 행동을 권유하는 인물이다.
⑤ ㉠으로 인해 화자는 자신의 행동을 반성하게 되고, ㉡으로 인해 화자는 새로운 결심을 하게 된다.

03 〈보기〉를 참고하여 윗글을 감상한 내용으로 적절하지 <u>않은</u> 것은?

보기

> **선생님**: 전통적으로 기행 가사는 군자가 갖추어야 할 덕과 기상을 함양
> 하기 위해 떠난 유생의 여행 경험을 그려 냈습니다. 그러나 조선 후기
> 한양을 기반으로 활동하던 문인들은 대상의 실제를 탐구하고 기록하
> 는 새로운 학문 경향을 기행 가사에 반영했습니다. 홍정유 역시 「동유
> 가」에서 유교적 덕목이나 교훈을 앞세우기보단, 유람 중 경험한 사실
> 을 객관적으로 묘사하는 데에 집중했습니다. 나아가 사소한 일상과
> 개인적 소회를 자유롭게 표현하고, 구체적 수치를 제시함으로써 기존
> 기행 가사와 구별되는 면모를 보여 주었습니다.

① '영당'을 지나치며 '갈 길이 바빠서'라고 말하는 대목에서, 작가의 유람 목적
이 유교적 덕목 함양에 있지 않음을 알 수 있군.

② '큰 소나무'에 관해 묘사하는 부분에서, 작가가 자연물이 주는 교훈보다는
자연물 그 자체에 호기심을 보였음을 알 수 있군.

③ '삼백팔십 리', '삼십육일' 같은 표현에서, 작가가 객관적 사실을 수치화해
기록함으로써 사물의 실제를 탐구하려 했음을 알 수 있군.

④ '내외 금강산 뛰어난 경치'가 '눈앞에 삼삼하'다고 말하는 대목에서, 작가가
유람 체험에 대한 개인적 소회를 드러내어 기존 기행 가사와는 구별되는
면모를 보여 주었음을 알 수 있군.

⑤ '듣고 본 좋은 경치'뿐만 아니라 '도중의 우스운 일'까지 기록했다는 언급에
서, 작가가 유람 중 겪은 사소한 일상까지 자유롭게 표현했음을 알 수 있군.

다음을 읽고 물음에 답하시오.

(가)

동쪽의 바다에는 큰 고래 있고	東溟有長鯨
서쪽의 국경에는 멧돼지 있네	西塞有封豕
강목에는 패잔병만 울고 있으며	江章哭殘兵
해안에는 굳센 보루 전혀 없구나	海徼無堅壘
조정에선 좋은 계책 아니 세우나	廟算非良籌
몸보신만 꾀한다면 대장부이랴	全軀豈男子
말 잘 보는 ⊙<u>한풍자</u>*가 다시 안 나니	寒風不再生
절영마*는 부질없이 **귀가 처졌네**	絕景孔垂耳
누가 알리, 베옷 입은 이 사람이	誰識衣草人
웅대한 뜻 하루 **천 리** 달리는 줄을	雄心一千里

– 임제, 「잠령민정」 –

*한풍자 : 훌륭한 말을 감정하는 전설 속의 인물.
*절영마 : 조조가 탔다는 훌륭한 말로, 여기서는 인재를 뜻함.

(나)

어와 즐겁구나 이곳이 어디인가
좋다고 하려니와 ⓒ<u>옛사람</u> 이른 말이
인(仁)이 있는 곳을 택하지 않고 어찌 지혜롭겠는가 하였으니
한가한 곳에 거처를 찾으니 이곳이라 하리로다
미리 오지 못하였음을 오늘에야 깨닫는구나
이미 저지른 잘못이니 뉘우친들 어찌하며
지난 일은 고칠 수 없으니 앞으로는 고칠 수 있도다
손흥공의 산수부*를 목청 내어 맑게 읊고
이제야 허리 펴니 이 아니 즐거운가
이내 몸 의지하고자 초가 몇 칸을
바위 굴에 얽어매어 흰 구름이 덮었으니
청산은 네 벽이요 구름은 지붕이로다
돌솥에 음식을 삶아 먹고 신령한 산에서 약초를 캐니
산중의 그윽한 흥이 이토록 청초하랴
이렇듯 한가함도 오직 하늘의 뜻이로다
(중략)
꿈 같은 인생이 안개같이 스러지며
산처럼 쌓인 재물 구름같이 흩어지고
가축에 재앙이 미쳐 닭, 개까지 다 죽으니
부귀영화를 무를 **방도가 전혀 없다**
꽃을 탐하는 눈이 어두워 불꽃인 줄 몰라보고
옷 벗은 어린아이는 밝은 곳으로만 여기느냐
부귀빈천이 각자 천명에 따르나라
풀로 짠 옷이 내 분수이니 비단옷을 생각하랴

– 김상헌, 「운림처사가」 –

*손흥공의 산수부 : 진(晉)대의 손작이 산림에 은거하며 지은 노래.

01 (가)와 (나)에 대한 설명으로 적절하지 <u>않은</u> 것은?

① (가)는 (나)와 달리, 물음의 형식을 활용하여 자신의 신세에 대한 화자의 한탄을 부각하고 있다.

② (나)는 (가)와 달리, 색채어를 활용하여 화자가 위치한 공간의 모습을 그리고 있다.

③ (가)와 (나)는 모두, 비유적 표현을 통해 현실에 대한 화자의 인식을 우회적으로 드러내고 있다.

④ (가)와 (나)는 모두, 여러 자연물을 활용하여 화자가 처해 있는 상황을 구체적으로 제시하고 있다.

⑤ (가)는 이질적 공간을 대비하여 현실적 어려움을, (나)는 자연물에 인격을 부여하여 화자의 지향을 나타내고 있다.

02 ㉠과 ㉡에 대한 설명으로 가장 적절한 것은?

① ㉠과 ㉡은 모두, 화자가 부정적 현실을 바로잡는 것을 도와줄 수 있는 대상이다.

② ㉠과 ㉡은 모두, 타인의 인정을 받기 위해 필요한 삶의 방식을 제시하는 대상이다.

③ ㉠은 화자에게 능력을 뽐낼 계기를 제공하는, ㉡은 화자에게 성찰의 계기를 제공하는 대상이다.

④ ㉠은 화자에게 객관적인 자기 인식을 강조하는, ㉡은 화자에게 도덕적 삶의 자세를 강조하는 대상이다.

⑤ ㉠은 현재 상황에 대한 화자의 불만을 비판하는, ㉡은 현재 거처에 대한 화자의 긍정적 평가를 이끌어 내는 대상이다.

03 〈보기〉를 참고하여 (가)와 (나)를 감상한 내용으로 적절하지 <u>않은</u> 것은?

> **보기**
>
> 속세는 인간의 이상과 욕망이 구현되는 공간인 동시에, 그 실현이 가로막히는 제약의 공간이기도 하다. 이러한 이중성으로 인해, 인간은 이상과 욕망을 좇는 과정에서 좌절을 경험하며 세속의 현실 자체를 부정하려 하기도 한다. 고전 시가에서는 이러한 모순을 극복하는 방안 중 하나로, 이상과 욕망이 인간이 겪는 고통의 근원임을 자각함으로써 그것들에서 벗어나는 정신적 자유를 추구하려는 자세를 제시한다.

① (가)의 '굳센 보루'가 없는 '해안'은 화자가 문제시하는 현실의 모습으로, 당대 현실이 나라의 안정이라는 이상을 실현하지 못하고 있음을 보여 주는군.

② (나)의 '돌솥에 음식을 삶아 먹'고 '신령한 산에서 약초를 캐'는 화자의 모습은, 세속 현실의 모순을 극복하기 위해 정신적 자유를 추구하는 자세를 나타내는군.

③ (나)에서 '꽃을 탐하는 눈'으로 '불꽃인 줄 몰라보'는 것을 비판하는 화자의 모습은, 맹목적인 욕망 추구가 고통의 근원이 될 수 있다는 인식을 드러내는군.

④ (가)의 '귀가 처'진 '절영마'를 통해 소망하는 바를 이루지 못하고 있는 화자의 처지가, (나)의 '방도가 전혀 없다'를 통해 세속 현실의 이중성에 대한 화자의 깨달음이 암시되는군.

⑤ (가)의 '웅대한 뜻'을 품은 화자가 '천 리'를 달리는 것과 (나)의 화자가 '한가한 곳'에 '거처를 찾'는 것은, 세속 현실에 거부감을 품고 세속 현실에서 벗어나려는 노력에 해당하는군.

6 | 이덕일, 우국가 / 최현, 용사음

다음을 읽고 물음에 답하시오.

(가)

[A]
┌ 성(成) 있어 오랑캐를 막으랴 왜놈 와도 방법 없다
│ 삼백 이십 주를 어찌 어찌 지킬건고
└ 아무리 뛰어난 병사인들 의지가 없이 어이하리

〈제4수〉

도적 오니 누가 막으리 오지 않아도 알리로다
삼백 이십 주에 누가 누가 힘써 할꼬
아무리 애고애고 한들 이 인심(人心)을 어이하리

〈제5수〉

베 짜서 세금으로 쌀 찧어 세금으로
헐벗은 백성들이 배 고파 서러워하니
원컨대 이 뜻 아시어 은혜 고루 베푸소서

〈제11수〉

공명(功名)과 부귀(富貴)는 남은 일로 하여 두고
대궐 대신들 진심으로 나랏일 하소서
이러고 저러고 하다가 나중에 어이 하실꼬

〈제12수〉

힘써 하는 싸움 나라 위한 싸움인가
옷밥에 묻혀 있어 할 일 없어 싸우는구나
아마도 그치지 아니하니 다시 어이하리

〈제13수〉

이편이라 다 옳으며 저편이라 다 그르랴
두 편이 같아서 이 싸움 아니 그치네
성군(聖君)이 기준 되시면 절로 말까 하노라

〈제19수〉

- 이덕일, 「우국가」 -

(나)

ⓐ 재물로 성 쌓으니 만장(萬丈)을 뉘 넘으며
고혈(膏血)*로 못을 파니 천척(千尺)을 뉘 건너리
수많은 잔치판에 추월춘풍(秋月春風) 빨리 간다
해도 길건마는 즐김은 그 어떨까
ⓑ 주인 잠든 집에 문은 어이 열렸느냐
도적이 엿보는데 개는 어이 짖지 않나
대양을 바라보니 바다가 얕아졌네

술이 깨더냐 병기를 뉘 다룰까
ⓒ 감사(監司)가 병사(兵使)가 목부사(牧府使) 만호첨사(萬戶僉使)*
ⓓ 어리석다 김수*야 빈 성을 뉘 지키리
우습다 신립*아 배수진(背水陣)은 무슨 일가
ⓔ 두 고개 높다 하랴 한강을 깊다 하랴
지모(智謀)가 부족하니 하늘이라 어찌할까
많고 많은 백관(百官)도 수를 채울 뿐이구나
하루 만에 달아나니 이 근심 뉘 맡을까

(중략)

[B]
┌ 복숭아 오얏꽃 피고 버들조차 푸르더니
│ 한바탕 서풍에 낙엽 소리뿐이로다
│ 김해 정의번 유종개 장사진*아
│ 죽는 이 많거니와 이 죽음 한탄 말라
│ 김해성 무너지니 진주성 뉘 지키료
│ 남쪽의 장사들이 하루 만에 어디 갔나
│ 푸른 마름 안주 삼고, 맑은 물을 잔에 부어
│ 충혼 의백을 어디 가 부르려나
│ 우리의 옛 강토가 도적이 임자 되어
│ 산마다 죽었거나 골마다 더듬거나
│ 피눈물 흘러내려 평지가 강이 되니
└ 천지에 꽉 찼구나 피할 데 전혀 없다

- 최현, 「용사음」 -

*고혈 : 백성의 기름과 피.

*감사, 병사, 목부사, 만호첨사 : 다양한 관직명.

*김수 : 선조 때 문신. 임진왜란 때 경상우감사로서 진주를 버리고 거창으로 도망을 감.

*신립 : 선조 때 장군. 임진왜란 때 배수진을 치고 왜적과 싸워 패하고 물에 빠져 죽음.

*김해, 정의번, 유종개, 장사진 : 임진왜란 때의 의병장.

01 [A]와 [B]에 대한 설명으로 가장 적절한 것은?

① [A], [B]는 모두 역사적 인물들을 호명하여 회고적 분위기를 조성하고 있다.
② [A]와 달리 [B]는 계절감을 드러내는 자연물을 통해 시간의 경과를 보여 주고 있다.
③ [B]와 달리 [A]는 관념적 성격과 연결된 공간으로부터 시상을 전개하고 있다.
④ [A], [B]는 모두 청각적 이미지를 활용하여 애상적 정서를 구체화하고 있다.
⑤ [A], [B]는 모두 설의적 표현을 활용하여 자조적 태도를 드러내고 있다.

02 (나)에 대한 감상으로 적절하지 <u>않은</u> 것은?

① ⓐ : 백성들이 착취당한 정황을 제시하는 데에서 부조리가 만연한 세태에 대한 화자의 비판 의식이 드러나는군.
② ⓑ : 주인이 잠든 집의 문이 열려 있음을 언급하는 데에서 안보(安保) 의식이 부재한 현실을 개탄하는 화자의 태도가 드러나는군.
③ ⓒ : 다양한 관직의 이름을 나열하는 데에서 자신의 책무를 방기한 지배 계층을 향한 화자의 실망감이 드러나는군.
④ ⓓ : 김수와 신립을 부정적으로 평가하는 데에서 책임감 없고 무모한 관리들을 향한 화자의 냉소적 태도가 드러나는군.
⑤ ⓔ : 험준한 지세에 주목하는 데에서 자연적 장애물이 적의 침입을 막아 주기를 바라는 화자의 기대감이 드러나는군.

03 (가)와 (나)에 대한 설명으로 가장 적절한 것은?

① (가)의 '의지'는 대상의 현재 속성으로 화자가 긍정적으로 인식하는 것이다.
② (나)의 '근심'은 현재의 문제 상황을 해결할 수단으로 화자가 제시하는 것이다.
③ (가)의 '원컨대'와 (나)의 '전혀'라는 수식어는 화자의 절망적인 정서를 강조하기 위해 사용된 것이다.
④ (가)의 '하소서'와 (나)의 '한탄 말라'는 부정적 대상의 행동 변화를 요청하는 화자의 요구를 나타낸 것이다.
⑤ (가)의 '힘써 하는 싸움'과 (나)의 '수많은 잔치판'은 민생을 돌보지 않는 지배 계층의 문제점으로 화자가 지적하는 것이다.

04 〈보기〉를 바탕으로 (가)를 이해한 결과로 적절하지 <u>않은</u> 것은?

> **보기**
>
> 조선 중기 이후 전란(戰亂)의 체험은 조화로운 세계의 질서를 노래하던 사대부 시가의 경향을 바꾸어 놓았다. 특히 단형 시조는 고양된 화자의 정서를 읊는 데에는 용이하였으나, 혼란스러운 현실의 모습을 담아내기에는 한계가 있었기에 연시조와 같은 새로운 양식 실험이 시도되었다. 「우국가」와 같은 사대부의 연시조는 단형 시조의 형식적 독립성을 이완하는 방식을 통해 당파 싸움으로 인한 지배 체제의 파탄, 수탈로 고통받는 백성의 참상 등 전란 중 현실의 모습을 총체적으로 형상화하면서도, 단형 시조의 함축성을 살려 매 수의 종장에 화자의 정서를 집약적으로 나타냈다.

① 〈제4수〉의 초장에서 화자가 무방비 상태로 적에게 노출된 현실을 제시하는 것은 사대부 시가의 경향이 이전과 달라졌음을 보여 준다고 할 수 있어.
② 〈제5수〉의 종장에서 화자가 적을 막아낼 대책이 없는 현실에 대해 안타까움을 드러내는 것은 단형 시조의 함축성을 살렸다고 볼 수 있어.
③ 〈제11수〉의 초장에는 수탈을 당하는 백성들의 모습이, 〈제13수〉의 중장에는 의미 없는 싸움을 지속하는 지배 계층의 모습이 그려진다는 점에서 전란 중 혼란스러운 현실의 모습이 나타난다고 할 수 있어.
④ 〈제12수〉의 종장에는 지배 체제가 파탄 난 상황에 대한 화자의 한탄이, 〈제19수〉의 종장에는 지배 체제가 정상화되기를 바라는 화자의 간절함이 드러난다고 할 수 있어.
⑤ 〈제13수〉의 초장에는 내부의 당파 싸움이 이어지는, 〈제19수〉의 초장에는 외적과 싸움을 지속해야 하는 현실이 총체적으로 형상화된다는 점에서 단형 시조의 한계를 극복했다고 할 수 있어.

7 | 박인로, 선상탄 / 임제, 원생몽유록

다음을 읽고 물음에 답하시오.

(가)

선상(船上)에 배회(徘徊)ᄒ며 고금(古今)을 사억(思憶)ᄒ고,
어리미친 회포(懷抱)애 헌원씨(軒轅氏)를 애ᄃ노라.
대양(大洋)이 망망(茫茫)ᄒ야 천지(天地)예 둘려시니,
진실로 비 아니면 풍파 만리(風波萬里) 밧긔,
어ᄂ 사이(四夷) 엿볼넌고
무ᄉᆞ 일 ᄒ려 ᄒ야 비 못기를 비롯ᄒ고
만세천추(萬世千秋)에 ᄀᆞ업ᄉᆞ 큰 폐(弊) 되야,
보천지하(普天地下)애 만민원(萬民怨) 길우ᄂᆞ다.
어즈버 ᄭᆡᄃ라니 진시황(秦始皇)의 타시로다.
비 비록 잇다 ᄒᆞ나 왜(倭)를 아니 삼기던들,
일본(日本) 대마도(對馬島)로 뷘 비 결로 나올넌가
뉘 말을 미더 듯고, 동남동녀(童男童女)를 그딕도록 드려다가,
해중(海中) 모든 섬에 난당적(難當賊)을 기쳐 두고,
통분(痛憤)ᄒᆞᆫ 수욕(羞辱)이 화하(華夏)*애 다 밋나다.
장생(長生) 불사약(不死藥)을 얼믜나 어더 닉여,
만리장성(萬里長城) 놉히 사고 몇 만년(萬年)을 사도썬고.
ᄂᆞᆷ디로 죽어 가니 유익(有益)ᄒᆞᆫ 줄 모ᄅᆞ로다.
(중략)
이런 일 보건대, 배 삼긴 제도(制度)야
지묘(至妙)한 듯 하다마는,
엇디한 우리 무리는 나는 듯한 판옥선(板屋船)을 주야(晝夜)에 빗기 타고,
임풍영월(臨風咏月)호되 흥(興)이 전혀 업는게오.
석일(昔日) 주중(舟中)에는 **배반(杯盤)이 낭자(狼藉)**터니*,
금일(今日) 주중(舟中)에는 **대검장창(大劍長槍)**뿐이로다.
한 가지 배언마는 가진 배 다라니,
기간(其間) 우락(憂樂)이 서로 갓지 못하도다.
시시(時時)로 멀이 드러 북극성을 바라보며,
상시 노루(傷時老淚)*를 하늘 모퉁이의 디이나다.
우리나라 문물(文物)이 한당송(漢唐宋)애 디라마는,
국운(國運)이 불행(不幸)하야 **해추(海醜) 흉모(兇謀)***애
만고수(萬古羞)을 안고 이셔, 백분(百分)에 한 가지도 못 시셔 벌여거든,
이 몸이 무상(無狀)한들 신자(臣子) 되야 이셔다가,
궁달(窮達)*이 길이 달라 몬 뫼옵고 늘거신들,
우국단심(憂國丹心)이야 어뉘 각(刻)애 이즐넌고.

— 박인로, 「선상탄」 —

*화하 : 중국을 이르는 말.
*석일 주중에는 배반이 낭자터니 : 옛날 배안에는 술상이 어지럽게 흩어져 있더니.
*상시 노루 : 시국을 근심하는 늙은이의 눈물.
*해추 흉모 : 왜적의 흉악한 꾀.
*궁달 : 곤궁과 영달. 즉 임금과 신하의 신분.

(나)

[앞부분 줄거리] 원자허는 꿈속에서 복건을 쓴 남자를 따라가 임금과 임금을 따르는 신하들을 만난다.

자리가 정해진 뒤에 고금의 흥망을 서로 토론하면서 지칠 줄 몰랐다. **복건을 쓴 사람**이 크게 **탄식**하며 말하기를,
"요(堯), 순(舜), 우(禹), 탕(湯)이 나라를 주고받은 이후로 간교한 꾀로 임금의 자리를 물려받는 자가 이들을 빙자하고, **신하로서 임금을 치는 자**가 이들을 명분으로 삼았습니다. 천년토록 모두 다 이와 같아서 마침내 구원할 수 없게 되었으니, 아아, 네 임금이 영원히 이들의 효시(嚆矢)가 되고 말았습니다." 하였다.

말이 미처 끝나기 전에 임금이 곧 정색하고 말하기를,

[A]

"아, 이 무슨 말인가. 네 임금과 같은 성스러운 덕이 있으면서, 네 임금과 같은 시대 상황에 처한다면 괜찮겠지만, 네 임금과 같은 성스러움이 없는데다가 네 임금과 같은 시대 상황이 아니라면 옳지 않으니, 네 임금에게 어찌 죄가 있겠는가. 도리어 빙자하거나 명분으로 삼는 자들이 잘못된 것이다." 하였다.

복건을 쓴 사람이 머리를 조아려 절하며 사죄하기를,
"속마음이 불평하여 자신도 모르게 말이 격분되었습니다." 하니, 임금이 말하기를,
"그만두어라. 귀한 손님이 자리에 계시니 모쪼록 다른 일을 한가롭게 논하지 않아야 할 것이다. 달이 밝고 바람이 맑으니 이렇게 좋은 밤을 어떻게 하겠는가."

하고, 이에 비단 도포를 벗어 강촌에 가서 술을 사 오게 하였다. 술이 몇 잔 돌았을 때에 임금이 **술잔을 잡고 목메어 흐느끼**며 여섯 사람을 돌아보고 말하기를,
"경들은 어찌 각각 자신의 뜻을 말하여 원통함을 서술해 보지 않는가." 하니, 여섯 사람이 말하기를,
"성상께서 노래를 지으시면 신들이 이어서 이루겠습니다." 하였다.
(중략)
조금 뒤에 범 같은 한 사나이가 뛰어들어 왔다. 신장이 몹시 크고 용맹이 절륜(絶倫)하며, 얼굴은 대춧빛 같고 눈은 샛별 같으며, 문산(文山)의 의리와 중자(仲子)의 청렴을 지녀 위용이 늠름하므로 사람으로 하여금 공경심을 불러일으켰다.

들어가서 임금께 배알하고 다섯 사람을 돌아보며 말하기를,
"아, **썩은 선비**는 함께 **큰일**을 이룰 수 없도다."
하고는 칼을 뽑아 일어나 춤추니, 슬픈 노래는 강개하고 소리는 큰 종이 울리는 듯하였다.

가을바람 쓸쓸히 부니
나뭇잎 떨어지고 물결 차갑구나.
칼 어루만지며 길게 휘파람 부니
북두성이 비스듬히 걸려 있네.
살아서는 충절을 온전히 했고
죽어서는 의로운 혼백 되었네.
이내 마음 어떠하던가.
강물 위의 둥근 달일세.

아아 당초 계책이 틀렸으니
썩은 선비들 어찌 책망할까.

　노래가 아직 끝나기도 전에 달빛이 검어지고 구름이 어두워져서 비가 울며 내리고 바람이 탄식하며 불었다. 격렬히 내리치는 천둥소리에 모두가 갑자기 사라져 버렸고, 자허 또한 놀라서 깨어 보니 바로 한바탕 꿈이었다.
　자허의 벗 해월거사(海月居士)가 듣고서 애통해하며 말하기를,
　"대체로 예로부터 **임금이 어리석고 신하가 어두워서** 모두 전복(顚覆)되는 지경에 이르는 경우가 많았다. 지금 보건대 그 임금도 반드시 현명한 임금이라 생각되고, 그 여섯 사람 또한 모두 충성스럽고 의로운 신하였다. **이러한 신하들이 이러한 임금을 보필했**는데도 이처럼 **참혹한 일**이 있었는가. 오호라! **형세**가 그렇게 만든 것이다. 그렇다면 **시(時)와 세(勢)**에다 돌리지 않을 수 없고, 또한 하늘에다 돌리지 않을 수 없다. 하늘에다 돌린다면 **선인(善人)에게 복을 내리고 악인(惡人)에게 재앙을 내리는 것이 하늘의 도가 아니란 말인가.** 하늘에 돌릴 수 없다면 어둡고 막연하여 이 이치를 상세히 알기 어려우니, 우주가 아득하기만 하여 한갓 뜻있는 선비의 회한만 더할 뿐이다."

- 임제, 「원생몽유록」 -

01 (가)와, (나)의 슬픈 노래의 표현상 공통점으로 가장 적절한 것은?

① 유사한 문장 구조를 병렬적으로 제시하여 운율감을 형성하고 있다.
② 계절적 배경을 나타내는 시어를 활용하여 쓸쓸한 분위기를 조성하고 있다.
③ 사람이 아닌 대상을 사람에 빗대어 표현함으로써 생동감을 부여하고 있다.
④ 영탄적 표현을 활용함으로써 긍정적 미래에 대한 강한 의지를 부각하고 있다.
⑤ 상황을 가정하는 방법을 사용하여 부정적 현실에 대한 비판적 인식을 드러내고 있다.

02 〈보기〉를 바탕으로 (가)와 (나)를 이해한 설명으로 적절하지 않은 것은?

【보기】
　(가)와 (나)는 모두 이상과 현실의 괴리에서 느끼는 안타까움을 모티프로 하고 있다. (가)는 정유재란 직후 전쟁의 긴장감이 감돌던 시기에 쓰인 작품으로, 과거와 현재 상황을 대조하거나 왜적에 대한 분노와 나라에 대한 근심을 직설적으로 토로하여 작가가 염원하는 태평 시대라는 이상과 불안정한 현실 간의 괴리를 그리고 있다. (나)는 왕위를 빼앗긴 단종에게 절의를 지킨 사육신이 단종을 복권하려는 움직임이 있었던 시기에 지어졌다. 등장인물의 직접적 발화를 통하여 당대 현실을 우회적으로 비판하고, 작가가 지향하는 이상적 정치와 부조리한 현실 간의 괴리를 그리고 있다.

① (가)에서 '해추 흉모'는 정유재란을 일으킨 왜적에 대한 분노를, '우국단심'은 나라의 상황을 근심하는 충성심을 직설적으로 표출하고 있군.
② (가)에서 '기간 우락이 서로 갓지 못하도다.'는 태평한 시대라는 이상을 염원하지만, 전쟁의 긴장감이 감도는 현실에서 작가가 느끼는 괴리감을 드러내고 있군.
③ (가)에서 '배반이 낭자'한 '석일'과 '대검장창뿐'인 '금일 주중'은 과거와 현재를 대조하는 방식으로 현실과 이상의 어긋남을 부각하고 있군.
④ (나)에서 '이러한 신하들이 이러한 임금을 보필했'음에도 '참혹한 일'이 있었다는 것은, 이상적 조건이 갖추어졌음에도 이상이 좌절될 만큼 부조리한 현실을 강조하고 있군.
⑤ (나)에서 '썩은 선비'는 '큰일을 이룰 수 없'다는 것은 등장인물의 직접적 발화를 통하여 단종의 복권을 막는 부정적 현실을 향한 작가의 우회적 비판을 보여 주고 있군.

03 (가)에 대한 설명으로 가장 적절한 것은?

① 일본이 만들어진 것을 중국의 탓으로 돌리는 데에서 사대주의에서 벗어나고자 노력하는 화자의 의지적 태도가 드러난다.
② 헌원씨를 원망하는 데에서 왜적이 우리나라를 침략한 것에 대한 원한을 애꿎은 곳에 화풀이하는 화자의 모습이 드러난다.
③ 때때로 머리를 들어 눈물을 흘리는 데에서 중국보다 뒤처진 우리나라의 문화를 근심하는 화자의 심리가 드러난다.
④ 불사약을 얻고자 했으나 남들처럼 죽은 진시황의 고사를 떠올리는 데에서 진시황에 대한 화자의 안타까운 심정이 드러난다.
⑤ 신하와 임금의 길이 서로 다르다고 인식하는 데에서 곤궁하고 초라한 자신의 모습을 부끄러워하는 화자의 심경이 드러난다.

04 [A]에 드러나는 말하기 방식으로 적절하지 <u>않은</u> 것은?

① '임금'은 대화에 참여하지 않은 제삼자를 언급하며 상대방과의 논쟁을 종결하고자 하는 의지를 표명한다.
② '복건을 쓴 사람'은 '네 임금'이 왕위를 찬탈하는 이들에게 행동을 합리화할 수 있는 빌미를 제공했다고 본다.
③ '복건을 쓴 사람'은 상대방에게 가졌던 부정적 감정을 솔직하게 털어놓으며 자신의 잘못에 대해 용서를 구한다.
④ 동일한 사안에 대해 '복건을 쓴 사람'은 '네 임금'에게, '임금'은 '네 임금'을 빙자하는 이들에게 책임을 전가한다.
⑤ '임금'은 사람의 성품과 시대가 달라짐에 따라 같은 행동도 다르게 평가될 수 있다고 주장하며 상대방의 의견을 반박한다.

05 〈보기〉를 바탕으로 (나)를 이해한 설명으로 적절하지 <u>않은</u> 것은?

> **보기**
>
> 수양 대군이 단종을 몰아내고 세조로 즉위한 이후 「원생몽유록」은, 구전 또는 필사를 통해 독자들에게 전달되는 과정에서 수많은 이본이 생성되었다. 특히 주인공의 각몽(覺夢) 이후에 나오는 '해월거사'의 발언은 후대의 독자에 의해 첨가된 것으로 보인다. 비애와 원한의 정서가 부각되는 앞부분과 천도(天道)의 운행 차원에서 사건을 바라보고자 하는 뒷부분에서 발생하는 작품의 이질성은, 역사적 사건에 대해 시간적·정서적 거리를 둠으로써 객관적 시각을 확보하게 된 독자의 인식이 반영된 결과라고 볼 수 있다.

① '형세'가 '참혹한 일'을 만들었다며 '시와 세'를 논하는 것은 계유정난을 객관적으로 바라보는 후대 독자들의 인식을 나타내는군.
② 사건의 원인을 '하늘에다 돌리지 않을 수 없다'고 보는 것은 역사적 사건을 천도의 운행 차원에서 바라보고자 했던 독자들의 의도를 드러내는군.
③ '복건을 쓴 사람'이 '신하로서 임금을 치는 자'를 언급하며 '크게 탄식'하는 것은 수양 대군이 단종을 몰아내고 즉위한 일을 대하는 인물의 비애와 원한의 정서를 보여 주는군.
④ '술잔을 잡고 목메어 흐느끼'는 '임금'의 모습을 조명하다가 '임금이 어리석고 신하가 어두워서'와 같이 '임금'과 정서적 거리를 두는 것은 작품에 이질적인 성격을 부여하는군.
⑤ '선인에게 복을 내리고 악인에게 재앙을 내리는 것'이 '하늘의 도'가 아니냐는 '해월거사'의 물음은, 해당 부분이 후대의 독자에 의해 첨가된 것이라고 판단할 근거가 될 수 있겠군.

다음을 읽고 물음에 답하시오.

(가)

　화왕(花王)이 처음 이 세상에 왔다. 모란이었다. 향기로운 동산에 심고 푸른 휘장으로 둘러치고선 임금님으로 받들어 모셨다.

　바야흐로 따스한 봄이 돌아왔다. 온갖 꽃들이 피어나고 있었다. 화왕은 곱고 탐스러운 꽃을 피웠다. 꽃 중의 꽃으로 빼어나게 아름다웠다.

　멀고 가까운 곳에서 여러 가지 꽃들이 다투어 화왕을 뵈러 왔다. 깊고 그윽한 골짜기의 맑은 정기를 타고난 탐스러운 꽃들과 양지바른 동산에서 싱그러운 향기를 맡으며 피어난 꽃들이 앞을 다투어 모여들었다.

　문득 한 가인이 앞으로 나왔다. 붉은 얼굴과 옥 같은 이에 신선하고 탐스러운 감색 나들이옷을 차려입고, 방랑하는 무희처럼 얌전하게 걸어 나왔다. 가인은 임금에게 아뢰었다.

　"이 몸은 설백(雪白)의 모래사장을 밟고, 거울같이 맑은 바다를 바라보며 자라났습니다. 봄비가 내리면 목욕하여 몸의 먼지를 씻고, 상쾌하고 맑은 바람 속에 유유자적(悠悠自適)하면서 지냈습니다. 이름은 장미(薔薇)라 하옵니다. 전하의 높으신 덕을 듣자옵고, 꽃다운 침소에 그윽한 향기를 더하여 모시고자 찾아 왔습니다. 전하께서 이 몸을 받아 주실는지요?"

　이때, 베옷을 입고 허리에는 가죽띠를 두르고 손에는 지팡이, 머리에는 백발을 인 장부 하나가 둔중한 걸음으로 나와 공손히 허리를 굽혔다.

　"이 몸은 서울 밖 한길 옆에 사는 놈으로서 이름은 백두옹(白頭翁)이라 하옵니다. 아래로는 창망한 들판을 내려다보고 위로는 우뚝 솟은 산 경치를 의지하고 있습지요. 가만히 보건대, 좌우에서 보살피는 신하는 고량진미(膏粱珍味)*와 향기로운 차와 술로 수라상을 받들어 전하의 식성을 흡족게 하고 정신을 맑게 해 드리고 있사옵니다. 하지만 또한 저장되어 있는 것이 있다면 보자기를 풀어, 좋은 약으로는 전하의 양기를 돕고 나쁜 돌이 있다면 그것은 그것대로 전하의 몸에 있는 독을 제거해 올려야 할 줄 아옵니다. 그래서 말하기를, '비록 명주나 삼베가 있어도 군자 된 자는 거적이나 띠풀이라고 해서 버리는 일이 없고, 부족에 대비하지 않음이 없다.' 하옵니다. 전하께서도 이러한 뜻을 가지고 계신지 모르겠습니다."

　한 신하가 아뢰었다.

　"두 사람이 왔사온데, 전하께서는 누구를 취하고 누구를 버리시겠습니까?"

　화왕이 입을 열었다.

　"장부의 말도 도리가 있긴 하나 가인은 얻기 어려우니 어찌할꼬?"

　장부가 앞으로 나와 입을 열었다.

　"제가 온 것은 전하의 총명이 모든 사리를 잘 판단한다고 들었기 때문입니다. 하오나 지금 뵈오니 그렇지 않으시군요. 대체로 임금 된 자로서 간사하고 아첨하는 자를 가까이하지 않고 정직한 자를 멀리하지 않는 이는 드뭅니다. 그래서 맹자(孟子)는 불우한 가운데 일생을 마쳤고, 풍당(馮唐)은 낭관으로 파묻혀 머리가 백발이 되었습니다. ㉠예부터 이러하오니 전들 어찌하오리까."

　화왕은 비로소 깨달은 듯 말했다.

　"내가 잘못했다, 잘못했다."

　　　　　　　　　　　　　　　　　　　　　　- 설총, 「화왕계(花王戒)」 -

*고량진미 : 기름진 고기와 좋은 곡식으로 만든 맛있는 음식.

(나)

샹해런가 꿈이런가 백옥경(白玉京)에 올라가니
옥황(玉皇)은 반기시나 군선(群仙)이 꺼리ᄂ다
㉡두어라 오호연월(五湖煙月)*이 내 분(分)일시 올탓다

　　　　　　　　　　　　　　　　　　　　　　〈제1수〉

풋ᄌᆞᆷ에 꿈을 꾸어 십이루(十二樓)에 드러가니
옥황은 우스시되 군선이 꾸짇ᄂ다
어즈버 백만억 창생(百萬億蒼生)을 어늬 결의 무르리

　　　　　　　　　　　　　　　　　　　　　　〈제2수〉

하ᄂᆞᆯ히 이져신 제* 므슴 술(術)로 기워 낸고
백옥루(白玉樓) 중수(重修)ᄒᆞᆯ 제 엇던 바치* 일워 낸고
옥황께 술와보쟈* ᄒᆞ더니 다 몯ᄒᆞ야 오나다

　　　　　　　　　　　　　　　　　　　　　　〈제3수〉
　　　　　　　　　　　　　　　　　- 윤선도, 「몽천요(夢天謠)」 -

*오호연월 : 오호(五湖)의 은은한 달빛. 강호에서의 삶을 의미함.
*이져신 제 : 이지러졌을 때.
*엇던 바치 : 어떤 공인(工人), 목수.
*술와보쟈 : 여쭈어보자.

01 (가)에서 '장미'와 '백두옹'이 '화왕'을 각각 방문하는 상황에 대한 이해로 적절하지 <u>않은</u> 것은?

① 화왕을 방문하기 전에, 장미와 백두옹은 화왕에 관한 긍정적인 평판을 들었다.
② 화왕에게 인사하면서, 장미는 매혹적인 몸가짐을 보였고 백두옹은 예의 바른 행동을 보였다.
③ 화왕을 방문하기 위해, 장미는 아름답고 화려한 차림새로 나섰고 백두옹은 소박하고 초라한 차림새로 나섰다.
④ 화왕에게 자신을 소개할 때, 장미는 정결하고 안락한 삶을 살아왔음을 내세 웠고 백두옹은 풍족한 삶을 살아왔음을 내세웠다.
⑤ 화왕을 방문하는 목적을, 장미는 화왕의 기쁨을 충족시키는 데에 두었고 백두옹은 화왕에게 해로운 요소를 물리치는 데에 두었다.

03 ㉠, ㉡에 대한 설명으로 가장 적절한 것은?

① ㉠은 자신이 내뱉은 말을 반성함으로써 자신의 과오를 인정하고 있다.
② ㉡은 자신의 불우한 처지를 영탄적으로 표현함으로써 공간에 대한 부정적 인식을 드러내고 있다.
③ ㉠은 ㉡과 달리, 자신의 생각을 뒷받침하기 위해 역사적 인물을 제시함으로 써 말하고자 하는 바를 강조하고 있다.
④ ㉡은 ㉠과 달리, 이상적인 자연의 모습을 상징적으로 표현함으로써 속세와 의 단절에 대한 강한 의지를 드러낸다.
⑤ ㉠과 ㉡은 모두, 자신이 말하고자 하는 바를 반어적으로 표현함으로써 자신 의 삶을 개선하려는 의지를 보이고 있다.

02 (나)의 시상 전개에 대한 설명으로 적절하지 <u>않은</u> 것은?

① 〈제1수〉에서 화자가 경험한 대조적 상황이 〈제2수〉에서 유사하게 반복된 다.
② 〈제1수〉에서 화자가 제시한 기대가 〈제2수〉에서 좌절되었음이 설의적 표 현으로 드러난다.
③ 〈제2수〉에서 화자가 묻고자 했던 내용이 〈제3수〉에서 질문을 통해 구체화 된다.
④ 〈제2수〉에서 화자가 처한 문제적 상황이 해소되지 않았음이 〈제3수〉에서 나타난다.
⑤ 〈제3수〉에서 화자가 계획을 실현하지 못하고 돌아온 까닭이 〈제1수〉와 〈제 2수〉에서 제시된다.

04 〈보기〉를 참고하여 윗글을 이해한 내용으로 적절하지 <u>않은</u> 것은?

보기

우의(寓意)는 다른 사물이나 사건에 빗대어 작가의 뜻을 우회적으로 전달하는 표현 방식으로, 서사 문학에서는 윤리적 교훈을 설파하기 위해, 시가 문학에서는 부정적 현실을 비판하기 위해 주로 사용된다. 「화왕계」 는 신문왕에게 인재 등용에 관하여 충간하려는 의도로 창작된 설화이고, 「몽천요」는 주위 신하들의 시기로 인해 선정(善政)의 뜻을 실천하지 못한 작가의 좌절감을 반영한 시조이다. 두 작품은 외부 세계와의 밀접한 연관 성을 바탕으로, 작중 인물과 사건, 배경 등이 이면적 의미를 지닌다는 점에서 우의적이다.

① (가)에서 백두옹이 군자 된 자의 도리에 관하여 아뢰는 것은 인재 등용에 관하여 충간하려는 작가의 의도를 우회적으로 전달하는군.
② (나)에서 화자가 꿈속에서 백옥경에 올라가 옥황을 만나 뵌 사건은 선정의 뜻을 실천하고자 하는 작가의 소망을 반영하는군.
③ (나)에서 옥황이 처음에는 화자를 반기다가 나중에는 화자를 보고 웃는 것 은 작가가 현실에서 좌절감을 느낀 상황과 밀접한 연관성을 지니는군.
④ (가)에서 아름다운 장미는 신문왕의 총명을 흐리는, (나)에서 화자를 꺼리는 군선은 작가를 시기하는 대상이라는 이면적 의미를 지니는군.
⑤ (가)에서 화왕을 비판하는 백두옹은 윤리적 교훈의 설파라는, (나)에서 군선 으로 인해 화자의 뜻이 좌절되는 것은 부정적 현실 비판이라는 창작 의도를 암시하는군.

다음을 읽고 물음에 답하시오.

(가)

마운령(磨雲嶺) 채 쳐 너머 마곡역(麻谷驛) 말을 쉬어

높게 쌓인 눈을 허위허위 넘어 드니

진관(秦關)이 어디인가 촉(蜀)으로 가는 험한 길이 여기로다

성진(城津)˙에 친 진(鎭)이 형세(形勢)는 좋거니와

전란 후 변방 백성의 고혈(膏血)이 말랐으니

ⓐ 조정의 육식(肉食)은 아는가 모르는가

백두산(白頭山)의 한 맥(脈)이 장백산(長白山) 되어 있어

천리(千里)를 한격(限隔)˙하여 강역(彊域)을 나누었거든

진(鎭)은 별처럼 많이 펼쳐져 있고 군읍(郡邑)이 촘촘히 널려 있으니

자연의 험한 모습 장(壯)하기 그지없다

연천(連天) 창해(滄海)예 풍설(風雪)이 섞어 치는데

험한 산을 넘고 물을 건너 목랑성(木郎城)˙에 들어오니

성 위에 낮게 쌓아 석회를 바른 담은 반공(半空)에 비껴 잇고

성 밖으로 판 깊은 못이 사면(四面)에 둘렸으니

ⓑ 인화(人和)˙를 얻을지언정 지리(地利)야 부족(不足)할까

(중략)

봄의 화창한 경치도 그지없고 풍경(風景)이 다함이 없으니

일춘(一春) 행락(行樂)이 싫증남 직한다마는

고향을 바라보니 산이 첩첩이 가려 있고

객지의 산천(山川)은 육진(六鎭)이 거의로다

태평 시대 좌천한 벼슬아치가 곳곳에 있으니 임금의 은혜인데

임금 곁을 멀리 떠난 처지를 누가 아니 슬퍼하며

다시 대궐로 돌아가기를 어이하여 기약할까

평생(平生) 먹은 뜻이 전혀 없다 할까마는

시운(時運)의 탓이런가 운명에 매였는가

진대(秦臺) 백수(白首)˙의 세월(歲月)이 쉬이 가니

초택(楚澤) 청빈(青蘋)은 원사(怨思)도 한 제이고˙

이 술잔 가득 부어 이 시름 잊자 하니

동해를 다 퍼내어 이내 시름 어이 할까

어부가 이 말 듣고 낚싯대를 둘러메고

뱃전을 두드리고 노래를 부르는 말이

세사(世事)를 잊은 지 오래니 몸조차 잊었노라

한평생 모든 일은 낚싯대뿐이로다

백구(白鷗)는 나와 벗이라 오명가명 하는구나

                                       - 조우인, 「출새곡(出塞曲)」 -

*성진 : 함경도의 고을 이름. / *한격 : 한계나 경계가 막힘.

*목랑성 : 함경도 경성(鏡城)의 옛 이름. / *인화 : 인심.

*진대 백수 : 임금의 총애를 받으며 늙는 줄을 모른다는 말.

*초택 청빈은 원사도 한 제이고 : 유배지에서도 변치 않는 충성심은 원망하는 마음도 한때일 뿐이고.

(나)

㉠ 달밤에 고향길을 바라보니	月夜瞻鄉路
뜬구름만 시원스럽게 돌아가네	浮雲颯颯歸
가는 편에 편지라도 부치려 해도	緘書參去便
바람이 급해 돌아오란 말 듣지 않네	風急不聽廻
내 나라를 하늘 끝 북쪽에 두고	我國天岸北
남의 나라 서쪽 모퉁이에 와 있다니	他邦地角西
남쪽은 따뜻해 기러기도 오지 않는데	日南無有雁
㉢ 누가 계림˙을 향해서 날아가리	誰爲向林飛

                                       - 혜초, 「월야첨향로(月夜瞻鄉路)」 -

*계림 : 신라.

(다)

　월병(月餅)˙과 노주(老酒)˙, 호금(胡琴)˙을 배에 싣고 황포강(黃浦江) 달놀이를 떠난 그룹도 있고, **파크 호텔**이나 **일품향(一品香)**에서 중추절(仲秋節) 파티를 연 학생들도 있었다. 도무장(跳舞場)˙으로 몰려간 패도 있었다. **텅 빈 식당**에서 저녁을 먹고 방에 돌아와 책을 읽으려 하였으나, 마음이 가라앉지 않았다. 어디를 가겠다는 계획도 없이 버스를 탄 것은 밤 아홉 시가 지나서였다. 가든 브리지 앞에서 내려서는 영화 구경이라도 갈까 하다가 황포탄 공원으로 발을 옮겼다.

　빈 벤치가 별로 없었으나 공원은 고요하였다. 명절이라서 그런지 중국 사람들은 눈에 뜨이지 않았다. 이 밤뿐 아니라 이 공원에 많이 오는 사람들은 유태인, **백계(白系) 노서아**˙ 사람, **서반아**˙ 사람, 인도인들이다. 실직자, 망명객 같은 대개가 불우한 사람들이다. 갑갑한 정자간(亭子間)에서 나온 사람들이다.

　누런 **황포 강물**도 달빛을 받아 **서울 한강** 같다. 선창마다 찬란하게 불을 켜고 입항하는 화륜선(火輪船)들이 있다. ⓓ 문명을 싣고 오는 귀한 사절과도 같다. '브라스 밴드'를 연주하며 출항하는 호화선도 있다. 저 배가 고국에서 오는 배가 아닌가, 저 배는 그리로 가는 배가 아닌가 하는 사람도 있을 것이다. **같은 달**을 쳐다보면서 그들은 **바이칼 호반**으로, **갠지즈 강변**으로, **마드리드 거리**에 제각기 흩어져서 기억을 밟고 있을지도 모른다. 친구와 작별하던 가을 짙은 카페, ㉡ 달밤을 달리던 마차, 목숨을 걸고 몰래 넘던 국경. 그리고 나 같은 사람이 또 하나 있었다면 **영창에 비친 소나무 그림자**를 회상하였을 것이다. 과거는 언제나 행복이요, 고향은 어디나 **낙원**이다. 해관(海關)˙ ⓔ 시계가 자정을 알려도 벤치에서 일어나려는 사람은 없었다.

                                       - 피천득, 「황포탄의 추석」 -

*월병 : 달 모양으로 둥글게 만든 떡.

*노주 : 찹쌀이나 조 또는 기장 따위로 만든 중국의 양조주.

*호금 : 중국의 악기.

*일품향 : 맛 좋은 음식을 파는 곳.

*도무장 : 여러 사람이 모여서 춤추는 곳.

*노서아 : 러시아의 한자음 표기. / *서반아 : 스페인의 한자음 표기.

*해관 : 항구에 설치한 관문.

01 (가)~(다)에 대한 설명으로 가장 적절한 것은?

① (가)와 (나)는 공간의 대비를 통하여 화자의 소망과 현실 간의 괴리를 나타내고 있다.

② (가)와 (나)는 화자와 대비되는 자연물을 통해 부정적 현실에 대한 화자의 인식이 드러나고 있다.

③ (가)의 화자와 (다)의 글쓴이는 모두 부정적 현실에 대한 극복 의지를 드러내고 있다.

④ (나)의 화자와 (다)의 글쓴이는 모두 과거와 현재를 대비하여 자신의 바람을 간접적으로 제시하고 있다.

⑤ (가)와 (다)는 모두 음성 상징어를 활용하여 인물의 역동성을 드러내고 있다.

02 ⓐ~ⓔ를 이해한 내용으로 적절하지 <u>않은</u> 것은?

① ⓐ : 부정적인 현실에 대한 화자의 비판적 의식이 드러난다.

② ⓑ : '목랑성'의 지형적 이점에 대한 화자의 감탄이 드러난다.

③ ⓒ : 고향에 소식을 전할 수 없는 상황에 관한 화자의 안타까움이 드러난다.

④ ⓓ : 다양한 문화적 교류에 대한 글쓴이의 개방적인 가치관을 볼 수 있다.

⑤ ⓔ : 공원에서 명절 분위기를 즐기느라 시간 가는 줄 모르는 사람들이 많음을 나타낸다.

03 ㉠과 ㉡에 대한 이해로 가장 적절한 것은?

① ㉠과 ㉡은 모두 고향을 향한 화자와 글쓴이의 그리움을 달래 주는 대상이다.

② ㉠은 구체적인 시간적 배경인 데 반하여, ㉡은 상상 속의 시간적 배경이다.

③ ㉠은 화자에게 성찰의 실마리가 되는 데 반하여, ㉡은 글쓴이에게 자아 확대의 계기가 된다.

④ ㉠은 화자가 처한 현실과 관련이 있는 상황인 데 반하여, ㉡은 글쓴이가 겪은 과거와 관련이 있는 상황이다.

⑤ ㉠은 현실에 대한 화자의 비관적 인식을 드러내는 데 반하여, ㉡은 미래에 대한 글쓴이의 희망적 인식을 드러낸다.

04 (다)에 대한 설명으로 적절하지 <u>않은</u> 것은?

① '나'가 떠올리는 '영창에 비친 소나무 그림자'는 과거에 '낙원'과도 같은 고향에서 느꼈던 행복한 감정과 관련이 있다.

② '텅 빈 식당'은 '파크 호텔', '일품향'과 대조되어 들뜬 명절 분위기에 섞이지 못하는 '나'의 외로움을 나타낸다.

③ 객지에 사는 '나'와 '유태인, 백계 노서아 사람, 서반아 사람, 인도인'은 비슷한 처지이며 '나'는 이들에게 동질감을 느낀다.

④ '나'는 '실직자, 망명객'들이 떠난 '텅 빈 식당'에서 홀로 저녁을 먹고 계획도 없이 버스를 타고 자정에 황포탄 공원으로 산책을 나왔다.

⑤ '나'가 사람들이 '같은 달'을 보면서 '바이칼 호반', '갠지즈 강변', '마드리드 거리'를 떠올릴 것이라 추측한 것은 '나'가 '황포 강물'을 보며 '서울 한강'을 떠올렸기 때문이다.

05 〈보기〉를 바탕으로 (가)를 이해한 내용으로 적절하지 <u>않은</u> 것은?

> **보기**
>
> 「출새곡」은 '변방으로 나가는 노래'라는 의미로, 중국의 미인 왕소군이 황제의 명으로 흉노의 우두머리와 혼인하게 되어 조국을 떠날 때 자신의 처지를 한탄하며 부른 노래의 제목과 동일하다. 왕명을 받은 화자는 함경도의 판관으로 부임하는 과정과 부임지에서의 생활 및 소회 등을 서술하는데, 화자는 제목을 통해 자신의 상황을 왕소군처럼 변방으로 나가는 것 혹은 유배되는 것으로 인식하고 있음을 드러내고 있다. 이 작품이 사대부들의 여느 기행 가사와 달리 부정적 정조를 두드러지게 표출하며, 중앙 정계에 대한 강한 미련을 바탕으로 현실을 소극적으로 수용하는 것은 화자의 이러한 인식에서 기인한 것으로 보인다.

① '마운령', '마곡역', '성진'을 거쳐 '목랑성'에 이르는 과정을 묘사한 데에서 기행 가사적인 성격이 드러나는군.

② '봄의 화창한 경치'를 본 화자는 '태평 시대'에 '임금의 은혜'로 누린 속세에서의 '일춘 행락'을 떠올리며 속세에 대한 미련을 드러내고 있군.

③ '평생 먹은 뜻'이 있음에도 자신이 '시운'과 '운명'의 탓으로 고난을 겪는다고 생각하는 것은 현실을 소극적으로 수용하는 화자의 모습이겠군.

④ '초택 청빈은 원사도 한 제이고'에서 함경도에 판관으로 부임하는 것을 유배되는 것으로 인식하는 화자의 내면이 나타나는군.

⑤ '이 술잔 가득 부어 이 시름 잊자 하니'에 나타나는 부정적 정조는 화자가 자신의 현재 처지를 왕소군의 처지와 동일시하고 있기 때문이겠군.

10 | 김기홍, 농부사 / 신지, 영언십이장

다음을 읽고 물음에 답하시오.

(가)

예부터 성현님도 농업을 먼저 하니
대순(大舜)은 성인으로 역산(歷山)에 가서 밭을 갈고
후직(后稷)은 농사꾼 되어 밭 갈고 씨 뿌리니
신야(莘野) **이윤(伊尹)**과 남양(南陽) **제갈량(諸葛亮)**이
한가히 농사지어 농사와 누에치기 일삼으니
세상의 중한 일이 이밖에 또 있을까
금은이 귀하여도 기갈을 못 없애고
옥과 비단이 보배라도 흉년에 쓸데없다
생업이 없는 후에 선심(善心)인들 어찌 나리
농사의 어려움을 글마다 이르시니
주공(周公)의 칠월시(七月詩)*는 그중에 간절하니
읊으며 노래 불러 뉘 아니 감동하리
어와 아이들아 자세히 들어라
성인도 저러하니 그 아니 어려우냐
우부(愚夫)도 다 알거든 그 아니 쉬울쏘냐
아침에 **밭을 갈고** 밤이거든 글을 읽어
충효를 본을 삼고 온 가족이 화목하거든
초하룻날 술 마시며 풍년을 누리다가
공명을 못 이룰지라도 격양가*로 늙으리라

- 김기홍, 「농부사」 -

*주공의 칠월시 : 계절별로 백성들이 행하는 농사일과 삶의 고단한 모습을 다양하게 제시한 작품.
*격양가 : 풍년이 들어 태평한 세월을 즐기는 노래.

(나)

맑은 계곡 위 반구정에 눈 닿는 곳마다 깨끗한 풍경이라
무심한 백구(白鷗)들은 스스로 오가니 무슨 일인고
백구야 날지 마라 네 벗인 줄 모를쏘냐   〈제1수〉

마음은 맑게 갠 대낮이요 생애는 밝은 달과 맑은 바람이라
올바른 자세로 큰 도(道)를 행하니 그 아니 대장부인가
이밖에 **부귀빈천위무***인들 이 마음 요동하랴   〈제10수〉

청산은 만고청(萬古靑)이요 유수는 주야류(晝夜流)라
산청청 수류류 그지도 없을시고
우리도 그치지 말아 **산수같이 하오리라**   〈제11수〉

- 신지, 「영언십이장」 -

*부귀빈천위무 : 『맹자』에서 사람의 마음을 움직인다고 한 것들로, 부귀영화, 가난, 권위, 무력 등을 이름.

01 (가)와 (나)에 대한 설명으로 가장 적절한 것은?

① (가)와 달리 (나)는, 부정 명령형을 활용하여 대상에 대한 비판적 인식을 드러내고 있다.
② (나)와 달리 (가)는, 계절을 나타내는 어휘를 통해 화자의 고달픈 처지를 부각하고 있다.
③ (가)와 (나)는 모두, 동일한 색채어를 반복하여 대상의 생명력을 강조하고 있다.
④ (가)와 (나)는 모두, 물음의 형식을 활용하여 작품의 주제 의식을 부각하고 있다.
⑤ (가)는 초월적 공간을 설정하여 고조된 감정을 드러내고, (나)는 일상적 공간을 제시하여 향토적 분위기를 자아내고 있다.

02 (가)에 대한 이해로 적절하지 않은 것은?

① '금은'과 '옥과 비단'은 현실적인 어려움을 해결하는 데 실질적인 도움을 주지 못한다는 점에서, 화자가 가치를 두지 않는 대상이다.
② '생업'은 '선심'이 갖추어진 뒤에 가능하다는 점에서, 화자가 도덕적 가치의 실현만큼이나 중요하게 여기는 것이다.
③ '주공의 칠월시'는 농사짓는 이들의 삶을 생생하게 그려 낸다는 점에서, 화자가 농사일의 고됨을 간과하지 않고 있음을 보여 준다.
④ '성인'과 '우부'는 농사짓는 일의 양면적 속성을 드러낸다는 점에서, 화자가 농사의 이치를 효과적으로 전달하기 위해 끌어들인 존재이다.
⑤ '격양가'는 '공명'과 대비된다는 점에서, 주어진 삶의 조건 안에서 만족을 찾으려는 화자의 태도를 보여 준다.

03 〈보기〉를 참고하여 (가), (나)를 감상한 내용으로 적절하지 <u>않은</u> 것은?

> **보기**
>
>   김기홍과 신지는 모두 정계에서 소외되어 향촌에 머무르는 상황에서
> 도, 각자의 방식으로 유교적 가치를 추구함으로써 사대부로서의 정체성
> 을 지키고자 했다. 가령 (가)에서는 농사를 삶의 기반으로 삼아 생활의
> 안정을 확보한 뒤 유교적 이상을 이루려는 현실적이고 구체적인 지향이
> 드러난다. 반면 (나)에서는 자연을 바람직한 삶의 원리가 내재한 존재로
> 보고, 그러한 자연과의 합일을 통해 세속적 가치에서 벗어나 유교적 이상
> 을 실현하려는 관념적인 지향이 드러난다.

① (가)에서 '대순', '후직', '이윤', '제갈량'은 농사를 중시하는 현실적 삶 속에서
도 유교적 이상을 실현한 사례에 해당한다고 볼 수 있겠어.

② (가)에서 '밭을 갈고' '글을 읽'으며 '충효를 본을 삼'는 것은 생활의 안정을
바탕으로 유교적 가치를 실천하는 구체적인 방식을 보여 준다고 할 수 있겠
어.

③ (나)에서 '부귀빈천위무인들 이 마음 요동하랴'는 세속적 가치에 얽매이지
않고 사대부의 정체성을 지키려는 화자의 가치관을 보여 준다고 할 수 있겠
어.

④ (나)에서 '산수같이 하오리라'는 '만고청'하고 '주야류'하는 자연을 본받아
유교적 이상을 실현하기 위한 노력을 게을리하지 않으려는 화자의 지향점
을 보여 준다고 할 수 있겠어.

⑤ (가)에서 '세상의 중한 일'은 농사를 삶의 기반으로 삼는, (나)에서 '네 벗인
줄 모를쏘냐'는 타인과 조화롭게 살아가는 원리를 내재한 자연과 합일하려
는 화자의 태도를 보여 준다고 할 수 있겠어.

나BS 수능특강 문학
변형문제 N제

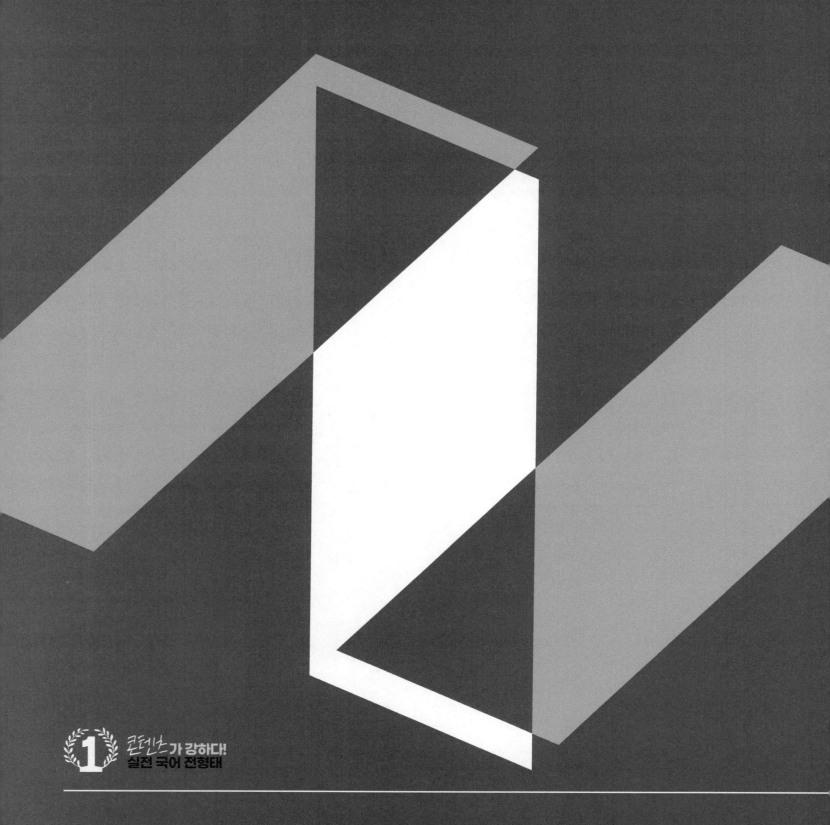

콘텐츠가 강하다!
실전 국어 전형태

변형문제 N제

Part 03
현대 산문

1 | 윤흥길, 장마

다음을 읽고 물음에 답하시오.

　어머니와 이모는 그래도 괜찮은 편이었다. 무엇보다 우려되는 건 할머니와 외할머니의 간의 불화였다. 외삼촌과 이모를 공부시키기 위해 살림을 정리해서 서울로 떠났던 외가가 어느 날 보퉁이를 꾸려들고 느닷없이 우리들 눈앞에 나타났을 때, 사랑채를 비우고 같이 지내기를 먼저 권한 사람은 할머니였다. 난리가 끝나는 날까지 늙은이들끼리 서로 의지하며 살자는 말을 여러 번 들을 수 있었고, 얼마 전까지만 해도 두 사돈댁은 사실 말다툼 한 번 없이 의좋게 지내왔다. 수복이 되어 완장을 두르고 설치던 삼촌이 인민군을 따라 어디론지 쫓겨 가버리고 그때까지 대밭 속에 굴을 파고 숨어 의용군을 피하던 외삼촌이 국군에 입대하게 되어 양쪽에 다 각기 입장을 달리하는 근심거리가 생긴 뒤로도 겉에 두드러진 변화는 없었다. 그러던 두 분 사이에 얼추 금이 가기 시작한 것은 저 사건 — 내가 낯모르는 사람의 꼬임에 빠져 과자를 얻어먹은 일로 할머니의 분노를 사면서부터였다. 할머니의 말을 옮기자면, 나는 짐승만도 못한, 과자 한 조각에 제 삼촌을 팔아먹은, 천하에 무지막지한 사람백정이었다. 외할머니가 유일한 내 편이 되어 궁지에 몰린 외손자를 감싸고 역성드는 바람에 할머니는 그때 단단히 비위가 상했던 것이다. 다음으로 두 분을 아주 갈라서게 만든 결정적인 계기는 전사 통지서를 받은 그 이튿날에 왔다. 먼저 복장을 지른 쪽은 외할머니였다. 그날 오후도 장대 같은 벼락불이 건지산 날망으로 푹푹 꽂히는 험한 날씨였는데, 마루 끝에 서서 그 광경을 지켜보던 외할머니가 별안간 무서운 저주의 말을 퍼붓기 시작한 것이다.

　㉠ "더 쏟아져라! 어서 한 번 더 쏟아져서 바윗새에 숨은 빨갱이 마자 다 씰어 가그라! 한 번 더, 한 번 더, 옳지! 하늘님 고오맙습니다."

　소리를 듣고 식구들이 마루로 몰려들었으나 모두들 어리둥절해서 외할머니를 말리는 사람이 없었다. 벼락에 맞아 죽어 넘어지는 하나하나의 모습이 눈에 선히 보인다는 듯이 외할머니는 더욱 기가 나서 빨치산이 득실거린다는 건지산에 대고 자꾸 저주를 쏟았다.

　"저 늙다리 예펜네가 뒤질라고 환장을 혔냐?"

　그러자 안방 문이 우당탕 열리면서 악의를 그득 담은 할머니의 얼굴이 불쑥 나타났다. 외할머니를 능히 필적할 만한 인물이 그제까지 집안 한쪽에 도사리고 있었음을 나는 뒤늦게 깨닫고 긴장했다.

　㉡ "여그가 시방 누집인 종 알고 저 지랄이랴, 지랄이?"

　옆에서 흔들어 깨우는 바람에 갑자기 잠꼬대를 그친 사람처럼 외할머니는 멍멍한 눈길로 주위를 잠깐 둘러보았다.

　㉢ "보자보자 허니께 참말로 눈꼴시어서 볼 수가 없네. 은혜를 웬수로 갚는다드니 그 말이 거그를 두고 허는 말이고만. 올디갈디 없는 신세 하도 불쌍혀서 들어앉혀 농게로 인자는 아도 으른도 몰라보고 갖인 야냥개를 다 부리네그랴. 미쳐도 곱게 미쳐야지, 그렇게 숭악시런 맘을 먹으면은 뱁대로 거그한티 날벼락이 내리는 벱여!"

　당장 메어꽂을 듯한 기세로 상대방의 서슬을 다잡고 나더니 할머니는 사뭇 훈계조가 되었다.

　㉣ "아아니, 거그가 그런다고 죽은 자석이 살아나고 산 사람이 그렇게 쉽게 죽을 성부른가? 어림 반푼도 없는 소리 빛감도 말어. 인명은 재천이랬다고, 다아 저 타고난 명대로 살다가 가는 계여. 그리고 자석이 부모보담 먼처 가는 것은 부모 죄여. 부모들이 전생에 죄가 많었기 땜시 자석놈을 앞시워 놓고는 뒤에 남어서 그 고통을 다아 감당허게 맹근 계여. 애시

당초 자기 팔자소관이 그런 걸 가지고 누구를 탓허고 마잘 것이 없어. 낫살이 저만치 예순줄에 앉어 있음시나 조께 부끄런 종도 알어야지!"

　㉤ "그려. 나는 전생에 죄가 많어서 아덜놈 먼첨 보냈다 치자. 그럼 누구는 복을 휘여지게 짊어지고 나와서 아덜 농사를 그따우로 지었다냐?"

하고 외할머니도 앙칼지게 쏘아붙였다.

[중략 부분 줄거리] 군경의 작전에 의해 빨치산들이 하나둘 소탕되고, 사람들은 '나'의 삼촌이 죽었다고 여기나 할머니는 점쟁이에게 부탁하여 날까지 받아두고 아들을 기다린다. 그날 삼촌 대신 구렁이가 한 마리 집으로 들어오고, 구렁이를 삼촌의 현신이라 생각한 할머니는 그만 졸도한다. 외할머니는 구렁이를 잘 달래어 보낸다.

　"갔냐?"

　이것이 맑은 정신을 되찾고 나서 맨 처음 할머니가 꺼낸 말이었다. 고모가 말뜻을 재빨리 알아듣고 고개를 끄덕거렸다. 인제는 안심했다는 듯이 할머니는 눈을 지그시 내리깔았다. ⓐ 할머니가 까무러친 후에 일어났던 일들을 고모가 조용히 설명해 주었다. 할머니의 머리카락을 태워 감나무에서 내려오게 한 이야기, 대밭 속으로 사라질 때까지 시종일관 행동을 같이하면서 바래다 준 이야기……. 간혹 가다 한 대목씩 빠지거나 약간 모자란다 싶은 이야기는 어머니가 옆에서 상세히 설명을 보충해 놓았다. 할머니는 소리 없이 울고 있었다. 두 눈에서 하염없이 솟는 눈물방울이 홀쭉한 볼 고랑을 타고 베갯잇으로 줄줄 흘러내렸다. 이야기를 다 듣고 나서 할머니는 사돈을 큰방으로 모셔오도록 아버지한테 분부했다. 사랑채에서 쉬고 있던 외할머니가 아버지 뒤를 따라 큰방으로 건너왔다. 외할머니로서는 벌써 오래 전에 할머니하고 한 다래끼 단단히 벌인 이후로 처음 있는 큰방 출입이었다.

　ⓑ "고맙소."

- 윤흥길, 「장마」 -

01 윗글의 서술상의 특징으로 볼 수 없는 것은?

① 비유의 방법을 활용하여 인물의 행동을 표현하고 있다.
② 1인칭 서술자가 인물들의 심리를 간접적으로 보여 주고 있다.
③ 인물들 간의 갈등이 시작된 배경을 요약적으로 제시하고 있다.
④ 동시에 벌어진 사건들을 나란히 배치하여 이야기의 흐름을 지연시키고 있다.
⑤ 인물들의 대화에서 지역 방언을 그대로 사용함으로써 현장감을 살리고 있다.

02 ㉠~㉤에 대한 이해로 적절하지 않은 것은?

① ㉠ : '외할머니'는 '외삼촌'의 전사가 '뿔갱이'들 때문이라 생각하고, 그들에 대한 적개심을 표출하고 있다.
② ㉡ : '할머니'는 '여그'와 '누집'이라는 말로써 '외할머니'가 지금 얹혀살고 있는 신세임을 지적하고 있다.
③ ㉢ : '할머니'는 '외할머니'의 저주가 '삼촌'을 향한 것이라 생각하고, 이를 '숭악시런 맘'라 비난하고 있다.
④ ㉣ : '할머니'는 '인명은 재천'이라는 말로써, 운명론적 세계관을 부정하는 '외할머니'를 비판하고 있다.
⑤ ㉤ : '외할머니'는 '삼촌'과 '뿔갱이'들에 대한 분노를, '할머니'의 '아덜 농사'가 잘못되었다는 표현으로 드러내고 있다.

03 ⓐ를 참고로 하여 ⓑ에 담겨 있는 인물의 심리 상태를 파악한 것으로 가장 적절한 것은?

① 아들의 마지막을 제대로 보살피지 못했던 자책감을 반어적으로 드러내고 있다.
② 자기와 마찬가지로 아들의 죽음을 부정하고 있는 사돈에 대해 정서적 유대감을 느끼고 있다.
③ 사돈이 자신의 아들에 대한 적대적 감정을 우호적인 감정으로 바꾸었다는 사실에 놀라워하고 있다.
④ 자신이 졸도한 이후 자신이 해야 할 일을 사돈이 대신 마무리해 주었다는 사실에 감사함을 느끼고 있다.
⑤ 서로 감정의 골이 깊어진 상황이었음에도 불구하고 사돈이 먼저 화해를 요청했다는 사실에 고마워하고 있다.

04 〈보기〉를 읽은 독자가 윗글에 대해 보일 수 있는 반응으로 적절하지 않은 것은?

> **보기**
>
> 윤흥길의 「장마」는 한국 전쟁 당시 한 집안에서 발생한 이념의 대립과 화해의 과정을 그린 소설이다. 작가는 전쟁에 참여한 '삼촌'과 '외삼촌'보다 '나'의 '할머니'들에 집중하여, 당시 일반 민중들의 관점에서 본 남북 간의 이념 대립의 성격을 그려 내고 있다. 이들 사이의 대립은 이념에 대한 깊이 있는 인식보다 무속 신앙적 세계관을 통하여 화해에 이른다. 그 구도가 지나치게 인위적이라는 느낌도 있지만 작가는 이러한 설정을 통하여 이념 너머에 존재하는 보다 근원적인 것이 무엇인지, 또한 이념에 기인한 대립 상황을 극복하는 길이 무엇인지에 대해 우리에게 성찰을 요구하고 있는 것이다.

① '고모'가 '할머니'에게 들려준 '외할머니'의 행동은 무속 신앙의 세계관을 구체적으로 보여 준 것이라 볼 수 있군.
② '삼촌'과 '외삼촌'의 대립보다 '할머니'들을 중심으로 한 것은 일반 민중의 관점에서 본 이념 대립을 보여 주기 위함이겠군.
③ '점쟁이'가 '삼촌'이 올 것이라고 예언한 바로 그날 구렁이가 '나'의 집으로 들어오도록 만든 것은 지나치게 인위적인 설정이라 하겠군.
④ '할머니'가 '외할머니'를 큰방으로 모셔오도록 한 것은 자신이 이념 너머에 존재하는 보다 근원적인 것을 사돈과 공유하고 있음을 확인했기 때문이겠군.
⑤ '뿔갱이'들에게 저주를 퍼붓는 '외할머니'의 모습을 통하여 작가는 당시의 일반 민중들이 이념 대립의 본질에 대해 깊이 있는 인식을 지니고 있었음을 보여 주고 있군.

2 | 이광수, 무정 / 염상섭, 만세전

다음을 읽고 물음에 답하시오.

(가)

개화기 문인들은 '근대소설이란 무엇인가?'라는 문제를 두고 치열하게 고민했던 사람들이었다. 문학연구자 이전에 창작자였던 그들에게 소설의 근대성 규정 문제는 단순히 사실 판단, 즉 '근대소설이란 무엇인가?'의 문제가 아니라 '근대소설이란 무엇이어야 하며, 또 어떻게 써야 하는가?'라는, 시급히 해결해야 할 당위 판단의 문제였기 때문이다.

[A]
이들 가운데 가장 먼저 이 문제에 대한 해답을 제시한 사람은 춘원 이광수였다. 그는 근대소설이 갖추어야 할 요건으로, 첫째, 한문이 아닌 국문 소설을 쓸 것, 둘째, 언문일치를 지켜 문어체가 아닌 구어체를 사용할 것, 셋째, 종교나 도덕에 대한 종속성에서 벗어나 소설만의 독립적 미학을 추구할 것, 넷째, 당대의 민족적 사명인 신문명 건설에 유용한 도구 역할을 할 것, 다섯째, 작가는 독자의 판단에 개입하지 말 것 등을 들었다. 이 중에서 첫째와 둘째는 지금의 관점으로 보면 너무도 평범하고 진부한 주장처럼 느껴지지만, 근대문학은 '탈중심'의 민족문학이라는 인식, 즉 '우리' 근대문학은 '중국'과 '한자'라는 '중심'으로부터 벗어난 자리에서 시작할 수 있다는 인식을 반영하고 있는, 당시로서는 대단히 진보적인 주장이었다. 다음으로 다섯째는 고전소설의 특징인 전기성(傳奇性), 개연성 없는 인물 설정이나 사건 전개 방식, 서술자의 개입 등을 배제한 자리에 근대소설을 정초하려는 노력으로서, 신소설이 등장한 이후에도 여전히 고전소설에 가까운 이야기들이 '소설'이라는 이름으로 다수 출판되고 있던 시대적 분위기를 고려해 볼 때 이 역시 시의성을 띤 타당한 주장이었다고 할 수 있다. 문제는 셋째와 넷째 사이에 존재하는 모순성이다. 셋째는 문학의 자율성과 독립성을 옹호하는 주장인 데에 반하여 넷째는 그것을 부정하는 주장이기 때문이다. 이 가운데 어느 것이 춘원의 진정한 입장이었을까? 그에 대한 해답을 우리는 그가 직접 쓴 소설인 「무정」(1917)에서 찾을 수 있다. 한때 많은 문학 연구자들이 이 작품을 우리나라 최초의 근대소설로 평가했을 정도로 동시대의 다른 소설들에 비하여 여러 면에서 새로운 모습을 보여 주고 있지만, 「무정」은 인물 설정이나 사건 전개에서의 개연성을 포기하면서까지 '계몽주의 사상의 전파'라는 작가의 목적 의식에 충실한 작품으로서, 춘원이 효용론적 문학관에 경도되어 있었음을 여실히 보여 주고 있는 것이다.

김동인은 소설에 대한 춘원의 이러한 입장을 비판하고 문학의 자율성을 옹호하며 등장하였다. 그는 또한 소설이 사회 현실 반영이라는 제약에서 벗어날 때 작가의 독창적 관점으로 보편적이고 본질적인 인간의 삶과 문제를 다룰 수 있다고 주장했다. 그의 소설들 대부분에서 우리가 구체적인 시·공간적 배경이나 현실적 인물들을 찾아볼 수 없는 것은 바로 이러한 그의 예술지상주의적 소설관에 기인한 것이다.

[B]
한편 염상섭은 이광수와 김동인의 소설론을 변증법적으로 종합하여 새로운 근대소설론을 정립하고 그에 입각하여 소설을 썼다. 그는 소설이 당대 현실의 문제를 다루어야 하고 탈중심의 민족문학이어야 한다는 춘원의 입장에 동조한다. 한편 작가의 독창적인 개성이 활동하는 묘사를 통해 소설을 써야 한다고 하여 소설의 자율성과 예술성을 강조한 김동인의 입장도 수용한다. 그리고 이러한 전제를 바탕으로 그는 소설의 상위 개념인 '서사 양식'의 변별적 특징인 '세계와 자아와의 대결' 구도에 주목한다. 그는 이 구도에서 운명이나 초자연적인 요소가 아닌 현실 사회의 모순 구조가 '세계' 역할을 하고, 그 '세계'에 자신의 모습을 비추어 봄으로써 자신의 정체성을 인식하거나 그에 맞서 자신의 이상을 사회 속에서 실현하려 투쟁하는 인물, 즉 '사회적 개인'이 '자아' 역할을 하는 소설을 근대소설로 규정한다. 우리가 현재 암묵적으로 사용하고 있는 '근대소설'이라는 개념은 이처럼 이광수, 김동인을 거쳐 염상섭에 이르러 정립된 것이다.

(나)

[앞부분의 줄거리] 형식은 선형과 유학을 가기 위하여 열차를 탄다. 한편 형식의 어린 시절 약혼녀였던 영채는 형식과 헤어진 후 자살하려다 동경 유학생 병욱을 만난다. 열차에서 우연히 모인 이들은 수해를 만나 고생하는 수재민들을 위하여 자선음악회를 연 후 그들을 도울 방안에 관하여 이야기를 나눈다.

"과학! 과학!" 하고 형식은 여관에 돌아와 앉아서 혼자 부르짖었다. 세 처녀는 형식을 본다.

"조선 사람에게 무엇보다 먼저 과학을 주어야겠어요. 지식을 주어야겠어요." 하고 주먹을 불끈 쥐며 자리에서 일어나 방 안을 거닌다. "여러분은 오늘 그 광경을 보고 어떻게 생각하십니까."

이 말에 세 사람은 어떻게 대답할 줄을 몰랐다. 한참 있다가 병욱이가, "불쌍하게 생각했지요." 하고 웃으며, "그렇지 않아요?" 한다. 오늘 같이 활동하는 동안에 훨씬 친하여졌다.

"그렇지요, 불쌍하지요! 그러면 그 원인이 어디 있을까요?"

"물론 문명이 없는 데 있겠지요--- 생활하여 갈 힘이 없는 데 있겠지요."

"그러면 어떻게 해야 저들을…… 저들이 아니라 우리들이외다…… 저들을 구제할까요?" 하고 형식은 병욱을 본다. 영채와 선형은 형식과 병욱의 얼굴을 번갈아 본다. 병욱은 자신 있는 듯이,

"힘을 주어야지요? 문명을 주어야지요?"

"그리하려면?" / "가르쳐야지요? 인도해야지요!"

"어떻게요?" / "교육으로, 실행으로."

(중략)

형식은, "옳습니다. 교육으로, 실행으로 저들을 가르쳐야지요, 인도해야지요! 그러나 그것은 누가 하나요?" 하고 형식은 입을 꼭 다문다. 세 처녀는 몸에 소름이 끼친다. 형식은 한번 더 힘 있게,

"그것을 누가 하나요?" 하고 세 처녀를 골고루 본다. 세 처녀는 아직도 경험하여 보지 못한 듯한 말할 수 없는 정신의 감동을 깨달았다. 그러고 일시에 소름이 쪽 끼쳤다. 형식은 한번 더, / "그것을 누가 하나요?" 하였다.

"우리가 하지요!" 하는 대답이 기약하지 아니하고 세 처녀의 입에서 떨어진다. 네 사람의 눈앞에는 불길이 번쩍하는 듯하였다. 마치 큰 지진이 있어서 온 땅이 떨리는 듯하였다.

(중략)

혹 독자 여러분이 기억하시는지 모르거니와 형식이가 사랑하던 이희경 군은 아까운 재주를 품고 조세하였고, 얼굴 컴컴하던 김종렬 군은 북간도 등지로 갔다는데 이내 소식을 모르며, 배학감은 그 후에 교주와 충돌이 생겨 지금은 황해도 어느 금광에 가 있다는데 아직도 철이 나지 못한 모양이라 하니 가엾은 일이다.

- 이광수, 「무정」 -

(다)

[앞부분의 줄거리] 조선에 만세 운동이 일어나기 전 해 겨울, 동경에서 유학 중이던 '나'는 아내가 위독하다는 전보를 받고 귀국길에 올라 하관에 도착한다.

그날 밤은 역 앞의 조그만 여관에서 노독을 풀고, 이튿날 아침 차로 떠나서 저녁에는 연락선을 타게 되었다. 하관에 도착하니, 방죽이 터져 나오듯 일시에 꾸역꾸역 쏟아져 나오는 시커먼 사람 떼에 섞이어서 나는 연락선 대합실 앞까지 왔다.

어디를 가나, 그 머릿살 아픈 형사 떼의 승강을 받기가 싫어서 어서 배로 바로 들어가고 싶었으나, 배에는 아직 들이지 않기에 나는 하는 수 없이 대합실로 들어갔다. 벤또나 살까 하고 매점 앞에 가서 섰으려니까 어느 틈에 벌써 알아차렸는지 인버네스를 입은 낯 서툰 친구가 와서, 모자를 벗으며 끄덕하고 국적이 어디냐고 묻는다. 나는 아무말 아니하고 한참 치어다보다가, 명함을 꺼내서 주고 홀쩍 가게로 돌아서버렸다. / "본적은……?"

내 명함을 받아들고 내가 흥정을 다하기까지 기다리고 있던 인버네스는 또 괴롭게 군다. 나는 그래도 역시 잠자코 그 명함을 도로 빼앗아서 주소를 써서 주고 사놓았던 물건을 들고 짐 놓은 자리로 와서 앉았다. 그러나 궐자*는 또 쫓아와서,

"나이는? 학교는? 무슨 일로? 어디까지?……" 하며 짓궂이 승강을 부린다. 나는 실없이 화가 나서 그까짓 것 물어 무엇에 쓰려느냐고 소리를 지르고 싶었으나 꾹 참고 간단간단히 응대를 하여주고, 부리나케 짐을 들고 대합실 밖으로 나와버렸다. / "미안합니다그려."

하며 좀 비웃는 듯이 인사를 하는 궐자의 흘겨 뜨는 눈은 부리부리하고 험상궂었으나, 내 뱃속에서도 제게 지지 않게 바지랑대 같은 것이 치밀어 오르는 것을 참는 판이었다.

[중략 부분의 줄거리] 연락선에 탄 후, '나'는 목욕탕에서 일본인들이 조선 노동자를 멸시하는 말을 듣고 분노를 느끼며 생각에 잠긴다.

일 년에 한 번씩 귀국하는 길에 하관에서나 부산, 경성에서 조사를 당하고 성이 가시게 할 때에는 귀찮기도 하고 분하기도 하지마는, 그때뿐이요, 그리 적개심이나 반항심을 일으킬 기회가 적었다. 적개심이나 반항심이란 것은 압박과 학대에 정비례하는 것이나, 기실 그것은 민족적으로 활로를 얻는 유일한 수단이다. 그러나 칠 년이나 가까이 일본에 있는 동안에, 경찰관 이외에는 나에게 그다지 민족 관념을 굳게 의식케 하지 않았을 뿐 아니라 원래 정치 문제에 흥미가 없는 나는, 그런 문제로 머리를 썩여 본 일이 거의 없었다 하여도 가할 만큼 정신이 마비되었었다. 그러나 요새로 와서 나의 신경은 점점 흥분하여 가지 않을 수가 없다. 이것을 보면 적개심이라든지 반항심이라는 것은 보통 경우에 자동적, 이지적이라는 것보다는 피동적, 감정적으로 유발되는 것인 듯하다. 다시 말하면 일본 사람은, 지나치게 말 한 마디나 그 태도로 말미암아 조선 사람의 억제할 수 없는 반감을 끓어오르게 하는 모양이다. 그러나 그것은 결국에 조선 사람으로 하여금 민족적 타락에서 스스로를 구하여야 하겠다는 자각을 주는 가장 긴요한 원동력이 될 뿐이다.

지금도 목욕탕 속에서 듣는 말마다 귀에 거슬리지 않는 것이 없지마는, 그것은 될 수 있으면 많은 조선 사람이 듣고, 오랜 몽유병에서 깨어날 기회를 주었으면 하는 생각을 자아낼 뿐이다.

- 염상섭, 「만세전」 -

*궐자 : 3인칭 대명사, 그.

---

01 (나)와 (다)를 비교한 내용으로 적절하지 <u>않은</u> 것은?

① (나)와 달리 (다)에서는 공간의 이동이 드러난다.
② (나)와 (다)는 모두 시점을 유지하여 서술의 일관성을 확보한다.
③ (다)와 달리 (나)에서는 인물 간 갈등을 중심으로 서사가 전개된다.
④ (나)에서는 시간의 흐름에 따른 인물의 내면 변화를 보여 주고 있다.
⑤ (다)에서는 인물의 외양 묘사를 통해 인물의 성격을 드러내고 있다.

02 (가)를 바탕으로 (나), (다)의 인물에 대해 설명한 것으로 가장 적절한 것은?

① (나)의 '형식'은 사회 현실에서 벗어나 보편적이고 본질적인 인간의 삶을 보여 준다.
② (다)의 '나'는 조선인들이 일본인들로부터 멸시받는 상황을 보며 자신의 정체성을 인식해 가는 '사회적 개인'이다.
③ (나)의 '세 처녀'는 초자연적 요소와 대결을 하고 있다는 점에서 근대소설에서 요구하는 '사회적 개인'이라고 보기 어렵다.
④ (다)의 '나'는 추상적 공간에서 깊은 상념에 잠기는 인물이기 때문에 예술지상주의적 소설에 잘 어울리는 비현실적 인물로 볼 수 있다.
⑤ (나)의 '병욱'은 개화기의 젊은 여인임에도 불구하고 당대 현실에 대한 냉철한 판단을 하는 것으로 보아 개연성이 떨어지는 인물로 볼 수 있다.

03 [A]를 바탕으로 (나)를 감상한 것으로 가장 적절한 것은?

① '과학', '지식', '문명' 등 한자어가 많이 사용된 것으로 보아 아직 근대소설의 단계에는 이르지 못한 작품이군.
② 고전소설의 문어체를 사용하고 있는 것으로 보아 작가가 근대소설의 기준으로 설정한 언문일치는 지켜지지 못했군.
③ 3인칭의 시점에서 인물의 행동과 사건을 서술하고 있는 것으로 보아 소설만의 독립적인 미학을 추구하고 있는 작품이군.
④ 고전소설의 특징인 전기성이나 서술자의 개입을 배제하고 있는 것으로 보아 근대소설에 대한 작가의 관점을 충실히 반영하고 있군.
⑤ 네 사람이 우연히 만나 교육을 논하는 설정은 소설의 근대성이 떨어지더라도 계몽주의 사상을 표현하고 싶었던 작가의 목적 의식에 기인한 것이겠군.

04 [B]를 바탕으로 (다)를 감상한 것으로 적절하지 <u>않은</u> 것은?

① 주인공이 일본인들에 대한 '반감', '적개심'을 고백하는 부분에서 염상섭이 동조한 민족문학적 성격을 읽을 수 있군.
② '방죽이 터져 나오듯 일시에 꾸역꾸역 쏟아져 나오는 시커먼 사람떼' 등과 같은 표현에서 '개성이 활동하는 묘사'를 볼 수 있군.
③ 주인공이 형사에게 집요하게 검문을 받으며 분노를 느끼는 모습에서 '세계와 자아와의 대결'에서 '세계'의 역할을 하는 것은 일제 강점기라는 현실임을 알 수 있군.
④ 주인공의 내면 심리만 제시하고 있을 뿐 작가의 분신처럼 주인공의 입을 통해 작가의 사상을 직접적으로 드러내지 않았다는 점에서 소설의 자율성도 중요시하는 작품이군.
⑤ 1922년에 발표된 소설이 '조선에서 만세 운동이 일어나기 전 해'에 일어난 사건을 다룬 것을 보니 소설이 당대 현실을 다루어야 한다는 작가의 문학관이 반영된 작품이로군.

3 | 이상, 날개

다음을 읽고 물음에 답하시오.

이런 이 방이 가운데 장지로 말미암아 두 칸으로 나뉘어 있었다는 그것이 내 운명의 상징이었던 것을 누가 알랴? 아랫방은 그래도 해가 든다. 아침결에 책보만 한 해가 들었다가 오후에 손수건만 해지면서 나가 버린다. ㉠ 해가 영영 들지 않는 윗방이 즉 내 방인 것은 말할 것도 없다. 이렇게 볕 드는 방이 아내 방이요, 볕 안 드는 방이 내 방이요 하고 아내와 나 둘 중에 누가 정했는지 나는 기억하지 못한다.

그러나 나에게는 불평이 없다.

아내가 외출만 하면 나는 얼른 아랫방으로 와서 그 동쪽으로 난 들창을 열어놓고 열어놓으면 들이비치는 햇살이 아내의 화장대를 비쳐 가지각색 병들이 아롱이 지면서 찬란하게 빛나고, 이렇게 빛나는 것을 보는 것은 다시없는 내 오락이다. 나는 조그만 돋보기를 꺼내 가지고 아내만이 사용하는 지리가미*를 꺼내 가지고 그을려 가면서 불장난을 하고 논다. 평행광선을 굴절시켜서 한 초점에 모아 가지고 그 초점이 따근따근해지다가, 마지막에는 종이를 그을리기 시작하고, 가느다란 연기를 내면서 드디어 구멍을 뚫어 놓는 데까지 이르는, ㉡ 고 얼마 안 되는 동안의 초조한 맛이 죽고 싶을 만큼 내게는 재미있었다.

이 장난이 싫증이 나면 나는 또 아내의 손잡이 거울을 가지고 여러 가지로 논다. 거울이란 제 얼굴을 비칠 때만 실용품이다. 그 외의 경우에는 도무지 장난감인 것이다. 이 장난도 곧 싫증이 난다.

㉢ 나의 유희심은 육체적인 데서 정신적인 데로 비약한다. 나는 거울을 내던지고 아내의 화장대 앞으로 가까이 가서 나란히 늘어 놓은 그 가지각색의 화장품 병들을 들여다본다. 고것들은 세상의 무엇보다도 매력적이다. 나는 그중의 하나만을 골라서 가만히 마개를 빼고 병 구멍을 내 코에 가져다 대고 숨 죽이듯이 가벼운 호흡을 하여 본다. 이국적인 센슈얼한 향기가 폐로 스며들면 나는 저절로 스르르 감기는 내 눈을 느낀다. 확실히 아내의 체취의 파편이다.

나는 도로 병마개를 막고 생각해 본다. 아내의 어느 부분에서 요 냄새가 났던가를…… 그러나 그것은 분명하지 않다. 왜? 아내의 체취는 여기 늘어섰는 가지각색 향기의 합계일 것이니까.

아내의 방은 늘 화려하였다. 내 방이 벽에 못 한 개 꽂히지 않은 소박한 것인 반대로, ㉣ 아내 방에는 천장 밑으로 좍 돌려 못이 박히고, 못마다 화려한 아내의 치마와 저고리가 걸렸다. 여러 가지 무늬가 보기 좋다. 나는 그 여러 조각의 치마에서 늘 아내의 동체(同體)와, 그 동체가 될 수 있는 여러 가지 포우즈를 연상하고 연상하면서 내 마음은 늘 점잖지 못하다.

(중략)

나에게는 인간 사회가 스스러웠다. 생활이 스스러웠다. 모두가 서먹서먹할 뿐이었다.

아내는 하루에 두 번 세수를 한다.

나는 하루 한 번도 세수를 하지 않는다.

나는 밤중 세 시나 네 시쯤 해서 변소에 갔다.

달이 밝은 밤에는 한참씩 마당에 우두커니 섰다가 들어오곤 한다. ㉤ 그러니까 나는 이 18 가구의 아무와도 얼굴이 마주치는 일이 거의 없다. 그러면서도 나는 이 18 가구의 젊은 여인네 얼굴들을 거반 다 기억하고 있었다. 그들은 하나같이 내 아내만 못하였다.

열한 시쯤 해서 하는 아내의 첫 번 세수는 좀 간단하다. 그러나 저녁 일곱 시쯤 해서 하는 두 번째 세수는 손이 많이 간다. 아내는 낮에보다도 밤에 더 좋고 깨끗한 옷을 입는다. 그리고 낮에도 외출하고 밤에도 외출하였다.

[A] 아내에게 직업이 있었던가? 나는 아내의 직업이 무엇인지 알 수 없다. 만일 아내에게 직업이 없었다면 같이 직업이 없는 나처럼 외출할 필요가 생기지 않을 것인데--- 아내는 외출한다. 외출할 뿐만 아니라 내객*이 많다. 아내에게 내객이 많은 날은 나는 온종일 내 방에서 이불을 쓰고 누워 있어야만 된다.

불장난도 못한다. 화장품 냄새도 못 맡는다. 그런 날은 나는 의식적으로 우울해하였다. 그러면 아내는 나에게 돈을 준다. 오십 전짜리 은화다. 나는 그것이 좋았다.

그러나 그것을 무엇에 써야 옳을지 몰라서 늘 머리맡에 던져두고 두고 한 것이 어느 결에 모여서 꽤 많아졌다. 어느 날 이것을 본 아내는 금고처럼 생긴 벙어리*를 사다 준다.

나는 한 푼씩 한 푼씩 그 속에 넣고 열쇠는 아내가 가져갔다. 그 후에도 나는 더러 은화를 그 벙어리에 넣은 것을 기억한다. 그리고 나는 게을렀다. 얼마 후 아내의 머리 쪽에 보지 못하던 누깔잠*이 하나 여드름처럼 돋았던 것은 바로 그 금고형 벙어리의 무게가 가벼워졌다는 증거일까. 그러나 나는 드디어 머리맡에 놓았던 그 벙어리에 손을 대지 않고 말았다. 내 게으름은 그런 것에 내 주의를 환기시키기도 싫었다.

아내에게 내객이 있는 날은 이불 속으로 암만 깊이 들어가도 비오는 날만큼 잠이 잘 오지 않았다. 나는 그런 때 나에게 왜 늘 돈이 있나 왜 돈이 많은가를 연구했다. 내객들은 장지 저쪽에 내가 있는 것을 모르나 보다. 내 아내와 나도 좀 하기 어려운 농을 아주 서슴지 않고 쉽게 해 던지는 것이다. 그러나 내 아내를 찾은 서너 사람의 내객들은 늘 비교적 점잖았다고 볼 수 있는 것이, 자정이 좀 지나면 으레 돌아들 갔다.

그들 가운데에는 퍽 교양이 얕은 자도 있는 듯싶었는데, 그런 자는 보통 음식을 사다 먹고 논다.

[B] 그래서 보충을 하고 대체로 무사하였다. 나는 우선 아내의 직업이 무엇인가를 연구하기에 착수하였으나 좁은 시야와 부족한 지식으로는 이것을 알아내기 힘이 든다. 나는 끝끝내 내 아내의 직업이 무엇인가를 모르고 말려나 보다.

- 이상, 「날개」 -

---

*지리가미 : 휴지를 이르는 일본말.

*내객 : 찾아온 손님.

*벙어리 : 푼돈을 넣어 모으는 데 쓰는 조그만 통.

*누깔잠 : 비녀의 일종인 눈깔비녀를 이르는 말.

01 ⊙~⑩에 대한 설명으로 적절하지 <u>않은</u> 것은?

① ⊙ : '아내'가 자신보다 상대적으로 우월한 위치에 있음을 수용하는 '나'의 인식이 드러난다.

② ⓒ : '나'가 생계는 내버려 둔 채, 무의미한 행동에서 얻을 수 있는 순간적인 희열을 탐닉하고 있음이 드러난다.

③ ⓒ : '아내'의 방 속 사물들을 유희의 대상으로 여기던 '나'의 관심이 '아내'에게로 향하고 있음이 드러난다.

④ ② : 화려함을 추구하는 아내의 사치스러운 삶을 비판적으로 바라보는 '나'의 인식이 드러난다.

⑤ ⑩ : '아내'와 달리, 집 밖의 타인들과 관계를 맺지 않는 '나'의 폐쇄적 태도가 드러난다.

03 [A]와 [B]에 대한 설명으로 가장 적절한 것은?

① [A]에서 아내의 직업을 알아내려는 '나'의 시도는 [B]에서 아내의 방해로 인해 중단되고 있다.

② [A]에서 '나'는 자신의 방에서 찾아낸 단서를 바탕으로 [B]에서 아내에 관한 비밀을 밝혀내고 있다.

③ [A]에서 나타나는 아내의 직업에 관한 '나'의 궁금증은, [B]에서 '나'의 노력에도 불구하고 풀리지 않고 있다.

④ [A]에서 '나'는 자신을 구속하는 아내에게 불만을 품지만, [B]에서 아내가 준 음식을 먹고 아내를 용서하고 있다.

⑤ [A]에서 '나'가 아내의 부정에 대해 의혹을 제기하는 것과 달리, [B]에서 '나'는 아내의 결백에 대해 확신을 드러내고 있다.

02 화장품 병과 은화에 대한 이해로 가장 적절한 것은?

① 화장품 병은 '아내'의 이국적인 생활을 의미하고, 은화는 '나'의 여유로운 생활을 의미한다.

② 화장품 병은 '나'의 정신 작용을 자극하는 것이고, 은화는 '나'의 현실 인식을 일깨우는 것이다.

③ 화장품 병은 '나'에게 일종의 놀잇감이고, 은화는 유희를 포기한 대가로 '나'에게 주어진 보상이다.

④ 화장품 병은 화려한 삶에 대한 '아내'의 자부심을 의미하고, 은화는 자기 자신에 대한 '아내'의 부끄러움을 의미한다.

⑤ 화장품 병은 경제적 성취를 이루려는 '아내'의 의지를, 은화는 경제적 성취를 이루지 못한 '나'의 불만을 상징한다.

04 〈보기〉를 바탕으로 윗글을 이해한 내용으로 적절하지 않은 것은?

> **보기**
>
> 인간의 무의식은 쾌감을 추구하고 불쾌감을 회피하는 '쾌락 원리'를 따르지만, 의식은 '현실 원리'를 고려하며 욕구의 충족을 미룸으로써 현실과 충돌하지 않으려 한다. 「날개」는 '나'를 통해 쾌락 원리와 현실 원리가 균형을 이루지 못하는 현대인의 존재적 분열 상태를 보여 주는 소설이다. 외부와 단절된 채 자기만의 세계에 몰두하는 '나'의 유아적인 모습은 쾌락 원리에 지배된 것으로, 자신을 둘러싼 현실을 이해하지 못하는 '나'의 무지한 모습은 현실 원리의 억압을 회피하려는 무의식의 작용으로 해석할 수 있다.

① '나'가 아내의 방에서 혼자 오락을 즐기는 데에서, 외부와 단절된 채 자기만의 세계에 몰두하는 유아적인 모습을 확인할 수 있어.

② '나'가 아내의 방에 가지 못해 우울해하는 것은, 쾌락 원리와 현실 원리가 균형을 이루지 못하는 분열 상태를 보여 준다고 할 수 있어.

③ '나'가 장난을 하다가 싫증이 나면 다른 장난으로 넘어가는 모습은, 쾌감을 추구하며 불쾌감을 회피하는 것으로 해석할 수 있어.

④ '나'가 아내에게 생긴 누깔잠과 벙어리의 무게를 연관 짓는 것은, 현실 원리의 억압을 회피하려는 무의식이 작용한 결과로 해석할 수 있어.

⑤ '나'가 아내에게 내객이 있는 날에는 밖으로 나가지 않는 데에서, 의식적으로 현실 원리를 고려하며 욕구의 충족을 미루는 모습을 확인할 수 있어.

4 채만식, 태평천하

다음을 읽고 물음에 답하시오.

[앞부분 줄거리] 구한말 화적패의 습격으로 아버지를 잃은 윤 직원 영감은 일제 치하에서 고리대금업으로 돈을 벌어 지주가 된다. 그리고 손자 종수와 종학을 군수와 경찰서장으로 만들어, 가문을 빛내고 재산을 지키려 한다. 그러나 아들 창식은 노름으로 가산을 탕진하고, 손자 종수 또한 방탕한 생활을 한다.

"너 경손 애비, 부디 정신 채리라……!"

윤 직원 영감이 종수더러 곰곰이 훈계를 하던 것입니다. 안식구가 있는데라 점잖게 경손 애비지요.

"……정신을 채려야 헐 것이 늬가 암만히여두 네 아우 종학이만 못히여! 종학이는 그놈이 재주두 있고, 착실히여서, 너치름 허랑허지두 않고 그럴 뿐더러 내년 내후년이면 대학교를 졸업허잖냐? 내후년이지?"

"네."

"그렇지? 응, 그래, 내후년이면 대학교 졸업을 허구 나와서, 삼 년이나 다직 사 년만 찌들어 나머넌 그놈은 지가 목적헌, 요새 그 목적이란 소리 잘 쓰더구나, 응? 목적……. 목적헌 경부가 되야 각구서, 경찰서장이 된담 말이다! 응? 알었어."

"네."

"그러닝개루 너두 정신을 바싹 채리 각구서, 어서어서 군수가 되야야 않겄냐…… 아, 동생 놈은 버젓한 경찰서장인디, 형 놈은 게우 군 서기를 댕기구 있담! 남부끄러서 어쩔 티여? 응…… 아 글씨, 군수 되구 경찰서장 되구 허머넌, 느덜 종구 느덜 호강이지, 머 그 호강 날 주냐? 내가 이렇기 아등아등 잔소리를 허넌 것두 다 느덜 위히여서 그러지, 나는 파리 족통만치두 상관읎어야! 알아든냐?"

"네—."

(중략)

㉠ "동경서 전보가 왔는데요……."

지체를 바꾸어 윤 주사를 점잖고 너그러운 아버지로, 윤 직원 영감을 속 사납고 경망스런 어린 아들로 둘러놓았으면 꼬옥 맞겠습니다.

"동경서? 전보?"

"종학이 놈이 경시청에 붙잽혔다구요!"

"으엉?"

외치는 소리도 컸거니와, 엉덩이를 꿍 찧는 바람에, 하마 방구들이 내려앉을 뻔했습니다. 모여 선 온 식구가 제가끔 정도에 따라 제각기 놀란 것은 물론이구요.

윤 직원 영감은 마치 묵직한 몽치로 뒤통수를 얻어맞은 양, 정신이 멍해서 입을 벌리고 눈만 휘둥그랬지, 한동안 말을 못 하고 꼼짝도 않습니다.

그러다가 이윽고 으르렁거리면서 잔뜩 쪼글트리고 앉습니다.

"거, 웬 소리냐? 으응? 으응?…… 거 웬 소리여? 으응? 으응?"

"그놈 동무가 친 전본가 본데, 전보가 돼서 자세는 모르겠습니다."

윤 주사는 조끼 호주머니에서 간밤의 그 전보를 꺼내어 부친한테 올립니다. 윤 직원 영감은 채듯 전보를 받아 쓰윽 들여다보더니 커다랗게 읽습니다. 물론 원문은 일문이니까 몰라보고, 윤 주사네 서사 민 서방이 번역한 그대로지요.

"종학, 사—상 관계—로, 경—시청에 피검!……이라니? 이게 무슨 소리다냐?"

"종학이가 사상 관계로 경시청에 붙잡혔다는 뜻일 테지요!"

"사상 관계라니?"

"그놈이 사회주의에 참예를……."

"으엉?"

아까보다 더 크게 외치면서, 벌떡 뒤로 나동그라질 뻔하다가 겨우 몸을 가눕니다.

윤 직원 영감은 먼저에는 몽치로 뒤통수를 얻어맞은 것같이 멍했지만, ㉡ 이번에는 앉아 있는 땅이 지함을 해서 수천 길 밑으로 꺼져 내려가는 듯 정신이 아찔했습니다.

그러나 그것은 결단코 자기가 믿고 사랑하고 하는 종학이의 신상을 여겨서가 아닙니다.

윤 직원 영감은 시방 종학이가 사회주의를 한다는 그 한 가지 사실이 진실로 옛날의 드세던 부랑당 패가 백 길 천 길로 침노하는 그것보다도 더 분하고, 물론 무서웠던 것입니다.

진(秦)나라를 망할 자 호(胡)라는 예언을 듣고서, 변방을 막으려 만리장성을 쌓던 진시황, ㉢ 그는 진나라를 망한 자 호가 아니요, 그의 자식 호해(胡亥)임을 눈으로 보지 못하고 죽었으니, 오히려 행복이라 하겠습니다.

(중략)

㉣ "……오죽이나 좋은 세상이여? 오죽이나……."

윤 직원 영감은 팔을 부르걷은 주먹으로 방바닥을 땅 치면서 성난 황소가 영각을 하듯 고함을 지릅니다.

"화적패가 있너냐아? 부랑당 같은 수령(守令)들이 있더냐……. 재산이 있대야 도적놈의 것이요, 목숨은 파리 목숨 같던 말세(末世)넌 다 지내가고오……. 자 부아라, 거리거리 순사요, 골골마다 공명헌 정사(政事), 오죽이나 좋은 세상이여……. 남은 수십만 명 동병(動兵)을 히여서, 우리 조선 놈 보호히여 주니, 오죽이나 고마운 세상이여? 으응?…… 제 것 지니고 앉어서 편안허게 살 태평 세상, 이걸 태평천하라구 허는 것이여, 태평천하!…… 그런디 이런 태평천하에 태어난 부자 놈의 자식이, 더군다나 왜지가 떵떵거리구 편안허게 살 것이지, 어찌서 지가 세상 망쳐 놀 부랑당 패에 참섭을 헌담 말이여, 으응?"

땅 방바닥을 치면서 벌떡 일어섭니다. 그 몸짓이 어떻게도 요란스럽고 괄괄한지, 방금 발광이 되는가 싶습니다. 아닌 게 아니라 모여 선 가권들은 방바닥 치는 소리에도 놀랐지만, 이 어른이 혹시 상성이 되지나 않는가 하는 의구의 빛이 눈에 나타남을 가리지 못합니다.

"……착착 깎어 죽일 놈!…… 그놈을 내가 핀지히여서, 백 년 지녁을 살리라구 헐걸! 백 년 지녁 살리라구 헐 테여……. 으응, 죽일 놈!"

㉤ 마지막의 으응 죽일 놈 소리는 차라리 울음소리에 가깝습니다.

- 채만식, 「태평천하」-

01 윗글에 대한 설명으로 적절하지 <u>않은</u> 것은?

① 시간의 흐름에 따라 사건이 진행되는 순행적 구성을 취하고 있다.
② 작품 밖의 서술자가 작중에 개입하여 주인공이 처한 상황을 논평하고 있다.
③ 다양한 비유를 활용하여 주인공의 행동과 심리를 묘사하고 있다.
④ 중심 사건에 대한 여러 인물들의 다양한 시각을 제시하여 사건을 입체적으
로 조망하고 있다.
⑤ 비속어가 그대로 노출된 구어체를 활용하여 대화를 구성함으로써 현장감과
사실감을 살리고 있다.

03 ㉠~㉤에 대한 이해로 적절하지 <u>않은</u> 것은?

① ㉠에서 손자의 피검을 알리는 '전보'는 사건 전개의 반전을 가져오는군.
② ㉡은 손자에 대한 걱정으로 인한 충격이 아니라 자신의 안위에 대한 걱정으
로 인한 충격이라고 봐야겠군.
③ '윤 직원'에겐 사회주의에 빠진 '종수'가 ㉢의 '호해'와 같은 자식이겠군.
④ '윤 직원'이 왜곡된 역사의식을 지니고 있음을 ㉣을 통해 확인할 수 있군.
⑤ '윤 직원'의 몰락을 ㉤과 같이 표현함으로써 주제 의식을 드러내고 있군.

02 윗글의 인물들에 대한 이해로 가장 적절한 것은?

① '윤 직원'은 아들 '윤 주사'를 신뢰하지 못해 그가 가져 온 전보의 내용을
끝까지 믿지 않았다.
② '윤 직원'이 사회주의에 대해 적대감을 갖게 된 것은 유년기에 그가 겪었던
비극적인 개인사와 관련이 있다.
③ '윤 주사'는 평소 자신을 미워하던 아버지가 '종학'의 피검으로 인해 분노하
는 모습을 보며 통쾌해 하고 있다.
④ '경손 애비'는 '윤 직원'의 구박에 반발하여, '종학'이 할아버지가 싫어하는
사회주의 운동을 한다고 고발하였다.
⑤ '윤 직원'은 암울한 시대 상황이 자신을 제외한 모든 사람에게 '태평천하'라
고 생각하며 현실을 비판적으로 인식하였다.

04 〈보기〉를 통해 윗글을 설명한 내용으로 적절하지 <u>않은</u> 것은?

> **보기**
>
> 풍자는 대상을 해학적인 방식으로 에둘러 비판하는 문학의 기법 가운
> 데 하나이다. 채만식은 자신이 풍자를 애용한다고 밝히면서 그 이유로
> "모든 객관적 조건이 극도로 불리한 조선에 있어서는 정공법 이외의 측
> 공법도 필요하기 때문"이라고 말한 바 있다. 일제의 사상 탄압과 검열을
> 피하여 사회 현실을 우회적으로 비판할 수 있는 방법론으로 풍자를 택한
> 것이다. 그는 특히 「태평천하」에서 전통극과 판소리 등에 자주 등장하는
> '반어적 표현 방식'과 '인물의 희화화'를 절묘하게 계승, 활용함으로써 풍
> 자의 새로운 영역을 개척한 것으로 평가받고 있다.

① 윗글이 창작발표되던 시기는 조선에 대한 일제의 사상 탄압과 검열이 심하
게 자행되던 때였겠군.
② 윗글에서 '종학'이 검거되는 상황은 당시의 사회주의 운동에 대한 작가의
부정적이고 비판적인 인식을 우회적으로 드러내기 위한 설정이겠군.
③ 전보를 받고 놀라는 '윤 직원'의 모습을 과장하여 표현한 것은 우리의 전통
적인 풍자 형식을 계승, 활용한 것으로 볼 수 있겠군.
④ '윤 직원 영감을 속 사납고 경망스런 어린 아들로 둘러놓았으면 꼬옥 맞겠습
니다'의 부분에서 볼 수 있는 해학성은 작가가 '측공법'을 위하여 작품에
가미한 요소겠군.
⑤ '태평천하'라는 제목은 일제의 사상 탄압을 반어적으로 표현하여 우회적으
로 비판하고자 하는 작가의 의지로 볼 수 있겠군.

5 송기숙, 당제

다음을 읽고 물음에 답하시오.

그때 먼저 갔던 의병들이 고개 아래서 헉헉거리며 올라오고 있었다.

"도대체 어찌 된 일이요?"

그들은 보면 모르겠느냐는 듯 손사래만 치며 정신없이 내달았다. 또 한 패가 똑같은 꼴로 헉헉거리며 몰려오고 있었고, 아래서는 일본군들이 총을 갈기며 쫓아오고 있었다. 몇 년 전과는 딴판이었다. 무작정 갈겨대는 기관총과 신식 소총 앞에 대창 들고 대드는 것은 버마재비가 수레바퀴에 대드는 꼴이었다. 모처럼 제대로 한번 싸워보겠다고 들떴던 다음이라 도망치는 심사는 더 처참했다.

이 근방에서 나간 의병들은 감내골로 몰려들어 미륵굴로 내달았다. 굴 속에 숨어 미처 숨도 제대로 고르지 못할 때였다. 일본군들이 들이닥쳤다. 그들은 손들고 나오라 마라 소리도 없었다. 굴 앞에 기관총을 차려놓고 갈겨대기 시작했다. 이건 달걀 섬에 절구질도 아니고, 콩마당에 도리깨질도 아니었다. 의병들은 안으로 안으로만 기어들며 서로 머리를 처박고 섭산적이 되고 말았다. 그때 일본군들이 이렇게 결이 났던 것은 그 며칠 전 안중근 의사가 중국 하얼빈역에서 이등박문(이토오 히로부미)을 쏘았기 때문이었다고 했다.

그 때문에 이 동네 사람들은 왜정시대 내내 숨도 크게 쉬지 못하고 살았다. 그러나 8·15 뒤 우리 정부가 들어섰지만 그런 일을 기리기는커녕, 누가 죽고 누가 병신이 되었는지 그런 조사조차 하지 않았다. 동네 사람들은 그게 한이 되어 한숨만 쉬다가 8·15 한참 뒤에야 푼전을 모아 동구 짬에 조그마한 창의비를 하나 시늉을 냈다. 그 비는 조선시대 감역인가 뭔가 하는 벼슬아치의 흰칠한 비 곁에 지금도 초라하게 서 있다. 실팍한 농대석에 비갓을 쓰고 의젓하게 서 있는 그 벼슬아치의 비석에 비하면, 의병비는 양반 차림에 맨상투 바람의 배행꾼 꼴이었다.

의병굴은 이런 일 말고도 한몰 영감 내외하고는 연이 깊었다. 한몰댁이 이 굴에서 호랑이가 나오는 꿈을 꾸고 아들을 낳았다. 황소만 한 호랑이가 잡아먹을 듯이 아가리를 벌리고 뛰쳐나오더니, 그만 자기 입으로 쑥 들어오더라는 것이다. 호랑이 꿈을 꾸고 낳은 아이답게 몸도 튼튼하고 하는 짓도 의젓했다. 틀림없이 큰 인물이 될 거라며 곱게 길렀다. 그런데 6·25가 터지자 덜렁 의용군에 나가고 말았다. 함께 갔다 돌아온 이웃 동네 친구는, 그가 지리산 전투에서 죽었다고 했다. 한몰 영감은 며칠 동안 숟가락을 들지 않았지만 한몰댁은 눈물 한 방울 흘리지 않았다.

"그 아이는 안 죽었소. 누가 내린 자식이라고 그리 쉽게 죽을 것 같소? 틀림없이 미륵보살님이 지켜주고 계실 것이요."

"뭣이라고? 함께 갔던 친구가 하는 말인데, 그러면 그 녀석이 거짓말을 했단 말이여?"

"어젯밤 꿈에도 그 아이가 저 건너 미륵바위 곁에 서 있습디다. 꼭 옛날 당신이 징용 가셨을 때 미륵바위 곁에 서 계셨던 것맨키로 의젓하게 서서 웃고 있습디다."

한몰댁은 마치 남의 이야기하듯 차근하게 말했다.

"뭣이? 옛날 징용 갔을 적에 임자 꿈에 내가 미륵바위 곁에 서 있었던 것맨키로?"

영감은 눈을 끔벅이며 할멈을 건너다봤다. 그때 일은 너무도 신통했다. 탄광에서 갱도가 무너져 죽었다고 집에 사망 통지서까지 온 영감이 죽지 않고 살아왔던 것이다.

(중략)

집에는 사망 통지서와 함께 ⊙유골이 왔다. 무슨 일인가 하고 나간 시어머니는 그 자리에서 짚단 무너지듯 까무러쳤다. 그러나 한몰댁은 어리병병한 표정으로 서 있었다. 아무래도 그게 자기 남편 유골 같지 않았고, 죽었다는 실감도 들지 않았다. 그 순간 전날 밤 꿈에 나타난 ⓒ미륵보살이 떠올랐다. 미륵보살이 인자하게 웃고 있었고, 그 곁에 남편이 의젓하게 서 있었다.

"그이는 안 죽었소."

한몰댁은 시어머니에게 꿈 이야기를 하며 틀림없이 미륵보살님이 지켜주고 계실 거라 했다. 그러나 시어머니는 그런 소리는 귀여겨듣지도 않고 시름시름 앓다가 그 길로 세상을 뜨고 말았다. 그렇지만 한몰댁은 눈물 한 방울 흘리지 않고, 그때까지 그래왔듯이 새벽마다 미륵바위 앞에서 더 정성스레 치성을 드렸다. 8·15가 되었다. 꿈결에 싸여 온 듯 남편이 살아왔다. 한몰댁은 그제야 비 오듯 눈물을 쏟으며, 그 길로 미륵바위로 달려가 무릎에 피가 배도록 절을 했다. 그전에 가져온 유골은 갱 속에서 꺼낸 시체를 한꺼번에 태워서 그때 없어진 사람 수대로 조금씩 나눠 보냈던 모양이라 했다.

그런 일이 있었던 터라 영감도 자기 아들이 죽지 않았다는 걸, 옛날 사망 통지서까지 왔던 자기가 지금 살아 숨을 쉬고 있는 것만큼이나 확실하게 믿고 있었다.

– 송기숙, 「당제」 –

01 윗글의 서술상의 특징으로 가장 적절한 것은?

① 시간의 순서를 뒤바꿈으로써 이야기의 인과 관계를 밝히고 있다.
② 특정 인물의 시선을 통해 다른 인물에 대한 반감을 표현하고 있다.
③ 유사한 사건을 반복해서 제시하며 인물 간의 갈등을 심화하고 있다.
④ 인물들 간의 대화를 통해 특정 인물의 생각과 행동을 희화화하고 있다.
⑤ 서술자가 객관적 관찰에 초점을 둠으로써 주관적 의미의 서술을 배제하고 있다.

02 윗글에 대한 이해로 적절하지 <u>않은</u> 것은?

① 의병들은 일본군과의 싸움에 앞서 의지를 불태웠으나, 압도적인 전력 차이로 인해 결국 미륵굴로 몰려들 수밖에 없었다.
② 미륵굴은 마을 사람들에게는 잊지 못할 아픔을 남긴 공간이지만, 한몰댁에게는 아들을 낳게 해 준 꿈의 장소이기도 했다.
③ 한몰영감은 의용군으로 나간 아들의 죽음을 전해 들은 후, 며칠 동안 일상을 제대로 이어 나가지 못할 정도로 큰 충격을 받았다.
④ 한몰댁은 남편이 미륵바위 곁에 서 있는 꿈을 꾸었던 것처럼, 아들이 미륵바위 곁에 서 있는 꿈을 꾸고 아들의 생존에 대한 확신을 얻었다.
⑤ 한몰댁은 남편의 생사가 불확실할 때는 슬픔을 억누르지 못했으나, 아들의 소식 앞에서는 감정의 동요를 드러내지 않았다.

03 '한몰댁'을 중심으로 ㉠과 ㉡을 이해한 내용으로 가장 적절한 것은?

① ㉠은 죽음이 엄연한 현실임을 나타내는 증거이며, ㉡은 현실에서 도피하려는 무의식의 발현이라고 할 수 있다.
② ㉠은 죽음의 익명성을 드러내는 표지이며, ㉡은 죽음의 불가피성을 드러내는 상징이라고 할 수 있다.
③ ㉠은 죽음을 인간적인 차원에서 받아들이도록 하는 매개이며, ㉡은 죽음을 초월적인 차원으로 승화시키는 계기라고 할 수 있다.
④ ㉠은 죽음을 획일적인 것으로 만드는 폭력성을, ㉡은 현실에 맞서 삶의 가능성을 놓지 않으려는 의지를 상징한다고 할 수 있다.
⑤ ㉠과 ㉡은 죽음으로 인한 상실감으로부터 점차 벗어나는 과정에서 나타나는 심리적 변화의 징표로 볼 수 있다.

04 〈보기〉를 참고하여 윗글을 감상한 내용으로 적절하지 <u>않은</u> 것은?

> **보기**
>
> 「당제」는 일제 강점기부터 한국 전쟁에 이르는 격변의 시대에 우리 민족이 겪은 비극을 생생하게 보여 준다. 의병 활동과 강제 징용 등으로 희생된 민중의 상처는 공적으로 기려지지 못하고, 이로 인한 고통은 개인의 삶에 깊숙이 파고든다. 그러나 작가는 각자의 방식으로 아픈 역사를 기억하며 희망을 놓지 않는 민중의 모습을 포착함으로써 격동의 한가운데에서도 꺾이지 않는 강인함을 드러내고자 했다.

① 안중근 의사의 의거 이후 일본군이 의병을 무차별적으로 학살한 사건은, 격변의 시대에 우리 민족이 겪은 집단적 희생의 비극을 드러낸다고 할 수 있다.
② 동네 사람들이 세운 창의비가 벼슬아치의 비석에 비해 초라하게 묘사된 것은, 동일한 역사라도 민중에 관한 일은 왜곡된 방식으로 기억됨을 보여 준다고 할 수 있다.
③ 시어머니가 징용 나갔던 아들이 죽었다는 소식을 듣고 세상을 떠난 일은, 역사적 비극이 개인의 삶에 고통을 주는 모습을 보여 준다고 할 수 있다.
④ 한몰댁이 미륵바위 앞에서 정성껏 치성을 드린 것은, 격동 속에서도 민중이 내적인 강인함을 유지하는 방법을 보여 준다고 할 수 있다.
⑤ 한몰 영감이 자신의 경험을 근거로 아들이 살아있다고 믿게 된 것은, 고통스러운 현실에서도 희망을 놓지 않으려는 민중의 태도를 보여 준다고 할 수 있다.

다음을 읽고 물음에 답하시오.

(가)

　문학 작품은 공동체가 경험한 특정한 기억을 저장하고 전승하는 '문화적 재현'으로 기능하기도 한다. 특히 역사적 기억은 원래 그대로 보존되는 것이 아니라 현재적 관점에서 재구성되기에, 동일한 역사적 기억이라 하더라도 그것이 문화적으로 재현되는 시대적 상황에 따라 매우 다르게 형상화될 수 있다. 한 예로 좌우의 이념 대립이 극단으로 치달은 한국 전쟁 시기, 'P부락'과 '동막골'이라는 마을을 각각 배경으로 하는 두 작품에서 우리는 그 차이를 확인할 수 있다.

　「산불」은 1960년대에 발표된 희곡으로, 이념을 중심으로 한 분할과 배제의 논리가 공동체를 분열시키는 양상을 사실적으로 그려 내고 있다. P부락은 생존의 위기에 직면한 주민들이 첨예하게 대립하는 공간이자, 둘로 나뉜 채 갈등을 지속하는 한반도를 표상한다. 곡물 추렴 문제를 두고 헐뜯고 싸우는 인물들의 모습은 인간성을 파괴하는 전쟁의 비극을 드러내는데, 그 갈등의 근원에는 인민군의 편과 국군의 편을 가르는 분할과 배제의 논리가 자리하고 있다. 이처럼 P부락의 주민들이 유사한 처지이면서도 서로를 위로하거나 화합하는 모습으로 그려지지 않는 것은, 여전히 이념 대립에서 자유로울 수 없었던 1960년대의 시대적 상황과 당대의 관객이 전쟁을 직접 체험한 세대임을 고려한 결과로 볼 수 있다. 한편 「웰컴 투 동막골」은 2000년대에 발표된 시나리오로, 이념 대립이 완화되는 양상을 희극적으로 그려 내고 있다. 동막골은 이념과 거리가 먼 순박하고 천진한 주민들이 살아가는 공간으로, 전쟁 이전의 평화로웠던 공동체를 표상한다. 우연히 동막골에 들어온 국군과 인민군의 치열한 대립이 긴장된 분위기를 자아내지만, 경직된 상황은 동막골 주민의 개입으로 인해 곧 희극적으로 전환된다. 이 희극적 사건은 이념 대립의 무의미함을 드러내고 화해의 분위기를 조성하는데, 이는 남북의 관계 개선이 이루어지던 2000년대의 시대적 상황과 당대의 관객이 한국 전쟁이라는 역사적 기억을 간접적으로 체험한 세대임을 고려한 결과로 볼 수 있다.

　이처럼 한국 전쟁이라는 **역사적 기억의 재현**은 공동체의 균열이라는 비극을 보여 주는 방식으로도, 공동체의 회복을 염원하며 화합의 가능성을 제시하는 방식으로도 이루어졌다.

(나)

양 씨: (홉되로 쌀을 되다 말고) 아니, 이건 한 홉도 못 되는구먼 그래! (하며 최 씨를 쳐다본다.)

최 씨: (거만하게) 그것도 큰맘 먹고 퍼 왔어! 우리 살림에 쌀 한 홉이면 어디라고- (하며 외면한다.)

양 씨: 누군 쌀 귀한 줄 몰라서 그런가, 반회에서 일단 공출하기로 작정한 일이니까 홉은 채워야지- 어서요, 사월이네!

최 씨: (비위가 상한듯) 그것밖에 없는 걸 어떻게 하란 말이우!

양 씨: (쓴웃음을 뱉으며) 궁하기는 매한가지지- 그러지 말고 어서 채워와요- 쌀이 없으면 보리, 보리가 없으면 감자라도-

최 씨: (성을 불쑥 내며) 없는 곡식을 나보고 도둑질하란 말이우?

(중략)

(지금까지 말없이 지켜보고 있던 점례가 비로소 사이에 들어선다.)

점례: 어머니 그만 좀 해 둬요!

양 씨: 에미야! 너도 봤지? 우리가 어쨌다는 거야? 응?

최 씨: (입가에 조소를 띠며) 흥! 잘난 이장인가 반장을 맡았다고 세도를 부리긴가? 까마귀 똥도 약이라니까 칠산 바다에 찍한다더니 원- (하며 비웃는다.)

양 씨: (대들면서) 내가 언제 세도를 부렸단 말이야? 응? 내가 언제-

최 씨: (무섭게 쏘아보며) 아니, 웬 반말이야, 반말이? 응? 저놈의 혓바닥을 그냥 둔담?

양 씨: (대들며) 어떻게 할 테야? 찢을 테야? 응? 반말을 할만도 하니까 했지! 자네보다 나가 열 살 위인데 반말 좀 썼기로 어때?

점례: (두 사람을 번갈아 보며) 왜들 이러세요? 제발 좀 참으시라니까요! (혀를 차며) 석양이 지났는데 언제 곡식을 모아요?

양 씨: 누가 하고 싶어 하는 일이냐? 자위대에서 시키는 일이니까-

점례: 허지만 안 할려면 몰라도 책임을 맡은 이상은 정해진 시간에 해내야죠. 일 해놓고도 욕을 먹게 생겼잖아요-

양 씨: 우리가 게을러서 안 되는 일이냐? 자위대에서 나오면 이렇게들 협력을 안하니까 못하겠다고 사실대로 말하지!

최 씨: 옳지! 그렇게 해서 은근히 나를 꼬아바치겠단 말이지? 꼬아바칠 테면 바쳐 보라지! 뉘 말을 더 믿는가 두고 봐!

양 씨: 뭐라고?

점례: (불쾌감을 억지로 누르며) 아주머니도 그런 억지소리는 하시는 게 아니에요. 한두 살 난 애기도 아니고 누가 꼬아바친댔어요?

최 씨: (기고만장하여) 금방 그랬잖아? 여기 있는 사람이면 다 들었지, 안 들었수! (하며 옆사람을 둘러본다.)

점례: 딱한 소리 다 듣겠네요. 이런 일을 누가 얼마나 하기 좋아라서 하는 일이겠수?

최 씨: (비꼬며) 흥! 싫다는데 맡길려구?

양 씨: 아니 그럼 내가 자진해서 맡았단 말이야? (하며 다시 덤빈다.)

최 씨: 흥! 누가 그 속을 모를 줄 아나? 그렇지만 아무리 요사간사를 떨어도 반동이란 딱지는 안 떨어지지 안 떨어져!

(이 말에 부락 사람들은 전에 없이 동요하기 시작한다. 그러나 김 노인은 아랑곳 없다는 듯 담배만 피우고 있다.)

점례: (정색을 하며) 말씀 다 하셨어요?

최 씨: 점례! 그럼 자네 집안이 반동이 아닌가? (대들며) 응? 자네 서방이 반동이 아니면 왜 도망갔지? 인민군에게 붙들려 죽을까봐 도망갔잖아? (오금을 박으며) 아니면 아니라고 똑바로 말해 봐!

점례: (분함을 억제하며) 제 남편이 반동이건 붙잡혀 죽건 이 일과 무슨 상관이 있어요?

양 씨: 아니, 왜 남의 죽은 자식을 들먹거려?

점례: 어머닌 가만히 좀 계세요!

최 씨: (유들유들하게) 상관이 있고 말고- 자네 시어머니는 자위대에서 억지로 떠맡겼으니까 별수 없이 이장을 지낸다지만 실상은 그 잘난 이

장 노릇으로 충성을 다 바쳐야만 사람 행세를 할 수 있기에 맡았지! 안 그래?

양 씨: 옳지! 말 잘했다. 그래 내 아들이 반동으로 몰린 게 누구 때문이었지?

최 씨: 흥! 그러기에 음지가 양지 되고 양지가 음지 되는 법이야. 내 사위를 빨갱이로 몰아 죽인 놈들은 모두 웬수야! 내 딸 사월이를 청상과부로 만든 놈을 왜 내가 가만 둬! 이젠 세상이 바뀌었으니까 우리도 잘 살아 봐야지!

- 차범석, 「산불」 -

(다)

S#21 촌장 집 마당 N. / EXT.
㉠부락민들이 잔뜩 호기심 어린 표정으로 상상을 주시하고 있다.

달수: 전쟁이요? 진짜 전쟁이 났단 말이래요?

촌장: 아니…… 어데서 쳐들어온 거래? 왜놈이냐……? 떼놈이냐……?

상상: 그게요, 어디서 쳐들어온 게 아니고…… 설명하기 힘드네…… 그러니까 우리 국군하고 인민군 괴뢰*들하고 싸우는 거죠.
부락민들 무슨 말인지 좀처럼 이해가 되지 않는데……

달수 처: (스미스 방을 가리키며) 그럼 저 이는 누구 편이래요?

달수: 아, 이짝 편이니까 딱 보고 아는 척하지!

달수 처: 그라믄 2대 1! 이 사람들 치사하네.

상상: 그게요…… 그렇게 보시면 안 되고요……

현철: (저만치 앉아 있다가 상상의 말을 자르며) 저희는 내일 바로 떠나겠습니다.

촌장: 뭐이 그리 급해요. 올 겨울 여서 나고 가시지……

상상: (눈치를 보며) 그 그래요…… 당분간 여기 있죠?
㉡그때 멀리부터 노랫소리가 들린다. 아이들이다.

달수: 애들이네……

달수 처: 어메? 왜 이리들 다 온데? 집에 안 가고?

촌장: (환해지는 얼굴로) 어! 때마침 김 선상이 오시네.
두 손을 번쩍 들고 잔뜩 우거지상이 된 채 마당에 들어선 김 선생. 엉거주춤 서서 부들부들 떨고 있다.

촌장: (현철을 소개하듯) 김 선상, 서로 인사들 하게. 배컽에서 손님이 오셨어.

김 선생: (울먹이며) 뒤에도 손님이 왔걸랑요……
㉢김 선생이 몸을 돌리자 등잔불에 스윽 어둠이 걷히면…… 아이들 사이에 경중하게 선 인민군이 보인다. 잠시 멍하니 서로 보고만 있다가…… 순간 눈이 휘둥그레져 잽싸게 총을 들어 겨누는 현철. 군화를 벗고 마루에 앉았던 상상은 양말 바람으로 튀어 내려와 다급하게 총을 든다. 인민군 역시, 생각지도 못한 국군을 발견하고 놀라서 총을 겨눈다. ㉣누가 먼저랄 것도 없이 핏발선 눈을 부릅뜨고 살벌한 말들을 토해내며 서로를 위협하는 양측 군인들. "총 내려놔!" "움직이지 말앗!" "다 죽여버린다! 빨리 총 버려!"

(중략)

밤을 꼬박 새운 군인들, 크게 하품을 하는 영희. 하품이 옮았는지 상상도 쩍- 스미스는 아예 처박힌 채 자고 있다. 마루 밑의 누렁이도 입이 찢어져라 하품한다. 이때!

촌장: (당황하며) 어머니…… 뭐할라고요?

마님: 어머님……

달수: 큰마님……

㉤작은 바가지에 물을 떠서 나오는 노모. 군인들 뭐지? 하고 보는데, 다가와 치성 앞에 선다.

노모: 몰골이 깨재재 해가지고 까마귀가 형님요 할기래.
또 뭔짓을 하려는 거지 하는 심정으로 뒤로 물러나는 치성. 지난 밤 기억도 있고…… 얼굴을 찰싹 치며 머리를 들이대라고 손짓한다.

영희: 어떻게 난처해질지 모르니 그냥 대 주시라요.
쭈뼛거리고 있는 치성의 얼굴을 쓱 끌고 와 씻겨 주기 시작하는 노모. 그러면서도 계속 중얼거린다.

노모: 날이 트는데 어째 씻을 줄들을 몰라…… 밤새 으르렁대고 소래기 질러대고…… 왜 이 지랄이래…… 그래하믄 밥이 나오나, 옥시기가 나오나? 망할놈의 종재들…… 에구 쯧쯧쯔……
부락민에게 적대적이었던 인민군들. 노모로 인해 격한 감정이 봄눈 녹듯 살짝 풀린다. 어색해하는 택기를 씻기고 나면 영희는 알아서 얼굴을 갖다 댄다. 이번엔 현철에게 다가가는 노모. 이게 뭐하는 짓인가 싶은 현철…… 강하게 제지한다.

현철: 할머니, 잠깐요!
현철의 강한 제지에 잠시 누그러지는 듯하던 분위기가 다시 냉기가 흐른다. 모두 현철을 주시한다. 강하게 나오는 현철을 물끄러미 보는 노모.

현철: …… 물 같아서요! 한 바가지로 지금 몇 명쨉니까!

- 장진, 「웰컴 투 동막골」 -

*괴뢰 : 꼭두각시놀음에 나오는 여러 가지 인형. 북한 인민군을 소련의 꼭두각시로 비난하여 이르던 말로 쓰이기도 함.

---

01 (가)의 '역사적 기억의 재현'을 바탕으로 (나), (다)를 설명한 것으로 적절하지 <u>않은</u> 것은?

① (나)는 이념 대립이 진행 중이던 1960년대의 시대적 상황을 반영하여 역사적 기억을 재현하고 있다.

② (나)는 양 씨와 최 씨 간의 대립 구도를 통해 전쟁으로 인해 공동체가 균열된 모습을 조명하고 있다.

③ (다)는 이념 대립에서 자유로울 수 없었던 2000년대의 상황에 따라 재구성이 이루어졌다.

④ (다)는 국군과 인민군의 대립을 완화시키는 노모를 통해 공동체 화합의 가능성을 제시하고 있다.

⑤ (나)와 (다)는 '반동', '괴뢰들'과 같은 단어를 통해 이념 대립이 극단으로 치달았던 시기의 역사적 기억을 저장하고자 했다.

02 (가)를 바탕으로 (나)를 설명한 것으로 적절하지 <u>않은</u> 것은?

① 최 씨가 홉되에 식량을 채워 오라는 양 씨에게 화를 내는 장면은 생존의 위기에 직면한 주민들이 첨예하게 대립하는 모습을 보여 준다.

② 양 씨가 최 씨의 비협조적인 태도를 자위대에 알리겠다는 장면에서, 인간성을 파괴하는 전쟁의 비극이 두 인물의 적대적 관계를 통해 나타난다.

③ 최 씨가 점례네 집안을 반동이라고 몰아세우는 장면에서, 공동체에 적용되는 분할과 배제의 논리가 드러난다.

④ 점례가 양 씨의 책임감 없는 모습을 타박하는 장면에서, 좌우의 이념 대립이 극심했던 한반도의 상황이 드러난다.

⑤ 사위를 잃은 최 씨가 양 씨의 죽은 자식을 들먹이는 장면은 유사한 처지에 놓인 이들끼리 서로 위로하지 않는 공동체의 상황을 보여 준다.

03 (가)를 바탕으로 (다)를 감상한 내용으로 적절하지 <u>않은</u> 것은?

① "왜놈이냐……? 떼놈이냐……?"라는 대사는 이념과 거리가 먼 동막골 주민들의 순박함과 천진성을 드러내는군.

② '크게 하품을 하는 영희. 하품이 옮았는지 상상도 쩍-'은 전쟁 이전의 평화로웠던 공동체의 모습을 상징적으로 보여 주는군.

③ "그래하믄 밥이 나오나, 옥시기가 나오나?"라는 대사는 좌우의 이념 대립이 무의미하다는 주제 의식을 전달하는군.

④ '부락민에게 적대적이었던 인민군들. 노모로 인해 격한 감정이 봄눈 녹듯 살짝 풀린다.'는 화해의 분위기가 조성되고 있음을 나타내는군.

⑤ "…… 물 갈아서요! 한 바가지로 지금 몇 명쩹니까!"라는 대사는 경직된 상황이 희극적으로 전환되는 계기이군.

04 (나), (다)에 대한 이해로 가장 적절한 것은?

① (나)에서 양 씨는 쌀을 내놓은 최 씨에게 공출 품목을 변경해 오라고 했다.

② (나)에서 최 씨는 자기보다 어린 양 씨가 반말을 했다는 이유로 분노를 표출했다.

③ (나)에서 최 씨는 자위대의 압력에 의해 어쩔 수 없이 양 씨의 아들을 반동으로 몰아세웠다.

④ (다)에서 영희는 노모를 경계하는 치성에게 노모의 뜻을 따르라고 요구했다.

⑤ (다)에서 노모는 자신의 행동을 제지하는 현철을 때리며 머리를 들이대라고 손짓했다.

05 (다)를 영화로 제작한다고 할 때, ㉠~㉢에 대한 연출 계획으로 적절하지 <u>않은</u> 것은?

① ㉠ : 부락민들이 전쟁이 났다는 소식에 관심을 갖고 있음을 강조하려면, 상상을 둘러싼 부락민들의 호기심 어린 표정을 상상의 시점으로 보여 주어야겠군.

② ㉡ : 부락에 새로운 사건이 발생할 것임을 암시하려면, 부락민들에게 초점을 맞춘 채 점점 크게 들려오는 아이들의 노랫소리를 효과음으로 처리해야겠군.

③ ㉢ : 국군과 인민군의 예기치 못한 첫 만남을 극적으로 표현하려면, 국군에게 노골적으로 적대감을 드러내며 다가오는 인민군들의 얼굴을 화면에 가득 담아야겠군.

④ ㉣ : 긴박감이 넘치는 상황을 역동적으로 보여 주려면, 마주서서 날카롭게 대립하는 인민군과 국군의 모습을 빠르게 번갈아 비추어야겠군.

⑤ ㉤ : 노모의 등장으로 인해 전환된 분위기를 표현하려면, 노모를 주시하는 부락민과 군인들의 반응이 드러나도록 촌장 집 마당 전체를 한 화면에 담아야겠군.

나BS 수능특강 문학
변형문제 N제

7 | 조세희, 내 그물로 오는 가시고기

다음을 읽고 물음에 답하시오.

[앞부분 줄거리] 은강 공장에서 일하는 난장이 가족의 큰아들은 은강 그룹의 회장인 '나'의 아버지를 살해하려다가 실수로 '나'의 숙부를 살해하여 재판을 받게 된다. 한편, 변호인 측 증인으로 나선 지섭은 '나'의 아버지의 공장에서 일하다가 손가락 두 개를 잃은 노동자이다.

㉠ 조금씩 차이가 있겠지만 독재적인 아버지는 항상 그의 가족을 괴롭히고, 가장으로서의 책임을 다 못 한 사람일수록 명령하기를 좋아하며 복종을 요구한다. 나는 모르는 난장이를 생각했다. 그는 자식들의 작은 잘못도 결코 용서하지 않았을 것이다. ㉡ 잘 때리고, 벌도 심한 것으로 골라 주었을 것이다. 아이들에게 그는 잠을 안 자는 독재자였을 것이다. 그의 권력은 사랑, 존경, 믿음을 모르는 그 자신의 성격적 결함이 사용하게 한 무서운 매와 벌 때문에 바른 것이 못 되었을 것이다. 그가 죽었기 때문에 그의 큰아들은 공격 목표를 잃었다. 그러나 사회생활을 잘할 수 없게 길들여진 큰아들의 그 불확실한 공격성은 그대로 남아 있다 결국 숙부를 죽였다. 그때 법원에 닿아 비탈길을 올라오는 사촌을 잡고 나의 생각을 말했는데 ⓐ 사촌은 제대로 듣지도 않고 손을 들어 저었다.

"아냐." / 사촌은 간단히 말했다.

"네가 틀렸어. 그가 공판정에서 한 말을 그대로 믿어야 돼. 아버지가 큰아버지를 도와 한 일을 난 알아."

아버지가 돌아가기 전이라도 두 형이 사촌을 몰아낼 음모를 꾸민다면 나는 기꺼이 형들 편에 가담하겠다고 속으로 다짐했다. 사촌은 불볕 속에서 땀을 닦았다. 닫혔던 법정 문이 열리자 공원들은 안으로 밀려 들어갔다. 우리는 다른 문으로 들어갔다. 법정 안은 시원했다.

"우리 아버지들이 뭘 어떻게 했다고 그랬지?"

내가 물었다.

"이들을 괴롭혔어."

ⓑ 방청석 공원들을 돌아보며 사촌이 속삭였다.

"인간을 위해 일한다면서 인간을 소외시켰어."

"형이 말하는 걸 들어 보면 참 근사해."

내가 말했다.

"사실은, 공장을 지어 일을 주고 돈을 주었지. 제일 많은 혜택을 입은 게 바로 이들야."

사촌이 웃었다. ㉢ 그 시간에 그 법정에서 웃은 사람은 사촌밖에 없었다.

(중략)

"우리 공장 노동자들이 행복한 마음을 갖고 일하게 할 수 있는 방법을 제가 알아냈어요."

"경훈아." / ⓒ 어머니가 웃었다.

"그런 생각은 안 하는 게 좋아. 아무리 좋은 공장에서 일해도 그렇지, 많은 사람들이 어떻게 똑같이 행복해질 수 있겠니?"

"약을 쓰면 돼요." / "약이라니?"

"그들이 행복한 마음으로 일만 하게 하는 약을 만드는 거예요. 그들이 공장에서 먹는 밥이나 음료수에 그 약을 넣어야죠. 약은 우수한 연구진을 구성해 만들게 해야 돼요. 처음엔 경비가 많이 들겠지만 장기적으로 보면 이 이상 좋은 방법은 있을 수 없어요."

"그만둬라." / 어머니가 말했다.

"생각하는 게 맨 끔찍한 것뿐이구나."

"끔찍한 건 제가 아녜요." / 나는 말했다.

"정말 끔찍한 건 이 세계라구요. 몇몇 나라들이 그들의 사회 제도로부터 이탈하려는 사람들에게 이미 약물을 투여하기 시작했어요."

"병이 난 사람들이겠지."

"질병하곤 상관이 없는 일예요."

"어쨌든, 너의 그런 생각을 아버지에게 말씀드리진 마라. 아버지는 작은 일 하나하나로 너희들을 판단하셔. 나는 네가 위의 형들하고 똑같은 기회를 갖는 걸 보고 싶어. 내 말 알아듣겠니?"

ⓓ 나는 한 번도 어머니의 사랑을 의심해 본 적이 없다. 자식들에게 주어지는 어머니의 사랑의 크기는 언제나 같았다. 아버지는 달랐다. 아버지는 경영자에게 가장 필요한 능력은 여러 이질적인 것들을 조화하여 전체를 만드는 재능이라고 우리들에게 말하고는 했다. 그 재능을 갖지 못한 사람들에게는 큰 권한을 넘겨 줄 수 없다는 통보이기도 했다. 숙부가 돌아가기 전에는 공장에서 일어나는 일들에 관한 이야기가 집 안까지 들어와 본 적이 없는데 요즘은 그렇지 않다고 어머니가 말했다. 그리고, 이번에는 기계 공장 쪽에서 심상치 않은 문제가 일어난 것 같다고 덧붙였다. ㉣ 그랬구나! 내가 혼자 말할 차례였다. 남쪽에 있는 공장이었다. 여덟 개의 손가락을 가진 사나이가 그곳에서 올라오고는 했었다. 그는 공원들보다 더 더러운 옷을 입고, 공원들 것보다 더 더러운 손수건을 썼다. ⓔ 멍청한 사촌이 그의 소식을 들었다면 역시 그는 다르다고 말했을 것이다. 지섭이 먼 곳에서 나의 머리를 친 셈이었다. 그러나 그는 난장이네 식구들을 위로하러 올라올 수가 없었다. 그는 우리 반대쪽에 서 있는 사나이였다. ㉤ 그는 자신을 분석하고, 동료들을 분석하고, 저희들을 경제 권력으로 억압한다는 우리를 분석하다가 불행해질 사람이었다.

- 조세희, 「내 그물로 오는 가시고기」 -

01 ㉠~㉤의 서술 방식에 대한 설명으로 가장 적절한 것은?

① ㉠ : 누구의 생각을 누가 전달하는지 명시한 표현을 사용해 서술하고 있다.
② ㉡ : 서술자가 지각한 내용과 관련된 부가적인 정보를 추측의 진술을 활용해 덧붙이고 있다.
③ ㉢ : 지각의 주체를 알리는 표지는 제시하지 않고 지각의 대상만을 제시하고 있다.
④ ㉣ : 관찰 대상의 생각을 서술자의 목소리로 전달하여 대상과 서술자의 구분이 모호한 상황이 나타나고 있다.
⑤ ㉤ : 행동의 주체를 생략하여 행동이 진행되는 순차적인 과정을 부각하고 있다.

03 ⓐ~ⓔ에 대한 이해로 가장 적절한 것은?

① ⓐ : '나'의 말에 관심이 없음을 직설적으로 표현하는 모습을 보여 준다.
② ⓑ : 공개적인 장소에서 공원들에게 불리한 말은 삼가려는 모습을 보여 준다.
③ ⓒ : '나'가 노동자들에 관해 떠올린 생각을 기특하게 여기는 모습을 보여 준다.
④ ⓓ : 어머니의 질책을 계기로, 어머니를 향한 그간의 믿음이 흔들리기 시작한 모습을 보여 준다.
⑤ ⓔ : '그'를 특별히 여길 '사촌'이 자신보다 어리석다고 여기는 모습을 보여 준다.

02 '경훈'을 중심으로 윗글을 이해한 내용으로 적절하지 <u>않은</u> 것은?

① '경훈'은 '난장이'가 성격적 결함 탓에 자식을 엄격히 훈육하지 못해 그의 '큰아들'이 사회생활을 잘 할 수 없게 되었다고 생각했다.
② '경훈'은 '아버지들'이 공원들을 괴롭혔다고 여기는 '사촌'의 말이 겉으로는 그럴듯해 보이지만 실상은 그와 다르다고 생각했다.
③ '경훈'은 '어머니'와 달리, 공장 노동자들이 똑같이 행복을 누릴 수 있다고 생각했다.
④ '경훈'은 공장 체제를 유지하기 위해서는 노동자들에게 약물을 투여하는 것이 최선의 방법이라고 생각했다.
⑤ '경훈'은 노동자들이 자본가가 지닌 힘을 파헤치려 할수록 불행해지리라고 생각했다.

04 〈보기〉를 참고하여 윗글을 감상한 내용으로 적절하지 <u>않은</u> 것은?

> **보기**
>
> 「내 그물로 오는 가시고기」의 서술자인 '나'는 자본주의 체제의 혜택을 받은 인물로, 궁핍한 처지에 내몰린 노동자들의 상황을 이해하지 못한다. 작가는 이처럼 현실 사회를 구성하는 대다수의 삶과 동떨어진 서술자를 활용하여, 노동자들의 삶과 그들에 대한 자본가의 인식 간의 격차를 부각하고 있다. 또한 인간에게 더 나은 삶을 위해 존재하는 사회 체제가 오히려 인간성의 상실을 초래하는 모습을 통해 자본주의 체제의 모순을 표현하고 있다.

① '나'의 사촌이 아버지들이 '인간을 위해 일한다면서 인간을 소외시켰'다고 말하는 것은, 자본주의 사회 체제의 모순을 드러내는군.
② '나'가 아버지가 '공장을 지어 일을 주고 돈을 주'었기에 공원들이 '혜택'을 입었다고 말하는 것은, 공원들의 삶에 관한 노동자와 자본가 계층의 인식 차이를 드러내는군.
③ '나'가 공원들이 '행복한 마음을 갖고 일'할 수 있도록 약을 만들자고 말하는 것은, 인간에게 더 나은 삶을 모색하려는 노력이 행해질 수 있음을 보여 주는군.
④ '나'의 어머니와 달리 아버지가 '경영자'로서의 '능력'에 따라 자식을 차별적으로 대우하려 하는 것은, 자식을 향한 사랑이 전제되지 않는 가족 내의 인간성 상실 문제를 보여 주는군.
⑤ '나'가 '여덟 개의 손가락을 가진 사나이'를 자신과 '반대쪽'에 있는 이로 여기는 것은, 자신의 삶은 노동자들의 삶과 동떨어져 있다는 인식을 보여 주는군.

다음을 읽고 물음에 답하시오.

(가)

문학에서 '서정'은 세계에 대한 자아의 인식과 해석을 그리는 양식이기에 '세계의 자아화'라는 말로 표현된다. 서정에 속하는 작품 속에서 세계는 자아에 의해 변형된 모습으로, 즉 자아에 종속된 상태로 존재한다. 비유, 상징의 사용은 모두 이 '세계의 변형'을 위하여 서정이 기대는 장치이다. 반면에 '서사'에서 세계는 자아에 종속되지 않으며 이 둘은 대결 관계를 이룬다. 또한, 서사는 작품 외적 자아, 즉 '이야기하는 자아'와 작품 내적 자아, 즉 '이야기되는 자아'가 분리된다는 점에서도, 작품 외적 자아의 개입이 없는 서정과 다르다. 다시 말해서 서사는 세계와 내적 자아 사이의 대립을 외적 자아가 서술하는 양식이기에, '세계의 변형'을 위한 장치보다는 대화나 극적 구도 같은 갈등의 형상화 방식에 더 큰 관심을 보인다.

그런데 서정과 서사를 대표하는 각각의 문학 양식인 시와 소설 가운데는 '서사적인 시'나 '서정적인 소설'처럼 본래의 양식적 특징을 지니고 있으면서도 상대 양식의 성격도 강하게 드러내는 작품들이 있다. 전자는 세계의 사실성이 자아를 압도하여 자아가 세계를 변형하기 어려운 경우 주로 나타나며, 후자는 작가가 특정한 사회나 시대 상황을 초월하는 보편적 인간형이나 인간의 내면세계에 관심이 많은 경우 주로 나타난다. 이용악의 「낡은 집」은 전자의 대표적 작품이며, 이효석의 「메밀꽃 필 무렵」은 후자의 대표적 작품으로, 두 작품 모두 일제 강점기에 지어졌다는 공통점이 있다.

(나)

날로 밤으로 / 왕거미 줄치기에 분주한 집
마을서 흉집이라고 꺼리는 **낡은 집**
이 집에 살았다는 **백성들**은 / 대대손손에 물려줄
은동곳˚도 산호 관자˚도 갖지 못했니라

재를 넘어 무곡˚을 다니던 당나귀
항구로 가는 콩실이에 늙은 둥글소 / 모두 없어진 지 오랜
㉠ 외양간엔 아직 초라한 내음새 그윽하다만
털보네 간 곳은 아모도 모른다

㉡ 찻길이 놓이기 전. 노루 멧돼지 쪽제비 이런 것들이
앞뒤 산을 마음 놓고 뛰어다니던 시절 / 털보의 셋째 아들은
나의 싸리말 동무는 / 이 집 안방 짓두광주리˚ 옆에서
첫 울음을 울었다고 한다

"털보네는 또 아들을 봤다우
송아지래두 불었으면 팔아나 먹지"
마을 아낙네들은 무심코
차가운 이야기를 가을 냇물에 실어 보냈다는
그날 밤 / 저릅등이 시름시름 타들어 가고

㉢ 소주에 취한 털보의 눈도 일층 붉더란다

갓주지 이야기와 / 무서운 전설 가운데서 가난 속에서
나의 동무는 늘 마음 졸이며 자랐다
당나귀 몰고 간 애비 돌아오지 않는 밤
노랑 고양이 울어 울어 / 종시 잠 이루지 못하는 밤이면
어미 분주히 일하는 **방앗간 한구석에서**
나의 동무는 / 도토리의 꿈을 키웠다

그가 아홉 살 되던 해 / 사냥개 꿩을 쫓아다니는 겨울
이 집에 살던 일곱 식솔이 / 어데론지 사라지고 이튿날 아침
북쪽을 향한 발자옥만 눈 우에 떨고 있었다

더러는 오랑캐령 쪽으로 갔으리라고
더러는 아라사˚로 갔으리라고
이웃 늙은이들은 / 모두 무서운 곳을 짚었다

지금은 아무도 살지 않는 집
마을서 흉집이라고 꺼리는 낡은 집
제철마다 먹음직한 열매 / 탐스럽게 열던 살구
살구나무도 글거리˚만 남았길래
꽃 피는 철이 와도 가도 **뒤울안에**
꿀벌 하나 날아들지 않는다

- 이용악, 「낡은 집」 -

*은동곳 : 은으로 만든, 상투를 튼 뒤에 그것이 풀어지지 않도록 꽂는 물건.
*산호 관자 : 산호로 만든, 망건에 달아 당줄을 꿰는 작은 단추 모양의 고리.
*무곡 : 이익을 보려고 곡식을 몰아서 사들임. 또는 그 곡식.
*짓두광주리 : '반짇고리'의 함경도 방언.
*아라사 : '러시아'를 한자음으로 나타난 말.
*글거리 : '그루터기'의 방언.

(다)

"달밤이었으나 어떻게 해서 그렇게 됐는지 지금 생각해도 도무지 알 수 없어."

허 생원은 오늘밤도 또 그 이야기를 끄집어내려는 것이다. 조 선달은 친구가 된 이래 귀에 못이 박히도록 들어왔다. 그렇다고 싫증을 낼 수도 없었으나 허 생원은 시치미를 떼고 되풀이할 대로는 되풀이하고야 말았다.

"달밤에는 그런 이야기가 격에 맞거든,"

조 선달 편을 바라는 보았으나 물론 미안해서가 아니라 달빛에 감동하여서였다. 이지러는 졌으나 보름을 갓 지난 달은 부드러운 빛을 흐뭇이 흘리고 있다. 대화까지는 팔십 리의 밤길, 고개를 둘이나 넘고 개울을 하나 건너고 벌판과 산길을 걸어야 된다. 길은 지금 긴 산허리에 걸려 있다. 밤중을 지난 무렵인지 죽은 듯이 고요한 속에서 짐승 같은 달의 숨소리가 손에 잡힐 듯이 들리며, 콩포기와 옥수수 잎새가 한층 달에 푸르게 젖었다.

산허리는 온통 메밀밭이어서 피기 시작한 꽃이 소금을 뿌린 듯이 흐뭇한 달빛에 숨이 막힐 지경이다. 붉은 대궁이 향기같이 애잔하고 나귀들의 걸음도 시원하다. 길이 좁은 까닭에 세 사람은 나귀를 타고 외줄로 늘어섰다. 방울소리가 시원스럽게 딸랑딸랑 메밀밭께로 흘러간다. 앞장선 허 생원의 이야기소리는 꽁무니에 선 동이에게는 확적히는 안 들렸으나, 그는 그대로 개운한 제멋에 적적하지는 않았다.

"장 선 꼭 이런 날 밤이었네. 객줏집 토방이란 무더워서 잠이 들어야지. 밤중은 돼서 혼자 일어나 개울가에 목욕하러 나갔지. 봉평은 지금이나 그 제나 마찬가지지. 보이는 곳마다 메밀밭이어서 개울가가 어디 없이 하얀 꽃이야. 돌밭에 벗어도 좋을 것을, 달이 너무나 밝은 까닭에 옷을 벗으러 물방앗간으로 들어가지 않았나. 이상한 일도 많지. 거기서 난데없는 성 서방네 처녀와 마주쳤단 말이네. 봉평서야 제일가는 일색이었지……"

"팔자에 있었나부지."

아무렴 하고 응답하면서 말머리를 아끼는 듯이 한참이나 담배를 빨 뿐이었다. 구수한 자줏빛 연기가 밤기운 속에 흘러서는 녹았다.

"날 기다린 것은 아니었으나 그렇다고 달리 기다리는 놈팽이가 있는 것두 아니었네. 처녀는 울고 있단 말야. 짐작은 대고 있으나 성 서방네는 한창 어려워서 들고날 판인 때였지. 한 집안 일이니 딸에겐들 걱정이 없을 리 있겠나? 좋은 데만 있으면 시집도 보내련만 시집은 죽어도 싫다지…… 그러나 처녀란 울 때같이 정을 끄는 때가 있을까. 처음에는 놀라기도 한 눈치였으나 걱정 있을 때는 누그러지기도 쉬운 듯해서 이럭저럭 이야기가 되었네……생각하면 무섭고도 기막힌 밤이었어."

"제천인지로 줄행랑을 놓은 건 그 다음날이렷다."

"다음 장도막에는 벌써 온 집안이 사라진 뒤였네. 장판은 소문에 발끈 뒤집혀 고작해야 술집에 팔려가기가 상수라고 처녀의 뒷공론이 자자들 하단 말이야. 제천 장판을 몇 번이나 뒤졌겠나. 허나 ㉣ 처녀의 꼴은 꿩 궈먹은 자리야. 첫날밤이 마지막 밤이었지. 그때부터 봉평이 마음에 든 것이 반평생을 두고 다니게 되었네. 반평생인들 잊을 수 있겠나."

"㉤ 수 좋았지. 그렇게 신통한 일이란 쉽지 않어. 항용 못난 것 얻어 새끼 낳고, 걱정 늘고 생각만 해두 진저리가 나지……그러나 늙으막바지까지 장돌뱅이로 지내기도 힘드는 노릇 아닌가? 난 가을까지만 하구 이 생계와두 하직하려네. 대화쯤에 조그만 전방이나 하나 벌이구 식구들을 부르겠어. 사시장천 뚜벅뚜벅 걷기란 여간이래야지."

"옛 처녀나 만나면 같이나 살까……난 거꾸러질 때까지 **이 길 걷고 저 달 볼 테야**."

- 이효석, 「메밀꽃 필 무렵」 -

01 (가)의 내용을 바탕으로 (나)와 (다)의 양식적 성격을 이해한 것으로 적절하지 않은 것은?

① (나)는 '나'라는 작품 외적 자아가 '나의 동무'라는 작품 내적 자아에 관한 이야기를 독자에게 전달한다는 점에서 서사적이라고 할 수 있겠군.
② (나)는 '마을 아낙네들'의 대화를 활용하여 '털보네'와 '마을'의 갈등을 형상화하고 있다는 점에서 서사적 특징을 지닌다고 할 수 있겠군.
③ (다)의 '짐승 같은 달의 숨소리가 손에 잡힐 듯이 들리며'는 작품 외적 자아가 비유를 사용하여 세계를 자아화하고 있는 서정적인 장면이겠군.
④ (다)는 '이야기되는 자아'와 세계 사이의 대립이 서술에서 두드러지게 나타나지 않는다는 점에서 서사적 성격이 약한 작품이라고 할 수 있겠군.
⑤ (다)는 일제 강점기라는 특정한 시대 상황을 초월하는, 잃어버린 첫사랑을 그리워하는 보편적 인간상을 그리고 있다는 점에서 서정적이라고 할 수 있겠군.

02 (나)에 대한 설명으로 가장 적절한 것은?

① 대상에 대한 관찰을 통해 시상을 전개하고 있다.
② 말을 건네는 방식을 통해 대상과의 친밀감을 높이고 있다.
③ 특정 대상에 주목하여 교훈적 의미를 전달하고 있다.
④ 시적 공간의 탈속성을 내세워 이상향에 대한 화자의 동경을 드러낸다.
⑤ 향토적 소재를 활용하여 화자의 과거에 대한 그리움을 드러내고 있다.

03 (나)와 (다)에 대한 이해로 가장 적절한 것은?

① (나)에서 '동무'의 '도토리의 꿈'은 '일곱 식솔'이 '어데론지 사라지'게 되는 사건을 예고하는 장치이다.
② (나)에서 '살구나무'에 '먹음직한 열매'가 열리지 않는 것은 마을 사람들이 '낡은 집'을 더 이상 찾지 않는 이유이다.
③ (다)에서 '허 생원'은 '달'을 계기로 '조 선달'이 듣고 싶어 하는 과거의 사건을 얘기하고 있다.
④ (다)에서 과거 '봉평'에서의 '달'은 '허 생원'이 '성 서방네 처녀'와 만나게 되는 계기가 되었다.
⑤ (다)에서 '허 생원'은 대화에서 '성 서방네 처녀'와 재회할 것임을 확신하고 있다.

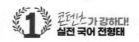

04 〈보기 1〉의 선생님 말씀을 바탕으로 (나)와 〈보기 2〉를 감상한 결과로 적절하지 <u>않은</u> 것은?

보기 1

> **선생님** : 이용악의 시는 다양한 공간을 중심으로 '이야기'를 담아내는 경우가 많습니다. 그 이야기가 개인적인 것일 경우 공간은 긍정과 부정의 양면적 성격을 보이지만, 집단적인 것일 경우 그 공간은 부정적 성격만을 보입니다. 〈보기 2〉는 작가의 개인적 이야기를 담고 있는 작품이며, (나)는 '나의 동무'의 이야기를 통해 시대적 상황 때문에 낯선 땅으로 떠날 수밖에 없었던 우리 민족의 집단적 이야기를 하고 있는 작품입니다. 이제 공간의 성격을 바탕으로 이 두 작품을 감상해 볼까요?

보기 2

> 바람이 거센 밤이면 / 몇 번이고 꺼지는 네모난 장명등*을
> 궤짝 밟고 서서 몇 번이고 새로 밝힐 때
> 누나는 / 별 많은 밤이 되어 무섭다고 했다
>
> **국숫집** 찾아가는 다리 위에서
> 문득 그리워지는 / 누나도 나도 어려선 국숫집 아이
>
> 단오도 설도 아닌 풀벌레 우는 가을철 / **단 하루**
> **아버지**의 제삿날만 일을 쉬고 / 어른처럼 곡을 했다
>
> - 이용악, 「다리 위에서」 -
> *장명등 : 대문 밖에 달아 두고 밤에 불을 켜는 등.

① (나)에서 '낡은 집'은 '털보네'를 비롯하여 '은동곳도 산호 관자도 갖지 못했'던 가난한 '백성들'의 집단적 이야기를 담고 있는 공간이라는 점에서 부정적 성격을 보이는군요.

② 〈보기 2〉의 '국숫집'은 '아버지'의 부재를 통해 개인의 부정적 현실을 드러내고, (나)의 '낡은 집'은 '털보네'의 부재를 통해 민족의 부정적 현실을 드러내고 있군요.

③ 〈보기 2〉의 '국숫집'은 '단 하루'만 쉬던 어린 시절 화자의 고된 노동의 공간이면서 현재 화자가 그리워하는 유년 시절을 상징한다는 점에서 양면적 공간이겠어요.

④ (나)에서 '방앗간 한구석'은 '나의 동무'가 어머니와 함께 '도토리의 꿈'을 키웠던 개인적인 이야기를 담고 있는 공간이라는 점에서 긍정적 성격을 보이는군요.

⑤ (나)의 '꿀벌 하나 날아들지 않'는 '뒤울안'은 시대적 상황으로 인하여 많은 이들이 낯선 땅으로 떠난 후 폐허가 된 우리 민족의 부정적 현실이겠어요.

05 (다)의 이야기에 대한 설명으로 가장 적절한 것은?

① 이야기하는 주체와 청자가 함께 경험한 과거의 사건이 제시된다.

② 이야기하는 주체가 현재의 특정 행동을 지속해 온 이유가 드러난다.

③ 이야기하는 주체가 현실을 부정적으로 인식하게 된 계기가 나타난다.

④ 이야기하는 주체와 이야기 속의 다른 인물 사이의 갈등이 해소되는 과정이 묘사된다.

⑤ 이야기하는 주체가 이야기 속의 다른 인물과 다시 만나게 될 것임을 예고하는 단서가 등장한다.

06 ㉠~㉤에 대한 설명으로 적절하지 <u>않은</u> 것은?

① ㉠ : '털보네' 가족이 남긴 자취를 통해 어려운 상황 속에서도 살아 보려 애쓰던 '털보네'를 떠올리는 화자의 모습이 드러난다.

② ㉡ : 수탈적 근대화가 시작되기 이전의 시기로서, 빈곤한 현재와 대비되는 풍요로웠던 시절을 의미한다.

③ ㉢ : 생계에 대한 걱정으로, 아기가 태어났음에도 기뻐할 수만은 없는 '털보'의 내면이 드러난다.

④ ㉣ : '허 생원'이 '성 서방네 처녀'를 제천에서 찾지 못했음을 알 수 있다.

⑤ ㉤ : '허 생원'과 '성 서방네 처녀'의 인연이 더 이어지지 않은 것을 다행이라고 생각하는 '조 선달'의 심리가 드러난다.

나BS 수능특강 문학
변형문제 N제

9 | 염상섭, 삼대

다음을 읽고 물음에 답하시오.

[앞부분 줄거리] 조덕기는 조부 조 의관이 병원에 입원한 후, 집안에서 이상한 낌새를 느끼며 부친 조상훈을 거치지 않고 조부로부터 바로 물려받은 열쇠로 금고를 열어 조부의 유서를 읽는다.

재산 처분은 자기가 죽은 뒤 안장을 마치고 여러 사람 앞에 공개하여 분배해주되 특히 여자들의 몫만은 3년 상을 마친 뒤에 내줄 것도 자세히 기록되어 있다. 이것은 수원집 하나를 특히 구속하려는 뜻인 모양이다. 수원집이 딴 남편을 해갈지라도 3년이나 마치고 가게 하자는 것이요, 그러노라면 네 살 먹은 귀순도 학교에 갈 나이도 될 것이니 아무의 손으로나 기르게 될 것이니까, 그것을 생각하고 한 것인 듯하다.

[A]
유서에 쓰인 날짜는 불과 십여 일 전, 즉 방으로 들어오기 전이니, 그 침중한 가운데서도 만일을 염려하여 오밤중에 혼자 일어나 엉금엉금 금고에 매달려서 꺼내고 넣고 하였을 것을 생각하니, 덕기는 조부가 가엾고 감격한 눈물까지 날 것 같다. 조부의 성미와 고루한 사상에 대하여서나, 부자간에 그처럼 반목하는 것은 덕기로서도 불만이 없지 않으나 자손을 위하여 그렇게 다심하게도 염려하는 것을 생각하면 고맙기 그지없다. 분배해놓은 것이야 일조일석에 한 것이요, 몸이 편할 때에 시름시름하여 두었겠지마는, 늙은이가 아무도 모르게 혼자서 죽은 뒤의 마련을 하던 그 쓸쓸한 심정이나 거동을 상상하여 보면 또 눈물이 스민다. 남들은 노래에 수원집에게 홀딱 빠졌으니 그 재산이 성할 수야 있겠느냐고, 덕기가 듣는 데서까지 내놓고 뒷공론들을 하였지마는 결국 수원집 모녀 편으로는 250석이니, 상훈의 단 300석밖에 차례가 안간 것을 생각하면 많은 편이나, 적은 셈이다. 원체 상훈에게 300석이라는 것은 너무나 가엾고 이것이 모두 영감의 고집불통 때문이지마는, 봉제사 안하는 예수교 동티다. 결국 영감의 봉건사상이 마지막으로 승리의 개가를 불러보는 것이다. 그러나 덕기가 재산은 상속하였을망정 조부의 유지도 계승할 것인가? 그는 금고 문지기는 될 수 있을지언정 사당 문지기로서도 조부가 믿듯이 그처럼 충실할 것인가 의문이다.

[중략 부분 줄거리] 비소에 중독된 것 같다는 의사의 진단을 받은 조 의관은 수술을 하지만 숨을 거둔다. 상훈은 조 의관의 시신을 해부하자는 의사의 의견에 찬성의 의사를 내비친다.

부모가 아니라 원수더란 말인가? 생전에 뼈진 소리를 좀 하셨다고 돌아가시기가 무섭게 칼질을 해서 부모를 욕을 보이자 하니 성한 놈이면 육시처참을 할 일이요, 미쳤다면 그놈부터 오리간을 짓고 가두어두든지, 아주 조 씨 문중에서 때려잡아 버려야 할 일이라고 은근히 떠들어놓은 사람은 창훈이었다.

그런 놈이니 제 아비에게 비상이라도 족히 먹였을 것이요, 제 죄가 무서우니까 시신도 안 남게 갈가리 찢어발겨 없애서, 증거가 안 남게 만들어 가지고 불에 살라버리든지, 약병에 채워서 우물우물 만들려는 그런 무모한 생각도 하는 것이라고, 봉인첩설을 하는 것도 최 참봉과 창훈이다. 누구나 또 그럴 듯이 듣는 것이다. 이러노라니 수원집도 제각기 한 마디씩 떠들어놓고 병원은 한 귀퉁이가 떠나갈 지경이다. 상훈은 주먹 맞은 감투가 되어서 잠깐은 우선 물러앉을 수밖에 없었다. 할 말이 없는 게 아니요, 입이 없어 말을 못하는 것은 아니로되, 공격의 칼날이 날카로운 때는 은인자중하여야 할 것이라고 돌려 생각한 것이다. 만일 금고 열쇠가 상훈에게로 왔던들 이 사람들이 상훈을 이렇게까지 무시는 못하였을 것이다. 무시는커녕 창훈부터 "아무렴, 그 이상하니 해부해보세." 하고 서둘러댔을 것이다. 상훈으로 말하면 해부를 꼭 하자는 것도 아니다. 어떤 연놈들의 악독한 음모가 있었다면 그것을 밝히겠다는 일념으로 선뜻 찬성은 하였으나 기위 의사가 두 사람이나 증명하는 바에야 해부까지 할 필요는 없고 또 후일 문제삼자면 오늘날 안장하고서라도 다른 도리가 얼마든지 있는 것이라고 돌려 생각하였다. 그야 더운 김도 가시기 전에 부모의 시신에 칼을 댄다는 것은 비록 묵은 관념이 아니기로, 차마 하고 싶지 않은 일이니 창훈의 주장이 옳지 않은 것은 아니요, 또 누구나 듣든지 옳다고 하겠으니 한층 더 기고만장을 하여 상훈만을 못된 놈으로 몰아붙이는 것이나 계제가 좋아서 하기 쉬운 옳은 말 한마디를 하였다고 그 뒤에 숨긴 큰 죄악이 감추어지고 삭쳐질 것은 아니라고 상훈은 별렀다. '두고 보자. 언제까지 큰소리들을 할 것이냐!'라고 상훈은 이를 악물었다.

[B]
시체는 발상 안한 대로 침대차에 옮겨서 집으로 모셔다가 빈소를 아랫방으로 정하고 안치하였다. 발상에 상훈은 곡을 아니하였다. 이것이 또 문젯거리가 되었으나, 상훈은 내친걸음에 뻗대버렸다. 사실 눈이 보송보송하고 설운 생각이라고는 아니 났다. 그래도 울지 않는 자기가 눈이 통통히 붓도록 눈물을 짜내는 수원집이나 "어이, 어이." 하고 헛소리를 내는 창훈보다는 월등히 낫다고 상훈은 생각하는 것이다.

상훈의 존재는 완전히 무시되었다. 덕기는 깃옷만 안 입었을 따름이지 승중상*을 선 것이나 다름없었다. 조상꾼도 상훈에게는 절 한 번뿐이요, 덕기에게로 모여들어서 이야기를 하고 모든 분별을 창훈이 휘두르면서 덕기에게 허가를 맡거나 사후 승낙을 맡는 형식만 취하였으나, 상훈에게는 누구나 접근을 안 하려 하였다. 상훈은 꾸어다 놓은 보릿자루 모양으로 사랑 안방 아랫목에 멀거니 앉았는 수밖에 없었다. 그러나 덕기로서는 부친에게 일일이 품을 하지 않을 수 없었다. 그것은 무시를 당하는 부친이 가엾어서도 그렇고 도리로도 그러하였다. 그러나 상훈은 절대 무간섭주의였다. 무슨 말을 물으나,
"너 알아 하려무나, 의논들 해서 좋도록 하렴." 할 뿐이다. 거죽은 좋으나 그만큼 속은 토라졌던 것이다.

- 염상섭, 「삼대」 -

*승중상 : 아버지를 여읜 맏아들이 할아버지나 할머니가 돌아가셔서 치르게 된 초상.

01 윗글의 인물들에 대한 이해로 적절하지 <u>않은</u> 것은?

① 상훈은 창훈이 조 의관의 장례식장에서 진심으로 슬퍼하고 있지 않다고 생각했다.
② 상훈은 훗날을 기약하며 자신을 향한 창훈과 최 참봉의 비난을 참았다.
③ 조 의관은 상훈을 못마땅히 여기면서도 수원집 모녀보다 상훈에게 더 많은 유산을 물려주었다.
④ 덕기는 자신이 조 의관의 유지를 온전히 계승하고 있음을 드러내기 위해 상훈을 의도적으로 무시했다.
⑤ 창훈은 상훈이 조 의관의 시신을 해부하자고 한 이유가 부친을 살해한 증거를 인멸하기 위해서라고 주장했다.

02 윗글의 [A]와 [B]에 대한 설명으로 가장 적절한 것은?

① [A]에는 특정 인물에 대한 서술자의 판단이 나타나고 있다.
② [B]는 상황에 대한 인물들의 반응을 대화 중심으로 제시하고 있다.
③ [A]에는 [B]와 달리 특정 인물에 대한 다른 인물의 태도가 나타나고 있다.
④ [B]는 [A]와 달리 서술자가 특정 인물의 내면 심리를 직접 제시하고 있다.
⑤ [A]는 비유적 표현을 통해, [B]는 상징적 소재를 활용하여 인물의 성격을 드러내고 있다.

03 윗글의 <u>유서</u>에 대한 이해로 적절하지 <u>않은</u> 것은?

① 가족들에 대한 조 의관의 평가가 담긴 것이로군.
② 조 의관의 재산을 물려받은 진짜 계승자가 덕기임이 드러나는군.
③ 덕기가 자신이 원하는 대로 해줄 것이라는 조 의관의 신뢰가 엿보이는군.
④ 세간의 평가와 달리 조 의관이 수원집을 전혀 아끼지 않았음이 드러나는군.
⑤ 덕기가 가족들을 걱정하는 조 의관의 의도를 알고 감동하는 계기가 되는군.

04 〈보기〉를 참고하여 윗글을 이해한 것으로 적절하지 <u>않은</u> 것은?

> **보기**
>
> 세대 갈등은 각 세대가 살아온 시대에 따라 형성된 가치관의 차이로 인해 발생한다. 「삼대」는 구한말-개화기-일제 강점기를 거치며 나타난 여러 인간 군상과 새로 유입된 자본주의적 세계관과 기독교적 윤리관, 전통적 윤리관이 뒤섞여 혼란스러웠던 1930년대를 세대 갈등을 중심으로 사실적으로 그려 낸 소설로 평가된다.

① 조 의관이 수원집에게 유산을 물려주면서 3년 상을 치를 것을 조건으로 내건 것으로 보아, 그는 구한말을 대표하는 전통적 가치관의 소유자라고 볼 수 있다.
② 부검을 하자는 조상훈을 유교적 가치를 근거로 말리는 창훈의 모습을 통해, 당시에 전통적 윤리관이 남아 있음을 확인할 수 있다.
③ 조 의관의 금고를 상속받은 덕기와 그렇지 못한 상훈에 대한 주변 사람들의 행동을 통해, 1930년대에 유입된 자본주의에 종속된 모습을 확인할 수 있다.
④ 상훈이 덕기가 하는 일에 '무간섭주의'로 일관하는 것을 통해, 덕기의 자본주의적 세계관에 대해 불만을 품고 있음을 확인할 수 있다.
⑤ 기독교적 가치관을 따르는 조상훈이 부친에게 금고 열쇠를 받지 못한 것으로 보아, 서로 다른 시대에 형성된 가치관이 세대 갈등의 원인이 될 수 있음을 알 수 있다.

나BS 수능특강 문학
변형문제 N제

Part 04
고전 산문

1 │ 작자 미상, 전우치전

다음을 읽고 물음에 답하시오.

우치 집으로 돌아오다가 전일 함께 공부하던 양봉안이란 사람을 찾아가 본즉 병들어 누웠거늘, 우치 놀라 병 증세를 자세히 묻거늘, 양생 왈, "마음이 아프고 식음을 전폐한 지 오래매 다시 회생치 못할까 하노라."

[A]
우치 진맥하고 왈, "이 병이 사람을 생각하여 난 병이니 누구를 말미암아 이 병이 났느뇨?"

양생 왈, "과연 그러하도다. 다름이 아니라 남문 안 해현동에서 사는 정씨란 여자는 경국지색이요, 일찍 과부가 된지라. 우리 삼촌 집과 가까이 지냈으매 담 사이로 우연히 본 후로 사모하는 마음이 일일 간절하여 병세 여차하니, 필경 세상을 떠날까 하노라."

우치 왈, "말 잘하는 매파를 보내어 통혼하여 보라."

양생 왈, "그 여자의 절행이 특이하매 성사치 못하고 도로 욕을 취할까 하노라."

우치 왈, "그러하면 내가 형을 위하여 그 여자를 데려오면 어떠하뇨?"

양생 왈, "형이 아무리 재주가 능하나 그 여자를 데려오지 못하리니 부질없이 마음먹지 말라."

우치 왈, "형은 염려 말라." 하며 구름을 타고 가니라.

차설. **정씨**는 일찍 과부가 되어 주야 슬퍼하며 죽고자 하되, 위로 노모가 계시고 다른 동기 없는 고로 모녀가 의지하여 세월을 보내는지라. 일일은 정씨가 심회를 정치 못하여 방 안에서 배회하더니, 문득 구름 속에 일위 선관이 홍포옥대에 머리에 금관을 쓰고 손에 옥홀을 쥐고 청음 낭성으로 불러 왈,

"주인 정씨는 나와 **옥황상제의 명**을 들으라." 하거늘,

정씨가 이 말을 듣고 모친께 고한대, 그 어미가 놀라며 괴이히 여겨 급히 청상에 향안을 배설하고 정씨는 뜰에 내려 엎드리니, 우치가 이르되, "문선랑아, 인간 재미 어떠하뇨? 이제 천상요지반도연(天上瑤池蟠桃宴)*에 참예하라." 하거늘,

정씨가 옥책을 듣고 대경 왈, "첩은 인간 더러운 몸이요, 또한 죄인이라. 어찌 천상에 올라가리오?"

우치 왈, "문선랑은 인간 더러운 물을 먹어 천상 일을 잊었도다." 하고 호로파에 향기 나는 술을 가득 부어 동자로 하여금 권하거늘, 정씨가 받아 마신즉 정신이 아득하여 세상일을 모르는지라. 우치가 인하여 정씨를 구름에 싸 공중에 오르니, 그 어미가 공중을 향하여 무수히 하례하더라.

이때에 **강림도령**이 모든 거지를 모아 저잣거리로 다니며 양식을 빌더니, 홀연 향취가 나며 색구름이 동남으로 가거늘, 강림도령이 치밀어보고 손을 들어 한 번 구름을 가리키니, 운문이 절로 열리며 선관과 고운 계집이 땅에 떨어지니, 이는 전우치라. 우치 정씨를 데려 구름을 타고 공중으로 가더니, 문득 검은 기운이 공중에 오르며 술법이 절로 풀려 땅에 떨어지매, 우치가 대경하여 좌우를 살펴본즉 아무것도 없거늘, 괴이히 여겨 다시 술법을 행하려 할새, 문득 한 거지 아이가 나와 대매* 왈,

"필부 전우치는 들으라. 네 요술을 배워 하늘을 속이고 열부를 **훼절하고자** 하니 어찌 명천이 무심하시리오? 이러므로 나로 하여금 너 같은 놈을 죽이라 하심이니 나를 원치 말라." 하거늘, 우치 대노하여 찼던 칼을 빼어 베고자 한즉, 그 칼이 변하여 백호가 되어 도로 우치를 해하려 하니, 우치 의심하여 피하고자 하다가 문득 발이 땅에 붙고 움직이지 못하매 급히 변

신코저 하나 술법이 행치 못하는지라. 우치 대경하여 살펴본즉, 그 아이 의상이 남루하나 도술이 높은 줄 알고 **몸을 굽혀** 빌어 왈,

"소생이 눈이 있으나 망울이 없어 선생을 몰라보오니 그 죄 만사무석이오나 고당에 **노모**가 계시고 집이 **빈한**하여 능히 봉양할 수 없어 부득이 **임금을 속임**이요, 두 번째는 목숨을 도모함이요, 이제 정씨 절행을 해하려 함은 병든 벗을 살리고자 하옴이니, 원컨대 선생은 죄를 사하시고 선도를 가르치소서."

[B]
강림도령 왈, "그대가 이르지 아니하여도 나는 벌써 알았거니와, 국운이 불행하여 그대 같은 요술이 무단히 소란을 일으키매 그대를 죽일 것이로되 그대 노모 정상을 생각하여 아직 살리나니, 이제 빨리 정씨를 데려다가 제 집에 두고, 양가는 좋은 계교로 살려내되, 정씨를 대신할 사람이 있으니, 일찍 부모를 여의고 의탁할 곳이 없어 극히 빈한하나 그 마음이 어질고 성이 정씨요 나이 또한 삼팔이니, 그대 만일 내 말을 어기면 몸에 대화가 미치리라."

우치 사례 왈, "선생의 고성대명을 알고자 하나이다."

기인 왈, "나는 강림도령이니 세상을 희롱하고자 하여 두루 다니노라." 하고 요술 행하는 법을 도로 풀어 놓아주니,

우치가 즉시 정씨를 데리고 정씨 집에 가서 공중에서 그 모친을 불러 외쳐 왈, "아까 옥경에 올라간즉 상제 이르시되, '문선랑이 아직 죄가 다하지 못하였으매 도로 인간에 보내어 고행을 더 지낸 후 데려오라.' 하시기로 도로 데려왔으니 부디 선심을 닦게 하라." 하며 향약을 내어 정씨 입에 드리우니, 이윽고 정씨 깨어 정신을 차리더라.

재설. 우치가 다시 강림도령께 가서 그 여자의 거처를 물은대, 강림도령이 환형단을 주며 그 집을 가르치거늘, 우치 하직하고 그 집을 찾아가니, 일간모옥이 퇴락한 곳에 한 여자가 시름을 띠어 홀로 앉았거늘, 우치가 나아가 달래며 왈,

"**낭자**의 고단함은 내 이미 알았거니와 낭자의 춘광이 삼칠이 지나도록 출가치 못하여 외로운 몰골이 불쌍한지라. 내 낭자를 위하여 중매 되고자 하노라."

낭자가 부끄러워 머리를 숙이거늘, 우치가 인하여 환형단을 먹이고 물을 뿜으며 진언을 염하니 의심 없는 정씨의 얼굴이 된지라. 우치가 정씨더러 양생의 병든 곡절과 정씨를 데려오던 사연을 이르며 여차여차 하라 하고 **보자기를 씌워 구름을 타고** 양생의 집에 가 그 여자를 외당에 두고 내실에 들어가 양생을 보고 왈, "과연 정씨의 절행이 높으매 감히 말을 하지 못하고 그저 왔노라."

양생이 처량해 하며 탄식하여 왈, "형의 재주로도 성사치 못하니 어찌 다시 마음이나 품으리오?"

하거늘, 우치가 만단개유(萬端改諭)*하며 무수히 조롱하다가 왈, "내 이번에 정씨는 못 데려왔거니와 정씨보다 십 배나 더 고운 미인을 얻어왔노라."

양생 왈, "내 미인을 많이 보았으나 정씨 같은 인물은 없으니 형은 모름지기 농담을 말지어다."

우치 왈, "내 어찌 병인과 희롱하리오? 이제 외당에 두고 왔으니 이는 경성지색이라. 나가보면 알리라."

하니 양생이 반신반의하여 억지로 일어나 외당에 나가본즉 과연 일위 미인이 소복을 하였는데 뚜렷한 얼굴은 추천 명월이요, 분명한 눈찌는 샛별 같아서 천태만염이 비할 데 없는지라. 양생이 한 번 보매 이는 오매사

복*하던 정씨거늘, 양생이 정신이 황홀하여 여취여광(如醉如狂)*하여 반갑고 즐거움을 차마 못 이기어 이후로 병세가 점점 나아가더라.

- 작자 미상,「전우치전」-

*천상요지반도연 : 천상계의 요지(瑤池)라는 곳에서 서왕모가 신선들을 불러 복숭아를 나눠주는 잔치.

*대매 : 크게 욕하여 꾸짖음.

*만단개유 : 무수히 타이름.

*오매사복 : 자나 깨나 늘 생각함.

*여취여광 : 너무 기쁘거나 감격하여 미친 듯도 하고 취한 듯도 하다는 뜻으로, 이성을 잃은 상태를 비유적으로 이르는 말.

01 윗글에 대한 이해로 적절한 것은?

① 현실과 꿈을 오가며 사건이 제시되고 있다.

② 서술자가 개입하여 앞으로 일어날 사건을 예고하고 있다.

③ 인물의 회상을 통해 인물 간 갈등의 원인을 제시하고 있다.

④ 인물의 대화를 통해 구체적인 시대적 배경을 알려 주고 있다.

⑤ 전기적(傳奇的) 요소를 활용하여 비현실적 장면을 부각하고 있다.

02 [A]와 [B]에 대한 설명으로 적절하지 <u>않은</u> 것은?

① [A]와 [B]는 모두 인물이 처한 문제 상황을 드러내고 있다.

② [A]와 [B]는 모두 인물이 앞으로 취할 행동을 제시되고 있다.

③ [A]에서는 [B]와 달리 상대방의 말에 대한 인물의 의구심이 드러나고 있다.

④ [B]에서는 [A]와 달리 인물이 상대방에게 호의를 베푸는 이유가 제시되고 있다.

⑤ [A]에서는 조력자의 초월적 능력을, [B]에서는 조력자의 헌신적인 행동을 문제의 해결책으로 제시하고 있다.

03 윗글의 등장인물에 대한 이해로 가장 적절한 것은?

① '낭자'는 환형단을 먹은 '우치'에게 속아 그와 함께 '양생'의 집으로 향하였다.

② '우치'는 '강림도령'과 대적하였으나 오히려 붙잡히게 되자 그에게 용서를 구하였다.

③ '양생'은 '우치'가 데려온 이가 사모하던 여인과 다른 사람임을 알았으나, 그 사실을 모른 체했다.

④ '강림도령'은 '우치'가 '정씨'를 훼절할 것이라는 것을 미리 알고 그가 지나갈 곳을 지키고 서 있었다.

⑤ 천상계의 잔치에 참여하라는 '선관'의 말을 들은 '정씨'는, 자신이 전생에 '문선랑'이었음을 깨달았다.

04 〈보기〉를 바탕으로 윗글을 이해한 내용으로 적절하지 <u>않은</u> 것은?

> **보기**
>
> 「전우치전」은 인물의 일대기를 인과관계에 따라 서술하는 일반적인 '전(傳)' 계열의 소설과는 달리, 천상계의 존재가 인간계에 내려왔다가 다시 복귀하는 '적강(謫降)-승천(昇天) 모티프', 도술 대결에서 패하고 반성하는 '도술 대결 모티프' 등 여러 설화적 모티프를 바탕으로 하는 다양한 에피소드를 병렬적으로 나열하는 방식을 취하고 있다. 또한, 사회적 질서에 반하는 행동을 하는 주인공을 등장시켜 당대의 부정적 상황을 부각하고 있다. 이는 전기수(傳奇叟 : 소설 읽어 주는 사람)가 구연을 하는 당대의 상황과 현실에 대한 작가의 비판 의식이 반영된 결과다.

① '우치'가 '임금을 속'이는 행위를 하는 이유가 '빈한'한 가운데 '노모'의 봉양을 위해서라는 작중 설정에서, 빈곤이 만연한 당대 현실에 대한 작가의 비판 의식을 엿볼 수 있군.

② '재설'이라는 표지를 통해 또 다른 '정씨'의 에피소드가 시작되는 것에서 전기수가 장면별로 소설을 구연하던 당대의 작품 향유 방식을 볼 수 있군.

③ '우치'가 '강림도령'에게 '몸을 굽혀' 용서를 비는 것에서 도술 대결에서 패배한 인물이 반성하는 도술 대결 모티프를 확인할 수 있군.

④ '우치'가 '옥황상제의 명'을 빙자하여 '정씨'를 '훼절하고자 하'는 것은 사회적 질서에 반하는 주인공의 행동에 해당하는 것이겠군.

⑤ '우치'가 '낭자'를 '보자기를 씌워 구름을 타고' 데려가는 것은 승천 모티프가 반영된 것이라 할 수 있겠군.

2 | 작자 미상, 숙향전

다음을 읽고 물음에 답하시오.

[앞부분의 줄거리] 천상계의 소아와 태을선은 죄를 지어 지상계의 김전(김 상서)의 딸 숙향(정렬 부인)과 이 상서의 아들 이선으로 태어난다. 어린 시절 난리 중에 부모와 헤어진 숙향은 온갖 시련을 겪지만 과거 급제한 이선을 만나 부부의 연을 맺는다. 숙향은 비로소 부모와도 재회하여 혈육의 정을 나눈다.

　황태후 병이 드시되 증세 괴상하여 귀 먹고 눈 어둡고 말 못하는지라. 일국이 진동하더니, 한 도사가 와서 천자께 뵈옵고 여쭈어 말하기를,
　"이 병환은 침약으로 고치지 못하고 다만 봉래산 개언초와 천태산 별이용과 동해 용왕의 개안주를 얻어야 나으실 것입니다. 어진 신하를 보내어 정성으로 구하십시오."
　하니 상이 즉시 조신(朝臣)을 모으고 의논하실 새 양왕이 아뢰어 말하기를,
　"조신 중에 이선이 가히 보냄 직하오니 필경 약을 얻어 올까 하나이다."
　하였다. 상이 초공*을 부르시어 말하기를,
　"짐이 경의 충성을 아노니 이 약을 얻어 오겠느냐?"
　하니 초공이 대답하여 말하기를,
　"신자(臣子) 되어 어찌 폐하의 이르심을 사양하리이까마는 다만 세 곳이 다 인간 세계가 아니오니 돌아올 기한(期限)을 정하지 못하겠습니다."
　하고 하직한 후에 집에 돌아오니 부모와 승상과 상서 모두 이별할 때 다시 못 볼까 하여 서로 슬퍼하였다. 정렬과 서로 이별할 새 초공이 말하기를,
　"나의 길이 사생(死生)을 모르는지라 ⓐ 부인은 ⓑ 나를 위하여 부모님을 지성으로 섬기고 부디 보중하십시오. ⓒ 나의 생사는 북창 밖에 있는 동백을 보아 짐작하되 나무가 울거든 병든 줄 알고 가지 무성하거든 무사히 돌아올 줄 알고 기다리십시오."
　하니 부인이 또한 옥지환 한 짝을 주며 말하기를,
　"이 진주빛이 누르거든 ⓓ 첩이 병든 줄 알고 검거든 죽은 줄로 아십시오."
　하고 한 봉 글을 주며, '천태산 마고할미께 전하십시오.'하였다.
　　　　　　　　　　　　(중략)
　"그 방향도 모르는 몇 만 리 길을 무사히 왕복하여 선약을 얻어 왔으니, 경의 충성이 놀랍도다. 그러나 황태후께서 이미 승하하셨으니 과연 회생(回生)의 영험이 있을지 의심스럽소."
　하시고 시험하였는데, 먼저 옥지환을 시체 위에 얹으니 상했던 살결이 산 사람의 살 같아졌고, 입에 환혼주를 바르니 가슴에 숨기가 회복되었으나, 말은 하지 못하였으므로 입 안에 개언초를 넣으니 이윽고 말을 하므로, 또 개안주로 감은 눈 위에 세 번 문지르니 눈을 뜨고 만물을 환히 보게 되어서 완전히 소생하시더라. 이런 선약의 신기한 영험을 보고 황제와 백관이 모두 놀라 기뻐하며, 황제가 이선의 손을 친히 잡으시고,
　"경은 이런 선약을 어떻게 구하였소? 그 원로의 고생은 추측하고도 남음이 있소."
　이선이 전후의 경과를 보고해 올리자, 황제가 칭찬하여 하는 말씀이,
　"옛날에 진시황과 한무제의 위엄으로 능히 하지 못한 것을 이번에 경이 이제 선약을 구하여 황태후를 재생케 하시게 하니, 이것은 불세지공(不世

之功)이매, 짐이 어찌 그 공을 갚으며, 어찌 한시라도 잊으리요. 처음의 약속대로 마땅히 천하를 반으로 나누어 주겠소."
　이선이 엎드려 아뢰되,
　ⓔ "욕신(欲臣)은 사(死)라 하였사옵는데, 어찌 그같이 과도(過度)하사, 신으로 하여금 추세에 역명(逆名)을 면치 못하게 하시나이까? 바라옵건대 성상은 소신(小臣)의 변변치 못한 충성을 살피소서."
　하고, 머리로 땅을 쳐서 피를 흘리며 사양하니, 황제가 이선의 사양하는 뜻이 굳음을 보시고 상을 감하여 초왕(楚王)에 봉(封)하시고, 김전으로 좌승상을 시키시고, 공을 다 갚지 못함을 한탄하시더라. 이선은 부득이 사은퇴조(謝恩退朝)하여 부중(府中) 자기 집으로 돌아와, 부모와 장승상 부부와 정렬부인 숙향이 죽었던 사람을 다시 만난 듯하여 큰 잔치를 베푸니, 황제가 들으시고 어악(御樂)을 보내어 흥을 돋우어 주시더라.
　숙향부인이 초왕으로 봉해진 남편 이선에게,
　"길을 떠나신 후에 북창 앞의 동백나무 가지가 날로 쇠진하므로 돌아오시지 못하실까 주야로 염려되기로 대신 박명한 목숨을 끊기로 천지신명께 기약하옵더니, 하루는 꿈에 마고할미가 와서 말하기를 이 상서를 보려거든 따라오라기에 한 산골로 들어가 보니 큰 궁전에서 상공을 보고 왔사옵니다. 상공이 아무리 양왕의 딸과 혼사를 사양하셔도 이미 하늘이 정한 배필이니 아니치 못하리라."
　숙향의 그 말을 듣고 ⓕ 이선이 천태산 선녀의 집에 갔던 일을 말하고, 양왕의 딸이 알고 보니 전생에 자기의 아내였던 것을 말한즉, 숙향부인이 더욱 혼인을 권하더라.

　　　　　　　　　　　　　　　　　　　　　　　- 작자 미상, 「숙향전」 -

*초공 : 이선을 높여서 부르는 호칭.

01 윗글의 서술상의 특징을 이해한 것으로 적절한 것은?

① 주로 인물들 간의 대화를 통하여 사건을 전개하고 있다.
② 시간의 역전적 구성을 통해 사건 전개에 입체감을 주고 있다.
③ 서술자가 개입하여 인물과 사건에 대해 권위적 논평을 해 주고 있다.
④ 구체적인 시·공간적 배경의 제시를 통하여 작품에 사실성을 부여하고 있다.
⑤ 장면의 전환에 따라 시점에 변화를 줌으로써 사건을 다각적으로 조명하고 있다.

03 〈보기〉를 바탕으로 윗글을 이해한 것으로 적절하지 <u>않은</u> 것은?

> **보기**
>
> 「숙향전」은 조선 후기에 일본인들이 우리말을 배울 때 교본으로 사용했던 소설로도 유명하다. 일본의 여러 도서관에 보관되어 있는 「숙향전」을 보면 우리말 옆에 작은 글씨로 일본어 번역이 적혀 있는 경우가 많다. 그것은 「숙향전」이 당시의 우리말과 우리 풍속, 또한 당대 조선 사람들의 가치관을 잘 드러내 보여 주는 작품이기 때문이다.

① ⓐ를 보면 당시에는 남편이 아내를 부를 때 '부인'이라고 공대했다는 사실을 알 수 있군.
② ⓑ와 ⓓ를 보면 당시에는 남편이 아내 앞에서 자신을 칭할 때는 '나'라고 불러 스스로를 낮추지 않았으나 아내가 남편 앞에서 자신을 칭할 때는 '첩'이라고 불러 스스로를 낮추었음을 알 수 있군.
③ ⓒ를 보면 당시 부부들이 대화에 사용하던 언어는 현대어와 큰 차이가 없군.
④ ⓔ를 보면 당시 궁궐의 언어에는 한자어가 많이 사용되고 있었음을 알 수 있군.
⑤ ⓕ를 보면 당대 사대부 집안에서는 오래 집을 떠났다 돌아온 남편에게 아내가 첩을 두기를 권하는 것이 예의였음을 알 수 있군.

02 〈보기〉를 바탕으로 윗글을 이해한 내용으로 적절하지 <u>않은</u> 것은?

> **보기**
>
> 「숙향전」의 사건은 대부분 '탐색', '고난과 구원', '보은과 보상' 등의 서사 모티프로 짜여 있는데, 이 모티프들은 대부분 '암시와 실현의 반복'과 '사건의 연쇄'라는 구성 방식을 통해 전개된다. 암시된 사건이 발생하는 일, 하나의 사건이 또 다른 사건의 원인이 되는 일을 반복적으로 경험함으로써 독자들은 초현실계를 심리적으로 친숙하게 받아들이게 된다.

① 윗글 중 중략된 부분에는 이선이 고난을 겪다가 구원을 받는 이야기가 펼쳐져 있겠어.
② 황제가 이선에게 천하의 반을 나누어 주려는 것은 '보은과 보상' 모티프 중 하나에 해당하겠군.
③ "북창 앞의 동백나무 가지가 날로 쇠진"한 것은 사건의 '암시'라는 서사 구성 방식의 예를 보여 주는 것이군.
④ 숙향이 '마고할미'에게 글을 준 일은 '사건의 연쇄' 방식을 통하여, 산골 궁전에서 '마고할미'로부터 이선을 구해준 사건과 연결되는군.
⑤ 이선이 '봉래산 개언초와 천태산 별이용과 동해 용왕의 개안주'를 찾아 길을 떠나는 장면은 '탐색' 모티프의 전개가 시작되는 부분이겠군.

3 │ 작자 미상, 정진사전

다음을 읽고 물음에 답하시오.

승지가 왈,

"노형은 실제를 모르거든 안에 들어가 물어보면 알리다."

박춘천이 괴이히 여겨 안에 들어가 물으니, 부인이 또한 모르는지라. 낭자를 불러 묻기를,

"ⓐ <u>사랑에 최 승지 영감이 와 이러이러한 말씀을 하시니 그것이 어찌 된 말인가.</u>"

박 소저가 부끄러워 정작 대답을 못 하는지라. 재차 물은 후에 대답하기를,

"이 지경이 되었사오니 어찌 기망하오리까? 불초한 여식이 놀기를 좋아하다가 ㉠<u>이 일</u>을 저질렀사오니 죽어 마땅하옵니다. 정 진사 댁 소저와 최 승지 댁 소저와 동갑일 뿐 아니라 이웃에 있어 어릴 때부터 잘 지내 문에 왕래하는 줄은 부모님도 아시는 바오니 일전에 아버님 출입하시던 날 월색도 좋고 혼자 적적하옵기로 두 소저를 청하였더니 정 소저가 처음에 병으로 못 온다 하였다가 이슥한 후에 왔기로 신체에 아무 이상 없어 놀다가 마침내 알게 된즉 이미 **다른 사람**이라. 이미 벌써 생긴 일을 어찌 하오리까. 최 소저와 둘이 **곤욕**을 당하고 난 뒤였사오니 생각할수록 기가 막히고 또한 여가가 없사와 부모님 전에 고하지 못하였더니 먼저 아셨으니 소저 낯이 없습니다."

춘천이 부인을 돌아보고,

"근래 처자들은 방도가 좋아 혼인을 저희끼리 정하여 **저희끼리 언약**하니 처자들은 왈패*로다. 허나 **부모 걱정**을 덜었도다."

하니 소저가 부끄러움을 이기지 못하여 별당으로 나가더라.

춘천이 외당에 나와 최 승지와 의논하였다.

"이 일을 어찌 하리오?"

승지가 왈,

"벌써 글렀나이다."

춘천이,

"사위 하나를 가지고 둘이 보는 법도 있답니까."

승지가 하늘을 우러러보며 크게 웃거늘 춘천이 말하기를,

"이 일이 속히 난처하니 정 진사를 불러 의논할 수밖에 없도다."

어린 심부름꾼을 보내어 전갈하니 정 진사가 왔거늘, 춘천이 그 말을 설명하니 정 진사 또한 듣는 것이 처음이라, 대단히 놀라 대답치 못 하는데 춘천이 말하기를,

"노형은 그리 여기지 마소서. 우리 서로 오래된 벗으로 혼인이 난처하게 되었다고 생각하였습니다만 한 신랑에 두 신부라 ㉢<u>그 일이 맹랑하여</u>이다."

정 진사가 말하기를,

"본 바가 없는 것이 큰일을 저지른 듯합니다. 저는 말할 수 없으니 노형은 돌아가 따님과 의논하소서."

최 승지가,

"그것은 모르는 말이로소이다. 이런 일을 아이들이 어찌 처단하리오? 그 지경 된 후에 서로 물리는 일 없으리다."

춘천이 왈,

"승지의 말씀이 옳습니다. 우리는 조만간에 내직으로 승차할 듯하오니 그때 나라에 상소하여 처분을 기다릴 수밖에 없습니다."

라 하였다.

(중략)

"오라버님께 청할 말씀 있사오니 시행하시렵니까?"

김수제가 이르기를,

"ⓑ <u>네 무슨 일인지 할 말 하면 들으리라.</u>"

소저가 왈,

"이웃 정 진사라 하는 집에 처자가 하나 있되 나와 동갑으로 형제같이 지냈더니 저번에 저들 남매 **부당하고 기괴한 장난**을 꾸며 나를 속였사온지라. 그 욕을 당하옵고 그 **설치(雪恥)***를 여즉 하지 못하였사오니 오라버님이 나를 위하여 그 설치를 하여 주면 내 일도 쾌(快)할 뿐 아니라 오라버님도 남자로서 그런 처자를 보면 이 아니 좋으리까."

김수제도 집에서 혼사를 그 집에 정한지라 **한 번 보고자 하여** 답하기를,

"그리하면 좋으나 타성(他姓) 처자를 어찌 보리오?"

"볼 도리는 내가 할 터이니 잠시 **변복**을 사양치 마옵소서."

[A]
> 김수제가 허락하니 박 소저가 비단 한 끝을 베여내어 오색단청으로 보살 화상을 그려 비단 홍보로 십십전봉(十十專擁)하고, 김수제의 머리를 다시 감아 빗기고 소저의 의복을 내어 입혀 씌우니, 구름 같은 머리 가지런히 기름에 적신 듯하고 일자 아미 묘한 모양 반달을 그린 듯, 주홍(朱紅) 같은 입 모양에 박씨 같은 고운 이는 당사실로 엮은 듯, 소담한 젖가슴은 연봉 아래 잉 놓은 듯, 가는 옷 허리 맵시 한 척인가 반 척인가. 삼색 버선에 시침 끝에 접은 처마 꼬리 휘어잡고 행동 행동 걸어보니 보기도 좋거니와 태도도 처연하다. 아침 안개 깊은 곳에 태양이 솟아난 듯 녹수구령(綠水九嶺) 깊은 곳에 부용이 피어난 듯 월궁의 항아가 잠을 깨고 은하수에 씻은 듯 요지연(瑤池淵)에 죄를 짓고 인간에 내려온 듯하였다. 소저가 그 거동을 보고 한편 신기하고 한편 우습고 또 정 소저를 속일 일을 생각하니 마음이 기뻐 손뼉을 치고 웃으며,

"정 소저 규봉아, 너도 속아 보아라. 꿩 찾아 매 들어간다."

하고, 붉은 보자기(紅褓)를 잘 접어서 말하기를,

"이것을 가지고 정 진사 집에 가서 중문으로 들어가면 서편에 별당이 있으니 그것이 정 진사 따님 **침소(寢所) 방**이라. 그리로 찾아가 이러이러하면 분명 속을 것이니 데리고 놀다가 올 때는 부디 신표를 받아 가지고 와야 합니다."

하였다.

— 작자 미상, 「정진사전」 —

*왈패 : 말이나 행동이 단정하지 못한 사람.

*설치 : 부끄러움을 씻음.

01 [A]의 서술상 특징에 대한 설명으로 가장 적절한 것은?

① 인물의 회상을 통해 인물 간의 갈등을 표면화하고 있다.
② 인물의 외양을 묘사하여 사건의 전개 양상을 암시하고 있다.
③ 내적 독백을 인용하여 인물의 내면을 직접적으로 제시하고 있다.
④ 비유적 표현을 통해 인물이 처한 상황의 급박함을 부각하고 있다.
⑤ 인물의 연속적인 행위를 나열하여 인물 간 위계를 드러내고 있다.

02 ㉠, ㉡에 대한 이해로 적절하지 <u>않은</u> 것은?

① 박 소저는 ㉠이 벌어진 경위를 부모에게 털어놓지만, 이미 부모가 알아버린 탓에 부끄러워한다.
② 박춘천은 ㉡을 치러야 할지도 모른다는 당혹감을 드러내며, 이를 의논하기 위해 정 진사를 불러온다.
③ 최 승지는 ㉠에 대해 알 수 있는 방법을 박춘천에게 제시하고, 박춘천은 ㉡에 대한 처분을 제삼자에게 맡기려 한다.
④ 정 진사는 ㉠에 관한 전말을 듣고 나서, ㉡을 추진하려면 부모의 의사가 중요하다고 주장한다.
⑤ 최 승지는 ㉠은 이미 벌어진 문제로 간주하며, ㉡은 당사자들의 의견만으로는 결정할 수 없는 사안이라고 판단한다.

03 ⓐ와 ⓑ를 이해한 내용으로 가장 적절한 것은?

① ⓐ는 박 소저의 의중을 떠보는 말이고, ⓑ는 박 소저의 고통을 위로하는 말이다.
② ⓐ는 박 소저의 의심을 키우는 말이고, ⓑ는 박 소저의 반성을 유도하는 말이다.
③ ⓐ는 박 소저의 잘못을 지적하기 위한 말이고, ⓑ는 박 소저에 대한 불신을 드러내는 말이다.
④ ⓐ는 박 소저의 비밀을 알아내기 위한 말이고, ⓑ는 박 소저의 계획에 관심을 드러내는 말이다.
⑤ ⓐ는 박 소저의 누명을 벗겨 주기 위한 말이고, ⓑ는 박 소저를 위협하기 위한 말이다.

04 〈보기〉를 참고하여 윗글을 감상한 내용으로 적절하지 <u>않은</u> 것은?

> **보기**
>
> 애정 소설에서 남성 인물의 여장은 여성을 가까이서 탐색하려는 욕망과 긴밀히 맞물려 있다. 이성 간의 자유로운 교류가 금기시되고 부모의 주도로 혼사가 이루어지던 시기에는, 이러한 일탈적 요소가 전통적 가치관을 뒤흔들며 독자들의 흥미를 자극했다. 「정진사전」은 여장을 통해 이성을 속이는 화소를 반복적으로 배치하여 오락성을 극대화한 애정 소설이다.

① 박 소저가 정 소저가 '다른 사람'인 줄 뒤늦게 알고 '곤욕'을 당했다고 하는 것에서, 정 진사의 아들이 누이로 위장하여 여성 인물들을 속인 정황을 짐작할 수 있군.
② 박춘천이 '저희끼리 언약'한 일이 '부모 걱정'을 덜었다고 하는 것에서, 부모 주도로 혼사가 이루어지던 전통적 관행을 부정하는 일탈적 인식을 엿볼 수 있군.
③ 박 소저가 '부당하고 기괴한 장난'에 대한 '설치'를 부탁하는 것에서, 여장과 관련한 과거의 사건이 동일한 속임수를 유발하는 동기가 되었음을 확인할 수 있군.
④ 김수제가 정 소저를 '한 번 보고자 하여' 박 소저의 제안을 받아들이는 것에서, 혼인할 여성을 가까이서 탐색하고자 하는 욕망을 엿볼 수 있군.
⑤ 박 소저가 김수제를 '변복'시키고 정 소저의 '침소 방'을 찾아가게 하는 것에서, 당대 독자가 금기가 거듭 깨지는 서사 전개를 기대하며 흥미를 느꼈을 것임을 알 수 있군.

4 | 작자 미상, 수궁가

다음을 읽고 물음에 답하시오.

[앞부분 줄거리] 용왕을 위해 토끼의 간을 구하러 육지에 도착한 별주부는 토끼를 찾다가 짐승들의 무리를 발견한다.

〈아니리〉

　이리 한참 노닐 적에 별주부는 한 곳을 바라보니 분명히 토끼가 있을 듯허야 화상을 피어들고 바라보니, 분명히 토끼가 있는지라. "저기 앉은 게 토 생원이오?" 하고 부른다는 것이 수로만리를 아래턱으로 밀고나와 아래턱이 뻣뻣하야 퇴짜를 호자로 붙여 한번 불러보는디,

〈창조*〉

　"저기 주둥이 벌근허고 얼숭덜숭헌게 퇴퇴퇴 호 생원 아니오?" 허고 불러노니, 첩첩 산중의 호랭이가 생원 말 듣기는 처음이라 반겨듣고 내려오는디,

〈엇모리〉

　범나려 온다 범이 나려온다 송림 깊은 골로 한 짐승이 내려온다. 누에 머리를 흔들며 양귀 쭉 찢어지고 몸은 얼숭덜숭 꼬리는 잔뜩 한발이 넘고 동이 같은 앞다리 전동 같은 뒷다리 새낫 같은 발톱으로 엄동설한 백설적으로 잔디뿌리 왕모래 좌르르르르르 헛치고 주홍 입 쩍 벌리고 자래 앞에 거 우뚝 서 홍행홍행 허는 소리 산천이 뒤덮고 땅이 툭 깨지난 듯 자라가 깜짝 놀래 목을 움치고 가만히 엎졌을 때,

〈아니리〉

　호랭이가 내려와 살펴보니 아무것도 없고 누어 말라버린 쇠똥 같은 것밖에 없지. "아니 이게 날 불렀나?" 이리 보아도 둥글 저리 보아도 둥글 우둥글 "납잡이냐?" 허고 불러노니 아무 대답이 없으니, 아마 이게 하느님 똥인가 보다. 하느님 똥을 먹으면 만병통치약이라 허더라. 그 억센 발톱으로 자라 복판을 꽉 집고 먹기로 작정을 허니 자라 겨우 입부리만 내어 "자! 우리 통성명합시다." 호랭이 깜짝 놀라 "이크! 이것이 날더러 통성명을 허자구? 오, 나는 이 산중 지키는 호 생원이다. 너는 명색이 무엇인고?" "예. 저는 수국 전옥주부공신(典獄主簿功臣) 사대손 별주부 자라라 하오." 호랭이가 자라란 말을 듣고 한번 놀아보는디,

〈중중모리〉

　"얼씨구나 절씨구 얼씨구나 절씨구 내 평생 원허기를 왕배탕(王背湯)*이 원이더니 다행히 만났으니 맛좋은 진미를 비여 먹어보자." 자라가 기가 맥혀 "아이고! 나 자라 아니오!" "그러면 네가 무엇이냐?" "나 두꺼비요!" "니가 두꺼비면 더욱 좋다. 너를 산채로 불에 살라 술에 타 먹었으면 만병회춘 명약이라. 두말 말고 먹자. 으르르르르르르르 어흥!" 자라가 기가 맥혀 "아이고! 이 급살 맞을 것이 동의보감(東醫寶鑑)을 살라서 먹었는지 먹기로만 드는구나!"

〈아니리〉

　별주부가 한 꾀를 얼른 내고 목을 길게 빼어 호랭이 앞으로 바짝바짝 달려들며 "자! 목 나가오 목 나가!" 호랭이 깜짝 놀라 "그만 나오시오 그만

나와! 이렇듯 나오다가는 하루 일천오백 발도 더 나오겠소. 어찌 그리 조그마한 분이 목이 들랑달랑 뒤움치기를 잘 하시오." "㉠ <u>이놈, 내 목 내력을 말할 테니 들어봐라.</u>"

〈휘모리〉

　"우리 수국 퇴락하야 천여 칸 기와집을 내 솜씨로 올리려다 목으로 철컥 떨어져 이 병신이 되었으니 명의더러 물은즉 호랭이 쓸개가 좋다 허기로 ⓐ <u>도량 귀신</u> 잡으타고 호랭이 사냥을 나왔으니 네가 일찍 호랭이냐 쓸개 한 봉 못 주겠나 도량 귀신 게 있느냐 비수 검 드는 칼로 이 호랭이 배 갈라라!" 앞으로 바짝 기여들어 도리랑 도리랑,

〈아니리〉

　호랭이 다리를 꽉 물고 뺑뺑 돌아노니 어찌 호랭이가 아팠던지 거기서 의주 압록강까지 도망을 했겄다. 거기서 저 혼자 장담하는 말이 "그놈 참 용맹 무서운 놈이로다. ㉡ <u>나나 되니까 여기까지 살아왔지 다른 놈 같으면 영락없이 죽었을 것이다.</u>"

[중략 부분의 줄거리] 별주부는 토끼를 유혹해서 수궁으로 데리고 오나, 토끼가 꾀를 내어 위기를 모면한다. 별주부의 등에 업혀 육지로 온 토끼는 배고픈 독수리에게 사로잡힌다.

〈중모리〉

　"아이고 아이고 어쩔거나, 아이고 이를 어쩔거나. ㉢ <u>수궁천리 먼먼 길에 겨우겨우 얻어 내온 것을 무주공산에다 던져두고 임자 없이 죽게 되니 이 아니 섧소이까?</u>"

〈아니리〉

　"㉣ <u>야, 이놈아. 그것이 무엇이란 말이냐?</u>" "그것이 다른 것이 아니오라 이번에 제가 수궁엘 들어갔었지요." "그래서?" "수궁엘 들어갔더니 용왕께서 ⓑ <u>의사줌치*</u>를 하나 주십디다." "그래 그것이 무엇이란 말이냐?" "그것이 다른 것이 아니오라 이상스럽다. 쫙 펴놓고 보면 궁기*가 서너 개 뚫렸는디 그래서 한 궁기를 탁 퉁기면서 썩은 도야지 창자 나오니라 허면 그저 꾸역꾸역 나오고 한 궁기를 툭 퉁기면서 도야지 새끼나 개창자나 나오니라 허면 그저 꾸역꾸역 나오고 또 한 궁기를 톡 퉁기면서 삥아리 새끼들 나오니라 허면 삥아리 새끼가 하루에 일천오백 마리씩이나 그저 꾸역꾸역 나오고 무엇이든지 내 소원대로 나오는 그런 좋은 보물을 임자 찾어 못주고 저기 저 무주공산에다가 두고 죽게 되니 그 아니 원통허요?" "야, 이놈 토끼야! 그러면 니 목숨을 살려줄 테니 그것 좀 날 줄래?" "아이고, 장군님. 목숨만 살려주시면 드리고말고요." "그러면 그것이 어데 있느냐?" "저기 있습니다." "가자!" 독수리란 놈이 토끼 대굴박을 좋은 소주병 들듯 딱 들고서 훨훨 날아가더니 "여기냐?" "예!" 바위 옆에다 턱 내려놓고 "나 시장해 못 살겄다. 어서 빨리 의사줌치 좀 내오너라." "장군님 내가 저 안에 들어가서 내올틴께 내 뒷발을 잡고 계시다가 놓아 달라는 대로 조금씩 놓아 주십시오." 토끼는 꾀가 많은 놈이라 앞발을 바위틈에다 쏙 집어넣고 버리더니 "장군님 조금만 놔주시오, 닿을 만합니다. 조금만 더 쪼끔쪼끔쪼끔……" 허다가 갑자기 뒷발을 탁 차고 바위 속으로 쏙 들어가더니 느닷없이 시조 반 창(唱)을 내겄다.

〈시조 창〉

세월이 여유허여……

〈아니리〉

"야, 이놈 토끼야! 아 내가 시장해 죽겠는디 무엇이 그리 한가헌 체허고 들어가서 시조를 부르고 앉았느냐? 어서 이리 가져오너라." 토끼가 호령을 하는디 "ⓜ 너 이놈 독술아! 내 발길 나가면 니 해골 터질테니 어서 날아가거라!" "너 이놈 다시 안 나올래?" "내가 노래에 출입헐 수도 없고 집에서 손자나 봐주고 지낼란다. 어서 잔말 말고 날아가거라. 이것이 바로 내가 살아났으니 의사줌치라 하는 것이다."

- 작자 미상, 「수궁가」-

*창조 : 노래를 부르는 어투.
*왕배탕 : 자라탕.
*의사줌치 : 모든 것을 뜻대로 할 수 있는 주머니.
*궁기 : 구멍.

01 윗글에 대한 설명으로 적절하지 <u>않은</u> 것은?

① 창과 아니리가 교차되며 이야기가 전개되고 있다.
② 인물을 해학적으로 표현하여 웃음을 유발하고 있다.
③ 잦은 장면 전환을 통해 극적인 긴장감을 조성하고 있다.
④ 음성 상징어를 사용하여 인물의 행동을 생동감 있게 그려 내고 있다.
⑤ 공간의 이동을 통하여 인물 간의 우열 관계의 변화를 제시하고 있다.

02 윗글의 내용에 대한 이해로 적절하지 <u>않은</u> 것은?

① '별주부'는 '호랭이'가 내려오는 소리를 듣고 놀라 엎드렸다.
② '별주부'는 자신의 목에 관한 내력을 거짓으로 꾸며 말한다.
③ '토끼'는 수궁에 가서 용왕을 만난 사실을 '독수리'에게 밝힌다.
④ '호랭이'는 '별주부'의 겉모습만 보고 생물이 아니라고 판단한다.
⑤ '호랭이'는 '별주부'의 실체를 모른 채 '별주부'를 먹을 것으로만 여긴다.

03 ⓐ와 ⓑ에 대한 설명으로 적절하지 <u>않은</u> 것은?

① ⓐ와 ⓑ는 모두 인물이 꾸며낸, 실체가 없는 대상이다.
② ⓑ는 ⓐ와 달리 상대방이 차지하고 싶어 하는 대상이다.
③ ⓐ는 ⓑ와 달리 상대방에게 두려움을 주기 위한 대상이다.
④ ⓐ와 ⓑ는 모두 인물이 과거에 타인에게서 얻은 대상이다.
⑤ ⓐ와 ⓑ는 모두 인물이 위기에서 벗어나기 위해 활용하는 대상이다.

04 ㉠~㉤에 대한 설명으로 가장 적절한 것은?

① ㉠ : '목'을 활용한 전략으로 전세를 역전한 '별주부'가 '호랭이'에게 역공을 시작하고 있다.
② ㉡ : '별주부'의 위세에 눌려 도주한 '호랭이'가 '별주부'에 대해 복수를 다짐하고 있다.
③ ㉢ : '토끼'는 귀중한 것을 버려두고 죽게 된 자신의 처지를 진심으로 서러워하고 있다.
④ ㉣ : '토끼'의 의중을 간파한 '독수리'가 '토끼'를 떠보기 위해 던지는 질문이다.
⑤ ㉤ : '토끼'는 '독수리'에게 겁을 먹고 있지만 위기에서 벗어나기 위하여 허세를 부리고 있다.

05 〈보기〉를 바탕으로 윗글을 이해한 결과로 가장 적절하지 <u>않은</u> 것은?

> **보기**
>
> 「수궁가」는 인물이 주어진 과제를 해결하는 '과제 완수 모티브'로 서사가 전개된다. 작중 인물들은 우선 상위 서사 구조의 국면을 결정하는 '주요 과제'를 부여받는데, 그것 외에도 여러 '종속 과제'들을 해결해야 한다. 인물들은 이 '종속 과제'의 수행을 위하여 여러 전략을 활용하는데, 그것이 하위 서사들을 구성한다. 이런 관점에서 보면 「수궁가」의 전반부의 과제 수행 주체는 '별주부', 주요 과제는 '토끼의 간 얻기'이며 후반부의 과제 수행 주체는 '토끼', 주요 과제는 '수궁에서 살아남기'로 이해할 수 있다.

① '별주부'가 '호 생원'과 맞닥뜨리게 되면서 '별주부'에게 새로운 '종속 과제'가 발생하고 있군.
② '별주부'가 자신을 '두꺼비'로 속이는 '전략'은 의도를 관철하려는 상대방으로 인해 실패하고 있어.
③ '토끼'가 '독수리'에게 잡힘으로써 '과제'를 해결한 인물에게 새로운 '과제'가 부여되고 있어.
④ '토끼'는 상대방의 욕망을 자극하여 유인하는 '전략'을 통해 성공적으로 '종속 과제'를 해결하고 있군.
⑤ '별주부'와 '토끼'가 수궁으로 들어가는 시점에서 '별주부'의 '주요 과제'는 해결되지만, 반대로 토끼의 '과제'는 시작되는군.

5 | 작자 미상, 토끼전

다음을 읽고 물음에 답하시오.

[A]
홀연 전상에서 분부하되 토끼를 잡아들이라 하거늘, 수족 물고기가 일시에 달려들어 토끼를 잡아다가 정전에 꿇리고, 용왕이 하교하여 말하기를,
"과인이 **병이 중**한데 백약이 무효하더니, 하늘과 신령의 도우심으로 도사를 만나매, 말하길 네 간을 얻어먹으면 살아나리라 하기로 너를 잡아 왔으니, 너는 죽기를 슬퍼 말라."
하고, 군졸을 명하여 간을 내라 하니, 군졸이 명을 받들고 일시에 칼을 들고 날쌔게 달려들어 배를 단번에 째려 하거늘, 토끼가 기가 막혀 달첨지의 말을 돌이켜 생각하나 후회막급이라.

'대저 약 이름을 일러주던 도사놈이 나와 무슨 원수런가? 소진의 구변*인들 욕심 많은 저 늙은 용왕을 무슨 수로 꾀어내며, 관운장의 용맹인들 서리 같은 저 칼날을 무슨 수로 벗어나며, 요행 혹 벗어난다 한들 만경창파 너른 물에 무슨 수로 도망할까? 가련토다, 이 내 **목숨** 속절없이 죽었구나. 백방으로 생각하여도 아무런 대책이 없으니 어이하리.'
하며 이리저리 생각하다가, 문득 한 꾀를 얻어 가지고 마음을 담대히 하여 ⊙ 고개를 번듯 들어 전상을 바라보며 말하기를,
"이왕 죽을 목숨이오니 한 말씀이나 아뢰옵고 죽겠삽나이다."
하고 아뢰되,
"토끼 족속(族屬)이란 것은 본시 곤륜산의 정기(精氣)로 태어나서, 일신을 달빛으로 환생하와 아침 이슬과 저녁 안개를 받아먹고, 고운 꽃과 풀, 그리고 좋은 물을 명산으로 다니면서 매양 오랫동안 먹었으므로, 오장육부와 심지어 똥집 오줌통까지라도 다 약이 된다 하여, 막걸리 오입장이들을 만나면 간 달라고 보채이는 그 소리에 대답하기 괴롭사와, 간 붙은 염통 줄기 채 모두 다 떼어내어 청산유수 맑은 물에 설설이 흔들어서 고봉준령(高峰峻嶺) 깊은 곳에 깊이깊이 감추어 두고 무심 중 왔사오니, 배 말고 온몸을 모두 다 발기발기 찢는다 할지라도 간이라 하는 것은 한 점도 얻어볼 수 없을 터이오니 어찌하면 좋을는지? 저 미련한 별주부가 거기 대하여 한마디 말하는 기색이 반점도 없었으니, 아무리 내가 영웅인들 수부의 일이야 어찌 아오리까? 미리 알게 하였더라면 염통 줄기까지 가져다가 대왕께 바쳐 병환을 회춘하시게 하고, 일등공신 너도 되고 나도 되어 부귀공명하였으면 그 아니 좋았겠는가? 만경창파 멀고 먼 길을 두 번 왕래함이 별주부 네 탓이라. 그러나 병환은 시급하신데 언제 다시 다녀올는지 그 아니 딱하오니까?"

(중략)

토끼가 여쭈되,
"대왕이 어찌 이다지 의심하시나이까? **소신 같은 목숨**은 하루 천만 명이 죽사와도 관계가 없삽거니와, 대왕은 만승의 **귀하신 옥체**로 동쪽 나라의 성군(聖君)이시라. **가벼움과 무거움이 아주 다르**오니, 만일 불행하시면 천리 강토와 구중궁궐을 뉘게 전하시며, 종묘사직과 억조창생을 뉘게 미루시려나이까? 소신의 간을 아무쪼록 갖다가 쓰시면 병환이 즉시 깨끗이 치유되실 것이오, 치유되시면 대왕은 아무 염려 없이 만세나 향수하실 것이니, 어언간 소신은 일등공신이 아니 되옵나이까? 이러한 좋은 일에 어찌 조금이나마 속여서 아뢸 가능성이 있사오리까?"
하며 거침없이 잘하는 말로 발림하며 용왕을 푹신 삶아내는데, 언사가 또한 절절이 온당한지라.

이 고지식한 용왕은 폭 곧이 듣고 자기 생각에 헤아리기를,
'만일 제 말과 같을진대 저 죽은 후에 누구에게 무릎손가? 차라리 **잘 달래어 간을 얻음**만 같지 못하다.'
하고 ⓛ 토끼를 궁중으로 불러올려 상좌에 앉히고 공경하여 말하기를,
"과인의 **망령됨**을 허물치 말라."
하니, ⓒ 토끼가 무릎을 싹 쓰러뜨리고 단정히 앉아 공손히 대답하여 말하기를,
"그는 다 예사올시다. 생각 밖에 일어난 근심과 액운을 성현도 면치 못하였거든, 하물며 소신 같은 것이야 일러 무엇하오리까? 그러하나 별주부의 자세치 못하고 **충성치 못함**이 가엾나이다."
문득 한 신하가 홀로 나아가 말하기를,
"신은 듣사오니 옛글에 일렀으되, '하늘이 주시는 것을 받지 아니하면 도리어 그 앙화를 받는다' 하오니, 토끼 본시 간사한 짐승이라. **흐지부지하**다가는 **잃어버릴** 염려가 있을 듯하오니, 원컨대 대왕은 잃어버리지 마옵시고 어서 급히 잡아 간을 내어 지극히 위독하신 옥체를 보중케 하옵소서."
하거늘, 모두 보니 이는 수천 년 묵은 거북이니 별호는 귀위선생(龜位先生)이러라. ⓔ 왕이 크게 노하여 꾸짖어 말하기를,
"토처사는 **충효가 겸전한 자**라. 어찌 헛된 소리가 있으리오. 너는 다시 잔말 말고 물러 있거라."
하시거늘, ⓜ 귀위선생이 무료히 물러 나와 탄식을 마지아니하더라.

[B]
왕이 크게 잔치를 배설하여 토처사를 대접할 새, 오음 육률(五音六律)을 갖추고 술상에 차려진 술잔과 안주가 흩어져 어지러우매, 서왕모는 술잔을 차지하고 연비는 옥으로 만든 작은 상을 받들어 드릴 적에, 천일주와 포도주에 신선이 먹는 배와 대추로 안주하고, 장진주시(將進酒詩)로 노래하며 무궁무진 권할 적에, 한 잔 또 한 잔이라. 술병에 빠져 흠뻑 취하여 세상의 시간 가는 것을 잊어버리는도다.

- 작자 미상, 「토끼전」 -

*소진의 구변 : 매우 좋은 말재주. 소진은 옛날 중국 전국 시대에 말을 잘하기로 유명한 사람이었음.

*장진주시 : 이백의 '장진주'를 가리킴. 술을 권하는 노래.

01 [A]와 [B]에 대한 설명으로 가장 적절한 것은?

① [A]에서는 서술자의 개입을 통해 앞으로 일어날 사건을 암시하고 있다.
② [B]에서는 인물의 희화화를 통해 사건의 반전 효과를 나타내고 있다.
③ [A]에서는 회상 장면을 삽입하여, [B]에서는 공간적 배경을 묘사하여 사건 전개를 지연시키고 있다.
④ [A]에서는 사건의 긴박감이 고조되고, [B]에서는 긴장이 완화되면서 흥겨운 분위기가 조성되고 있다.
⑤ [A]에서는 인물의 발화를 통해, [B]에서는 요약적 제시를 통해 사건에 대한 정보를 제시하고 있다.

03 ㉠~㉤에 대한 이해로 가장 적절한 것은?

① ㉠: 당면한 어려움을 해결할 수 없다고 확신하면서도, 마지막으로 삶을 도모해 보려는 토끼의 의지를 보여 준다.
② ㉡: 토끼의 말에 미심쩍은 구석이 있다고 여겨, 진위를 확인해 보고자 하는 용왕의 의도를 보여 준다.
③ ㉢: 일이 뜻대로 이루어져 기쁜 마음을 감추지 못하고 태도로 드러내는 토끼의 경솔함을 보여 준다.
④ ㉣: 귀위선생의 발언이 토끼의 심기를 건드려 일을 그르칠 것을 염려한 용왕의 반응을 보여 준다.
⑤ ㉤: 용왕의 환심을 사기 위해 토끼를 모함하려 했던 속셈이 간파되어 부끄러워하는 귀위선생의 심경을 보여 준다.

02 윗글에 나타난 '토끼'의 말하기에 대한 설명으로 적절하지 <u>않은</u> 것은?

① 스스로 고상하고 순결한 존재임을 드러내며 간을 두고 다닐 수밖에 없게 된 이유를 제시하고 있다.
② 자신이 간을 두고 온 책임을 별주부에게 전가하며 상황을 미리 알지 못한 데 대한 아쉬움을 드러내고 있다.
③ 현재 장소와 육지와의 거리감을 제시하며 용왕의 병세를 걱정하는 자신의 마음이 진심임을 강조하고 있다.
④ 용왕이 맡은 책임을 환기하며 나라를 올바르게 다스리는 데 필요한 덕목을 일깨우려 하고 있다.
⑤ 높은 지위에 오르고자 하는 욕망을 드러내며 용왕이 자신에게 품은 의심을 덜려 하고 있다.

04 〈보기〉를 참고하여 윗글을 감상한 내용으로 적절하지 <u>않은</u> 것은?

> **보기**
>
> 강자와 약자의 관계는 사회적 신분 질서 속에서 절대적으로 형성되기도 하고, 구체적인 대결 국면이나 상황 속에서 상대적으로 형성되기도 한다. 「토끼전」에는 이러한 관계를 교묘하게 이용하여 약자에서 강자로 올라서는 인물의 면모가 제시되는데, 이러한 역전의 서사는 중세적 질서의 전복을 긍정한다는 점에서 근대 문학의 정신에 접근해 있다고 볼 수 있다.

① 토끼가 '병이 중'한 용왕을 위해 원치 않게 '목숨'을 잃을 위기에 놓인 것은, 용왕과 달리 사회적으로 약자인 토끼의 면모를 드러낸다고 볼 수 있겠군.
② 토끼가 '소신 같은 목숨'과 '귀하신 옥체'의 '가벼움과 무거움이 아주 다르'다고 말하는 것은, 절대적으로 형성된 약자와 강자의 관계를 긍정하는 발언으로 볼 수 있겠군.
③ 용왕이 토끼를 '잘 달래어 간을 얻'을 생각으로 자신의 '망령됨'을 인정하는 것은, 약이 필요한 상황에서 상대적 약자로 전락한 모습을 드러낸다고 볼 수 있겠군.
④ 토끼가 용왕에게 '충효가 겸전한 자'로 여겨지거나 별주부의 '충성치 못함'을 탓하는 것은, 토끼가 용왕의 다른 신하들에 비해 강자로 올라서게 되었음을 나타낸다고 볼 수 있겠군.
⑤ 귀위선생이 용왕에게 '흐지부지하'여 토끼를 '잃어버릴' 수 있음을 지적하는 것은, 중세적 질서의 전복을 긍정하는 작품의 주제 의식을 부각한다고 볼 수 있겠군.

6 │ 작자 미상, 지봉전

다음을 읽고 물음에 답하시오.

[앞부분 줄거리] 평양 감사는 임금의 명에 따라 이덕무의 절개를 시험하고 자, 기생들에게 이덕무를 유혹하여 그의 부채를 받아내도록 명한다. 이름난 기생 백옥 역시 이덕무를 유혹하는 데 나선다.

　백옥은 머리를 제대로 감지도 않고, 얼굴은 붉게 바르지도 않고서 엷은 화장만을 한 채, 옷을 엷게 입고는 이 공에게 나아가 알현했다. 이 공은 위엄 있게 방석에 기대어 앉은 채, 눈을 감고서 머리를 끄덕이며 말했다.
　"노래를 부르도록 하여라."
　백옥이 머리 자리로 물러나 앉아서, 가로 세 척 되는 짧은 거문고를 켜며 ㉠옛날 시 한 편을 불렀는데, '수왕산색영태호(秀匡山色暎太湖)'라는 구절에 이르러서 왕(匡) 자를 산(山) 자 다음에다 바꾸어 읊었다. 이 공이 말했다.
　"잘못되었도다."
　백옥이 거문고를 켜다 말고, 눈썹을 아래로 깐 채 손을 모아 공손히 대답했다.
　ⓐ"제가 잘못한 줄은 아옵니다만, 대감의 이름 자를 저촉할까 염려했기 때문입니다."
　이 공은 못 미더운 듯 머리를 들어서 귀엽게 웃는 맵시와 아름다운 눈을 보니, 하나의 성(城)을 기울일 만한 아주 뛰어난 미인일 뿐만 아니라 아리따운 자태와 위엄 있는 용모는 그림 속의 관음보살이요, 진실로 달 속의 선녀였다. 이에 이 공은 움켜쥐고도 싶고 품에 안고 싶기도 하며, 잡기도 버리기도 어려운 묘한 백옥의 모습을 한번 보았을 뿐이나 온갖 혼이 다 달아났다. 즉시 수청들라는 명을 내렸다. ⓑ백옥은 자리에서 물러나면서 용모를 단정히 하며 사양했다.
　"엄중한 명이 내려졌으니, 비록 지극한 정성으로 전력을 다해야 하는 것이라도 저야 감히 사양하지 않을 것입니다. 다만 저의 자질이 무식하여 큰일을 행하는 데에 민첩하지 못하옵고, 또한 저의 온몸에 한 말이나 되는 젊음의 혈기가 있지만 참으로 대감의 명에 부합하지가 않을 것 같습니다. 그러하오니 군자를 받들어 모셔야 하는 것을 진실로 감히 하지 못하겠습니다."
　이 공이 말했다.
　ⓒ"어찌 말이 많으냐?"
　이에 백옥이 짐짓 수치스러운 기색을 띠면서도 자못 온화한 자태를 지으며 이 공의 명을 이어받아 곁에서 모시었다.
　이 공은 백옥과 만난 이후로 여러 악기(樂妓)와 허다한 뭇 기녀들을 모두 물리쳐 보냈다. 유독 백옥과 함께 조용한 곳에 거처하였다. 더러는 거문고를 켜며 노래를 부르고, 더러는 시를 지으며 술을 마시면서 소요하는 것으로 하루하루를 보냈다. 이 공은 유흥을 가까이하는 일과 남녀 간의 관계에 이르러서는 담담하기가 참선하는 승려와 같았다. 또한, 그의 기질은 대단히 강직하고, 습성은 탐욕스럽지 않고 검소하여, 비록 지극히 신기하고 보기 좋은 물건이라도 아끼고 아까워하는 바가 없었다. 그러나 저 부채만은 잘 때나 깰 때나 언제든지 지니고 있어 잠시도 손에서 떨어지지 않았다. 그 부채를 지극히 아끼고 소중히 함은 그가 임금을 공경하는 정성의 일단을 볼 수가 있었다.

(중략)

　[A] 하늘과 같은 큰길엔 비취색 덮개가 바람 부는 대로 펄럭이고, 붉은 수레가 우레 소리를 내며 가는데, 고을마다 멈추어 서면 수령들이 맞이하였다가 전송하기를 극진히 하니 대장부의 영화로운 행차요, 호탕한 사람의 즐길 만한 일이라고 일컬을 만했다. 그러니 어찌 상심하고 불평하는 뜻을 두어 애간장을 끓이고 눈물을 흘리겠는가? 대개 이 공은 평생 일을 처리하는 것이 이치에 맞았고, 임금을 섬기는 것도 곧고 바르게 했으며, 몸가짐도 일찍이 남에게 굽신거리는 법이 없었다. 그러나 한번 백옥을 만나고부터는 그녀의 뛰어난 미색을 특별히 사랑할 뿐만 아니라 그녀의 화려한 문장과 능한 재주를 마음속으로 감복했다. 또한 백옥과의 관계를 가까이한 것과 그녀의 센 기에 의해 압도된 것을 고상하게 여기니 어리석게도 백옥에게 완전히 빠져 있었다. 항상 잊지 않는 뜻과 애틋하게 그리는 정은 행실이 변변하지 못한 선비의 소홀함에서 나오는 것이 아니라 진실로 이른바 깨끗한 사람이라도 쉽게 더럽혀지고 고고한 사람이라도 쉽게 이지러지는 데서 나오는 것이니, 이는 사물의 이치와 형세가 스스로 그러한 것이리라. 또한 하물며 백옥이 술을 잡고 석별하면서 거문고 소리로 마음을 어지럽히고 ㉡시로써 감정을 복받치게 하여 한없는 상심한 마음을 드러내니, 이 공이 애간장을 끓이며 눈물을 흘렸다. 어찌 그렇지 않을 수 있겠는가?

　이 공은 아무 말 없이 마음으로 생각하다가 말했다.
　"먼 시골의 천한 기생들은 모두 익힌 것이 방탕히 노는 것이고 아는 것이 재물을 탐내는 것이거늘, 금 다섯 덩어리와 비단 열 필 등이 적지 아니한 데도 변변찮은 것으로 보고, 이 사소한 부채를 달라 하기를 굶주리고 목마른 사람처럼 하니, 그 기개가 가상하고 그 정이 가긍하구나. ⓓ이것은 임금께서 하사하여 주신 것이니 반드시 되돌려드릴 필요는 없을 것이다. 내가 어찌하여서 부채 하나 때문에 기가 센 아이에게 만만하고 호락호락하게 보였더란 말인가?"
　생각이 여기에 미치자, ⓔ자신도 모르는 사이에 이 공은 손으로 이미 부채를 말하기도 전에 던져 주었다. 백옥은 그것을 가슴 속에 품으며 눈물을 거두고 감사의 인사를 했다. 이 공과 백옥은 서로 몸을 아끼어 잘 보전하라고 하면서 헤어졌다.

- 작자 미상, 「지봉전」 -

01 [A]의 서술상 특징으로 가장 적절한 것은?

① 시간의 역전을 통해 사건의 진상을 밝히고 있다.
② 요약적 서술을 통해 서사의 전개 속도를 높이고 있다.
③ 인물의 외양을 묘사하여 개성적 면모를 부각하고 있다.
④ 서술자의 개입을 통해 심리 변화의 원인을 설명하고 있다.
⑤ 인물이 내적 독백을 통해 사건의 의미를 직접 제시하고 있다.

03 〈학습 활동〉을 수행한 결과로 적절하지 <u>않은</u> 것은?

> **학습활동**
>
> 「지봉전」에 나타나는 인물의 발화와 반응을 이해하기 위해서는 인물의 성격이나 관점, 인물이 처한 상황과 인물이 실현하려는 목적 등을 고려하는 것이 중요하다. 이를 고려하여 윗글에 제시된 ⓐ~ⓔ를 이해해 보자.

① ⓐ는 이 공을 유혹하려는 백옥의 목적을 고려할 때, 이 공의 환심을 사고자 의도적으로 꾸민 일에 관해 설명하는 진술로 볼 수 있다.
② ⓑ는 이 공의 속내를 간파하지 못한 백옥의 상황을 고려할 때, 신중하게 생각해 행동하려는 반응으로 볼 수 있다.
③ ⓒ는 백옥에게 호감을 느낀 이 공의 상황을 고려할 때, 위엄을 앞세워 백옥의 반발을 차단하려는 진술로 볼 수 있다.
④ ⓓ는 임금을 향한 충심이 큰 이 공의 성격을 고려할 때, 백옥에게 부채를 주는 행위를 정당화하는 진술로 볼 수 있다.
⑤ ⓔ는 백옥의 계획을 알지 못하는 이 공의 상황을 고려할 때, 백옥을 기특하게 여겨 백옥의 소망을 이뤄 주고자 한 행동으로 볼 수 있다.

02 ㉠, ㉡에 대한 이해로 가장 적절한 것은?

① ㉠은 인물 간의 위계가 뒤집히도록 하고, ㉡은 인물들의 서로 다른 심리가 표면화되도록 한다.
② ㉠으로 처음 대면한 인물 간의 긴장감이 고조되고, ㉡으로 인물 간에 지속되던 갈등이 해소된다.
③ ㉠은 인물이 상대의 역량을 확인하는 계기가 되고, ㉡은 인물이 상대와의 재회를 기대하는 이유가 된다.
④ ㉠으로 인물들 사이에 환상적 분위기가 조성되고, ㉡으로 주변 상황에 맞지 않는 인물의 반응이 초래된다.
⑤ ㉠은 인물의 호기심을 유발해 관계가 시작되도록 하고, ㉡은 그 관계의 변화에 따른 인물의 상실감을 부각한다.

04 〈보기〉를 바탕으로 윗글을 감상한 내용으로 적절하지 <u>않은</u> 것은?

> **보기**
>
> 「지봉전」은 주인공이 유혹에 빠져 절개와 품성을 시험받는 '시험과 유혹'의 화소를 활용한다. 일반적인 풍자 소설은 유혹에 넘어간 주인공의 부정적 면모를 부각하여 그의 권위를 실추시키는 데에 집중하지만, 「지봉전」은 주인공의 내적 갈등이나 고결한 품성을 부각함으로써 주인공의 실수를 인간의 한계에서 비롯된 것으로 설명하고, 이를 누구나 겪을 법한 것으로 그려 낸다. 이는 저속한 욕망은 경계하면서도, 정서적 유대나 애정과 같은 정신적 욕망은 긍정하려는 인식을 보여 준다.

① '잡기도 버리기도 어려운 묘한 백옥의 모습'에 이 공의 '혼이 다 달아났다'는 것은, 절개를 시험당하는 주인공이 욕망과 원칙 사이에서 갈등하는 모습을 드러내고 있군.
② 이 공의 기질이 '강직하고, 습성은 탐욕스럽지 않고 검소하다'는 것은, 주인공의 고결한 품성을 강조함으로써 인물의 권위를 실추시키지 않으려는 의도를 내포하고 있군.
③ 이 공이 백옥의 능력에 '마음속으로 감복'하고 '백옥과의 관계를 가까이'했다는 것은, 주인공이 유혹에 넘어간 이유에 정서적 유대를 향한 욕망 또한 존재함을 보여 주고 있군.
④ '항상 잊지 않는 뜻'이 '고고한 사람이라도 쉽게 이지러지는 데'서 나온다는 것은, 주인공의 실수를 누구나 겪을 법한 일로 바라보는 작품의 관점을 반영하고 있군.
⑤ 이 공이 '잘 때나 깰 때나 언제든지 지니'며 '지극히 아끼'던 부채를 백옥에게 준 것은, 유혹에 빠진 주인공이 자신이 고수하던 뜻을 끝내 굽히게 되었음을 나타내고 있군.

7 | 김만중, 구운몽

다음을 읽고 물음에 답하시오.

이날 상서가 상소하니 그 글은 다음과 같았다.

[A]
한림학사 겸 예부상서 양소유는 머리를 조아려 절하며 황제 폐하께 아룁니다. 대개 인륜은 왕정(王政)의 근본이요, 혼인은 인륜의 대사여서 왕정을 잃으면 나라가 그릇되고 혼인을 삼가지 아니하면 가도(家道)가 망하니, 어찌 혼인을 삼가 왕정을 구하지 아니하겠습니까? 소신(小臣)이 바야흐로 정가 여자와 혼인을 정하여 납채*하였는데 천만뜻밖에 부마로 봉코자 하시어 황태후의 명으로 **이미 받은 납채를 내어 주라** 하시니 이는 예로부터 듣지 못하던 바입니다. 원컨대 폐하는 왕정과 인륜을 살펴 정가와의 혼인을 허락하여 주십시오.

상이 보시고 태후께 아뢰니, 태후가 크게 화를 내어 '양 상서를 감옥에 가두라.' 하자, 조정 백관이 다 다투어 간(諫)하였지만 듣지 아니하였다.

이때 토번(吐蕃)이 바야흐로 중국을 얕보아 3만 병을 거느리고 와 변경 지방에 있는 군현(郡縣)을 노략하여 선봉(先鋒)이 이미 위교(渭橋)에 왔다. 상이 조정 대신을 불러 의논할 때, 다 아뢰어 말하였다.

"㉠양 상서가 전일에도 군병을 죄하지 아니하고 삼 진을 정벌하였으니 지금도 양 상서가 아니면 당할 사람이 없을까 합니다."

상이 말하였다.

"옳다."

하시고, 즉시 들어가 태후께 여쭈었다.

"조정에는 양소유가 아니면 도적을 당할 사람이 없다 하오니, 비록 **죄가 있으나 국사를 먼저 생각하십시오.**"

태후가 허락하자, 즉시 사자(使者)를 보내어 양 상서를 불러 보고 물어 말하였다.

"도적이 급하여 경이 아니면 제어치 못할 것이니 어찌하면 좋은가?"

상서가 대답하여 말하였다.

"신이 비록 재주가 없으나 수천 군사를 얻어 이 도적을 파하여 죽을 목숨을 구완하신 은덕을 만분지일이나 갚을까 합니다."

상이 크게 기뻐하여 즉시 ㉡대사마(大司馬) 대원수를 봉하고 3만 군을 주었다.

상서가 이날 황상께 하직하고 군병을 거느려 위교로 나가자, 선봉장이 달려들어 좌현왕(左賢王)을 사로잡으니 적의 기세가 크게 꺾여 다 도망하거늘 쫓아가 세 번 싸워 세 번 이기고 머리 3만과 좋은 말 8천을 얻고 승첩(勝捷)을 천자께 보고하니 상이 크게 기뻐하여 칭찬해 마지 않았다.

(중략)

하루는 천자가 황태후께 아뢰어 말하였다.

"양 상서의 공은 만고의 으뜸이니 환군한 후에 즉시 승상을 봉하겠지만, 난양의 혼사를 양 상서가 마음을 바꾸어 허락하면 좋거니와 만일 고집하면 공신을 죄 주지 못할 것이요, ㉢혼인을 우격다짐 못할 것이니 어찌하면 좋겠습니까? 매우 민망합니다."

태후가 말하였다.

"양 상서가 돌아오지 않았으니 정 사도의 여자에게 다른 혼인을 급히 하게 하면 어떠한가?"

상이 대답지 아니하고 나가니 난양 공주가 이 말씀을 듣고 태후께 고하여 말하였다.

"낭랑은 어찌 이런 말씀을 하십니까? 정가의 혼사는 제 집 일인데 어찌

조정에서 권하겠습니까?"

태후가 말하였다.

"내가 벌써 너와 의논코자 하였다. 양 상서는 풍채와 문장이 세상에 으뜸일 뿐 아니라, 통소 한 곡조로 네 연분을 정하였으니 어찌 이 사람을 버리고 다른 데서 구하겠느냐. 양 상서가 돌아오면 먼저 네 **혼사를 지내고 정 사도의 여자를 첩으로 삼게** 하면, 양 상서가 사양할 바가 없을 텐데 ㉣**네 뜻을 알지 못하여 염려스럽구나.**"

공주가 대답하여 말하였다.

"소저가 일생 **투기(妬忌)를** 알지 못하니 어찌 정가 여자를 꺼리겠습니까? 다만 양 상서가 **처음에 납폐*하였다가 다시 첩을 삼으면 예가** 아니요, 또 정 사도는 여러 대에 걸친 재상의 집입니다. 그 여자로 남의 첩이 되게 함이 어찌 원통치 아니하겠습니까?"

태후가 말하였다.

"네 뜻이 그러하면 어찌하면 좋겠느냐?"

공주가 말하였다.

"들으니 제후에게는 세 부인이 가하다 합니다. 양 상서가 성공하고 돌아오면 후왕(侯王)을 봉할 것이니, **두 부인 취함이 어찌 마땅치 아니하겠습니까?**"

태후가 말하였다.

"안 된다. 사람이 귀천이 없다면 관계치 아니하겠지마는 너는 선왕(先王)의 귀한 딸이요, 지금 임금의 사랑하는 누이다. 어찌 여염집 천한 사람과 함께 섬기겠느냐?"

공주가 말하였다.

"선비가 어질면 만승천자(萬乘天子)도 벗한다 하니 관계치 아니하며, 또 정가 여자는 자색과 덕행이 옛사람이라도 미치기 어렵다 하오니 그러하면 소녀에게는 다행입니다. 아무튼 그 여자를 친히 보아 듣던 말과 같으면 몸을 굽혀 섞임이 가하고, 그렇지 아니하면 첩을 삼거나 마음대로 하십시오."

태후가 말하였다.

"여자의 투기는 예부터 있는데 너는 어찌 이토록 인후(仁厚)하냐? ㉤내 명일에 정가 여자를 부르겠다."

공주가 말하였다.

"아무리 낭랑의 명이 있어도 아프다고 핑계하면 부질없고, 더구나 재상가의 여자를 어찌 불러들이겠습니까? 소녀가 직접 가 보겠습니다."

– 김만중, 「구운몽」 –

*납채 : 신랑 집에서 신부 집에 혼인을 구함.
*납폐 : 정혼이 이루어진 증거로 신랑 집에서 신부 집으로 예물을 보냄.

01 [A]에 대한 설명으로 가장 적절한 것은?

① 서두에 자신의 직위를 밝힘으로써, 상대에게 위압감이 느껴지도록 하고 있다.

② 혼인에 관한 자신의 견해를 먼저 제시하고, 보편적 원리를 들어 이를 뒷받침하고 있다.

③ 상대의 감정에 호소하며, 억울하게 누명을 쓴 자신의 문제를 해결해 달라고 간청하고 있다.

④ 현재 상황이 전례가 없음을 드러내어, 자신에게 내려진 명을 수용하기 어려운 근거로 삼고 있다.

⑤ 상대에게 질문을 던짐으로써, 입장을 바꾸어 자신의 처지를 헤아려 보라는 의도를 전달하고 있다.

02 ㉠~㉤에 대한 이해로 적절하지 않은 것은?

① ㉠으로 양소유는 자신에게 불리한 상황에서 벗어날 기회를 얻게 된다.

② ㉡으로 양소유는 지위를 되찾음으로써 실추된 명예를 회복하게 된다.

③ ㉢에 대해 태후는 공주의 혼사를 뜻대로 밀고 나갈 수 있는 대책을 제시한다.

④ ㉣에 대해 공주는 태후의 의사에 반대하는 자기 뜻을 솔직하게 밝힌다.

⑤ ㉤에 대해 공주는 정가 여자의 체면을 살릴 수 있는 다른 방안을 내놓는다.

03 윗글에서 '태후'의 역할을 이해한 것으로 가장 적절한 것은?

① 상에게 상소를 올린 양소유에 대한 처분을 모두 맡겨, 상이 자신의 뜻을 굽히지 않도록 지지하는 역할을 한다.

② 상에게 양소유가 쌓은 공적을 상기시켜, 상이 개인의 감정보다 국가를 우선하도록 촉구하는 역할을 한다.

③ 공주에게 정가 여자의 혼인 자리를 찾게 하여, 공주가 정가 여자의 입장을 고려하도록 일깨우는 역할을 한다.

④ 공주에게 정가 여자와의 신분 차이를 언급하여, 공주가 인물을 판단하는 자신의 기준을 드러내도록 하는 역할을 한다.

⑤ 공주에게 정가 여자와 만나게 해 줄 것을 약속하여, 공주가 정가 여자에 관한 오해를 해소하도록 중재하는 역할을 한다.

04 〈보기〉를 참고하여 윗글을 감상한 내용으로 적절하지 않은 것은?

> **보기**
>
> 고전 소설에서 '늑혼 모티프'는 이미 정혼한 남성에게 황실이 부당하게 결혼을 강제하는 상황과 관련되어 있다. 「구운몽」에서는 신의를 지키려는 양소유와 양소유를 부마로 삼으려는 황실이 충돌하지만, 갈등이 파국으로 치닫지 않도록 하는 변수가 마련되어 그들의 협력과 공존을 끌어낸다. 이러한 전개는 유교적 덕목이나 권위를 손상하지 않으면서도 이상적 대안을 모색할 수 있음을 보여 준다.

① 황태후가 양소유에게 '이미 받은 납채를 내어 주라'고 명령한 것을 보니, 정혼한 남성 인물이 황실에 의해 부당한 압력을 받는 상황에 놓였음을 알 수 있군.

② 상이 양소유에게 '죄가 있으나 국사를 먼저 생각'해야 한다며 황태후를 설득하는 것을 보니, 토번의 침략이 인물 간의 협력을 끌어내는 변수로 기능하고 있음을 알 수 있군.

③ 황태후가 먼저 양소유와 난양 공주의 '혼사를 지'낸 다음 '정 사도의 여자를 첩으로 삼게 하'자고 말하는 것을 보니, 모두의 권위를 해치지 않는 이상적 대안이 존재함을 알 수 있군.

④ 난양 공주가 자신은 '투기'를 모른다며 양소유가 '두 부인 취함이 어찌 마땅치 아니하겠'냐고 묻는 것을 보니, 유교적 덕목을 지키면서 갈등을 해결하려 하고 있음을 알 수 있군.

⑤ 난양 공주가 '처음에 납폐하였다가 다시 첩을 삼으면 예가 아니'라고 말하는 것을 보니, 정혼한 여성 인물에게 신의를 지키려는 남성 인물을 두둔하고 있음을 알 수 있군.

다음을 읽고 물음에 답하시오.

(가)

어머니
당신은 그 먼 나라를 알으십니까?

깊은 삼림대(森林帶)를 끼고 돌면
고요한 호수에 흰 물새 날고
좁은 들길에 야장미(野薔薇) 열매 붉어

멀리 노루 새끼 마음 놓고 뛰어다니는
아무도 살지 않는 그 먼 나라를 알으십니까?

그 나라에 가실 때에는 부디 잊지 마셔요
나와 같이 그 나라에 가서 비둘기를 키웁시다

어머니
당신은 그 먼 나라를 알으십니까?

산비탈 넌지시 타고 내려오면
양지밭에 흰 염소 한가히 풀 뜯고
길 솟은 옥수수밭에 해는 저물어 저물어
먼 바다 물소리 구슬피 들려오는
아무도 살지 않는 그 먼 나라를 알으십니까?

어머니 부디 잊지 마셔요
그때 우리는 어린 양을 몰고 돌아옵시다

어머니
당신은 그 먼 나라를 알으십니까?

오월 하늘에 비둘기 멀리 날고
오늘처럼 촐촐히 비가 나리면
꿩 소리도 유난히 한가롭게 들리리다
서리 까마귀 높이 날아 산국화 더욱 곱고
노란 은행잎이 한들한들 푸른 하늘에 날리는
가을이면 어머니! 그 나라에서

양지밭 과수원에 꿀벌이 잉잉거릴 때
나와 함께 고 새빨간 능금을 또옥똑 따지 않으렵니까?

- 신석정, 「그 먼 나라를 알으십니까」 -

(나)

고향에 돌아온 날 밤에
㉠ 내 백골이 따라와 한방에 누웠다.

어두운 방은 우주로 통하고
하늘에선가 소리처럼 바람이 불어온다.

어둠 속에 곱게 풍화 작용하는
㉡ 백골을 들여다보며
눈물짓는 것이 내가 우는 것이냐
백골이 우는 것이냐
아름다운 혼이 우는 것이냐

㉢ 지조 높은 개는
밤을 새워 어둠을 짖는다.

어둠을 짖는 개는
나를 쫓는 것일 게다.

가자 가자
쫓기우는 사람처럼 가자
㉣ 백골 몰래
㉤ 아름다운 또 다른 고향에 가자.

- 윤동주, 「또 다른 고향」 -

(다)

  수오재(守吾齋)라는 이름은 큰형님이 자신의 집에다 붙인 이름이다. 나는 처음에 이 이름을 듣고 이상하게 생각하였다. '나와 굳게 맺어져 있어 서로 떨어질 수 없는 가운데 나보다 더 절실한 것은 없다. 그러니 굳이 지키지 않더라도 어디로 가겠는가? 이상한 이름이다.'

  내가 장기로 귀양 온 뒤에 혼자 지내면서 생각해 보다가, 하루는 갑자기 이 의문점에 대해 해답을 얻게 되었다. 나는 벌떡 일어나 이렇게 스스로 말하였다.

  "천하 만물 가운데 지킬 것은 하나도 없지만, 오직 나만은 지켜야 한다. (중략) 지금 천하의 많은 실이 모두 나의 옷감이며, 천하의 곡식이 전부 나의 식량인데, 도둑이 비록 훔쳐간다 하더라도 그 한둘에 불과할 것이니 천하의 모든 옷감과 곡식을 모두 바닥낼 수 있겠는가? 그러니 천하 만물은 모두 지킬 필요가 없다. 그런데 오직 나라는 것만은 잘 달아나서, 드나드는 데 일정한 법칙이 없다. 아주 친밀하게 붙어 있어서 서로 배반하지 못할 것 같다가도, 잠시 살피지 않으면 어디든지 못 가는 곳이 없다. 이익으로 꾀면 떠나가고, 위험과 재앙이 겁을 주어도 떠나간다. 마음을 울리는 아름다운 음악 소리만 들어도 떠나가며, 눈썹이 새까맣고 이가 하얀 미인의 요염한 모습만 보아도 떠나간다. 한번 가면 돌아올 줄을 몰라서, 붙잡아 만류할 수가 없다. 그러니 천하에 나보다 더 잃어버리기 쉬운 것은 없다. 어찌 실과 끈으로 매고 빗장과 자물쇠로 잠가서 나를 굳게 지켜야 하지 않으리오."

나는 나를 잘못 간직했다가 잃어버렸던 자다. 어렸을 때에 과거(科擧)가 좋게 보여서, 십 년 동안이나 과거 공부에 빠져들었다. 그러다가 결국 처지가 바뀌어 조정에 나아가 검은 사모관대에 비단 도포를 입고, 십이 년 동안이나 미친 듯이 대낮에 **커다란 길**을 뛰어다녔다. 그러다가 또 처지가 바뀌어 한강을 건너고 새재를 넘게 되었다. 친척과 선영을 버리고 곧바로 아득한 **바닷가**의 대나무 숲에 달려와서야 멈추게 되었다. 이때에는 나도 땀이 흐르고 두려워서 숨도 쉬지 못하면서, 나의 발뒤꿈치를 따라 이곳까지 함께 오게 되었다. / 내가 나에게 물었다.

"너는 무엇 때문에 여기까지 왔느냐? 여우나 도깨비에 홀려서 끌려왔느냐? 아니면 바다귀신이 불러서 왔느냐. 네 가정과 고향이 모두 초천에 있는데, 왜 그 본바닥으로 돌아가지 않느냐?"

그러나 나는 끝내 멍하니 움직이지 않으며 돌아갈 줄을 몰랐다. 그 얼굴빛을 보니 마치 얽매인 곳에 있어서 돌아가고 싶어도 돌아가지 못하는 것 같았다. 그래서 결국 붙잡아 이곳에 함께 머물렀다. (중략)

오직 나의 큰형님만이 나를 잃지 않고 편안히 단정하게 수오재에 앉아 계시니, 본디부터 지키는 것이 있어서 나를 잃지 않았기 때문이 아니겠는가. 이것이 바로 큰형님이 그 거실에 '수오재'라고 이름 붙인 까닭일 것이다.

– 정약용, 「수오재기(守吾齋記)」 –

01 (가)~(다)의 공통점으로 가장 적절한 것은?

① '나'가 깨달음을 얻는 모습을 제시하여 주제 의식을 부각하고 있다.
② 특정한 공간을 바탕으로 '나'의 염원을 상징적으로 표현하고 있다.
③ 대립적인 소재를 활용하여 '나'의 부정적인 현실 인식을 드러내고 있다.
④ 공간의 이동에 따라 달라지는 '나'의 심리를 구체적으로 제시하고 있다.
⑤ 이상향에 도달하고자 하지만 그러지 못해 좌절하는 '나'의 모습을 드러내고 있다.

02 (가)와 (나)에 대한 설명으로 적절하지 <u>않은</u> 것은?

① (가)는 색채어를 활용하여 시의 분위기를 다채롭게 조성하고 있다.
② (가)는 화자가 동경하는 이상적인 세계를 구체적으로 제시하고 있다.
③ (나)는 청각적인 심상을 활용하여 시상의 전환을 유도하고 있다.
④ (가)와 (나) 모두 말을 주고받는 방식을 통해 화자의 의지를 드러내고 있다.
⑤ (가)와 (나)는 모두 동일한 시구의 반복을 통해 화자의 내면을 드러내고 있다.

03 (가)와 (다)에 대한 감상으로 가장 적절한 것은?

① (가)의 '먼 바다'는 '나'가 떠나온 공간이고, (다)의 '바닷가'는 '나'가 떠나갈 공간이다.
② (가)의 '꿩 소리'는 '나'에게 한가로운 흥취를 더해 주는 소재이며, (다)의 '음악 소리'는 '나'를 바른 길로 인도하는 소재이다.
③ (가)의 '깊은 삼림대'는 '나'가 지향하는 평화로운 공간으로 이어지고, (다)의 '커다란 길'은 '나'가 지향했던 세속적인 공간을 상징한다.
④ (가)의 '능금'은 '나'와 '어머니'가 얻게 될 풍요와 결실을 의미하고, (다)의 '천하의 곡식'은 반드시 지켜내야 할 '나'의 재산을 의미한다.
⑤ (가)의 '어머니'는 사람들과 공존하려는 '나'와 뜻을 함께하는 존재이고, (다)의 '큰형님'은 본질적인 자아를 지키려는 '나'의 생각과 부합하는 삶을 살아온 존재이다.

04 〈보기〉를 참고하여 ㉠~㉤을 감상한 내용으로 적절하지 <u>않은</u> 것은?

> **보기**
>
> (나)는 자아에 대한 긍정적 인식과 부정적 인식 간의 괴리에 기인한 갈등과 그것의 해소 과정을 그린 작품이다. 화자는 자신의 내면에 부정적 모습이 존재한다는 사실을 깨닫고 슬퍼하기도 하지만, 내면에 대한 성찰을 통하여 자신의 긍정적 자아를 발견하기도 한다. 그리고 자신의 부정적 자아와의 단절을 통해서만 긍정적 자아로 거듭날 수 있음을 인식하고 그 길을 택하려는 의지를 드러낸다.

① ㉠ : 자신의 내면에 존재하는 부정적인 모습을 깨닫고 있다.
② ㉡ : 내면의 성찰을 통하여 자신의 긍정적 자아를 발견하고 있다.
③ ㉢ : 자아에 대한 인식 간의 괴리에서 촉발된 갈등이 해소된 상황이 나타나 있다.
④ ㉣ : 부정적 자아와의 단절이 필요하다는 사실에 대한 인식을 보여 주고 있다.
⑤ ㉤ : 긍정적 자아로 거듭날 수 있는 길을 택하고자 하는 화자의 의지가 드러나 있다.

05 〈보기〉는 '선생님'의 안내에 따라 학생들이 (다)를 감상한 내용이다. @~ⓔ 중 적절하지 <u>않은</u> 것은?

> **보기**
>
> 선생님 : 「수오재기」는 전통적인 한문 문학 양식의 하나인 '기(記)'에 해당합니다. 기(記)란 글쓴이가 어떤 사건이나 경험을 하게 된 과정을 기록함으로써 독자의 공감을 불러일으키고, 독자에게 삶에 대한 교훈이나 깨달음, 혹은 사회 현실에 대한 글쓴이의 비판적 인식을 제시하려는 목적을 지닌 글입니다. 다른 양식의 글과 마찬가지로 이 기(記) 역시 글쓴이만의 개성적인 발상을 드러내는 것이 중요한데, 「수오재기」의 글쓴이도 이러한 목적을 효과적으로 달성하기 위해 다양한 표현 기법을 사용하고 있습니다. 그렇다면 윗글에서 사용된 표현 기법 및 그 효과를 분석해 볼까요?
>
> 학생 1 : 수오재란 이름을 처음 듣고 이상하게 생각했던 자신의 경험으로 글을 시작함으로써, 독자의 공감을 불러일으키고 있어요. ………… @
> 학생 2 : 자신의 의문에 자신이 답하는 방식을 활용함으로써, 자신의 깨달음을 구체적으로 드러내고 있어요. ……………………… ⓑ
> 학생 3 : '천하 만물'의 특성과 '나'의 특성을 대조함으로써, 글쓴이만의 개성적인 발상을 드러내고 있어요. ……………… ⓒ
> 학생 4 : 현재 자신이 처한 상황과 과거 자신이 처한 상황을 비교함으로써, 사회 현실에 대한 비판적인 인식을 드러내고 있어요. ……… ⓓ
> 학생 5 : 글의 끝부분에서 큰형님의 뜻을 이해하게 된 것을 밝힘으로써, 독자에게 교훈과 깨달음을 제시하고 있어요. ………………… ⓔ

① @　　② ⓑ　　③ ⓒ　　④ ⓓ　　⑤ ⓔ

나BS 수능특강 문학
변형문제 N제

정답과
해설

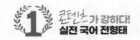

Ⅰ. 현대시

1. 조지훈, 산상의 노래 / 박남수, 종소리

1. ②

> (가)에서는 부정적 현실을 나타내는 '긴 밤', '어둠'과 긍정적 현실을 나타내는 '아침', '꽃다운 하늘'을 대비하여, 조국의 광복을 맞은 기쁨과 그 미래에 대한 모색이라는 주제 의식을 강조하고 있다. 한편 (나)에서는 부정적 이미지를 나타내는 '청동의 표면', '청동의 벽' 등과 긍정적 이미지를 나타내는 '새', '푸름', '웃음' 등을 대비하여 자유의 확신에 대한 의지라는 주제 의식을 강조하고 있다.

오답 풀이

① (가) X, (나) O / (나)는 '종소리'가 '종의 표면 → 들, 꽃, 천상, 하늘'로 퍼져 나가는 것에서 공간의 이동이 드러나며. 이를 통해 '진폭의 새', '푸름', '웃음', '악기'와 같은 '종소리'의 다양한 속성이 드러난다. 그러나 (가)는 공간이 '산마루'로 한정될 뿐, 공간의 이동은 나타나지 않는다.

③ (가) O, (나) X / (가)의 '무엇을 간구하며 울어 왔는가.'에서는 부정적 현실에 대한 화자의 고뇌가, '무엇을 기다리며 노래하는가.'에서는 긍정적 미래에 대한 화자의 기대가 나타나므로 선지의 내용은 적절하다. 그러나 (나)에서는 '들에서는 푸름이 된다. / 꽃에서는 웃음이 되고 / 천상에서는 악기가 된다.'에서 유사한 문장 형태의 변주가 나타나지만, 이를 통해 종소리의 다양한 변화를 보여 줄 뿐 화자의 심리 변화를 드러내고 있지는 않다.

④ (가) X, (나) X / (가)에서는 '새들 즐거이 구름 끝에 노래를 부르고', '사슴과 토끼는 한 포기 향기로운 싸릿순을 사양하라.'에서 의인화된 대상들이 등장한다. 그러나 의인화된 대상들은 '아침'이 온 긍정적 현실의 모습을 보여 줄 뿐, 상황을 모면하고자 하는 태도를 강조하지는 않는다. 한편, (나)는 '종소리'를 화자인 '나'로 의인화하여 '청동의 벽'에 '역사'를 가둔 부정적 현실에서 벗어나 '하나의 소리'가 되려는 현실 극복 의지를 드러내고 있을 뿐, 상황을 모면하고자 하는 태도를 강조하고 있지는 않다.

⑤ (가) O, (나) X / (가)는 첫 연과 마지막 연에 비슷한 문장 구조를 배치하여 주제를 효과적으로 드러내고 구조적 안정감을 높이고 있다. 반면, (나)는 첫 연과 마지막 연에 비슷한 문장 구조를 배치하고 있지 않다.

2. ③

> ⓒ에서는 '사양하라'와 같은 명령적 어조를 활용하고 있다. 그러나 화자가 '사슴과 토끼'에게 '향기로운 싸릿순을 사양하라.'라고 명령하는 것은 '아침'을 맞이한 '산마루'가 '사슴과 토끼'가 '향기로운 싸릿순'을 양보하는 화합의 공간임을 보여 주어 평화롭게 공존하는 삶을 지향하는 화자의 태도를 드러내기 위함일 뿐, 과거의 고통스러운 상황에서 벗어나려는 의지를 드러내기 위함이 아니다. **상황이나 반응은 핵심 출제 요소이므로 변화가 있을 때는 정확하게 체크해야 한다.** 1연에서 부정적 상황은 '밤'으로 상징되어 있고, 2연에서 '아침'을 통해 긍정적 상황의 도래를 부각하였다. 따라서 상황은 이미 2연부터 변하여, 긍정적인 상황이 지속되고 있다. 이미 고통에서 벗어난 상황인데, 고통의 상황에서 벗어나려는 의지를 드러낸다고 할 수는 없는 것이다.

오답 풀이

① ⊙은 '고목'에 박힌 '못'의 정적인 이미지를 활용하여 '산마루'에 우두커니 서 있는 화자의 모습을 형상화하고 있다. 화자가 '산마루'에서 '무엇을 간구하'고, 울며 '긴 밤'을 견디는 상황임을 고려할 때, ⊙에 나타난 화자의 모습은 고뇌에 찬 모습이라고

할 수 있다.

② ⓛ은 화자가 '아침'을 맞이하여 생명력을 회복하는 모습을 나타낸 것이다. 그 모습은 '메마른 입술에 피'가 도는 시각적 이미지와 '피리의 / 가락을 더듬'는 청각적 이미지로 형상화되고 있다. 이처럼 감각적으로 표현된 화자의 모습을 통해 '아침'이라는 새로운 현실을 맞이하는 자세를 드러내고 있다고 할 수 있다.

④ ⓔ에서는 '역사'라는 추상적 대상을 '감방'에 가두어 놓은 것처럼 구체화하여 표현하고 있다. 이를 통해 자유가 부재한 억압적인 현실을 드러내고, 이 현실에서 벗어나는 '종소리'의 모습과 대비하여 억압적 현실에 대한 비판적 태도를 부각하고 있다.

⑤ ⓜ에서는 '가루 가루 가루'와 같이 동일한 단어를 반복하여 허공에 종소리가 산산이 흩어지는 모습을 감각적으로 표현하고 있다.

3. ④

> (가)의 '종소리'는 화자가 '아침'을 맞이하며 듣는 소리로, 이를 기점으로 작중 현실은 생명력 넘치게 바뀌고 있다. 한편 (나)의 '소리'는 '종'의 '표면에서' 벗어난 '종소리'로, 이 '소리'가 울려 퍼지면서 활기찬 분위기가 조성되고 있으므로 선지의 내용은 적절하다.

오답 풀이

① (가)에서 '종소리'는 '긴 밤'이 끝났음을 알리는 소리이므로, '긴 밤'을 유발하는 원인으로 볼 수 없다.

② (나)에서 '소리'는 '청동의 표면'에 예속(남의 지배나 지휘 아래 매임)된 상태에서 벗어난 모습으로 표현되고 있으므로 선지의 내용은 적절하지 않다.

③ (가)는 '종소리'가 울려 퍼지기 시작하는 '아침'이라는 시간을, (나)는 '소리'가 퍼져 가는 공간인 '들'과 '천상'을 배경으로 하고 있다. 따라서 (가)에서 '종소리'가 끝나는 시간을 배경으로 한다는 선지의 내용은 적절하지 않다.

⑤ (가)에서 '종소리'는 생명이 소생하는 '아침'이 도래함을 알리는 소리이다. 그리고 화자는 '종소리'를 통해 자신의 '시들은 핏줄'과 '사늘한 가슴'도 소생하는 것처럼 느끼고 있다. 즉 (가)는 '종소리'의 생명력을 통해 '긴 밤'의 부정적인 상태를 넘어서는 모습을 부각하고 있다. 한편 (나)에서의 '소리'도 (가)의 '종소리'와 마찬가지로 세상의 활기찬 모습을 만들어 내는 대상으로, 억압이 강요되는 부정적인 상태('소리'가 울려 퍼지지 않은 상태=청동 안에 소리가 갇힌 상태)를 넘어서는 모습을 부각한다. 즉 (나)에서 '소리'는 긍정적인 대상으로 형상화되고 있으므로, '소리'의 비극성을 통해 이러한 모습이 부각된다고 볼 수 없다.

4. ④

> 〈보기〉에 따르면 (나)는 '종'의 표면에서 퍼져 나가는 '종소리'를 통해 존재적 자유를 획득한 주체의 모습을 그리고 있으며, 주체와 현실의 관계는 '종소리'와 '종'의 관계에 비유된다. 이때 '뇌성'은 '종소리'의 여러 모습 중 하나이며 억압에 대한 저항을 의미하므로, 화자와 '뇌성의 관계를 통해 부정적 현실이라는 해석을 이끌어 낼 수는 없다.

오답 풀이

① **수미상관의 기본적 기능은 구조적 안정감이지만, 고급 기능은 따로 있다. 바로 변화를 강조하는 것이다.** 첫 연과 마지막 연에는 동일한 공간인 '산마루'가 나온다. 하지만 화자는 변하였다. 첫 연에서는 못 박힌 듯 기대어 울고 있는 화자의 모습이 나오는 반면, 마지막 연에서는 옷자락을 날리며 노래하는 화자의 모습이 나온다. **구조적인 유사성이 오히려 차이점을 두드러지게 하는 것, 이것이 수미상관의 고급 기능이다.**

② '시월상달'은 풍요로운 현실을 나타내므로, '시월상달의 꿈'은 긍정적인 미래에 대한 화자의 소망을 의미한다고 볼 수 있다. 〈보기〉의 내용을 고려할 때, 화자가 '떠오르는 햇살'을 '시월상달의 꿈'으로 여기는 부분에서 '아침'을 맞이하며 느끼는 만족감과 환희가 드러난다고 볼 수 있다.

③ (나)에서 '종소리'인 화자는 '역사'를 가두어 놓은 '청동의 표면'에서 벗어나 날아가는 '새'의 이미지로 형상화되고 있다. 〈보기〉의 내용을 고려할 때, 이는 '존재적 자유를 획득한 주체의 모습'이라고 볼 수 있다.

⑤ (가)에서 '노래'를 부르는 '새들'은 '아침'을 맞이하게 되면서 평화로워진 분위기를 드러낸 것이다. 〈보기〉의 내용을 고려할 때, 이는 존재적 자유가 도래한 '아침', 즉 이상적인 현실의 모습을 보여 준다고 할 수 있다. 한편 (나)에서 '종소리'가 바람에 실려 '천상'에서 악기가 되는 것은 〈보기〉의 내용을 하면 존재적 자유를 획득한 주체의 모습을 그린 것이므로, 존재적 자유가 실현된 이상적인 현실의 모습을 보여 준다고 할 수 있다.

---

2. 이육사, 황혼 / 기형도, 그날

1. ②

> (가)의 '황혼아 네 부드러운 손을 힘껏 내밀라'에서 화자는 '황혼'을 의인화하여 말을 건네고 있다. 이때 화자가 '황혼'이 내민 손에 자신의 '뜨거운 입술'을 맞추고 싶어 한다는 점에서, 화자는 '황혼'을 긍정적 대상으로 여기고 있음을 알 수 있다. 따라서 '황혼'이라는 자연물에 인격을 부여하여, 시적 대상인 '황혼'에 대한 화자의 친근한 태도를 부각하고 있다고 볼 수 있다.

오답풀이

① (가)의 '저-십이성좌의 반짝이는 별들에게도 / 종소리 저문 삼림 속 그윽한 수녀들에게도 / 시멘트 장판 위 그 많은 수인들에게도'에서 유사한 구조의 문장을 반복하고 있으나, 이는 화자가 애정을 주고 싶어 하는 존재들을 강조하여 드러낸 것일 뿐, 부정적 상황이 심화하는 과정을 나타낸 것이 아니다.

③ (가)에서 '황혼아'라는 호명이 반복되고 있다. 그러나 대상에 대한 호칭이 전환되거나 대상에 대한 화자의 인식이 변화하는 부분은 나타나지 않는다. 시적 대상인 '황혼'에 대한 화자의 인식은 긍정적으로 나타나며 변화하지 않는다.

④ (가)의 '황혼아 내일도 또 저-푸른 커-튼을 걷게 하겠지'에서 시적 상황에 대한 화자의 긍정적 전망이 드러난다고 할 수 있으나, 시선의 이동에 따라 시상을 전개하고 있지 않으므로 선지의 내용은 적절하지 않다.

⑤ (가)에서는 '커-튼', '모-든', '저-십이성좌', '저-푸른'과 같이 문장 부호 '-'를 사용하여 특정 음절의 길이를 의도적으로 연장하고 있다. 이중 '저-십이성좌'는 화자와 대상 간의 거리감을 표현하는 것으로 볼 수도 있으나, 이를 통해 화자와 특정 대상 간의 거리가 멀어지는 양상을 표현하고 있다고 보기는 어렵다. 그리고 '커-튼', '모-든'에 나타나는 음절의 길이 변화는 화자와 대상 사이의 거리감과 관련이 없다.

2. ⑤

> (나)에서 '직장과 헤어'진 '김'은 '길고도 오랜 여행'을 떠나기 위해 '짐'을 싸고, '문' 밖으로 나서려고 한다. 그런데 '김'이 '문'을 열고 나서려는 순간 '쇠뭉치 같은 트렁크'가 그를 쓰러뜨려, '김'은 '계집아이 같은 가늘은 울음'을 터뜨린다. '빗방울'이 '은퇴한 노인의 백발 위로 들이친다.'는 것을 고려할 때, ⑩의 '계집아이 같은'은 노인이 된 '김'의 나약함 등을 환기할 뿐, '김'의 퇴색하지 않은 본연의 순수성을 드러내는 표현으로 보기는 어려우므로 선지의 내용은 적절하지 않다.

오답풀이

① ㉠의 '직장과 헤어졌다'라는 표현은, '김'이 매일 출근해야 하는 직장을 그만두었다는 의미이므로, 이를 통해 '김'이 권태로운 일상에서 벗어났다는 것을 알 수 있다.

② ㉡의 '풀려나간다'는 중의적 의미를 띠는데, 하나는 구속된 상태에서 벗어난다는 의미이고, 다른 하나는 엉켜 있는 것이 점점 풀린다는 의미이다. 두 의미 모두 '김'이 일상에서 자유를 누리지 못한 채 구속받고 억압당하고 있었음을 전제한다. 따라서

'풀려나간다'라는 표현은, 그러한 생활에서 벗어난 것에 대해 '김'이 해방감을 느끼고 있음을 보여 준다고 할 수 있다.

③ ㉢은 그동안 '김'이 '세상의 중심'이 되지 못했음을 암시한다. '마침내'는 '드디어 마지막에는'이라는 의미로, 삶의 중심이 되어보지 못한 '김'이 드디어 주체적으로 살아가기를 마음먹었다는 사실을 보여 준다고 할 수 있다.

④ ㉣은 '김'이 '몇 개의 길'과의 결별을 선언하는 내용이다. 이때 '길'이 자신을 '끌고 다녔다'고 여기는 것은, 자유가 억압된 상태에서 외부의 압력에 따라 수동적으로 살아온 '김'의 삶을 보여 준다고 할 수 있다.

3. ②

> 시어 해석에서 가장 중요한 것은 시어 자체의 느낌에서 벗어나 문맥적인 의미를 잡아내는 것이다. (가)에서 '골방'은 황혼을 매개로 외부와의 소통이 이뤄지는 공간이다. 이때 화자가 이 '골방'의 '커-튼'을 걷으려는 것은, 외부와 소통하고자 하는 행위이며 〈보기〉에 따르면 이는 '탈일상을 적극적으로 희망'하는 부분에 해당한다. 한편 화자는 외부와의 소통 공간인 '골방'을 '아늑도 하'다며 긍정적으로 수용하고 있는데, 〈보기〉에 따르면 이는 '일상을 긍정'하는 부분에 해당한다. 즉 화자는 외부 세계를 지향하는 탈일상에 대한 희망과 '골방'에서의 일상을 긍정하는, 양가감정을 드러내고 있는 것이다. 따라서 '일상과 단절하고'에서 선지의 내용이 적절하지 않음을 체크해야 한다.

오답풀이

① (가)의 화자는 일상적인 공간인 '골방'에서 '인간은 얼마나 외로운 것이냐'라는 인식을 시작으로, 황혼에 안긴 모든 것에 자신의 애정을 전달하려 하고 있다. 이후 화자는 '별', '수녀', '수인', '낙타 탄 행상대', '인디언' 등의 비일상적인 대상들을 열거하는데, 이는 탈일상의 양상을 보여 주는 것이라 할 수 있다. 즉, 인간이 외로운 존재라는 인식은 화자의 탈일상이 인간 존재와 관련된 인식의 획득으로 촉발되었음을 드러낸다고 볼 수 있다.

③ (나)의 '내 생의 주도권은 이제 마음에서 육체로 넘어갔으니 지금부터 나는 길고도 오랜 여행을 떠날 것이다.'에서 '생의 주도권'이 '마음에서 육체'로 넘어갔다는 것은 시의 마지막 부분에서 그 의미가 구체화된다. 즉 화자는 '은퇴한 노인'으로 더 이상 마음 가는 대로 살 수 없고, 육체가 주도하는 삶을 살 수밖에 없는 상황에 처해 있는 것이다. 이런 노쇠한 몸이기에 트렁크에 쓰러지며 탈일상에 실패하는 것이라 할 수 있다.

④ (나)의 '김'은 '길고도 오랜 여행'을 떠난 곳에서 '낯선 기쁨과 전율'이 가득하기를 소망한다. 〈보기〉를 고려할 때, 이는 '김'의 탈일상이 새로운 세계를 향한 열망에 의한 것임을 보여 준다고 할 수 있다.

⑤ (가)의 '고비 사막'이나 '아프리카'는 '골방'이라는 일상적 공간과는 대비되는 탈일상의 공간이므로, 이러한 외국의 지명을 통해 탈일상의 모티프를 드러내고 있다고 볼 수 있다. 한편, (나)에서는 '김'이 싸는 '트렁크'로 연상되는 여행의 이미지를 통해 탈일상의 모티프를 드러내고 있다.

---

3. 이용악, 전라도 가시내 / 김선우, 목포항

1. ③

> (가)의 '가시내야~고히 잠겨 다오'에서 말을 건네는 방식을 통해 명시적 청자인 '가시내'의 '가난한 이야기'를 듣고자 하는 화자의 소망을 드러내고 있다. 한편, (나)의 '먼곳을 돌아온 열매여'에서 '열매'를 명시적 청자로 설정하여 말을 건네는 방식을 활용하고 있다. 하지만 이를 통해 보이지 않는 상처를 입은 '열매'에 관한 인식을 드러낼 뿐, 화자의 소망을 드러내고 있지는 않다.

오답풀이

① (가) X / (가)의 '나는 눈포래 휘감아 치는 벌판에~자욱도 없이 사라질 게다'에서 화자가 처한 부정적 현실에 대한 극복 의지가 드러나지만, 도치된 표현이 활용되지는 않았으므로 선지의 내용은 적절하지 않다.

② (나) X / (나)에는 '목포항'이라는 공간이 제시되어 있을 뿐, 공간의 이동은 나타나지 않는다.

④ (가) O, (나) X / (가)의 '눈이 바다처럼 푸를뿐더러 까무스레한 네 얼골' 등에서 색채어가 나타나며, 이를 통해 '가시내'의 모습을 감각적으로 묘사하고 있다. 반면 (나)의 '아직 푸른 생애의 안뜰 이토록 비릿한가'에서 색채어가 나타나지만, 이를 통해 '열매'의 모습을 감각적으로 묘사하고 있지는 않다.

⑤ (가) X, (나) X / (가)의 '그래두 외로워서 슬퍼서 초마폭으로 얼굴을 가렸더냐', '불술기 구름 속을 달리는 양 유리창이 흐리더냐'에서 물음의 형식이 활용되었음을 알 수 있다. 하지만 이를 통해 '가시내'를 향한 화자의 연민 어린 시선을 드러낼 뿐, 화자의 낙관적 상황 인식을 보여 주고 있지는 않다. 한편, (나)의 '아직 푸른 생애의 안뜰 이토록 비릿한가', '고동소리 들렸던가, 사랑했던가'에서 물음의 형식이 활용되었으나, 이를 통해 화자의 낙관적 상황 인식을 드러내고 있지는 않다.

2. ⑤

(나)의 화자는 '항구'의 '대기실'에서 '노파의 복숭아'를 보며 '아직 푸른 생애의 안뜰', 즉 열매의 내면이 보이지 않는 '상처'로 인해 '비릿'할 수 있다고 생각한다. 이때 ⓔ(이토록)은 '보이는 상처'뿐만 아니라 보이지 않는 내면에도 상처가 존재하며, 그 상처가 생각보다 깊을 수 있음을 부각하는 표현이라고 볼 수 있다. 따라서 '과육' 안에 '상처'가 없다고 볼 수 없으며, '열매'가 고통과 시련을 겪지 않은 미성숙한 상태임을 드러낸다고 볼 수도 없으므로 선지의 내용은 적절하지 않다.

오답풀이

① (가)의 화자는 '무쇠 다리를 건너' '북간도'에 도달한 '함경도 사내'로, '안개처럼 자욱한 시름'조차 '달게' 받아들이겠다고 말하고 있다. 이때, ⊙(달게)은 화자가 고향인 '함경도'를 떠나 유랑하는 과정에서 겪고 있는 현실의 고통을 기꺼이 감내하고자 하는 태도를 드러내는 표현이므로 선지의 내용은 적절하다.

② (가)의 화자는 고향을 떠나오며 '외로워서 슬퍼서 초마폭으로 얼굴을 가렸'을 '가시내'의 아픈 기억과 어두운 내면을 '그늘진 숲속을 기어간 오솔길'에 빗대어 표현하고 있다. 따라서 ⓛ(그늘진)은 고독감과 슬픔을 견뎌 온 '가시내'의 어두운 내면 심리를 형상화한 표현으로 볼 수 있다.

③ (가)의 화자는 자신처럼 이방인의 처지인 '가시내'에게 연민을 느끼고, '가시내'를 위로해 주고자 그녀의 고향인 전라도의 '사투리'를 사용하고 있다. 이때 '너의 사투리'는 '가시내'가 잠시나마 자신의 고향을 떠올리며 회상에 잠길 수 있도록 돕는 수단이므로, ⓒ(잠깐)은 '가시내'가 현실에서 벗어나 자신이 떠나온 곳을 떠올릴 수 있는 시간을 나타내는 표현으로 볼 수 있다.

④ (나)의 화자는 '막배 떠난 항구'의 '대기실에 쪼그려앉은 노파의 복숭아'에 주목하는데, 이때 복숭아들은 '짓무르고 다친' 상태로 묘사되고 있다. 따라서 ⓔ(쪼그려앉은)은 '짓무르고 다친' 복숭아들을 가지고 있는 '노파'의 상황을 드러낸 것으로 볼 수 있다.

3. ④

<보기>에 따르면, (나)에서 보이지 않는 내적 상처를 지닌 대상과 만난 화자는 자기 내면에 주목하여 타인과의 관계에서 겪게 될 아픔을 두려워하지 않으려는 자세를 보인다. (나)에서 화자는 '노파의 복숭아'를 본 후 자신이 '가슴팍에 수십 개 바늘을 꽂고도 / 상처가 상처인 줄 모르는 제웅과 같이 '피 한방울 후련하게

흘려보지 못'했음을 떠올렸으므로, '제웅'과 자신을 동일시하고 있음을 알 수 있다. 하지만 화자는 이를 통해 상처라고 생각하지 않았던 것이 사실은 상처였음을 깨닫고 있으므로 선지의 내용은 적절하지 않다.

오답풀이

① <보기>에 따르면, (가)의 화자는 이방인의 처지를 공유하는 대상과 만나게 된다. (가)에서 화자는 '발을 얼구며 / 무쇠 다리를 건너온 함경도 사내'이며, 화자가 '북간도 술막'에서 만난 '가시내'는 '전라도'에서 '두만강을 건너'온 여인이다. 따라서 화자와 '가시내'는 모두 자신들의 고향을 떠나온 이방인들이므로, 이들은 이방인의 처지를 공유하는 존재들로 볼 수 있다.

② <보기>에 따르면, (가)에서 이방인의 처지를 공유하는 대상과 만난 화자는 그 대상에 주목하여 그의 아픔에 공감하는 모습을 보인다. (가)에서 화자는 '가시내'에게 '가난한 이야기에 고히 잠겨' 달라고 하며, 그녀가 힘겹게 살아온 이야기를 듣고자 한다. 이는 화자가 '가시내'에게 주목하여 이방인으로서 견뎌 온 그녀의 아픔에 관심을 드러내는 태도에 해당하므로 선지의 내용은 적절하다.

③ <보기>에 따르면, (나)의 화자는 보이지 않는 내적 상처를 지닌 대상과 만나게 된다. (나)에서 화자는 '짓무르고 다친' '노파의 복숭아'를 보면서 자신의 '몸속의 상처'를 떠올리고 '먼곳을 돌아온' 복숭아가 자신처럼 보이지 않는 상처를 가졌으리라고 생각한다. 따라서 '몸속의 상처'를 지닌 화자와 '먼곳을 돌아온' 복숭아는 모두 보이지 않는 내면의 상처를 입은 존재들이라고 볼 수 있다.

⑤ <보기>에 따르면, (가)에서 이방인의 처지를 공유하는 대상과 만난 화자는 그의 상처를 위로하려는 자세를, (나)에서 보이지 않는 내적 상처를 지닌 대상과 만난 화자는 자기 내면에 주목하여 타인과의 관계에서 겪게 될 아픔을 두려워하지 않으려는 자세를 보인다. (가)에서 '너의 사투리'는 '가시내'가 자신의 고향을 떠올리며 회상에 잠길 수 있도록 돕는 수단이므로, 화자가 이를 통해 '가시내'에게 '때아닌 봄을 불러' 주겠다는 것은 '가시내'의 상처를 위로하려는 자세를 드러낸 것으로 볼 수 있다. 한편, (나)에서 화자는 '아무도 사랑하지 못해 아프기보다는' '열렬히 사랑하다 버림받게 되기를' 바라고 있다. 이는 상처가 두려워 '아무도 사랑하지' 않기보다는 상처를 받더라도 '사랑'하려는 화자의 태도를 나타낸 것이므로, 타인과의 관계에서 받게 될 상처를 두려워하지 않겠다는 자세를 드러낸 것으로 볼 수 있다.

---

4. 신경림, 나목 / 박성룡, 과목

1. ⑤

(가)에서는 '나무'를 '팔을 내뻗고 있'거나, '깊은 울음을 터뜨'리는 대상으로 의인화하고 있으며, 나무가 처한 문제 상황을 '터진 살갗에 새겨진 고달픈 삶이나 / 뒤틀린 허리에 배인 구질구질한 나날' 등과 같이 구체적으로 제시하고 있다.

오답풀이

① (가)의 '알고 있을까~멀리서 같이 우는 사람이 있다는 것을'에서 어순의 도치가 나타나지만, 이를 통해 시적 대상에 대한 화자의 예찬적 태도를 강조하고 있지는 않다. 해당 부분은 '나무'의 고통에 공감하는 화자의 태도를 강조하기 위해 어순의 도치를 활용한 것이다.

② (가)의 '말끔히 씻어내려는 것이겠지'에서 추측을 나타내는 표현이 사용되었다. 그러나 이는 '별빛'을 받아 몸을 씻어 내려는 '나무'의 행위를 제시한 것일 뿐, 현실과 이상의 거리감을 드러내지는 않는다.

③ (가)의 '한밤에 내려 몸을 덮는 눈 따위 / 흔들어 시원스레 털어 다시 알몸이 되겠지만'을 대상의 변화로 볼 여지가 있으나, 시간의 흐름이 드러나지 않으므로 선지의 내용은 적절하지 않다.

④ (가)에는 자연물인 '나무'가 고난으로 '깊은 울음을 터뜨릴 때' 이에 공감하여 '멀리서

같이 우는 사람'이 등장하므로, 인간과 자연의 대비가 나타난다고 보기 어렵다. 또한 이를 통해 바람직한 삶의 태도를 제시하고 있지도 않다.

2. ③

ⓒ의 '알고 있을까'는 물음의 형식을 취하고 있다. 그러나 이는 나무들에게 닥칠 미래에 대한 화자의 염려를 드러낸 것이 아니라, 나무들의 고난과 슬픔에 공감하며 '멀리서 같이 우는 사람이 있다는 것'을 알려 주고 싶어 하는 화자의 마음을 드러낸 것이다.

오답풀이

① ㉠에서 나무가 하늘을 향해 팔을 내뻗고 있다는 것에서 상승적 이미지를 확인할 수 있다. 나무가 하늘을 향해 팔을 내뻗는 것은, 아름다운 별빛을 받아 몸통부터 뿌리까지 말끔히 씻어 내려는 의지가 담긴 행위이므로 선지의 내용은 적절하다.
② 화자는 '터진 살갗', '뒤틀린 허리'로 대변되는 고난의 삶을 살아온 나무에 대한 인상을, ㉡의 '고달픈', '구질구질한'과 같은 부정적인 정서를 내포한 시어로 표현하고 있다.
④ ㉣에는 '~은 없다'와 같은 단정적인 어조가 활용되었는데, 이를 통해 '과목에 과물들이 무르익어 있는 사태'라는 자연 현상에 대해 화자가 느낀 경이로움을 부각하고 있다.
⑤ ㉤은 '가지들'이 '출렁거리는' 모습에서 역동적 이미지를 환기하고 있다. 이러한 '가지'의 모습을 통해 '비바람'이라는 외부의 상황에 의해 '과목'이 위협받는 상황을 드러냄으로써 긴장감이 고조되고 있다.

3. ①

(가)에서 나무들의 '메마른 손끝'에 내리는 '아름다운 별빛'은, 나무들의 몸통과 뿌리를 말끔히 씻어 낸다는 점에서 희망을 상징하는 긍정적 시어로 볼 수 있다. 반면 '눈'은 나무들이 '흔들어 시원스레 털어' 내려 하는 대상이라는 점에서 부정적 시어로 볼 수 있으므로, 희망을 나타낸다는 선지의 내용은 적절하지 않다.

오답풀이

② (가)의 화자는 나무들이 '깊은 울음'을 터뜨릴 때 '멀리서 같이 우는 사람이 있'음을 언급한다. '깊은 울음'을 터뜨리는 나무들이 힘겹게 살아가는 이들을 상징한다는 〈보기〉의 내용을 고려할 때, 함께 울어 주는 것은 이들을 향한 화자의 위로를 의미한다고 볼 수 있다.
③ (나)의 화자는 '과목에 과물들이 무르익어 있는 사태'를 보고 '경악'한다. 〈보기〉에 따르면 (나)의 화자는 열매를 매달고 있는 과목에서 역경을 딛고 결실을 이루어 내는 존재의 경이로움을 발견하므로 선지의 내용은 적절하다.
④ (나)의 '박질 붉은 황토'는 과목이 처한 열악한 환경을 나타낸다. 이때 '황홀한 빛깔'과 '무게의 은총', 즉 '과물'은 과목이 역경을 딛고 이루어 낸 결실을 의미하므로 선지의 내용은 적절하다.
⑤ 〈보기〉에 따르면 (나)의 화자는 열매를 매달고 있는 과목에서 역경을 딛고 결실을 이루어 내는 존재의 경이로움을 발견하고, 생명력을 잃어버렸던 자신의 모습을 반성하고 있다. 이를 고려할 때 (나)의 '시를 잃고 저무는 한 해'는 생명력을 잃어버렸던 화자의 모습을, '과목의 기적'은 역경을 딛고 결실을 이뤄내는 존재의 경이로움을 의미하므로, 이를 보고 화자가 '시력을 회복'하는 것은 생명력을 잃어버렸던 자신의 모습에 대한 반성을 나타낸다고 할 수 있다.

---

5. 이성복, 꽃 피는 시절 / 김수영, 파밭 가에서

1. ③

관조는 '고요한 마음으로 사물이나 현상을 관찰하거나 비추어 봄'을 의미한다. 영

탄적 반응이 나와선 안 되고, 최대한 담담하게 시상이 전개되어야 '관조'라는 표현을 허용할 수 있다. (나)의 화자는 '파밭'의 '푸른 새싹(파)'에 대한 관조를 통하여 삶의 교훈을 제시하고 있다고 볼 수도 있다. 그러나 (가)의 화자는 자신을 대상과 더불어 행위의 주체로 제시하고 있으며, '아득합니다', '막막합니다', '꿈같습니다'와 같이 정서를 직접적으로 표출하고 있다. 따라서 대상을 '관조'하고 있다고 보기 어려우며, 삶의 교훈을 제시하고 있지도 않으므로 선지의 내용은 적절하지 않다.

오답풀이

① (가) X, (나) O / (나)는 '붉은 파밭의 푸른 새싹'에서 색채 이미지의 대조(붉음↔푸름)를 통하여 잃는 것이 있어야 얻는 것이 있다는 주제 의식을 드러내고 있다. 반면, (가)에서는 색채 이미지의 대조가 나타나지 않으며, 이를 통해 주제 의식을 드러내고 있지도 않다.
② (가) O, (나) X / (가)의 '마른 흙더미도 고개를 듭니다'에서 자연물인 '흙더미'를 의인화하여 '흙더미'가 일어나는 모습을 묘사하고 있다. 반면, (나)는 자연물에 인격을 부여하여 대상의 행위를 묘사하고 있지 않다. 참고로 (가)는 시 전체가 꽃의 외피와 꽃을 의인화하여 표현하고 있다고 볼 수 있기에, (가)에 제시된 행위 대부분을 의인화된 표현으로 볼 수도 있다.
④ (가) O, (나) X / (가)는 '울고 싶고, 웃고 싶고, 토하고 싶고'에서 유사한 통사 구조의 나열을 통하여 '당신'이 떠나갈 때의 화자의 상태를 드러내고 있다. 한편 (나)는 '~듯(이) ~ㄹ 때 ~을 보아라'의 형태를 지닌 문장을 나열하고는 있으나, 이를 통해 화자의 상태를 표현하고 있지는 않다. ▶형태쌤 과외◀ 시는 크게 화자 중심의 시와 대상 중심의 시, 전달 중심의 시로 나뉜다. 이때 '전달 중심의 시'는 화자의 상황이 아닌 교훈적 메시지를 반복적으로 전달하기에, 해당 시에서 '화자의 상태나 상황을 표현'하고 있다는 내용은 대부분 틀린 선지로 제시된다. (나)의 경우 '전달 중심의 시'에 해당하므로 '화자의 상태나 상황을 표현'하고 있다는 선지의 내용은 적절하지 않다.
⑤ (가) X, (나) O / (나)는 '삶은 계란의 껍질이 / 벗겨지듯 / 묵은 사랑이 / 벗겨질 때' 등에서 직유를 활용하여 '사랑'이라는 추상적 개념을 구체적 대상으로 제시하고 있다. 반면, (가)에서는 직유를 활용하여 추상적 개념을 구체적 대상으로 제시하고 있지 않다.

2. ⑤

작품은 유기적으로 해석해야 한다. 즉, 'A 하듯이 B 할 때'의 구조에서 A와 B는 유사한 의미로 해석할 수 있다는 것이다. (나)의 3연에서 '묵은 사랑'이 젖어 있는 것을 '새벽에 준 조로의 물'이 마르지 않고 젖어 있는 것에 빗대어 표현하고 있으므로, '새벽에 준 조로의 물'은 과거에 대상을 향해 품었던 '묵은 사랑'을 의미한다고 볼 수 있다.

오답풀이

① (가)의 ㉠에서 '당신'은 꽃을 의미한다. '귀먹고 눈먼 당신'이 '추운 땅속을 헤매'었다는 것은 꽃이 피는 시절인 봄이 오기까지 꽃이 고난과 시련을 겪었음을 의미한다. 다만 이에 대한 화자의 연민은 드러나지 않으므로 선지의 내용은 적절하지 않다.
② (가)의 ㉡에서 '절편보다 희고 고운 당신'을 '뱉어' 내는 것은 하얀 꽃이 피는 모습을 나타낸다. 따라서 이는 대상과의 이별을 '낙화'가 아니라 '개화'에 빗대어 표현한 부분이라 볼 수 있다.
③ (가)의 3연을 통해 '당신'은 '나를 벗고 싶어 몸부림'하는 상태임을 알 수 있다. 따라서 ㉢에서 '당신'이 '조막만 한 손으로' '내 가슴 쥐어뜯으며 발 구르는' 모습은 '나'로부터 벗어나고자 하는 '당신'의 열망을 나타낸 것이므로, 이를 이별을 수용하지 못하고 괴로워하는 대상의 모습이라고 볼 수는 없다.
④ (나)의 ㉣에서 '묵은 사랑'은 '삶은 계란의 껍질'에 빗대어 제시되고 있다. '계란'에서 '껍질'은 '버리는 대상, 벗어나야 하는 대상'이기에 화자는 '묵은 사랑' 역시 벗어나야 하는 대상임을 밝히고 있다. 하지만 ㉣을 통해 화자가 오래전부터 이별의 상황을

원해 왔다고 볼 수는 없다.

3. ③

> 〈보기〉에 따르면 (가)는 이별의 순간에 주체가 겪는 아픔에 초점을 맞춘 작품이다. 이를 고려할 때, (가)에서 화자가 '불탄 살가죽 뚫고 다시 태어날 일'을 '꿈같'다고 표현한 것은 '당신'이 떠날 순간의 아득함과 막막함을 드러낸 것이므로, 이 시간을 사랑의 주체가 대상을 놓아줄 적절한 순간으로 느끼는 때라고 보기는 어렵다. 한편, '다시 태어날'의 주체를 '당신'이 아닌 화자라고 본다면, (가)의 '불탄 살가죽 뚫고 다시 태어날' 시간은 '당신'이 화자를 떠난 이후, 이별의 아픔을 감내한 화자에게 찾아온 내면의 성숙 혹은 새로운 사랑을 의미한다고 볼 수 있으며, 이때에도 선지의 내용은 적절하지 않다.

오답풀이

① (가)의 '누군가의 입가에서' 피어나는 '잔잔한 웃음'은 '당신'이 궁극적으로 '되려'는 모습이다. 〈보기〉의 내용을 고려할 때, 이는 대상이 자신의 존재적 가능성을 아름답게 발현하여 도달하고자 하는 모습으로 볼 수 있다.

② (가)의 '내게서 당신이 떠나갈 때면'을 통해 '실핏줄 터지고'와 '몸뚱이 갈가리 찢어지고'는 대상과의 이별의 순간에 주체가 느낄 큰 아픔을 드러낸 것임을 알 수 있다.

④ (나)의 '푸른 새싹'은 '파밭'의 '파'가 시들어 죽은 후 그 씨앗으로부터 발아하여 새롭게 태어난 '파'의 새싹을 가리킨다. 〈보기〉의 내용을 고려할 때, 이는 이별 후에 맞이할 수 있는 새로운 사랑의 가능성을 의미한다고 볼 수 있다. 그리고 '얻는다는 것' 역시 '새로운 사랑'으로 볼 수 있고, 〈보기〉의 내용을 고려하면 이별 후에 주체가 경험할 내면적 성장으로 볼 수도 있으므로 선지의 내용은 적절하다.

⑤ 〈보기〉에서 (나)는 이별 이후 느끼는 지난 사랑에 대한 집착에 초점을 맞추고 있는 작품이라고 하였으므로, '묵은 사랑'에 '마음'에 '젖어 있는' 상태는 대상과의 이별 후 지난 사랑에 집착하고 있는 주체의 모습으로 볼 수 있다.

---

6. 박재삼, 한 / 김용택, 들국

1. ②

> (가)에서는 '감나무쯤 되랴'에서, (나)에서는 '뭐헌다요' 등에서 설의적 어조를 활용하여 화자의 내면을 드러내고 있다.

오답풀이

① (가)의 1연은 '서러운 노을빛으로 익어 가는 내 마음 사랑의 열매가 달린 나무는 감나무쯤 되랴'라는 문장을 도치하여 나타낸 것이다. 그러나 (가)에서 상황의 긴박성이 느껴진다고 보기는 어렵다. 한편, (나)에는 도치된 문장이 나타나지 않는다.

③ (가)와 (나)에는 탈속성을 띤 시적 공간이 나타나지 않는다. (나)에는 '산'을 중심으로 한 시적 공간이 제시되고 있으나, 이는 '당신'을 향한 화자의 그리움을 부각하는 공간일 뿐이다.

④ (가)에는 계절적 배경이 제시되지 않았다. '감나무'는 화자의 내면을 드러내기 위한 소재일 뿐, 실제 계절적 배경을 드러내는 것이 아니다. (나)는 '단풍', '하얀 억새꽃', '서리' 등의 시어를 통해 계절적 배경이 가을임을 알 수 있으나, 계절의 변화를 제시하고 있지는 않다.

⑤ (가)에는 '서러운 노을빛'과 같이 색채 이미지가 활용되고 있으나, 이는 화자의 서러움과 '그 사람'을 향한 마음을 형상화한 색깔이므로 화자와 대비되는 자연으로 보기는 어렵다. 반면, (나)에는 '하얀 억새꽃' 등에서 색채 이미지를 활용하고 있으며, '하얀 억새꽃'은 '단풍'이나 '물빛'처럼 화자의 상황과 대비되는 아름다운 풍경을 의미한다고 볼 수 있으므로 선지의 내용을 허용할 수 있다.

2. ⑤

> (가)의 화자는 3연의 마지막 행을 '그것을 몰라!'라는 영탄적 표현으로 종결하여 '그 사람'을 향한 고조된 감정을 표출하고 있으므로 선지의 내용은 적절하다.

오답풀이

① 1연의 '감나무쯤 되랴'는 '내 생각하던 사람'을 향한 화자의 마음을 빗대어 표현하자면 '감나무' 정도가 된다는 의미로, 화자가 이를 통해 자기 감정에 대해 의구심을 드러내고 있다고 보기는 어렵다.

② 화자와 시적 대상인 '내 생각하던 사람'이 대립적 관계에 있다고 보기는 어렵다. 2연에서 '이것'은 '내 마음 사랑의 열매가 달린 나무', 즉 '감나무'이고, '그것'은 그 '감나무'가 뻗어가는 모양을 의미한다고 볼 수 있다.

③ 화자는 '감나무'가 뻗어가듯이 '내 생각하던 사람'에게 자기 마음을 전달하고 싶어 하지만, '그러나'로 시상이 전환되는 3연에서 자신의 사랑이 '그 사람'이 심고 싶던 '느꺼운 열매'가 될 수 있는지는 모르겠다고 말한다. 화자는 자신의 사랑이 '그 사람'이 바란 것과 같을지 모르겠다는 인식을 드러내고 있을 뿐, 희망이 좌절된 체념적 태도를 보이고 있는 것은 아니므로 선지의 내용은 적절하지 않다.

④ 화자는 '그 사람'이 자신의 마음을 알아주기를 바라는 간절한 소망을 드러내고 있을 뿐, 과거와 단절하려는 의지를 보여 주고 있지는 않으므로 선지의 내용은 적절하지 않다.

3. ④

> '달'이 '어둠 천지'를 밝히는 것은 허용할 수 있지만, 화자가 극복 의지를 드러내고 있는 것은 아니므로 선지의 내용은 적절하지 않다.

오답풀이

① 화자가 바라보는 '산'은 '단풍'과 '물빛'이 고운 아름다운 풍경이다. 이는 오지 않는 '당신'을 기다리며 애달파하는 화자의 현재 심리와 거리감이 있으므로 선지의 내용은 적절하다.

② 화자는 '어둔 산머리'에 걸린 '초생달'을 보며 '그대 얼굴' 같다고 여긴다. 따라서 '초생달'은 화자에게 '그대 얼굴'을 연상시켜 '당신'을 향한 그리움의 정서를 유발한다고 볼 수 있다.

③ 화자는 자신의 마음을 '마른 지푸라기'에 비유하고, 그러한 마음에 '허연 서리'만 끼어간다고 말한다. '마른 지푸라기'와 '허연 서리'는 '당신'을 기다리는 화자의 황량하고 쓸쓸한 내면 풍경을 보여 준다고 할 수 있으므로 선지의 내용은 적절하다.

⑤ 화자는 오지 않는 '당신'을 이 가을이 다 가도록 기다리는 자신의 처지를 '서리밭'에 핀 '하얀 들국'에 비유한다. 이는 하염없이 '당신'을 기다리는 화자의 처지를 상징한다고 볼 수 있으므로 선지의 내용은 적절하다.

4. ④

> (나)에서 화자는 '하얀 억새꽃 하얀 손짓'도 '당신'이 오지 않으므로 '헛짓'이나 다름없다고 말한다. 이때 '하얀 손짓'을 하는 '하얀 억새꽃'은 '단풍'이나 '물빛'처럼 화자의 상황과 대비되는 아름다운 풍경을 의미한다고 볼 수도 있고, '손짓'이 누군가를 부르는 동작을 나타낸다는 사실을 고려할 때는 '당신'을 기다리는 화자의 간절한 심정을 투영한 대상으로도 볼 수 있다. 그러나 화자가 '하얀 억새꽃'을 향해 손짓하고 있다고 보기는 어려우므로 선지의 내용은 적절하지 않다.

오답풀이

① (가)의 화자는 '사랑의 열매가 달린 나무'가 제대로 뻗을 데는 '저승'밖에 없는 것 같다고 말한다. 〈보기〉를 고려할 때, 이는 '내 생각하던 사람'에게 자신의 마음을 전달하고 싶어 하면서도 그러지 못하는 화자의 상황을 나타낸다고 할 수 있다. 현실

에서는 자신의 마음을 전달하지 못하기에, '저승'에서나 자신의 마음을 전달할 수 있을 것 같다는 의미이므로 선지의 내용은 적절하다.

② 〈보기〉에 따르면 (가)를 지배하는 한의 정서는 화자의 간절한 소망과 서러움을 담은 상징적 매개물로 구체화된다. 화자가 '감'의 빛깔을 '설움'인 동시에 '소망'이라고 말하는 것으로 보아, 〈보기〉에서 가리키는 상징적 매개물은 '감'이며, 이는 화자가 품은 한의 정서를 부각한다고 볼 수 있으므로 선지의 내용은 적절하다.

③ 〈보기〉에 따르면 (가)와 (나)는 시적 대상과 닫힌 관계에 있는 화자의 내면을 그려내고 있다. (가)에서 '그것을 몰라'의 반복은 시적 대상인 '그 사람'의 심정을 알지 못하는 화자의 서러움을 부각하며, (나)에서 '뭔 소용이다요'의 반복은 시적 대상인 '당신'이 오지 않기에 그 외의 것들은 아무 소용이 없다는 화자의 애달픈 심정을 부각하므로 선지의 내용은 적절하다.

⑤ 〈보기〉에 따르면 (나)를 지배하는 그리움의 정서는 자조와 탄식의 어조로 나타난다. (나)의 화자가 오지 않는 임을 기다리며 그리워하는 자신을 '병신'이나 '바보 천치' 같다고 비하하는 것은 화자의 자조적 태도를 나타내므로 선지의 내용은 적절하다.

7. 이형기, 산 / 복효근, 느티나무로부터

1. ⑤

대상을 인격화하는 표현법을 사용하면 주제 의식은 자연스레 강조되므로, 선지의 앞부분만 확인하면 된다. (가)에서는 '산'을 '격노의 기억'을 지녔던 존재로 그려내고 있으며, (나)에서는 '느티나무'를 '너'라고 칭하여 인격을 부여하고 있으므로 선지의 내용은 적절하다.

오답풀이

① (가) X / (가)의 '밑도 끝도 없이 내리는'에서 하강 이미지를 확인할 수 있으나, 이와 대비되는 상승 이미지는 나타나지 않았으므로 선지의 내용은 적절하지 않다.

② (나) X / (나)의 '울퉁불퉁'에서 음성 상징어를 확인할 수 있으나, 이를 통해 '느티나무'의 역동적 움직임을 드러내고 있지는 않으므로 선지의 내용은 적절하지 않다.

③ (가) X, (나) X / (가)와 (나) 모두 명령형 어조를 활용하고 있지 않으며, 이를 통해 화자의 의지를 부각하고 있지도 않다.

④ (가) O, (나) O / (가)는 '가을비'라는 시어를 활용하여 가을의 계절감을, (나)는 '매미', '모기'라는 시어를 활용하여 여름의 계절감을 드러내고 있다. 즉, (가)와 (나) 모두 계절감을 드러내는 표현으로 분위기를 환기하고 있으므로 선지의 내용은 적절하지 않다.

2. ③

ⓒ에서 화자는 '삶'을 '커다란 상처 혹은 구멍'으로 보면서도, '그것이 또 그 무엇의 자궁일지도 모른다는 생각을 드러냄으로써 '구멍'을 '자궁'으로 전환하고 있다. 이는 '삶'의 '상처 혹은 구멍'이 한편으론 새 생명의 토대일 수 있다는 화자의 긍정적 현실 인식을 보여 주는 것일 뿐, '상처'로 인한 결핍을 해소하려는 인식을 드러내는 것이라 볼 수는 없다.

오답풀이

① ㉠에서 화자는 '화급히 바빠야 할 일'이 없어서, '땅 위로 불거져 나'온 '느티나무'의 '뿌리' 위에 앉아 '신발을 벗는' 모습을 보인다. 이러한 행위는 '느티나무'와 접촉하여 교감하려는 화자의 의도를 보여 준다고 할 수 있다.

② ㉡에서 화자는 '느티나무'에게 '어디서 왔느냐', '언제부터 여기에 있었느냐', '어디로 가는 길이냐'라며 질문을 거듭한다. 이는 '느티나무'에 대해 관심을 보이는 화자의 태도를 드러낸다고 할 수 있다.

④ ㉣에서 화자는 상처가 '섣불리' 치유되어야 하거나 덮어야 하는 것이 아니라는 깨달음을 얻고 있다. 이러한 깨달음은 '상처'가 새 생명의 토대일 수 있다는 인식을 전제하므로, 상처를 섣부르게 치유하거나 덮으려 하지 않는 신중한 태도의 필요성을 드러낸 것이라 할 수 있다.

⑤ ㉤에서 화자는 자신의 '발등에 앉아 배에 피꽃을' 피우는 '모기 한 마리'를 '잡지 않고', '남은 길이 조금은 덜 외로우리라'라고 말한다. 이는 '모기 한 마리'를 '남은 길'을 함께 해 나갈 존재로 보고, 자신의 미래가 '조금은 덜 외로'울 것이라는 기대를 드러낸 것이므로 선지의 내용은 적절하다.

3. ①

〈보기〉에 따르면 (가)는 산을 모호한 형상으로 제시해 쉽게 가늠하기 어려운 경지를 부각한다. 이를 고려하여 (가)의 '그 옛날의 격노의 기억은 간데없다~완만한 곡선에 눌려 버린 채'를 이해하면, '깎아지른 절벽'과 '앙상한 바위'는 '완만한 곡선'에 눌리기 전, '옛날의 격노의 기억'을 가졌던 과거 산의 속성을 드러낸 표현이라 할 수 있다. 따라서 '깎아지른 절벽'과 '앙상한 바위'를 통해 사람들이 산의 장엄한 본질을 헤아리기 어려운 이유를 나타낸다는 선지의 내용은 적절하지 않다. 〈보기〉에 따르면 산의 경지를 쉽게 가늠하기 어려운 것은 산을 모호한 형상으로 제시했기 때문이므로, 이는 '표정은 부연 시야에~윤곽만을 드러낸 산', '완만한 곡선에~어룽진 윤곽'을 통해 나타난다고 보는 것이 적절하다.

오답풀이

② (가)에서 화자는 '천 년 또는 그 이상의 세월이 / 오후 한때 가을비에 젖는다'라고 표현함으로써, '조용히 비에 젖는' '산'을 '천 년 또는 그 이상의 세월'을 지나온 존재로 나타내고 있다. 〈보기〉를 고려할 때, '완만한 곡선'은 '산'이 그러한 세월 속에서 변화를 겪었음을 암시한다고 볼 수 있다.

③ (나)에서 화자는 '느티나무'의 '굵은살'에 박힌 '옹이'를 보며 그것을 '먼 길 걸어왔단 뜻'으로 여기고, '부러진 가지'를 바라보며 '무엇이 그리 무거웠'을지 떠올려 본다. 〈보기〉를 고려할 때, 이러한 '옹이'나 '부러진 가지'는 시간의 흐름에 따라 '먼 길 걸어'온 '느티나무'에게 남아 있는, 세월의 고단한 흔적을 나타낸 것으로 볼 수 있다.

④ (가)에서 화자는 '가을비에 젖는' '산'의 모습을 '방심무한한 비에 젖는'다고 표현한다. 〈보기〉의 설명과 '방심무한'의 뜻을 고려할 때, 이 표현은 산이 도달한 초연한 경지를 나타낸 것으로 볼 수 있다. 한편 (나)에서 화자는 썩어가는 '느티나무'의 '안 쪽'에서 '풀 몇 포기가 꽃을 피운 광경을 보고, 이를 '느티나무의 내생'으로 표현하고 있다. 〈보기〉를 고려할 때, 이는 '느티나무'의 '속살이 썩어 몸통이 빈 곳에 새롭게 생명이 태어나는 모습을 포착하여 생명 순환의 원리를 보여 준 것으로 볼 수 있다.

⑤ 〈보기〉에 따르면 (가)와 (나)는 시간의 흐름 속에서 생긴 대상의 흔적을 그려 내는데, 화자가 대상에 부여하는 상징적 의미에 따라 그 형상화 방식이 달라진다. (가)의 화자는 '표정은 부연 시야에 가리우고' 그 '윤곽만'을 드러내는 '산'의 형상을 통해 '누구도 가늠하지 못'하는 '산'의 '진좌한 무게'를 부각하고 있다. 한편 (나)의 화자가 '느티나무'의 '뿌리'나 '가지', '껍질'만 아니라 '안 쪽'까지 살피는 것은, '자궁'으로 상징되는 생명의 근원을 탐색하는 모습이라 할 수 있다.

8. 김영랑, 모란이 피기까지는
   최승호, 내 영혼의 북가시나무

1. ⑤

도치의 방식은 시의 주제 의식을 부각하는 기능을 하므로, 이를 활용하여 시상을 마무리하였는지만 확인하면 된다. (가)는 '나는 찬란한 슬픔의 봄을 아직 기다리고 있을 테요.'라는 문장을 도치하여 '나는 아직 기다리고 있을 테요, 찬란한 슬품의 봄'으로 시상을 마무리하고 있다. 한편 (나)는 '하늘에서 새 한 마리 깃들어 지저귀지 않아도 언젠가 나는 초록과 금빛의 향기를 뿌리는 시를 쓸 수도 있으리라.'라는 문장을 도치하여 '언젠가 나는 쓸 수도 있으리라 초록과 금빛의 향기를 뿌리는 시를 / 하늘에서 새 한 마리 깃들어 / 지저귀지 않아도'로 시상을 마무리하고 있다.

오답풀이

① (가) X, (나) O / (가)에서 대상을 의인화한 부분은 나타나지 않는다. 반면 (나)는 '귀 있는 바람', '반역하는 내 영혼의 북가시나무' 등에서 의인화가 활용된 것을 확인할 수 있다.

② (가) O, (나) O / (가)는 '모란이 뚝뚝 떨어'지는 것, '꽃잎'이 시드는 모습을 표현한 것에서 감각적 이미지를 확인할 수 있다. 한편 (나)는 '대장간의 낫'이 '시퍼런 생기를 띠'는 것, '톱니들'이 '뾰족하게 빛이 나'는 것 등에서 감각적 이미지를 확인할 수 있다. 이를 통해 (가)와 (나)로 모두 시적 상황이 생동감 있게 묘사되고 있으므로 선지의 내용은 적절하지 않다.

③ (가) O, (나) X / (가)는 '찬란한 슬픔의 봄'에서 역설적 표현을 사용하여 모란이 피어나는 기쁨의 계절인 봄이 곧 모란이 지는 슬픔의 계절이기도 하다는 의미를 드러내고 있다. 반면 (나)에서는 역설적 표현이 사용되지 않았다.

④ (가) X, (나) O / (가)에서 화자는 시적 대상인 '모란'에게 말을 건네고 있지 않다. 한편 (나)의 '내 영혼의 북가시나무여'에서 화자는 시적 대상인 '북가시나무'에게 말을 건네는 방식으로 친밀감을 드러내고 있다.

2. ④

ⓔ(다)은 '오월 어느 날'에 '모란'이 지고 나면 그 '한 해'가 모두 끝나 버렸다고 느끼는 화자의 인식을 드러낸다. 이는 모란이 개화할 짧은 순간만을 기다리며 슬퍼하는 화자의 상황과 연결되어 화자의 상실감을 부각한다고 볼 수 있다. 따라서 ⓔ을 통해 화자가 모란을 다시 만날 날이 가까워졌음을 부각한다는 선지의 내용은 적절하지 않다.

오답풀이

① ㉠(아직)은 모란이 피지 않은 상황에서는 봄이 왔음을 인정하지 않으려는 화자의 태도와 연결되어 모란을 기다리는 화자의 처지를 부각한다.

② ㉡(뚝뚝)은 모란이 떨어지는 모습을 묘사한 음성 상징어이다. 화자는 모란이 지는 모습을 바라보며 '봄을 여읜 설움'을 느끼고 있으므로, ㉡은 화자의 상실감을 부각한다고 볼 수 있다.

③ ㉢(비로소)은 모란이 떨어지면 봄이 끝났다고 느끼는 화자의 생각을 드러내고 있다. 화자가 모란이 피고 짐에 따라 봄이 오고 감을 인식하고 있다는 점에서 이는 화자의 주관적 판단을 부각한다고 볼 수 있다.

⑤ ㉣(하냥)은 모란이 진 뒤 남은 '삼백 예순 날'을 '섭섭해' 울고 있는 화자의 상황을 부각하여, 모란이 화자에게 의미하는 바가 크다는 점을 보여 준다.

3. ④

(나)의 1연에서 나무는 '엿장수들'에게 '가위질'당하여 '가지도 없고 잎도 없'이 흠집투성이로 서 있는 상태로 제시되는데, 이는 4연에서 시퍼런 생기를 띤 '대장간의 낫'과 뾰족하게 빛나는 '톱니들' 앞에 서 있는 모습으로 이어지고 있다. 이때 '대장간의 낫'과 '톱니들'은 나무를 흠집투성이로 만드는 존재이므로, 1연의 나무는 4연에서 여전히 부정적인 대상들에 의해 힘든 상태에 처해 있음을 알 수 있다. 따라서 4연에 나타난 나무의 상황은 1연의 나무의 처지에서 이어진 것이라 볼 수 있다.

오답풀이

① (나)의 1연에서 나무가 '가위질'을 당해 '가지'와 '잎'이 '없다'는 것은 상처 입은 나무의 상태를 강조하는 표현이다. 반면 2연에서 '더 해 입을 것도 의무도 없으니'는 나무가 '허공'에서는 아무런 제약 없이 자유로운 상태에 있다는 점을 강조한다. 따라서 1연에서 '없다'가 강조하는 나무의 상황이, 2연의 '없으니'에서 비롯되었다고 볼 수 없다.

② (나)의 1연에서 상처받아 '흠집투성이'인 나무의 상태를 나타내고 있는 것은 맞다. 그러나 4연에서 '봄기운'으로 인해 '생기를 띠'는 대상은 나무가 아니라 나무를 위협하는 '대장간의 낫'이므로 선지의 내용은 적절하지 않다.

③ (나)의 3연에서 '내 영혼이 소리 죽여 울고 있는 소리를.'을 통해 고통받은 화자의 모습이 희망을 상실한 나무의 상황을 부각하고 있다고 볼 수 있다. 그러나 4연에서는 화자가 언젠가 '초록과 금빛의 향기를 뿌리는 시'를 '쓸 수도 있으리라'는 마음을 드러내어 희망적인 전망을 보이고 있으므로 선지의 내용은 적절하지 않다.

⑤ (나)의 1연에는 '새 한 마리 깃들지 않는' 나무의 상황이 제시되고 있다. 한편 4연에는 '하늘에서 새 한 마리 깃들어 / 지저귀지 않아도' 언젠가 풍요롭고 생명력 넘치는 시를 '쓸 수도 있으리라'라고 생각하는 화자의 인식이 제시되고 있다. 따라서 4연에 '새 한 마리 깃'드는 상황에 대한 바람이 드러난다고 볼 수는 없으므로 선지의 내용은 적절하지 않다.

4. ②

(가)에서 화자는 '모란이 지고 말면 그뿐, 내 한 해는 다 가고 말아 / 삼백 예순 날 하냥 섭섭해 우옵내다'라며 모란이 진 후의 슬픔이 긴 시간 동안 반복됨을 드러내고 있다. 〈보기〉에 따르면 (가)에서는 모란이 피는 짧은 순간이 절대적 가치의 실현을 상징하며, 그것이 사라진 이후에는 다시 그 순간을 기다려야만 하는 인간의 보편적인 숙명이 드러난다. 따라서 화자의 슬픔은 절대적 가치를 실현하지 못한 데서 비롯된 것이 아니라, 그것이 일시적으로 실현되었다가 사라진 데서 비롯된 것이므로 선지의 내용은 적절하지 않다.

오답풀이

① (가)에서 화자는 모란이 '자취도 없어'져 '뻗쳐 오르던 내 보람'이 '서운케 무너졌'다고 말한다. 〈보기〉를 참고할 때, 이는 인간이 간절히 열망하는 절대적 가치가 '모란'의 개화로 잠시 실현되었지만 그 순간이 영원하지 않음을 나타낸 것으로 볼 수 있다.

③ (나)에서 화자는 북가시나무에 '원치 않는 깃발과 플래카드'이 '매달려 나부'낀다고 말한다. 〈보기〉를 참고할 때, '깃발과 플래카드들'은 화자의 의사와 상관없이 화자를 규정하거나 이용하는 외부의 억압을 의미한다고 볼 수 있다.

④ (나)에서 화자는 북가시나무가 지금은 '가지도 없고 잎도 없'지만, '잎사귀 달린 시'와 '과일을 나눠 주는 시'를 '언젠가'는 쓸 수 있을 것이라고 말한다. 〈보기〉를 참고할 때, 잎이 나고 열매가 열릴 북가시나무는 외부의 억압에 저항하고 생명력을 회복하고자 하는 화자의 마음을 나타내므로 선지의 내용은 적절하다.

⑤ (가)에서 화자는 '모란이 피기까지는 / 나는 아직 기다리고 있을 테요, 찬란한 슬픔의 봄을'이라고 말한다. 〈보기〉를 참고하면 '찬란'함은 절대적 가치가 실현되는 순간의 아름다움을, '슬픔'은 그 순간이 짧게 지나가고 다시 긴 기다림을 반복해야 한다는 점에서 비롯된 감정을 나타낸다. 절대적 가치의 실현을 위해 기다림을 반복하는 것이 인간의 보편적 숙명이라고 하였으므로, '슬픔의 봄'은 기다림을 반복해야 하는 인간의 보편적 숙명을 함축한 표현으로 볼 수 있다. 한편 (나)에서 화자는 북가시나무가 자신을 위협하는 '낫'과 '톱니들' 앞에 굴복하지 않고 '살벌한 몸통으로 서서 반역'한다고 말한다. 〈보기〉를 참고하면 이는 화자가 외부의 억압을 상징하는 '낫'이나 '톱니들'에 저항하며 생명력을 회복하길 바라는 소망을 드러낸 것이라 할 수 있다. 따라서 '반역하는'은 외부의 폭력에 저항하는 개인의 의지를 함축한 표현으로 볼 수 있다.

9. 박목월, 경사 / 배한봉, 공명을 듣다

1. ⑤

(가)는 '가을'과 '저녁'이라는 시간적 배경을 제시하여 '경사감'을 느끼는 화자의 고요하고 평온한 분위기를, (나)는 '아침'이라는 시간적 배경을 제시하여 '아침'의 찬 공기를 느끼는 화자의 차분한 분위기를 환기하고 있다.

오답 풀이

① (가)는 '유자밭에 유자가 열리고~바다로 기울었다.', '유자밭에 유자가 열리고~바다로 기울고'에서 유사한 문장 구조를 반복하고 있다. 그러나 이는 화자의 인상이나 느낌을 드러낼 뿐, 화자의 의지를 강조하고 있지는 않다.
② (나)는 '바람 찬 산을 넘어온 아침 / 내 얼굴을 만진다'에서 자연물을 인격화하고 있다. 그러나 이는 자연에 대한 화자의 인상을 부각할 뿐, 이를 통해 화자의 운명론적 시각을 부각하고 있지는 않다.
③ (나)에서는 명사로 연을 마무리하고 있지 않다. 한편, (가)는 2, 3, 4연에서 명사로 연을 마무리하고 있다. 그러나 이는 화자의 느낌이나 특정 대상에 대한 화자의 인상을 강조하여 시적 여운을 형성할 뿐, 대상을 향한 화자의 안타까움은 드러나지 않으므로 선지의 내용은 적절하지 않다.
④ (가)에서는 청각적 이미지가 사용되지 않았다. 한편, (나)에서는 '음성이 청량하다', '산에 올라 억새들 뼈 속에서 울려나오는 / 깊고 맑은 공명을 듣는다'에서 청각적 이미지를 활용하고 있다. 그러나 이를 통해 삶에 관한 화자의 이중적 심리를 드러내고 있지는 않으므로 선지의 내용은 적절하지 않다.

2. ③

(가)의 화자는 ㉠(길)을 '유자밭에 유자가 열리고 귤나무에는 귤이 열리는' '당연한 길'이라고 여긴다. 또한 화자는 ㉠을 걷는 동안 '무거운 젊음의 젖은 구두'를 벗고 '가뿐한' '신발'을 신은 채 '신비스러운 경사감'을 느끼며 '바다'로 향하고 있다. 즉, ㉠에서 화자는 '유자밭에 유자가 열리고 귤나무에는 귤이 열리는' 것이 자연의 섭리에 따라 당연히 이루어지는 현상인 것처럼, 나이가 들어가는 것 또한 자연의 섭리에 따른 자연스러운 일임을 담담히 수용하고 있으므로, ㉠은 화자가 자연의 섭리를 깨닫는 공간이라고 볼 수 있다. 한편, (나)에서 ㉡(산길)에 있는 화자는 '억새들'을 보며, 자신의 '심중'에 '조금씩 여백'이 보이고 있음을 깨닫는다. 이때 '억새들'이 ㉡에 풀어놓은 '넉넉한 정신'은 '숨가쁜' 삶과 대비되므로, ㉡은 화자가 삶의 여유를 회복하는 공간에 해당한다고 볼 수 있다.

오답 풀이

① (가)의 ㉠은 화자가 '바다'로 기울어진 길을 거닐며 젊음의 무게에서 벗어나 나이 들어가는 것을 자연스럽게 수용하며 '설레는 구름과 바람'을 바라보는 공간이지, 미지의 세계를 향한 동경을 자아내는 공간이 아니다.
② (나)의 ㉡은 화자가 '탈곡하는 억새들'의 내부에 존재하는 '여백'에서 울리는, 청량한 '음성'을 듣는 곳이다. 화자는 '억새'가 그러한 청량한 음성을 내는 '여백'을 지니기까지 '많은 사연'이 있었으리라 생각하는데, 이때 '간과 쓸개 빼놓던 굽이'는 '억새들'이 겪은 '많은 사연'에 해당한다. 하지만 화자가 ㉡에서 인간관계에 관한 회의감을 느끼고 있지는 않으므로 선지의 내용은 적절하지 않다.
④ (가)의 ㉠은 화자가 '바다'를 바라보고 '신비스러운 수평의 거리감'을 느끼며 나이 들어가는 삶에 대해 생각하는 공간일 뿐, 세상으로부터 소외된 화자의 처지를 상기시키는 공간이 아니다. 한편, (나)의 ㉡은 화자가 '억새들'을 보며, '억새들'이 '텅 비운 한 생애의 여백'을 지니게 되기까지, '흰 꽃 속에 허파에 든 바람 실어 / 허허허허거리던 시절'이 있었으리라고 생각하는 공간이다. 이때 이 '시절'은 '허파에 든 바람'처럼 부푼 마음을 지닌 채 실없이 살았던 과거를 의미하므로, ㉡에서 화자가 과거의 경험을 상기하고 있다고 볼 수 있다.

⑤ (가)의 화자는 ㉠에서 바라보는 '바다'를 '잔잔한 세계'로 느끼고 있다. 이때 ㉠이 심오하고 '잔잔한 세계'로 이어지는 곳이라는 점에서, 평온함과 안식에 대한 화자의 지향을 드러내고 있다고 할 수 있다. 반면, (나)의 화자는 ㉡에서 '억새들'이 '텅 비운 한 생애의 여백'을 지니게 되기까지, '면도날 같은 잎'으로 '언덕'을 점령하던 '여름'을 지나왔으리라고 생각한다. 그러나 이를 타인을 향한 적대감을 품었던 때로 볼 수는 없으므로, ㉡을 타인을 향한 적대감을 해소하는 공간이라고 하기는 어렵다.

3. ④

〈보기〉에 따르면 외부 세계를 지각하는 과정에는 필연적으로 주체의 의식이 반영되기에, 주체에게 지각된 대상은 주체의 내면에서 특정한 변형을 겪게 될 수 있다. (나)에서 화자의 나이가 '넘어야할 고개, 보내야할 계절이 / 돌아오고 또 돌아와서 숨가쁜' '마흔 몇'이라는 점을 고려할 때, '바람 찬 산을 넘어온 아침'이 화자의 '얼굴'을 만진다는 표현은 조금씩 삶의 여유를 찾아가고 있는 화자의 모습을 드러낸 것이라 볼 수 있다. 따라서 화자가 부정적 현실에서 벗어났다는 안도감을 느끼고 있다고 보기는 어려우므로 선지의 내용은 적절하지 않다.

오답 풀이

① 〈보기〉에 따르면, 외부 세계를 지각하는 과정에는 필연적으로 주체의 의식이 반영된다. (가)에서 화자가 '무거운 젊음의 젖은 구두'를 벗고 '신발'이 '가뿐'해졌다는 것은, '무거운 젊음의 젖은 구두'가 의미하는 젊은 시절의 무게, 즉 젊은 시절에 느꼈던 부담감에서 벗어난 화자의 의식을 암시한다고 볼 수 있다.
② 〈보기〉에 따르면, 주체 내면의 변화는 주체가 외부 세계를 인식하는 방식을 변화시킬 수 있다. (가)에서 화자는 '바다'로 기울어진 길의 '경사감'을 느끼며 '길'뿐만 아니라 '세계'가 기운다고 느낀다. '무거운 젊음의 젖은 구두'를 벗고 '가뿐한' 마음으로 '바다'로 향하며 느끼는 경사감이 마치 나이 들어가는 일과 비슷하다고 느끼는 화자의 모습을 고려할 때, 화자는 나이가 들며 다가오는 미래를 긍정적으로 수용하고 있다고 볼 수 있다. 따라서 '신비스러운 경사감'이 '세계'가 '기우는' 듯한 느낌으로 전이되는 것은, 화자 내면에서 일어나는 변화를 암시한다고 이해할 수 있다.
③ 〈보기〉에 따르면, 작품에서 시적 주체는 외부 세계의 대상에 주관적인 인상을 부여하여 그 대상을 특정한 의미를 지닌 존재로 부각하기도 한다. (나)에서 화자는 '억새들'이 '살과 피'를 다 버리고 '뼈 속까지' 텅 비우는 모습을 보며, '억새들' 안에 생긴 '여백'에 주목한다. 또한 그러한 '텅 비운 한 생애의 여백'이 '세상을 아름답게' 한다고 여기는데, 이는 내면을 채웠던 많은 욕심을 내려놓고 살아가는 존재라는 의미를 '억새'에 부여한 것이라고 볼 수 있다.
⑤ 〈보기〉에 따르면, 작품에서 시적 주체는 외부 세계의 대상에 주관적인 인상을 부여하여 그 대상을 특정한 의미를 지닌 존재로 부각하기도 한다. (가)에서 화자는 '길'을 거닐며 '자갈'이 '빛나는' 모습에 주목한다. 이때 '자갈'은 '젊음'에 따른 부담에서 벗어나 '가뿐한' 마음을 지니게 된 화자의 내면과 호응하여, 화자가 거니는 '길'의 아름다움을 부각한다. 즉, '자갈'은 화자에 의해 주관적 인상이 부여된 존재로서 작품에 구체화되었다고 볼 수 있다. 한편, (나)의 화자는 '억새들'에서 '깊고 맑은 공명'이 울려 나오는 것처럼 자신의 '심중'에도 '조금씩 여백'이 생겨나 '젓대'가 만들어지고 곧 소리를 낼 수 있으리라고 여기고 있다. 이때 '젓대'는 화자 내면의 변화를 드러내기 위해 화자의 주관적 인상이 부여된 존재로서 작품에 구체화되었다고 볼 수 있다.

10. 고재종, 감나무 그늘 아래 / 이재무, 감나무

1. ④

(가)에서는 말을 건네는 방식을 사용하여 '감나무'에 대한 친밀감을 드러내고 있다. 그러나 (나)에서는 말을 건네는 방식이 사용되지 않았다.

오답풀이

① (가)에서는 '-게', '-랴', '-다' 등의 종결 어미를, (나)에서는 '-다'의 종결 어미를 반복 하여 운율감을 자아내고 있다.

② (가)에서는 '쪼르르'라는, (나)에서는 '그렁그렁'이라는 의태어를 사용하여 대상을 생 동감 있게 그려 내고 있다.

③ (가)와 (나)는 모두 '감나무'를 대상으로 하여 각각 '성숙'과 '그리움'에 대한 화자의 주관적인 인식을 드러내고 있다.

⑤ (가)는 "세상은 어찌 환하지 않으랴 / 하늘은 어찌 부시지 않으랴"에서 설의적 표현을 사용하여 말하고자 하는 바를 강조하고 있다. 반면 (나)에서는 설의적 표현을 사용하 고 있지 않다.

2. ③

> (가)의 화자는 기다림의 시간이 있어야 존재의 인격적 성장이 가능하다는 인식을 보여 주고 있으므로 기다림의 결과에 대한 화자의 전망은 긍정적이라 볼 수 있다. "기다림은 웬 것이랴마는"은 '기다린다고 그리움의 대상이 돌아오지는 않겠지만' 정도로 해석할 수 있다.

오답풀이

① '바람'과 '햇살'은 모두 '감나무'에게 다가오는 '외적인 자극'으로 '사랑'에 대응된다고 할 수 있다.

② '주먹송이처럼 커 갈 땡감들'에서 '땡감'은 아직 다 성숙되지 못한 상태를 가리키며, '저 짙푸른 감들'에서 '짙푸른 감'은 아직 채 익지 못해 푸르른 상태를 의미하므로 미성숙한 상태를 가리킨다. '장대비'는 '감나무'를 변화시키는 외적인 자극으로서 성 숙을 위한 시련의 과정으로 볼 수 있다.

④ '밤이면 잠 뒤척여', '새벽이면 퍼뜩 깨어나'는 모두 '감나무'가 거쳐야 할 성찰의 시간을 의미한다. 이후에 등장하는 '그 기다림 날로 익으니'라는 구절에서 '밤'과 '새벽'이 성숙을 위해 필요한 인고의 시간이라는 점을 알 수 있다.

⑤ '짙푸른 감들'과 대비되는 '형형 등불'은 붉게 익은 감의 모습으로서 '감나무'의 성숙한 모습을 의미한다.

3. ④

> (나)의 화자는 '사립 쪽'으로 뻗은 '감나무'에 일어나는 자연 현상을 관찰하고 있으며, 〈보기〉의 화자는 '눈발'들이 떨어지는 '겨울 강가'의 모습을 바라보고 있다. 이때 (나)의 화자는 '감나무' 가지가 뻗어 나가는 이유가 '도망 기차를 탄 주인'을 그리워하기 때문이라 보고 있으며, 〈보기〉의 화자는 '강의 가장자리'에 '살얼음'이 깔리는 것이 '어린 눈발'을 받기 위해서라며 인과 관계를 부여하고 있다. 이러한 원인과 결과는 객관적 사실에 근거한 것이 아니라, 화자의 주관적 인식을 통해 새로운 시적 감각을 보여 주기 위한 것이므로 선지의 내용은 적절하지 않다.

오답풀이

① (나)에서는 '감나무'를 '소식이 궁금한', '안부가 그리운' 주체로 설정하여 인격을 부여하고 있다. 〈보기〉 또한 '강은, / 안타까웠던 것이다'와 같이 사물을 의인화함으로써 시상을 전개하고 있다.

② (나)에서는 '그러기에 봄이면 새순도'에서, 〈보기〉에서는 '계속 철없이 철없이 눈은 내려,'에서 계절감을 주는 시어들을 사용하여 시상을 구체화하고 있다.

③ (나)와 〈보기〉는 모두 '-다'라는 평서형 종결 어미를 사용하여 화자의 단정적인 태도를 표현하고 있다. 문장을 '-다'로 종결하면 단정적인 느낌을 줄 수 있다.

⑤ (나)의 '붉은 눈물'과 〈보기〉의 '강은,'은 모두 이어지는 행과 의미상으로 연결되어 있으며, 화자는 한 문장 안에서 행을 구분하여 호흡을 조절하고 있다.

---

11. 서정주, 무등을 보며 / 나희덕, 그 복숭아나무 곁으로 신영복, 평등은 자유의 최고치입니다

1. ③

> (나)에서는 복숭아나무에 대한 편견을 가지고 있던 화자의 심리가 변화하는 과정 이 나타나며, '흩어진 꽃잎들 어디 먼 데 닿았을 무렵'에서 시간의 경과가 드러난 다고 볼 수 있다. 그러나 (가)에는 시간의 경과를 나타내는 표현이 나타나지 않 으며, 이를 통해 화자의 심리가 변화하는 과정을 보여 주고 있지도 않다. (가)의 화자는 시련의 상황에서도 굴하지 않는 인고의 자세를 일관되게 드러내고 있다.

오답풀이

① (가)는 '가난이야 한낱 남루에 지나지 않는다', '우리는 우리 새끼들을 기를 수밖엔 없다'와 같은 단정적 어조와, '더러는 차라리 그 곁에 누워라', '지아비는 지어미의 이마라도 짚어라'와 같은 명령적 어조를 활용하여 목숨이 위태로운 현실을 극복하려 는 화자의 태도를 분명하게 드러내고 있다.

② (나)는 '조금은 심심한 얼굴을 하고 있는 그 복숭아나무 그늘에서 저녁이 오는 소리를 가만히 들었습니다'와 같은 문장을 '조금은 심심한 얼굴을 하고 있는 그 복숭아나무 그늘에서 / 가만히 들었습니다 저녁이 오는 소리를'이라고 도치하며 시상을 마무리 하고 있다. 이는 화자가 '복숭아나무'에 대한 선입견을 버리고 진정한 이해에 도달했 음을 나타내므로 선지의 내용은 적절하다.

④ (가)는 '우리들의 타고난 살결 타고난 마음씨'를 '여름 산'에, '가시덤불 쑥 구렁'과 같은 부정적 상황에 놓인 '우리'를 '옥돌'에 비유함으로써 '우리'의 순수함과 고결함 같은 긍정적 속성을 강조하고 있다. (다)는 '무등의 능선'을 '아무 욕심 없이 하늘에 그은 한 가닥 선'에 비유함으로써 '무등'의 긍정적 속성을 강조하고 있으므로 선지의 내용은 적절하다.

⑤ 시적 대상에 생명력을 부여하여 의지를 지닌 존재로 나타내는 표현법은 의인법이다. (나)는 '복숭아나무'에 '마음'이 있다고 표현하거나 '복숭아나무'가 '심심한 얼굴'을 하 고 있다고 의인화하고, (다)는 '산'을 '기쁨'과 '아픔'을 간직하는 존재로 의인화하고 있다.

2. ②

> (가)에서 화자는 '가시덤불 쑥 구렁'과 같은 시련에 놓일지라도 '우리'가 '옥돌같이 호젓이 묻혔다고' 생각해야 한다고 본다. 따라서 '옥돌'은 부정적 현실을 의연하게 견뎌나가는 '우리'가 고결한 존재임을 상징하는 표현이라 할 수 있다. 한편 (다)에 서 '나'는 '무등산'이 긴 세월의 우여곡절 속에서 '좌절한 사람들의 한'을 갈무리하 고 있다고 본다. 그런데 이 '한'은 그대로 응어려져 있지 않고 '빛나는 예술'로 승 화되는데, 이는 '사람', '우국지사', '유랑의 시인' 등 좌절한 이들이 만들어 낸 예 술 작품을 의미한다. 따라서 '예술적 정화'는 '좌절한 사람들의 한'을 승화시킨 결 과라고 볼 수 있다.

오답풀이

① (가) O, (다) X / (가)의 '청태'는 '가시덤불 쑥 구렁'에 놓인 '우리'가 스스로 '옥돌'같이 호젓이 묻혔다고 생각할 때 끼는 것으로, 고결한 본성을 지키며 시련을 견딘 존재에 내재한 생명력을 의미한다고 볼 수 있다. 한편, (다)에서 '나'는 '무등산'이 '대지'가 됨으로써 아픈 역사를 안고 있다고 하였다. 따라서 '대지'는 '무등산'이 가진 역사적 속성과 포용적 속성을 의미하는 것이지, 생명력이 고갈된 존재의 모습을 환기하는 것이라 볼 수는 없다.

③ (가) X, (다) O / (가)의 '가시덤불 쑥 구렁'은 시련이나 고난을 의미할 뿐, 갈등이 없는 화합의 세계를 의미한다고 보기 어렵다. 한편, (다)에서 '무등산'의 '무덤덤한 능선'은 '평등'이라는 자연의 이치를 나타내고 있기에 자연의 섭리를 반영한다고 볼

수 있다.

④ (가) O, (다) X / (가)에서 '남루'는 물질적으로 궁핍한 현실을 의미한다. 화자는 '남루'가 '우리들의 타고난 살결 타고난 마음씨'까지 가릴 수는 없다는 점을 들어, 물질적인 궁핍을 의연하게 극복하려는 의지를 강조하고 있다. 한편, (다)에서 '나'는 '무등산'이 안고 있는 '아픈 역사'에 주목하는데, 이는 '좌절한 사람들의 한'이 '무등산'에 서려 있기 때문이다. '나'가 '무등산'의 황량한 풍경을 보며 암울함을 느끼고 있지는 않으므로 선지의 내용은 적절하지 않다.

⑤ (가) X, (다) O / (가)에서 '오후의 때'는 '목숨이 가다가다 농울쳐 휘어드는' 시간이라는 점에서 위협을 느끼는 불안정한 상황을 의미하므로 선지의 앞부분은 허용할 수 없다. 한편, (다)의 '무등산'은 '삼한에서부터~긴 세월의 우여곡절', '식민지', '군사 독재' 등의 격동기 속에서 '한'을 '예술적 정화'로 승화하였으므로 선지의 뒷부분은 허용할 수 있다.

3. ⑤

> 시 문학에서 시간과 공간은 화자의 상황과 정서와 직결되기에 중요한 출제 포인트가 된다. 화자와 대상의 공간적 거리 변화는 태도가 바뀐 후, 시간이 흐른 다음(흩어진 꽃잎들 어디 먼 데 닿았을 무렵) '복숭아나무 그늘'에서 나타난다. 따라서 ⑩은 공간적 거리가 좁아지기 전이다.

오답풀이

① (나)의 화자는 '그 복숭아나무'가 '여러 겹의 마음'을 가졌을 것이라고 짐작하며, 가까이 가고 싶어 하지 않았다. 이는 '여러 겹의 마음'을 이해하기 어려울 것이라는 화자의 생각이 반영된 것이라 볼 수 있다.

② (나)의 화자는 '복숭아나무 곁으로' '왠지 가까이 가고 싶지 않았습니다'라고 말하고 있다. 이는 '복숭아나무'가 '사람이 앉지 못할 그늘'을 가졌을 것이라는 부정적 인식에 기인한 것이다.

③ (나)의 화자는 '복숭아나무'에 가까이 가지 않고 '멀리로'만 지나쳤다. 이는 화자가 '여러 겹의 마음'을 가진 '복숭아나무'에 지닌 정서적 거리감이 물리적인 거리감으로 나타난 것이라 볼 수 있다.

④ (나)의 화자는 어느 순간 '복숭아나무'에 대한 편견을 내려놓고 '복숭아나무'의 진정한 모습을 바라보게 되었다. '복숭아나무'가 '피우고 싶은 꽃빛'이 너무 많아 외로웠을 것이라고 생각하는 화자의 모습은, '복숭아나무'가 느꼈을 고독을 짐작하며 공감하는 태도를 나타낸다고 볼 수 있다.

4. ④

> 〈보기〉에서 판단의 단계(개인적 관념 → 재해석 → 기존 세계관 해체+새로운 세계관 장착)를 정확하게 파악한 후에 선지로 가야 한다. '하늘을 향한 산'이 아니라 '땅을 거두는 산'이라는 인식은 무등산의 명칭에 대한 재해석 이후에 나타난 것이므로, 개인적 관념에 근거한 해석이라 볼 수 없다.

오답풀이

① (나)의 화자는 '복숭아나무'가 '사람이 앉지 못할 그늘'을 가졌을 것이라고 짐작하였다. 〈보기〉에 따르면 이는 대상을 재해석하기 이전, 개인적 관념에 근거한 일차적 해석이므로 선지의 내용은 적절하다.

② (나)의 화자는 '복숭아나무'와 멀리 떨어져 있다가, '복숭아나무'의 '흰 꽃'과 '분홍 꽃' 사이에 '수천의 빛깔'이 있다는 사실을 새롭게 발견한다. 〈보기〉에 따르면 이는 자신의 일차적 해석을 수정함으로써 대상의 가치를 다시 판단하는 재해석의 과정이며, '복숭아나무'의 새로운 모습을 발견한 것은 화자의 세계관이 해체되는 계기로 작용하므로 선지의 내용은 적절하다.

③ (다)의 '나'는 '무등산'이 '최고의 산'이 아니라 '평등의 산'이라고 정의한다. 〈보기〉에 따르면 이는 '최고의 산(비할 데 없이 높은 산)'이라는 '무등'의 명칭을 재해석한 것이

므로 선지의 내용은 적절하다.

⑤ (다)의 '나'는 '무등산'의 '능선'을 보며 '무등산'이 '최고의 산'이 아니라 '평등의 산'이라고 재해석하였다. 그리고 이를 통해 '무등산'이 '너른 품'과 '무게'를 가지고 있다는 인식에 도달하였다. 따라서 이는 〈보기〉에 나온 새로운 세계관이라고 볼 수 있다.

---

12. 오장환, 여수 / 이건청, 폐항의 밤

1. ②

> (나)는 '겨울', '눈'과 같은 어휘를 활용하여 겨울이라는 계절을 나타내고 있으며, 이를 통해 '배'들이 '묶인 채' 기우뚱거리며 울 수밖에 없는 '폐항'의 비극적 분위기를 환기하고 있으므로 선지의 내용은 적절하다.

오답풀이

① (가)는 '슬픈 마음이여!', '신뢰할 만한 현실은 어디에 있느냐!' 등에서 영탄적 어조를 활용하고 있으나, 이를 통해 대상을 향한 경외감(공경하면서 두려워하는 감정)을 표현하고 있지는 않다.

③ (가)는 '오-늬는 무슨 두 뿔따구를 휘저어 보는 것이냐!'에서 '늬'라는 청자를 명시적으로 설정하고 있으나, 이를 통해 청자를 풍자적으로 비판하고 있지는 않다. 한편, (나)는 청자를 명시적으로 설정하고 있지 않다.

④ (가)는 '-다', '-냐'의 종결 어미를, (나)는 '-다', '-리라'의 종결 어미를 반복하여 리듬감을 형성하고 있으므로 선지의 내용은 적절하지 않다.

⑤ (가)에서는 색채어가 활용되지 않았다. 반면, (나)에서는 '하얗게', '검정신', '흰옷'에서 색채어를 활용하여 대상을 선명한 이미지로 제시하고 있다.

2. ③

> ⓒ(튼튼한)은 '배'들을 묶고 있는 '끈'의 속성을 강조하는 표현이므로, '묶인 배'들에 잠재되어 있는 힘이라고 볼 수 없다. ⓒ은 '배'들을 묶어 구속하는 현실의 힘이 견고함을 의미한다고 해석하는 것이 적절하다.

오답풀이

① (가)의 화자는 '여수'에 잠길 때면 '조그만 희망'조차 사라진다고 말하며 과거의 '추억'을 떠올리는데, 이 '추억'은 2연의 '누덕누덕이 기워진 때 묻은 추억'으로 이어진다. 이는 객지에 있는 화자가 과거의 '추억'을 계속해서 떠올리며 그리워하고 있음을 의미한다. 이를 종합할 때, ㉠(무성한)은 '희망'이 사라진 부정적인 현실 속에서, 화자가 수없이 많은 과거의 추억을 상기하고 있음을 드러낸다고 볼 수 있다.

② (가)의 화자는 객지에서 나그네의 신세로 '여수'에 잠긴 채 과거를 그리워하고 있다. 이때 화자는 '행려'를 괴롭게 여기며 '외로이' 쉬는 모습을 보이므로, ㉡(외로이)은 화자가 '괴로운 행려' 속에서 의지할 수 있는 대상 없이 외롭게 '여수'를 느끼고 있음을 드러낸다고 할 수 있다.

④ (나)에서 화자는 '피를, / 잘려나가는 육신을 견디고 있'는 '폐항'에서 벗어나 '눈보라 속'으로 향하고자 한다. 이때 화자가 '눈보라 속'을 '막막한' 곳으로 묘사하고 있다는 점에서, ㉣(막막한)은 화자가 향하려는 곳에도 헤쳐 나가기 어려운 고통이 존재할 것이라는 생각을 드러낸 것으로 볼 수 있다.

⑤ (나)에서 화자는 '돌아온 배'들조차 '폐항'에 '굳게 묶'이는 모습을 바라보고 있다. 이때, ㉤(굳게 굳게)는 '돌아온 배'들을 구속하는 힘이 굳세다는 사실을 나타낸 것이므로, '배'들이 현실의 구속에서 벗어나기 어려우리라는 화자의 생각을 드러낸다고 볼 수 있다.

3. ③

<보기>에 따르면 (나)는 '폐항'이라는 중심 이미지와 그와 밀접하게 연관된 이미지들을 통해, 피폐하고 정체된 현실에서 벗어나려 하지만 반복되는 좌절로 무력감에 빠지는 화자의 태도를 형상화한다. 이를 고려할 때 '지겨운 시간들'이 '방파제 너머로 몰려와 부서'진다는 표현에서 '지겨운 시간들'은 앞으로 나아가지 못하고 정체된 상태에 머물러 있는 화자의 상황을 가리킨다. 또한, 이러한 '지겨운 시간들'이 '방파제'로 몰려와 부서지고 있다는 것은 그러한 부정적인 현실 상황이 끝나지 않고 계속되고 있음을 드러내는 것이라 볼 수 있다. 따라서 '지겨운 시간들'이 '부서지'는 '방파제'의 이미지가 현실 상황이 개선될 가능성이 있음을 나타낸다는 선지의 내용은 적절하지 않다.

오답풀이

① <보기>에 따르면 (가)는 성격이 서로 다른 이미지들을 병치하여, 혼란스러운 현실 인식과 내면적 도피의 한계를 자각하는 화자의 태도를 형상화한다. (가)의 화자가 '여수'에 잠겨 있음을 고려할 때, '늙은 장돌뱅이'는 방랑하는 화자의 처지를 형상화한 것이라 할 수 있다. 이때 화자는 '늙은 장돌뱅이'가 '고달픈' 꿈을 꾼다고 표현하고 있으므로, '늙은 장돌뱅이'의 이미지는 한곳에 정착하지 못하고 유랑하며 떠도는 화자의 고달픈 상황을 형상화한 것으로 볼 수 있다.

② <보기>에 따르면 (가)는 성격이 서로 다른 이미지들을 병치하여, 혼란스러운 현실 인식과 내면적 도피의 한계를 자각하는 화자의 태도를 형상화한다. (가)의 화자는 '괴로운 행려' 속에서 '얄미운 노스타르자'를 느끼면서, 그러한 '노스타르자'를 '달팽이 깍질 틈'에서 나온 달팽이의 이미지로 형상화하고 있다. '두 뿔따구를 휘'젓는다는 것은 그러한 달팽이의 이미지를 보여 주는데, <보기>의 설명을 고려할 때 이는 화자가 '여수'를 느끼며 방랑하는 삶 속에서 과거의 '추억'을 떠올리며 잠시나마 안식을 취함으로써 내면적으로 도피하는 모습을 보여 준다고 할 수 있다.

④ <보기>에 따르면 (가)와 (나)는 다양한 방식으로 이미지를 활용하여 부정적 현실에 대한 인식과 그에 대응하는 화자의 태도를 드러낸다. (가)의 화자는 '조그만 희망'마저 찾을 수 없는 현실 상황에서 '여수'를 느끼는 자신의 마음을 '요령'처럼 흔들리는 '슬픈 마음'이라고 표현한다. 이는 이리저리 휩쓸리는 화자의 불안한 내면 심리를 나타낸 것으로 볼 수 있다. 한편, (나)의 화자는 '묶인 배들'이 기우뚱거리는 모습을 바라보면서, 자신을 포함한 '우리' 역시 '기우뚱거릴 뿐'이라고 인식한다. 이는 '묶인 채 울' 수밖에 없는 현실의 구속으로 인한 화자의 답답함을 나타낸다고 볼 수 있다.

⑤ <보기>에 따르면 (가)는 혼란스러운 현실에 대한 화자의 인식을 형상화하고, (나)는 피폐한 현실에서 벗어나려 하지만 반복되는 좌절로 무력감에 빠지는 화자의 태도를 형상화한다. (가)의 화자는 '요지경'이 '좁은 세상'을 보여 줄 뿐 아니라, '이상스러운 세월들'을 보여 준다고 말한다. '알쏭달쏭하고 묘한 세상일'이라는 '요지경'의 의미를 고려해 볼 때, '요지경'을 통해 화자가 목격하게 되는 현실이 좁고 이상스럽다는 것은 화자가 현실을 혼란스러운 것으로 인식하고 있음을 보여 준다고 할 수 있다. 한편, (나)의 화자는 '배'들이 '폐항'에 묶인 채 '기우뚱거리'는 모습을 보면서 자신 또한 '잘려 나가는 육신'을 견디고 있'는 처지라고 여긴다. 이러한 화자가 바라보는 '앙상한 숲'은 부정적인 현실을 겪는 화자의 피폐한 내면을 드러내는 것이라 볼 수 있다.

---

13. 이수익, 방울소리 / 이용악, 그리움

1. ④

(가)는 '-ㄹ까'라는 종결 어미를 반복함으로써 '옥분이'와 '누나'에 대한 그리움을, (나)는 '-는가'라는 종결 어미를 반복함으로써 '너'와 고향에 대한 화자의 그리움을 부각하고 있으므로 선지의 내용은 적절하다.

오답풀이

① (가) O, (나) X / (가)는 유년 시절의 화자인 '그날의 소년'이 '마을로 터덜터덜 걸어 내려'오는 모습에서, (나)는 '함박눈'이 내리는 모습에서 하강의 이미지가 나타난다. (가)에 쓰인 하강의 이미지는 '터덜터덜'이라는 부사어를 고려할 때 지친 화자의 모습을 형상화하였다고 볼 수 있지만, (나)의 '함박눈'이 보이는 하강의 이미지는 화자의 지친 모습과는 관련이 없다.

② (가) O, (나) X / (가)는 1연과 2연에 과거 시제가 사용되어 화자의 행위를 서사적으로 들려주고 있다. 그러나 (나)에는 과거 시제가 사용되지 않았다.

③ (가) O, (나) X / (가)에는 '청계천 7가', '문명의 골목'이라는 표지가, (나)에는 '백무선 철길'이라는 표지가 쓰여 공간적 배경을 구체적으로 제시하고 있다. (가)의 '문명의 골목'이라는 일상적 공간은 그리운 고향과 대비되는 시끄러운 곳이라는 점에서 의미가 부여됐다고 볼 수 있으나, (나)에서는 이런 표지를 통해 일상적 공간에 의미를 부여하고 있지 않다.

⑤ (가) X, (나) X / (나)는 수미상관의 기법을 활용하여 고향에 대한 화자의 그리움을 부각하고 있을 뿐, 이를 통해 절망적 현실에 대한 화자의 냉소적 태도를 드러내고 있지 않다. 한편 (가)는 수미상관의 기법이 활용되지 않았다.

2. ②

ⓒ의 '삼륜차가 울려대는 경적'에서 청각적 심상을 확인할 수 있다. 그러나 골목 시장에서 들리는 이 소리를 화자는 '따가운' 것으로 여기며 골목 시장의 모습에 대한 심리적 거리감을 드러내고 있다. 따라서 화자가 시장에서 느끼는 활기차고 밝은 분위기를 표현하고 있다는 선지의 내용은 적절하지 않다.

오답풀이

① ⓐ의 '배고픈 저녁연기'는 소박했던 화자의 유년 시절과 관련된 시어이다. 이를 '피어오르는'과 같이 시각적 심상을 활용하여 감각적으로 표현하고 있으므로 선지의 내용은 적절하다.

③ ⓒ의 '들릴까 말까'는 화자의 의문과 추측을 담고 있는 표현이다. 이를 활용하여 화자는 소를 몰고 집으로 돌아올 때 '사립문 밖'에서 자신을 기다렸던 '누나'를 떠올리며 그녀를 그리워하는 자신의 내면을 드러내고 있다.

④ ⓓ에는 '험한 벼랑'을 '굽이굽이' 돌아가는 '백무선 철길'이라는 공간이 구체적으로 묘사되고 있다. 이를 통해 화자와 화자의 고향인 '작은 마을' 사이에 험한 벼랑이 놓여 있고 화자와 고향이 공간적으로 단절되었음을 알 수 있다. 화자가 고향을 그리워한다는 사실을 고려하면, 화자가 자신과 고향 사이에서 단절감을 느끼고 있음을 추론할 수 있다.

⑤ ⓔ은 잠에서 깬 후 고향을 그리워하며 다시 잠을 이루지 못하는 화자의 상황을 나타낸 것이므로 선지의 내용은 적절하다.

3. ②

(나)의 화자는 '너'가 부재한 상황에서 '너'와 '작은 마을'을 그리워하고 있으므로, '너'의 부재로 인해 화자가 그리움을 느낀다는 설명은 적절하다. 반면 (가)의 화자는 '골동품 가게'에서 '방울'을 사고, 소를 몰고 가던 자신의 유년 시절을 회상한다. 이때 화자는 돌아갈 수 없는 자신의 유년 시절을 그리워하고 있을 뿐, '이승'에 없는 '소'의 부재로 인해 그리움을 느끼고 있는 것은 아니므로 선지의 내용은 적절하지 않다.

오답풀이

① (가)의 화자는 자신의 유년 시절을 그리워하고 있는데, <보기>의 내용을 고려할 때 이 그리움은 소를 몰고 하산하던 '그날'에 존재할 수 없는 상황으로 인해 발생한 것으로 볼 수 있다. 한편 (나)의 화자는 '너'를 두고 온 '작은 마을'을 그리워하고

있으므로, 화자가 '작은 마을'에 있을 수 없는 상황으로 인해 그리움이 발생한 것으로 볼 수 있다.

③ (가)의 화자는 현재 '장사치들의 흥정'이 떠들썩한 '문명의 골목'에서 과거 자기가 몰던 소의 '방울소리'가 '옥분이네 안방'과 '누나의 귀'에 들릴지를 궁금해하고 있다. 이때 '장사치들의 흥정'과 '문명의 골목'은 화자에게 과거를 떠올리게 한다는 점에서 화자의 상실감을 유발하는 외적 자극이라고 볼 수 있다. 한편 (나)의 화자는 '잉크병'이 '얼어드는' '밤'에 '너'와 고향인 '작은 마을'에 대한 그리움을 토로한다. <보기>의 내용을 고려할 때, '잉크병'이 '얼어드는' '밤'은 그리움을 촉발하고 주체의 상실감을 유발하는 외적 자극으로 볼 수 있다.

④ (가)의 화자는 '황소 목'에 걸렸던 '방울'을 보며 과거를 회상하고 있다. 즉 '방울'은 그리움의 대상인 과거 유년 시절과 현재의 화자를 연결하는 매개물로 기능한다. 한편 (나)의 화자는 '북쪽'에 '함박눈'이 쏟아져 내리는지 궁금해 하며 '너'가 있는 '작은 마을'을 그리워하고 있다. 이때 '함박눈'은 화자와 '너'를 연결하는 매개체라고 볼 수 있다.

⑤ (가)의 화자는 유년 시절 소를 몰고 가던 때를 회상하며 '방울소리'가 '돌담 너머' '옥분이네 안방'에 들릴지 궁금해 하고, (나)의 화자는 '그리운 곳'을 거듭 부르고 있다. <보기>의 내용을 고려할 때 이는 주체의 반응을 보여 줌으로써 그리움의 정서를 극대화하는 방식으로 볼 수 있으므로 선지의 내용은 적절하다.

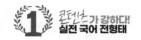

2026 수능 국어 대비
실전 국어 전형태

1. 허난설헌, 규원가 / 정서, 정과정곡

1. ②

> (나)의 '아니며 거짓인 줄 아으 / 잔월효성이 아시리이다' 등에서 화자는 자신을 향한 모함이 사실이 아니라며 결백을 호소하고 있다. 이때 '우기던 이'와 '무리들의 말'이라는 표현을 통해 화자가 임과 떨어진 이유를 타인의 모함 때문이라고 여기고 있음을 알 수 있으므로 선지의 내용은 적절하다.

오답풀이

① (가) X / (가)의 화자는 늙어버린 자신의 처지를 한스러워하고 임의 소식조차 듣지 못하는 상황에 대해 외로움을 느끼고 있으므로, 현재를 부정적으로 인식하고 있다고 볼 수 있다. 그러나 미래에 대한 낙관적 기대를 드러내고 있지는 않으므로 선지의 내용은 적절하지 않다.

③ (가) X, (나) O / (가)의 화자는 외적 존재를 통해 자신의 결백함을 하소연하고 있지 않다. 반면, (나)의 화자는 '잔월효성'이라는 외적 존재를 통해 자신의 결백함을 하소연하고 있다.

④ (가) O, (나) X / (가)의 화자는 '엇그제 졈엇더니 ᄒ마 어이 다 늘거니 / 소년 행락 싱각ᄒ니 닐너도 쇽졀업다'와 같이 과거에 대해 회상하며 늙음에 대한 한탄의 정서를 드러내고 있다. 반면, (나)의 화자는 과거를 회상하고 있지 않다.

⑤ (가) O, (나) X / (가)의 화자는 '군자호구', '설빈화안(고운 머리채와 아름다운 얼굴)' 등의 이상과 '장안유협 경박자(장안의 호탕하면서도 경박한 사람)', '면목가증' 등의 현실 사이에서 갈등하고 있다고 볼 수 있다. 그러나 (나)의 화자 또한 '임과 한곳으로 가고 싶'다는 이상과 '임을 그리워해' 울고 있는 현실 사이에서 갈등하고 있으므로 선지의 내용은 적절하지 않다.

2. ①

> 시는 '상황에 대한 화자의 반응'이니 정서를 드러낸다는 것은 고려할 필요가 없고 자연물만 찾으면 된다. (가)와 (나) 모두 화자가 자신의 상황에 대한 정서(=인식=태도)를 각각 삼춘화류 호시절의 경물, 접동새라는 자연물을 통해 드러내고 있다.

오답풀이

② (가)는 '면목가증 되거고나' 등에서, (나)는 '아으' 등에서 영탄적 표현이 나타나고 있다. 그러나 (가)와 (나) 모두 이를 통해 대상의 속성을 예찬하고 있지는 않다.

③ (가)는 '어느 님이 날 괼소냐' 등에서, (나)는 '우기던 이 누구였습니까' 등에서 물음의 방식을 활용하고 있다. 그러나 (가)와 (나) 모두 이를 통해 대상에 대한 친밀감을 표현하고 있지는 않다.

④ (가)와 (나) 모두 바람직하지 않은 인간에 대한 연민의 시선을 드러내고 있지 않다.

⑤ (가)와 (나) 모두 역설적 표현은 사용되지 않았다.

3. ③

> ⓒ에서 정처 없이 방황하는 주체는 화자가 아닌 '임'이므로 선지의 내용은 적절하지 않다.

오답풀이

① ㉠에서 화자는 늙어버린 현재 시점에서 과거를 회상하며 느끼는 서러움을 직설적으로 토로하고 있다.

② ⓛ에서 화자는 스스로 자신의 '얼굴'을 보고 '참괴(매우 부끄러워 함)'하며 '어느 님이 날 괼소냐'를 통해 자책하고 있으므로 선지의 내용은 적절하다.

④ ⓔ에서 화자는 자신이 외롭게 보내는 시간을 '열 두 째(하루 12시간)', '셜흔 날(한 달 30일)', '매화 몃 번이나 피여 딘고(여러 해)'와 같이 점층적으로 확대하여 강조하고 있다.

⑤ ⓜ에서 화자는 '천만 업소이다'와 같이 단호한 어조를 사용하여 자신에게는 '과'나 '허물', 즉 잘못이 없음을 강조하여 표현하고 있다.

4. ③

> '천상의 견우직녀 은하수 막혀서도~실기티 아니거든'에서 화자가 견우직녀의 설화를 인용한 이유는, 은하수에 가로막혀 서로 만나지 못하는 견우와 직녀조차 1년에 한 번은 꼭 만나는데, 화자는 그러지 못하는 처지임을 상반을 통해 강조하기 위함이므로 선지의 내용은 적절하지 않다.

오답풀이

① 〈보기〉에 따르면 사대부의 유교적 정신세계를 담아내는 일반적인 가사와 달리 부녀자가 짓고 읊는 내방 가사는 여성 화자가 여성의 한과 경험에 대해 이야기한다. 따라서 남편의 부재로 인한 여성의 괴로움을 노래한 (가)는 내방 가사에 해당함을 알 수 있다.

② 〈보기〉에 따르면 내방 가사는 여성 화자가 남성 중심의 억압적 사회에서 겪는 여성의 한과 경험에 대해 이야기한다. 이를 고려하면 (가)의 화자가 자신이 만나게 된 남편을 '장안유협 경박자'라고 표현한 것에는, 남편에 대한 화자의 한이 투영되었다고 볼 수 있다.

④ 〈보기〉에 따르면 내방 가사는 여성 화자가 자신과 같은 처지의 여성, 딸, 가족 등을 독자로 설정하여 남성 중심의 억압적 사회에서 겪는 여성의 한과 경험에 대해 이야기 했으며, 한 작품을 여러 사람이 함께 향유하면서 여성들이 연대 의식을 갖기도 했다. 이를 고려하면 선지의 내용은 적절하다고 할 수 있다.

⑤ 〈보기〉에 따르면 사대부의 유교적 정신세계를 담아내는 일반적인 가사와 달리 내방 가사는 여성 화자가 남성 중심의 억압적 사회에서 겪는 여성의 한과 경험에 대해 이야기한다. 따라서 화자가 일반적인 가사와 달리 비애의 정서를 사실적으로 표출한 것은 남성 중심 사회에서 억압받는 여성의 상황과 관련이 있다고 볼 수 있다.

5. ④

> '무리들의 말이랍니다'는 자신을 향한 모함이 '(거짓말하는) 무리들의 말'에 불과하다며 결백을 하소연하는 것이고, '슬프도다'는 자신의 상황에 대한 슬픔을 드러낸 표현이므로 동일한 의미를 반복하는 것이라 볼 수 없다. 따라서 둘 중 하나를 생략한다고 경제성을 얻을 수는 없다.

오답풀이

① 〈보기〉에 따르면 사용된 언어 표현을 되풀이하는 기법인 '반복'은 감정을 강조하기 위한 방법에 해당한다. 따라서 3, 5행에서 '아으'라는 여음구를 반복한 것은 화자의 감정을 강조해서 표현하기 위한 것이라 할 수 있다.

② 〈보기〉에 따르면 텍스트의 일부 표현을 생략하는 기법인 '생략'은 표현을 간결하게 하기 위해 사용한다. 3행의 '아니며 거짓인 줄'은 '(저를 향한 모함은 사실이) 아니며'와 같이 '아니며'에 호응하는 문장 성분이 생략된 표현으로, 이는 표현을 간결하게 하기 위한 것이라 할 수 있다.

③ 〈보기〉에 따르면 비슷한 의미의 다른 표현을 추가하는 기법은 '환언'에 해당한다. 따라서 7행에서 '과(지나치게 무엇인가 행한 것)'와 '허믈(잘못 저지른 실수)'이라는 비슷한 의미의 다른 표현을 제시한 것은 '환언'에 해당한다.

⑤ 〈보기〉에 따르면 사용된 언어 표현을 되풀이하는 기법인 '반복'은 의미를 강조하기 위한 방법에 해당한다. 따라서 10, 11행에서 '임'을 반복한 것은 하소연과 청원의

의미를 강조하기 위한 것이라 할 수 있다.

___

2. 이신의, 사우가 / 신경준, 순원화훼잡설

1. ⑤

> 〈제3수〉의 '그윽한 향기'에서 후각적 이미지를, 〈제4수〉의 '온갖 꽃 간데업고 대 숲이 푸르러셰라'에서 시각적 이미지를 활용하고 있다. 이를 통해 각각 '매화'의 고매함(인격이나 품성, 학식, 재질 따위가 높고 빼어남)과 차가운 눈 속에서도 변함없는 푸르름을 보이는 절개와 지조라는 '대'의 긍정적 속성을 부각하고 있으므로 선지의 내용은 적절하다.

오답풀이

① 〈제1수〉의 '어쩌다 봄빛을 가져 고칠 줄 모르나니'에서 화자는 '솔'이 푸르름을 잃지 않는 것에 대한 의문을 제기하며 소나무의 모습을 예찬하고 있다. 한편 〈제2수〉에서는 '국화'의 '청고한' 모습에 대한 화자의 예찬이 드러날 뿐, 인식의 전환은 나타나지 않는다. 따라서 〈제1수〉의 대상인 '솔'에 대한 화자의 의문이 〈제2수〉에서 해소된다고 볼 수 없다.
② 〈제1수〉에서는 '바위에 셨'는 '솔'의 '늠연한' 자태를 반갑게 여기는 화자의 정서가 드러난다. 한편 〈제3수〉에서 화자는 '눈 속'에'서도 같은 빛을 유지하며 '그윽한 향기'를 풍기는 '매화'를 귀하게 여기고 있으므로, 대상과 화자의 갈등이 드러난다는 선지의 내용은 적절하지 않다.
③ 〈제2수〉에서는 '엄상(늦가을에 아주 되게 내리는 서리)'이라는 계절감을 드러내는 시어를 활용하여 서늘한 가을에 피어나는 국화의 속성을 드러내고 있을 뿐, 대상과 화자의 거리감을 강조하고 있지 않다. 한편 〈제4수〉에서는 '백설', '푸르러셰라'라는 색채를 드러내는 시어를 활용하여 '대'의 가치를 높이 평가하며 예찬하고 있으므로, 대상과 화자의 거리감을 강조한다고 볼 수 없다.
④ 〈제2수〉에서 '어즈버'라는 감탄사와 '-노라'라는 종결 어미를 활용한 것에서 영탄적 표현이 드러나나, 화자가 '국화'를 심은 이유는 제시되지 않았다. 한편 〈제3수〉에서는 '눈 속에 꽃이 피어 한 빛과 '그윽한 향기'가 귀하기 때문에 화자가 '매화'를 심었음을 밝히고 있으나, 반어적 표현은 사용되지 않았다.

2. ③

> (나)의 '나'는 '어지러운 인간 세상에서 두루 흘러서 오가'느라 '일 년 넘게 고향에 돌아오지 못하기도' 했으나, '갑자년 겨울'부터 '다음 해 봄에 이르기까지' '고향'에 머물렀다고 하였다. 그러나 '나'가 '어지러운 인간 세상'을 완전히 떠났다거나, 이에 대해 기쁨을 느낀다는 내용은 제시되지 않았으므로 선지의 내용은 적절하지 않다.

오답풀이

① (나)의 '나'는 '도잠'이 '어상'을 보았다면 '그 사랑이 국화보다 못하지 않았을 것'이라고 생각하였으므로 선지의 내용은 적절하다.
② (나)의 '나'는 '필시 깊숙한 산언덕 쑥대와 넝쿨이 엉긴 사이에 절개를 가진 꽃들이 어상처럼 숨어 살고 있을 것'이라고 하였으며, '이런 꽃들이 도잠처럼 글을 지어 이름을 널리 드러내 주기를 바라랴.'라며 '이런 꽃들'이 세상에 드러나기를 바라지 않을 것이라는 추측을 드러내었으므로 선지의 내용은 적절하다.
④ (나)의 '나'는 '매번 매화 피는 시기를 놓쳐서 10년 동안 한 번도 매화꽃을 보지 못하였다'고 자신의 경험을 밝히고 있다. 또한 '나'는 '당나라 사람의 시'에 등장하는 '옛사람'이 고향에 관해 물을 것들이 많음에도 '오직 매화만 아껴 돌아보는 것'을 의아해했는데, 자신이 매화와 '떨어져 멀리 있'었던 경험을 통해 절실한 그리움을 느끼게 됨으로써 '이제야 옛사람의 마음을 알게 되었음을 고백한다. 따라서 '나'가 자신의 경험을

바탕으로 '당나라 사람의 시'에 대한 깨달음을 얻고 있음을 알 수 있다.
⑤ (나)의 '나'는 '예전에 매화 아래에 살면서 날마다 매화와 만난 것을 생각해 보니, 또한 스스로 그 기쁨이 어느 정도였는지 몰랐'다고 밝히고 있다. 이를 통해 '나'가 과거 '매화'를 매일 볼 때에는 몰랐으나, '매화'를 자주 보지 못하는 현실에 놓이고서야 '매화'를 보는 '기쁨'이 얼마나 큰 것인지를 인식했음을 알 수 있다.

3. ③

> (가)의 화자는 ㉠에서 '국화 귀한 줄 뉘 아나니'라며 '국화'의 귀함을 알아보지 못하는 사람들에 대한 안타까움을 드러내고 있다. 반면 (나)의 '나'는 ㉡을 통해 '국화'가 '깊숙이 숨어' 사는 이름 모를 꽃이 아닌 '혁혁한' 명성을 가진 꽃이라는 인식을 드러내고 있을 뿐, 대상이 지닌 가치를 알아보지 못하는 사람들에 대한 안타까움을 드러내고 있지는 않다.

오답풀이

① (가)의 화자는 ㉠에서 남들과 달리 자신은 '국화'의 귀함을 알고 있음을 드러내며 '국화'를 예찬하고 있을 뿐, 이를 통해 자기 삶에 대한 인식을 전환하고 있지는 않다.
② (나)의 '나'는 '국화'가 '은일(세상을 피하여 숨음)하지 않다'는 생각을 드러내며, ㉡에서 '국화'가 '바위와 숲이 어울린 험한 빈터에 깊숙이 숨어' 사는 꽃일지라도 사람들이 그 이름을 모르지는 않음을 주장하고 있다. 즉, ㉡의 '바위와 숲'을 '국화'의 생태적 특성이라고 볼 수는 있으나, '바위'와 '숲'이 '국화'와 조화를 이루는 자연물이라고 볼 수는 없으므로 선지의 내용은 적절하지 않다.
④ (가)의 화자가 ㉠에서 '국화'의 귀함을 알아보지 못하는 사람들의 인식을 드러내고 있다고 볼 수 있으나, 사람들이 대상에 대한 비판적 시각을 지니고 있음을 우회적으로 드러내고 있지는 않다. 한편 (나)의 '나'는 ㉡에서 사람들이 '국화'의 이름을 알고 있을 것이라는 생각을 드러내고 있을 뿐, 대상에 대해 사람들이 비판적인 시각을 지니고 있음을 드러내고 있지는 않으므로 선지의 내용은 적절하지 않다.
⑤ (가)의 화자는 ㉠에서 '남들과 달리 자신은 '국화'의 귀함을 알고 있음을 드러내고 있다. 한편 (나)의 '나'는 '국화'가 '실로 은일하지 않다'며, ㉡에서 '국화'를 이름 모를 꽃이라고 인식하기에는 그 명성이 높다고 주장하고 있다. 이때 ㉠과 ㉡은 모두, 대상과 관련된 잘못된 편견을 지니고 있었다는 깨달음을 드러내고 있지 않으므로 선지의 내용은 적절하지 않다.

4. ②

> 〈보기〉에 따르면 전통적으로 사대부들은 자연을 하늘의 이치가 구현된 세계로 보았기에, 사대부 문학에서 자연물은 이상적 가치를 상징하는 관념적인 대상으로 형상화되었다. (가)의 〈제4수〉에서 화자는 '백설'이 세상을 하얗게 뒤덮어 '온갖 꽃'들이 사라졌음에도 '대숲'만은 푸름을 유지하고 있다며, 세상의 변화에도 흔들리지 않고 꿋꿋이 소신을 지키는 '대'의 지조와 절개라는 속성을 예찬하고 있다. 즉, 이상적 가치를 상징하는 관념적인 대상으로 형상화된 자연물은 '대'이며, '백설'은 '대'와 대립되는 소재라는 점에서 이상적 세계를 상징한다고 보기 어려우므로 선지의 내용은 적절하지 않다.

오답풀이

① 〈보기〉에 따르면 전통적으로 사대부들은 자연을 하늘의 이치가 구현된 세계로 보았기에, 사대부 문학에서 자연물은 이상적 가치를 상징하는 관념적인 대상으로 형상화되었다. (가)의 〈제1수〉에서 화자는 '솔'이 '풍상'을 겪어도 여위'지 않고 '봄빛을 가져 고칠 줄 모르'는 것에 감탄한다. 〈보기〉를 고려할 때, 이는 작가가 '솔'을 시련에도 변함없는 절개와 지조를 지닌 자연물로 인식하고 있음을 드러낸 것으로 볼 수 있다.
③ 〈보기〉에 따르면 조선 후기에 이르러 자연을 객관적인 경물로 대하는 작품들이 등장하기 시작했으며, (나)는 자연물의 외양 및 특성에 대한 관찰을 바탕으로 작가의 개인적 정서를 드러내었다. 이를 고려할 때, (나)에서 '갑자년 겨울에 고향'에 돌아간'

'나'가 '다음 해 봄에 이르기까지 매화의 피고 지는 것'을 보며 '성근 가지', '여윈 꽃술'과 '찬 꽃받침'을 살펴 '마음속'이 '유연'하게 되었다고 한 것은, 작가가 자연물의 외양을 관찰하며 느낀 개인적 정서를 드러낸 것이라 볼 수 있다.

④ 〈보기〉에 따르면 조선 후기에 이르러 자연을 객관적인 경물로 대하는 작품들이 등장하기 시작했는데, (나)는 자연물에 관한 기존의 보편적 인식을 전복하는 방식으로 변화하는 자연관을 담아냈다. (나)에서 '나'는 '국화'가 '주무숙이 은일하다고 했기 때문에 은일의 이름을 얻게 된 것일 뿐, '실로 은일하지 않다'고 평가한다. 또한 '국화'는 '왕궁, 귀인 부호가로부터 여염의 천한 선비에 이르기까지' 널리 사랑받고, '시인 문사들'과 '화가들'의 찬양을 받은 꽃이라 '혁혁한 그 명성은 모란보다 더 높'다고 언급하였다는 점에서, 작가가 국화를 '은일'이라고 보는 자연물에 대한 기존의 보편적 인식을 전복하고 있음을 알 수 있다.

⑤ 〈보기〉에 따르면 자연과의 합일을 지향하는 (가)의 화자와, 자연을 대상화하는 (나)의 '나' 사이에 존재하는 태도의 차이를 통해 사대부의 자연관이 변화하였음을 확인할 수 있다. (가)의 〈제2수〉에서 화자가 '엄상에 혼자 피'는 '국화'를 '청고한 내 벗'으로 여긴다는 점에서, 화자에게 '국화'는 청고한 속성을 지닌 관념적 대상에 해당함을 알 수 있다. 한편 (나)에서 '나'는 "참으로 꽃 중에서 은일은 '어상'이라"고 말하며, '이 꽃은 담홍색으로 송이가 많으며 잎은 국화와 같은데 줄기가 약간 가늘다'고 설명한다. 즉, '나'가 '어상'의 외양을 관찰함으로써 얻은 정보를 자세하게 제시하는 것을 통해, '나'는 자연물을 관념적 대상이 아닌 관찰 가능한 객관적 대상으로 인식하였음을 알 수 있다. 따라서 (가)의 화자와 (나)의 '나'가 보여 주는 자연물에 대한 태도 차이를 통해 사대부의 전통적인 자연관이 변화하였음을 알 수 있다.

3. 조위, 만분가 / 정철, 속미인곡 / 김진형, 북천가

1. ⑤

> ㉠에 따르면 (가)의 작가는 누명을 쓰고 억울하게 유배형을 받았다. 이에 작가는 화자의 목소리를 통해 억울한 심정을 토로하며, '도척'과 '백이'의 고사를 떠올린다. 이때 '백이'는 도리에 어긋난 주 무왕을 비판하였으나 자신의 뜻이 받아들여지지 않자 수양산에 들어가 굶어 죽은 인물로, 정당한 삶을 살았음에도 비참한 처지가 된 화자와 동일시되는 대상이다. 반면 '도척'은 죄를 지었음에도 '멀쩡히 놀'았던 인물로, 화자와 상반되는 대상이므로 '도척'과 화자가 동일시되었다는 선지의 내용은 적절하지 않다.

오답풀이

① ㉠에 따르면 (가)의 화자가 애정을 보이는 대상인 '님'은 선왕(선대의 임금)인 성종이다. 화자는 '님'에게 받은 은혜를 '바다 같은' 것으로 여기며 이에 보답하려는 마음을 '백옥 같은 이내 마음'으로 표현하였는데, 이는 '님'을 향한 화자의 애정이자 선왕을 향한 작가의 충심으로 해석할 수 있으므로 선지의 내용은 적절하다.

② (가)에서 '무서리(늦가을에 처음 내리는 묽은 서리)'가 내리면서 화자의 '소매'가 차가운 상태가 되는데, 이는 행복하였던 상황이 반전되어 화자가 부정적 상황에 놓이게 되었음을 의미한다. ㉠에 따르면 이는 성종의 사후에 연산군이 등극하면서 작가가 유배형을 받게 된 상황으로 해석할 수 있다. 즉, '무서리'의 결과로 '소매'가 차가운 상태가 된 것은 화자가 유배로 인해 불안한 상황에 놓이게 되었음을 암시하므로 선지의 내용은 적절하다.

③ ㉠에 따르면 (가)에서 작가는 억울한 누명을 쓰고 유배되었다. 따라서 '나라만 생각하다'가 '원분만 쌓였다'는 것은 억울한 상황에 놓인 화자의 상실감을 드러낸 것으로 볼 수 있다.

④ (가)에서 '눈먼 말'은 부정적 현실을 외면하려는 화자의 심정을 투영한 대상으로, 유배 현실에서 초연하려는 작가의 모습을 드러낸 것으로 볼 수 있다. 한편, '조화'는 화자가 부정적 현실에 처하게 된 운명을 의미한다. 화자는 '원분'을 유발한 현실을

'눈먼 말'과 같이 외면하려 하면서도, 한편으로는 '못 믿을 건 조화로다'라고 말하며 현실을 수용하지 못하는 태도를 보이는데, ㉠에 따르면 이는 유배형을 받고 쌓인 작가의 '원분'이 해소되지 않았음을 보여 준다.

2. ③

> (가)의 '꿈'은 화자에게 '금화성 백옥당'에서 임을 모셨던 과거의 기억을 상기시킨다. 한편, (나)에서 '꿈'을 통해 그리워하던 '님'을 마주한 화자는 자신이 모실 때는 '옥' 같던 '님'의 얼굴이 지금은 반이 넘게 늙었다며 안타까움을 드러내고 있으므로 선지의 내용은 적절하다.

오답풀이

① (가)에서 화자는 '님'과 이별한 상태이며, '금화성 백옥당'의 '꿈'을 '향기롭게' 여긴다는 점을 고려할 때, '꿈'은 화자가 추구하는 '금화성 백옥당'이라는 이상 세계의 모습을 보여 준다고 할 수 있다. 한편, (나)에서 '꿈'은 화자가 '님'과 재회하는 공간이므로 이상 세계의 모습을 보여 준다는 점을 허용할 여지가 있다. 따라서 선지의 내용은 적절하지 않다.

② (가)와 (나)의 '꿈'에서 화자의 고난이 심화될 것임을 암시하는 소재는 제시되지 않았다.

④ (가)의 화자가 '님'과 함께했던 '금화성 백옥당'의 '꿈'조차 향기롭게 여긴다는 점에서, '꿈'은 임을 향한 화자의 그리움을 반영한 결과라고 할 수 있다. 반면 (나)의 화자는 '꿈'에서 깬 후 '꿈'을 허사라고 여기며 허탈해 할 뿐, 임을 원망하고 있지는 않으므로 선지의 내용은 적절하지 않다.

⑤ (가)의 화자가 '꿈'을 통해 이상과 현실의 괴리를 인정하는 모습은 나타나지 않으며, (나)의 화자가 '꿈'을 통해 현실 극복을 다짐하는 모습 또한 나타나지 않는다.

3. ①

> 윗글의 2문단에 따르면, (가)는 현재 임금인 연산군으로 인하여 유배형을 받은 작가가 선왕 성종을 향한 충성심을 드러낸 작품이다. 이를 고려할 때 '바다 같은 님의 은혜'는 작가가 과거에 모셨던 '성종의 은혜'이며, '바다 같은 님의 은혜를 조금이나마 갚으려고'는 과거 선왕을 향한 감사와 충심을 드러내는 것으로 볼 수 있다. 따라서 (가)는 작가의 내면을 드러낸 ⓐ(화자 중심 발화)에 해당하므로, 예상 독자인 임금을 대상으로 한다는 선지의 내용은 적절하지 않다.

오답풀이

② (나)의 '어엿븐 그림재 날 조출 뿐이로다'는 '꿈'을 통해 '님'에 대한 그리움이 심화된 화자가 '님'이 곁에 없는 현실을 다시금 인식하면서 자신이 느끼는 상실감을 환기하고 있는 부분이다. 따라서 ⓐ에 해당한다고 볼 수 있다.

③ (나)의 '내 몸의 지은 죄 뫼 ᄀ티 짜혀시니'는 표면적으로는 화자의 독백으로 볼 수 있으나, 3문단에 따르면 (나)의 잠재적 독자인 임금을 향한 발화로도 볼 수 있다. 이때 자신의 죄를 고백하는 화자의 발화는 독자인 임금의 연민을 유도하는 것으로, 독자로 하여금 작가를 향한 태도를 바꾸려는 의도를 담고 있다고 볼 수 있다. 즉 '내 몸의 지은 죄 뫼 ᄀ티 짜혀시니'는 독자를 설득하려는 의도와 정치적 목적을 내포하고 있다는 점에서 ⓑ(청자·독자 중심 발화)에 해당한다고 볼 수 있다.

④ 윗글의 4문단에 따르면, (다)는 정치적 부담에서 비교적 자유로운 작가가 실제 현실을 직접 반영하여 쓴 작품이다. 이때 '흔들리는 세상에서 남다른 노릇이라'는 당대 정치 현실에 대한 작가의 생각을 직접 드러내고 있다는 점에서 ⓐ에 해당한다고 볼 수 있다.

⑤ (다)의 '박달영 넘어가서 금장동 들어가니'는 '칠보산'을 방문한 작가의 여정으로, 이를 통해 독자에게 '칠보산' 인근의 실제 공간에 관한 정보를 제공하고 있으므로 ⓒ(지시물 중심 발화)에 해당한다고 볼 수 있다.

4. ④

> '악양누 황강경도 왕등의 사적이요 / 적벽강 제석놀음 구소의 풍정이니'에서 '주인'은 화자에게 유배 상황에서 좋은 시를 남긴 고사 속 인물들의 업적을 언급하며, '칠보산 놀음'을 하는 것이 '허물'이 되지 않는다고 말하고 있다. 화자는 이러한 말을 '반겨 듣고' 일어나 칠보산으로 놀러 간다. 즉, 화자는 유배 상황이지만 명승지를 방문한 유배객들의 사례를 듣고 칠보산에서 놀이를 즐길 정당성을 얻어 기뻐한다고 볼 수 있으므로 선지의 내용은 적절하다.

오답풀이

① 화자는 '오십에 등과'하여 '백수홍진'한 자신의 생을 떠올리는데, 이는 화자의 자부심을 드러낸다기보다는 늦게나마 '공명'을 취하였으면서 '행색'을 바로 하지 못해 유배 가게 된 자신의 신세를 한탄하는 것이라고 볼 수 있어 적절하지 않은 설명이다.

② 화자는 '부월을 무릅쓰고 임금에게 상소'한 일을 회상하고 있다. 화자는 그러한 일이 예전 같았으면 빛나고 옳은 것이었겠으나, 세상이 혼란스러워 자신의 뜻이 받아들여지지 않고 유배를 가게 되었다고 한탄하고 있다. 화자가 임금에게 직언하지 못한 일을 회상하거나, 제 역할을 다하지 못해 회한을 느끼고 있지는 않으므로 선지의 내용은 적절하지 않다.

③ '소인의~임금에게 상소하니', '임금이 진노하사 / 삭탈관직하시면서'에서 화자는 임금에게 올린 상소로 인해 '삭탈관직(죄를 지은 자의 벼슬과 품계를 빼앗고 벼슬아치의 명부에서 그 이름을 지우던 일)'을 당했음을 알 수 있다. 또한 '남수찬의 상소 끝에 명천 유배 놀랍도다'에서 화자는 남수찬이 올린 상소로 인해 '명천'으로 유배 가게 되었음을 알 수 있으므로 선지의 내용은 적절하지 않다.

⑤ '봉우리마다 단풍 빛은 비단 장막을 둘러놓은 듯'에서 화자는 단풍이 물든 칠보산의 풍경을 '비단 장막' 같다고 여기며 풍취를 즐기고 있을 뿐, 산의 풍경을 보며 고향을 연상하고 있지는 않으므로 선지의 내용은 적절하지 않다.

5. ②

> 윗글의 3문단에 따르면 (나)는 (가)에 비해 '의사애정담론' 형식을 본격적으로 활용하고 있는 작품으로, 실제 현실과의 표면적 연관성을 유지한 (가)와 달리 가상적 상황을 제시하고 있다. 결국 (나)를 읽는 독자들은 (나)에 반영된 작가의 유배 체험을 직접 확인하기 어려우며, 상징적이고 함축적인 언어 속에서 이를 추론해 내야 한다. 따라서 (나)를 감상하며 독자들이 작품의 내용과 작가의 유배 체험 간의 표면적 관련성을 직접 파악할 수 있다는 선지의 내용은 적절하지 않다.

오답풀이

① 윗글의 2문단에 따르면 (가)는 부분적으로 남성 화자를 여성 화자로 바꾸며 '의사애정담론'의 형식을 활용하였다. (가)에서 '오색실'을 이어 '님의 옷'을 짓고 싶다는 화자의 표현은 옷을 짓는 여성 화자를 연상시키는 것으로 볼 수 있다. 그리고 이러한 여성 화자의 목소리는 '님'을 향한 애정과 충심을 독자에게 호소력 있게 전달하기 위한 전략으로 볼 수 있으므로 선지의 내용은 적절하다.

③ 윗글의 3문단에 따르면 (나)는 '의사애정담론'의 형식을 활용하여 사대부 작가의 유배 체험과 작품 내용 간의 표면적 연관성을 확인하기 어려운 작품이다. 이때 (나)와 관련하여 작가가 사대부 남성이라는 정보가 제공되었을 때, 독자는 (나)의 여성 화자를 사대부 남성 작가와 연관 지어 해석할 수 있는데, 이때 독자가 여성 화자가 보이는 '님'을 향한 애정과 믿음을 임금을 향한 사대부 작가의 충성으로 치환하여 이해할 것이라고 추론할 수 있다.

④ (다)에서 '어와 세상 사람들아'라는 호명의 진술이 활용되는데, 이때 '세상 사람들'은 작중 현실에서 화자가 부르는 대상인 청자로 볼 수 있으나, 전체 담론 차원에서는 독자와 동일시되는 대상으로 볼 수 있다. 윗글의 4문단에 따르면 (다)와 같은 조선 후기 유배가사는 유배 체험을 독자에게 흥미로운 경험으로 전달하는데, 이를 고려할 때 (다)의 화자가 독자와 동일시되는 청자를 호명하는 진술은 작가의 개인적 체험인

유배 체험에 대한 독자의 관심과 흥미를 유발하는 것임을 추론할 수 있다.

⑤ (다)의 화자는 자신이 유배형을 받아 명천에 가게 된 경위를 밝히면서 당시 조정을 장악했던 '소인'의 적이 된 사연을 밝히고 있다. 윗글의 4문단을 참고할 때, 이처럼 작중에 당대 정치 현실이 직접 언급한 것은 작가가 (다)를 창작할 당시 정치적 부담이 적었기 때문으로 볼 수 있으므로 선지의 내용은 적절하다.

4. 홍정유, 동유가

1. ②

> '큰 소나무 하나 서 있는데~여남은 길 되더라'에서 '소나무'의 모습을 묘사하고 있으나, 이를 통해 계절의 변화상을 보여 주고 있지는 않으므로 선지의 내용은 적절하지 않다.

오답풀이

① '신안', '당아지고개', '회양부' 등의 지명을 언급하여 공간의 이동을 구체화하고 있으므로 선지의 내용은 적절하다.

③ '내외 금강산 뛰어난 경치~꿈인 듯 진경인 듯 반신반의하겠구나'에서 감탄형 종결어미 '-구나'를 사용한 영탄적 표현을 통해 금강산 유람에 대한 만족감을 표출하고 있으므로 선지의 내용은 적절하다.

④ '잘 있었느냐 삼각산아, 우리 고향 가깝구나', '세상의 호걸님들 다 한번 보옵소서'에서 말을 건네는 방식을 활용하여 화자가 각각 '삼각산'과 '호걸님들'을 향한 친밀감을 드러내고 있으므로 선지의 내용은 적절하다.

⑤ '점심 먹고 일어'선 화자가 '당아지고개', '주막', '칠송정'을 지나 '고개 둘 또 넘어서 회양부에 들어가'니 '해가 '아직 덜 저물'었다는 부분이나, '신시 남짓 되었고 시장도 하기에' '주막에서 밥 사서 요기'한 후 '어둡기 기다려서 집에' 들어갔다는 부분 등에서 화자의 행동을 시간의 흐름에 따라 열거하여 상황을 구체적으로 보여 주고 있으므로 선지의 내용은 적절하다.

2. ④

> ㉠(늙은 어부)이 화자에게 '저 소나무가 병자호란 겪었다'고 말해 주자, 화자가 '신기'해 하며 소나무를 '두 번 세 번 돌아보'았으므로, ㉠은 화자의 정서적 반응을 불러일으키는 인물이라고 볼 수 있다. 한편, 화자가 ㉡(호걸님들)에게 '다 한번 보옵소서'라고 한 것을 고려해 볼 때, ㉡은 금강산을 유람할 것을 권하는 대상이거나 혹은 화자가 기록한 금강산 유람 내용을 읽어 볼 것을 권하는 대상에 해당함을 알 수 있다. 따라서 ㉡은 화자가 특정 행동을 권유하는 인물이라고 볼 수 있다.

오답풀이

① ㉠ O, ㉡ X / ㉠이 화자에게 '저 소나무가 병자호란 겪었다'고 말해 주자, 화자가 '신기'해 하며 소나무를 '두 번 세 번 돌아보'았으므로, ㉠은 화자에게 놀라움을 주는 인물로 볼 수 있다. 반면 ㉡은 화자가 금강산을 유람할 것 혹은 자신이 기록한 금강산 유람 내용을 읽어 볼 것을 권하는 대상이므로, 화자가 안타깝게 여기는 인물이라고 볼 수 없다.

② ㉠ O, ㉡ X / ㉠은 화자가 '칠송정 지나올 때' 만났으므로, 여정 중에 만난 인물이라고 볼 수 있다. 반면 ㉡은 화자가 금강산 유람 혹은 자신이 기록한 금강산 유람 내용을 읽어 볼 것을 권하는 대상일 뿐, 여정을 마친 후에 만난 인물이 아니다.

③ ㉠ O, ㉡ X / ㉠이 화자에게 '저 소나무가 병자호란 겪었다'고 말해 주자, 화자가 '신기'해 하며 소나무를 '두 번 세 번 돌아보'았으므로, ㉠은 화자에게 알지 못했던 사실을 알려 주는 인물이라고 볼 수 있다. 반면 ㉡은 화자가 금강산을 유람할 것 혹은 자신이 기록한 금강산 유람 내용을 읽어 볼 것을 권하는 대상일 뿐, 화자가

본받고자 하는 인물은 아니다.
⑤ ㉠ X, ㉡ X / ㉠은 화자에게 소나무에 대한 정보를 알려 주는 인물일 뿐, 화자로 하여금 자신의 행동을 반성하게 하는 인물은 아니다. 한편, ㉡은 화자가 금강산을 유람할 것 혹은 자신이 기록한 금강산 유람 내용을 읽어 볼 것을 권하는 대상일 뿐, 화자가 새로운 결심을 하도록 만드는 인물은 아니다.

3. ③

> '삼백팔십 리'는 화자가 '회양부에 들어'갈 때까지 거쳐 온 거리를, '삼십육일'은 화자가 유람을 다녀온 일수를 구체적 수치로 제시한 것이다. 이는 작가가 유람 중 경험한 사실을 객관적으로 나타낸 것일 뿐, 사물의 실제를 탐구하려 했음을 드러낸 것이 아니므로 선지의 내용은 적절하지 않다.

오답풀이

① 〈보기〉에 따르면 전통적으로 기행 가사는 군자가 갖추어야 할 덕과 기상을 함양하기 위해 떠난 유생(유학을 공부하는 선비)의 여행 경험을 그려 냈다. 하지만 윗글에서 화자는 '갈 길이 바쁘'다는 이유로 중국 송나라의 유학자인 주자와 조선 숙종 때의 문신이자 학자인 우암 송시열의 '영당(한 종파의 조사나 한 절의 창시자, 또는 덕이 높은 승려의 화상을 모신 집)'에 들르지 않고 떠나는 모습을 보이고 있다. 이는 작가가 유교 이념의 바탕 위에서 군자가 갖추어야 할 덕과 기상을 함양하기 위해 금강산 유람에 나선 것이 아님을 보여 주므로 선지의 내용은 적절하다.
② 〈보기〉에 따르면 윗글은 유교적 덕목이나 교훈을 앞세우기보단, 작가가 유람 중 경험한 사실을 객관적으로 묘사하는 데에 집중했다. 이를 고려할 때 '큰 소나무 하나'가 서 있는 것을 보고 '굵기는 두어 아름 높이는 여남은 길'이 된다는 묘사에서, 작가가 '소나무'가 주는 교훈보다는 '소나무' 그 자체에 호기심을 보였음을 알 수 있으므로 선지의 내용은 적절하다.
④ 〈보기〉에 따르면 윗글은 개인적 소회(마음에 품고 있는 회포)를 자유롭게 표현함으로써 기존 기행 가사와 구별되는 면모를 보여 주었다. 이를 고려할 때 화자가 '삼십육일' 간의 금강산 유람 체험을 돌아보며 '내외 금강산'의 '뛰어난 경치'가 '눈앞에 삼삼하'다고 표현한 것은, 유람 체험에 대한 개인적 소회를 드러내는 것이므로 선지의 내용은 적절하다.
⑤ 〈보기〉에 따르면 윗글은 유람 중 경험한 사실을 객관적으로 묘사하는 것에서 더 나아가 사소한 일상을 자유롭게 표현하기도 하였다. 이를 고려할 때 화자가 유람을 하며 '듣고 본 좋은 경치'뿐만 아니라 '도중의 우스운 일'까지 기록했다는 것은, 작가가 유람 중 겪은 사소한 일상까지 자유롭게 표현했음을 드러내는 것이므로 선지의 내용은 적절하다.

---

5. 임제, 잠령민정 / 김상헌, 운림처사가

1. ⑤

> (가)에는 '바다', '국경', '강목', '해안'과 같은 공간이 제시되고 있다. 이 공간들은 모두 외적의 위협을 받아 위태로운 곳이므로 이질적이라고 볼 수 없으며, 따라서 서로 대비된다고 볼 수도 없다. 한편 (나)에서 화자는 '바위 굴', '구름', '청산' 등의 자연물을 통해 자연에 은거하여 사는 모습을 제시하고 이에 대한 만족감을 드러내고 있을 뿐, 자연물에 인격을 부여하여 자신의 지향을 나타내고 있지는 않다.

오답풀이

① (가) O, (나) X / (가)의 '누가 알리, 베옷 입은 이 사람이 / 웅대한 뜻 하루 천리 달리는 줄을'에서 물음의 형식을 활용하여 세상의 인정을 받지 못하는 자신의 신세에 대한 화자의 한탄을 부각하고 있다. 반면 (나)는 '어와 즐겁구나 이곳이 어디

인가', '산중의 그윽한 흥이 이토록 청초하랴' 등에서 물음의 형식을 활용하여 자연에 은거하여 사는 삶에 대한 화자의 만족감이나 속세에 대한 화자의 비판적 태도를 드러내고 있을 뿐, 자신의 신세에 대한 화자의 한탄을 드러내고 있지는 않다.
② (가) X, (나) O / (가)는 색채어를 활용하고 있지 않다. 반면 (나)에서는 '흰 구름이 덮었으니 / 청산은 네 벽이요'에서 색채어를 활용하여 화자가 거처하는 '초가 몇 칸'의 모습을 그리고 있다.
③ (가) O, (나) O / (가)의 '동쪽의 바다에는 큰 고래 있고 / 서쪽의 국경에는 멧돼지 있네'에서 외적을 '고래', '멧돼지'에 빗대어 표현하였다. 이를 통해 국경이 위협당하고 있는 현실에 대한 화자의 인식을 우회적으로 드러내었다고 볼 수 있다. 또한 (가)의 '말 잘 보는 한풍자가~귀가 쳐졌네'에서 화자는 자신을 '절영마'에, 자신의 인물됨을 알아주는 사람을 '한풍자'에 빗대어 표현하였다. 이를 통해 인재를 알아보는 안목을 지닌 존재가 없어 인재가 등용되지 못하는 현실을 우회적으로 비판하고 있다고 볼 수 있다. 한편 (나)의 '꿈 같은 인생이 안개같이 스러지며 / 산처럼 쌓인 재물 구름같이 흩어지고'에서 '인생'과 '재물'을 각각 '안개'와 '구름'에 빗대어 표현하였다. 이를 통해 인간의 삶과 세속적 가치는 무상하다는 화자의 인식을 우회적으로 드러내었다고 볼 수 있다.
④ (가) O, (나) O / (가)에서는 '고래', '멧돼지' 등의 자연물을 활용해 국경이 위태로운 상황에 처해 있음을 구체적으로 제시하고 있다. 한편 (나)에서는 '청산', '구름' 등의 자연물을 활용해 화자가 자연 속에서 소박한 삶을 누리는 상황을 구체적으로 제시하고 있다.

2. ③

> (가)의 화자는 자신이 '절영마'임을 세상이 알지 못하여 '웅대한 뜻'을 펼치지 못하고 있다고 말한다. 이때 ㉠(한풍자)은 화자의 능력과 포부를 알아볼 수 있는 존재라는 점에서, 화자에게 능력을 뽐낼 계기를 제공하는 대상으로 볼 수 있다. 한편 (나)에서 화자는 ㉡(옛사람)의 말을 통해, 자신이 자연 속 '한가한 곳'에 거처를 마련하러 일찍이 '오지 못하였음'을 깨닫는다. 따라서 ㉡은 화자가 자연으로 '미리 오지 못하였'던 것을 성찰하는 계기를 제공한다고 볼 수 있다.

오답풀이

① ㉠ O, ㉡ X / (가)의 화자는 ㉠이 나타나 자신의 능력과 포부를 알아봐 줌으로써 자신이 위태로운 나라를 구하는 데 힘쓸 수 있게 되기를 바라고 있으므로, ㉠은 (가)의 화자가 부정적 현실을 바로잡는 것을 도와줄 수 있는 대상이라고 할 수 있다. 반면 (나)에서 화자는 '인이 있는 곳을 택하지 않고 어찌 지혜롭겠는가'라는 ㉡의 말을 읊으며 '한가한 곳'에 일찍이 '거처를 찾'지 못하였음을 아쉬워하고 있을 뿐, 부정적 현실을 바로잡으려 하지 않았으며 ㉡이 이를 돕는 대상인 것도 아니므로 선지의 내용은 적절하지 않다.
② ㉠ X, ㉡ X / (가)의 화자는 ㉠이 나타나 자신의 능력과 포부를 알아봐 주고, 이를 계기로 세상에서 인정받을 수 있기를 바라고 있다. 이때 ㉠은 화자의 능력과 포부를 알아봐 주는 대상일 뿐, 타인의 인정을 받기 위해 필요한 삶의 방식을 화자에게 제시하는 대상은 아니다. 한편 (나)의 화자는 ㉡의 말을 읊으며 일찍이 속세에서 벗어나 자연으로 오지 않았음을 아쉬워하고 있다. 이때, ㉡이 화자에게 타인의 인정을 받기 위해 필요한 삶의 방식을 제시하였다고 볼 수는 없다.
④ ㉠ X, ㉡ X / (가)의 ㉠은 화자의 능력과 포부를 알아볼 수 있는 대상일 뿐, 화자에게 자기 자신을 객관적으로 인식할 것을 강조하고 있지는 않다. 한편 (나)의 화자는 ㉡의 말을 읊으며 자연 속 '한가한 곳'에 '미리 오지 못하였음'을 깨닫는다. 이때 ㉡은 자연 속에서 사는 삶에 대한 화자의 만족감을 뒷받침하는 근거를 제공할 뿐, 화자에게 도덕적 삶의 자세를 강조하지는 않는다.
⑤ ㉠ X, ㉡ O / (가)의 화자가 ㉠의 부재로 자신의 능력과 포부를 인정받지 못하는 상황에 대해 불만을 품고 있는 것은 맞지만, ㉠이 이러한 불만을 비판하고 있지는 않다. 반면 (나)의 화자는 ㉡의 말을 통해 자연 속 '한가한 곳'에 '미리 오지 못하였음'을 깨닫고, 자연 속에서 사는 현재의 삶에 대한 만족감을 드러내고 있다. 따라서

ⓒ은 화자가 현재 자연 속에 마련한 거처에 대해 긍정적 평가를 내리도록 이끌어 낸다고 볼 수 있다.

3. ⑤

> 〈보기〉에 따르면 속세는 인간의 이상과 욕망이 구현되는 공간인 동시에, 그 실현이 가로막히는 제약의 공간이다. 이러한 속세의 이중성으로 인해 인간은 좌절을 경험하면서 세속의 현실 자체를 부정하려 하기도 한다. (가)의 화자는 자신을 '천리'를 달릴 수 있는 '절영마'에 빗대며, '대장부'로서 자신에게 '웅대한 뜻'이 있음에도 그 '뜻'을 실현할 수 없는 세속의 현실에 좌절감을 느끼고 있다. 그러나 자연 속으로 물러나거나 현실을 떠나려는 모습은 보이지 않으므로, 이러한 화자의 모습이 세속 현실에서 벗어나려는 노력에 해당한다는 선지의 내용은 적절하지 않다. 반면 (나)의 화자는 인간의 삶과 '부귀영화'와 같은 세속적 가치를 무상하다고 인식하고 있으며, 자연 속에 은거하며 사는 삶을 자신의 분수로 여기며 만족감을 드러내고 있다. 따라서 (나)의 화자가 '한가한 곳'에 '거처를 찾'는 것은 세속 현실에 거부감을 품고 세속 현실에서 벗어나려는 노력에 해당한다고 볼 수 있다.

오답풀이

① 〈보기〉에 따르면 속세는 이상과 욕망이 구현되는 공간인 동시에, 그러한 이상과 욕망의 실현이 제약되는 공간이기도 하다. (가)의 화자는 외적으로부터 국경을 지키기 위한 '보루(적의 침입을 막기 위해 쌓은 구축물)'가 전혀 없는 상황을 문제시하고 있는데, 이는 나라의 안정이라는 이상이 실현되지 못하고 있는 현실을 보여 준다고 할 수 있다.

② 〈보기〉에 따르면 고전 시가에서는 세속 현실의 모순을 극복하는 방안으로, 이상과 욕망이 인간이 겪는 고통의 근원임을 자각함으로써 그것들에서 벗어나는 정신적 자유를 추구하려는 자세를 제시한다. (나)의 화자는 세속의 현실에서 지내다가 자연 속 '한가한 곳'에 거처를 삼아 '돌솥에 음식을 삶아 먹고 신령한 산에서 약초를 캐'어 먹으며 살고 있다. 이러한 화자의 모습은 세속 현실, 즉 속세의 이상과 욕망에서 벗어나 정신적 자유를 누리는 상태를 보여 준다고 할 수 있다.

③ 〈보기〉에 따르면 고전 시가에서는 세속 현실의 모순을 극복하는 방안으로, 이상과 욕망이 인간이 겪는 고통의 근원임을 자각함으로써 그것들에서 벗어나는 정신적 자유를 추구하려는 자세를 제시한다. (나)의 화자는 '꽃을 탐하는 눈이 어두워 불꽃인 줄 몰라보'는 모습을 통해, 겉모습에 이끌려 욕망을 좇는 태도가 결국 해로움을 불러온다는 점을 지적하고 있다. 이러한 화자의 비판적 시각은 맹목적인 욕망의 추구가 고통의 근원이 될 수 있다는 인식을 드러낸다고 할 수 있다.

④ 〈보기〉에 따르면 이상과 욕망이 구현되는 공간이자, 그 실현이 가로막히기도 하는 세속 현실의 이중성 속에서 인간은 좌절을 경험하게 된다. (가)의 화자는 자신의 포부와 능력을 알아봐 주는 '한풍자' 같은 사람이 없어, 자신이 '절영마'처럼 뛰어난 인재임에도 세상에 드러나지 못하고 있다고 한탄하고 있다. 따라서 '귀가 처진 절영마'는 자신이 소망하는 바를 실현하지 못하고 있는 화자의 처지를 나타낸다고 볼 수 있다. 한편 (나)의 화자는 '산처럼 쌓인 재물 구름같이 흩어지고 / 가축에 재앙이 미쳐 닭, 개까지 다 죽으니'라며 세속의 '부귀영화'가 덧없음을 드러내고, '부귀영화를 무를 방도가 전혀 없다'며 이상과 욕망의 실현이 가로막히는 현실을 인식하고 있다. 이는 세속 현실의 이중성에 대한 화자의 깨달음을 보여 준다고 할 수 있다.

6. 이덕일, 우국가 / 최현, 용사음

1. ②

> [B]에서 '복숭아 오얏꽃'은 봄을, '버들'은 여름을, '서풍'과 '낙엽'은 가을을 환기하는 자연물이다. 이를 통해 봄과 여름을 지나 가을이 되었다는 시간의 경과를 보여 주고 있다. 반면 [A]는 계절감을 드러내는 자연물이 제시되지 않았으므로 선

지의 내용은 적절하다.

오답풀이

① [B]에서 '김해 정의번 유종개 장사진아'는 역사적 인물을 호명한 것으로 볼 수 있으나, [A]에는 이러한 표현이 나타나지 않는다.

③ [A]에서 관념적 성격의 공간은 나타나지 않는다. '삼백 이십 주'는 적으로부터 지켜야 하는 국토를 의미하므로, 경험적이고 현실적인 공간이라 할 수 있다. 한편 [B]는 '김해성', '진주성' 등 현실적 공간을 제시하고 있다.

④ [B]의 '낙엽 소리'는 계절적 배경이 가을임을 나타냄과 동시에 적들에게 맞서 싸우다가 죽은 이들을 떠오르게 하는 청각적 이미지로, 화자의 애상적 정서를 구체화한다고 볼 수 있다. 그러나 [A]에는 애상적 정서를 환기하는 청각적 이미지가 나타나지 않는다.

⑤ [A]의 '성이 있어 오랑캐를 막으랴'와 [B]의 '진주성을 뉘 지키료'는 설의적 표현이라고 할 수 있으나, 둘 다 화자의 자조적 태도가 드러나지 않는다. [A]에는 성이 없어 '오랑캐'를 막을 수 없는 현실에 대한, [B]에는 적에게 국토가 함락되어 가는 상황에 대한 비통함이 드러난다.

2. ⑤

> ⓔ는 화자가 '두 고개가 과연 높다고 할 수 있을 것인가? 한강을 과연 깊다고 할 수 있나?'라고 묻고 있는 것으로, 이는 자연적 장애물이 적의 침입을 방어하지 못하는 현실을 지적한 것으로 볼 수 있다. 따라서 자연적 장애물이 적의 침입을 막아 주기를 바라는 화자의 기대감이 드러난다는 선지의 내용은 적절하지 않다.

오답풀이

① ⓐ의 '성'과 '못'은 백성들을 착취하여 얻어낸 것이다. 이처럼 백성들이 착취당한 정황을 제시함으로써 부조리가 만연한 세태를 비판하고 있으므로 선지의 내용은 적절하다.

② ⓑ에는 주인이 잠든 채로 문이 열려 있는 상황이 제시되어 있다. 이는 안보 의식이 부재한 현실을 개탄(분하거나 못마땅하게 여겨 한탄함)한 것이므로 선지의 내용은 적절하다.

③ ⓒ에서 화자는 '감사가 병사가 목부사 만호첨사'와 같이 다양한 관직의 이름을 나열하고 있다. 앞뒤 문맥을 고려하였을 때 이들은 '술'에 취해 '병기'를 다루지 못하는 인물들로, 자신의 책무를 방기(내버리고 아예 돌아보지 아니함)한 지배 계층으로 볼 수 있다. 화자는 '술이 깨더냐 병기를 뉘 다룰까'라며 이들을 향한 실망감을 보이고 있으므로 선지의 내용은 적절하다.

④ ⓓ에서 화자는 '김수'와 '신립'을 어리석고 우습다고 부정적으로 평가하고 있다. '김수'는 도망을 간 책임감이 없는 관리를, '신립'은 배수진을 쳤다는 점에서 무모한 관리를 의미하며, 화자는 나라를 지키고 백성을 보호하지 못한 이들을 향해 냉소적인 태도를 보이고 있으므로 선지의 내용은 적절하다.

3. ⑤

> (가)의 화자는 '대궐 대신들'이 나라를 위해서는 일하지 않고 풍족한 옷밥 속에서 할 일 없어 '힘써 하는 싸움'을 한다고 지적하고, (나)의 화자는 백성의 '고혈'을 짜내 '수많은 잔치판'을 벌였다고 지적한다. 따라서 '힘써 하는 싸움'과 '수많은 잔치판'은 민생을 돌보지 않는 지배 계층의 문제점으로 볼 수 있으므로 선지의 내용은 적절하다.

오답풀이

① (가)의 화자는 '아무리 뛰어난 병사'라고 하더라도 '삼백 이십 주'를 지킬 '의지'가 없다고 지적하고 있다. 따라서 (가)의 '의지'는 나라를 지켜야 하는 이들에게 현재

결핍된 것으로 볼 수 있다.
② (나)의 화자는 '많고 많은 백관'들이 달아나 '근심'을 맡을 자가 없음을 한탄한다. 화자가 '근심'을 문제 상황을 해결할 수 있는 수단으로 제시하는 것은 아니므로 선지의 내용은 적절하지 않다.
③ (가)의 '원컨대'는 '헐벗은 백성'들이 배가 고파 서러워하는 현실을 위정자들이 알아주기를 바라는 화자의 간절함을 강조할 뿐, 화자의 절망적인 정서를 강조하기 위해 사용된 것으로 보기는 어렵다. 반면 (나)에서 '전혀'는 '피할 데'가 없는 암담한 현실을 강조하므로, 화자의 절망적인 정서를 강조하기 위해 사용된 것으로 볼 수 있다.
④ (가)의 '하소서'는 '대궐 대신들'이 '공명과 부귀'는 신경쓰지 말고 진심으로 '나랏일'을 하기를 바라는 화자의 요구를 드러낸다. 여기서 '대궐 대신들'은 백성을 수탈하고 당파 싸움만 일삼는 대상이므로, 부정적 대상의 행동 변화를 요청한 것으로 볼 수 있다. 반면 (나)의 '한탄 말라'는 나라를 지키다가 죽어간 이들의 죽음을 한탄하지 말라는 화자의 요구로, 이는 전쟁의 참상을 겪은 이들의 정서를 위로하기 위한 표현이므로 부정적 대상의 행동 변화 요청으로 보기 어렵다.

4. ⑤

> 〈제13수〉의 초장에서 '힘써 하는 싸움'은 내부의 당파 싸움을 의미한다. 〈제19수〉의 초장 '이편이라 다 옳으며 저편이라 다 그르랴' 역시 당파 싸움에 대한 화자의 견해를 드러내는 것으로, 화자는 당파 싸움의 무의미함을 밝히고 있다. 〈제19수〉의 초장이 외적과 싸움을 지속해야 하는 현실을 나타내는 것은 아니므로 선지의 내용은 적절하지 않다.

오답풀이
① 〈제4수〉의 초장에서 화자는 '오랑캐'나 '왜놈'을 막을 방법이 없는, 무방비 상태로 적에게 노출된 현실을 제시하고 있다. 이는 이전의 사대부 시가가 조화로운 세계의 질서를 노래한 것과 다른 경향으로 볼 수 있으므로 선지의 내용은 적절하다.
② 〈제5수〉의 종장에서 화자는 '인심'이 없어 적을 막아낼 대책이 없는 현실을 한탄하며 안타까움을 드러내고 있다. 〈보기〉에 따르면 이는 단형 시조의 함축성을 살려 화자의 정서를 집약적으로 나타낸 것이므로 선지의 내용은 적절하다.
③ 〈제11수〉의 초장에는 과도하게 세금을 징수당하는 백성들의 모습이, 〈제13수〉의 중장에는 의미 없는 당파 싸움을 지속하는 지배계층의 모습이 그려지고 있다. 〈보기〉의 내용을 고려할 때 이는 전란 중 혼란스러운 현실의 모습을 총체적으로 형상화한 것이므로 선지의 내용은 적절하다.
④ 〈제12수〉의 종장에는 '대궐 대신들'이 '나랏일'을 하지 않는 것에 대한 화자의 한탄이, 〈제19수〉의 종장에는 '성군'이 기준이 되어 싸움이 멎기를 바라는 화자의 바람이 드러난다. 대신들이 나랏일을 하지 않는 것은 지배 체제가 파탄 난 상황을, 성군이 기준이 되길 바라는 것은 왕을 중심으로 지배 체제가 정상화되는 것을 의미하므로 선지의 내용은 적절하다.

7. 박인로, 선상탄 / 임제, 원생몽유록

1. ①

> (가)는 '석일 주중에는 배반이 낭자터니, / 금일 주중에는 대검장창뿐이로다.'에서, (나)는 '살아서는 충절을 온전히 했고 / 죽어서는 의로운 혼백 되었네.'에서 유사한 문장 구조를 병렬적으로 제시하여 운율감을 형성하고 있다.

오답풀이
② (가) X, (나) O / (가)는 계절적 배경을 나타내는 시어가 활용되지 않았다. 반면, (나)는 '가을바람 쓸쓸히 부니 / 나뭇잎 떨어지고'에서 계절적 배경을 나타내는 시어인 '가을바람'을 활용하여 쓸쓸한 분위기를 조성하고 있다.

③ (가) X, (나) X / (가)와 (나) 모두 사람이 아닌 대상을 사람에 빗대어 표현하는 의인법을 활용하지 않았다.
④ (가) X, (나) X / (가)는 '어느 사이 엿볼런고', '어즈버 씌드라니 진시황의 타시로다.' 등에서 영탄적 표현을, (나)는 '아아 당초 계책이 틀렸으니'에서 영탄적 표현을 사용하고 있다. 그러나 (가)와 (나) 모두 이를 활용하여 긍정적 미래에 대한 강한 의지를 부각하고 있지는 않으므로 선지의 내용은 적절하지 않다.
⑤ (가) O, (나) X / (가)는 '빅 비록 잇다 ㅎ나 왜를 아니 삼기던들,'과 같이 상황을 가정하는 방법을 사용하여 왜적이 침입한 부정적 현실에 대한 비판적 인식을 드러내고 있다. 반면, (나)는 상황을 가정하는 방법이 사용되지 않았다.

2. ⑤

> (나)에서 '범 같은 한 사나이'가 "아, 썩은 선비는 함께 큰일을 이룰 수 없도다."라고 말한 것은, 후에 그가 부른 '슬픈 노래'의 내용을 고려해 볼 때 '범 같은 한 사나이'와 함께 거사를 도모했던 신하들의 실천력, 결단력 없는 태도를 비판한 것이라 할 수 있다. 〈보기〉를 고려할 때 '썩은 선비'는 단종을 복권하려 한 신하들을 의미하므로, '범 같은 한 사나이'의 발화를 단종의 복권을 막는 부정적 현실을 향한 작가의 우회적 비판이 드러난 것으로 볼 수는 없다.

오답풀이
① 〈보기〉를 고려할 때, (가)에서 나라의 운명이 불행하여 '해추 흉모'에 빠졌다는 것은 정유재란을 일으킨 왜적에 대한 작가의 분노를 표출한 것이라 볼 수 있다. 한편, '우국단심'은 나라에 대한 걱정과 임금을 향한 충심을 드러내는 시어이므로, 나라의 상황을 근심하는 작가의 충성심을 직설적으로 표출한 것이라 볼 수 있다.
② (가)의 '기간 우락이 서로 갖지 못하도다.'에서는 과거의 배과 현재의 배는 '한 가지 배'임에도 과거의 배에는 즐거움이, 현재의 배에는 근심이 담겨 있음을 드러내고 있다. 〈보기〉를 고려할 때 이는 과거와 같은 태평한 시대라는 이상을 염원하지만, 전쟁의 긴장감이 감도는 현실에서 작가가 느끼는 괴리감을 표현한 것으로 볼 수 있다.
③ (가)의 '석일 주중에는~대검장창뿐이로다.'에서는 과거의 배는 술상이 어지럽게 흩어져 있는 풍류의 수단이었으나, 현재의 배는 큰 칼과 긴 창을 싣고 있는 전쟁의 수단으로 사용되고 있음을 대조적으로 드러내고 있다. 〈보기〉를 고려할 때 화자가 염원하는 이상은 과거에 가깝다고 볼 수 있으므로, 과거와 현재의 대조를 통해 현실과 이상의 어긋남을 부각하고 있다고 할 수 있다.
④ (나)의 '이러한 신하들이 이러한 임금을 보필했'다는 것은 충성스럽고 의로운 신하와 현명한 임금이라는 이상적 정치의 조건이 갖추어졌음을 가리킨다. 〈보기〉를 고려할 때 이상적인 조건이 갖추어졌음에도 불구하고 일어난 '참혹한 일'은 정치적 이상이 좌절될 만큼 부조리한 현실을 강조하는 것이므로 선지의 내용은 적절하다.

3. ②

> '어리미친 회포애 헌원씨를 애드노라.~만세천추에 ᄀ업슨 큰 폐 되야,'에서 화자는 배가 없었더라면 왜적이 우리나라를 침입한 폐해가 없었을 것이라며 '헌원씨'에 대한 원망을 드러내고 있다. 이는 우리나라를 침략한 왜적에 대한 화자의 원한을 애꿎은 헌원씨에 화풀이하는 것이라 볼 수 있으므로 선지의 내용은 적절하다.

오답풀이
① '어즈버 씌드라니 진시황의 타시로다. / 빅 비록 잇다 ㅎ나 왜를 아니 삼기던들,'에서 화자가 일본의 시초를 만든 진시황에 대한 원망을 드러내고 있으므로, 우리나라에 닥친 문제를 중국의 탓으로 돌리고 있다고 볼 수 있다. 하지만 왜적에 대한 화자의 한을 '진시황'에 돌려 드러낸 것일 뿐, 이를 사대주의(주체성이 없이 세력이 강한 나라나 사람을 받들어 섬기는 태도)에서 벗어나고자 노력하는 화자의 의지로 보기는 어려우므로 선지의 내용은 적절하지 않다.

③ '시시로 멀이 드러 북극성을 바라보며, / 상시 노루를 하늘 모퉁이의 디이나다.'에서 화자가 때때로 머리를 들어 눈물을 흘리고 있음을 알 수 있다. 하지만 '우리나라 문물이 한당송애 디랴마는,'과 같이 화자는 우리나라의 문화가 중국에 뒤지지 않는다고 보고 있으므로 선지의 내용은 적절하지 않다.

④ '장생 불사약을 얼믜나 어더 늬여, / 만리장성 놉히 사고 몇 만년을 사도썬고.'에서 화자는 불사약을 구하려 했으나 정작 오래 살지 못한 진시황의 고사를 떠올리고 있다. 하지만 화자는 이를 통해 일본이 생긴 것을 진시황의 탓으로 돌리며 그에 대한 원망을 드러내고 있으므로, 진시황에 대한 안타까운 심정이 드러난다고 보기는 어렵다.

⑤ '궁달이 길이 달라 몬 뫼옵고 늘거신들,'에서 화자는 신하와 임금이 길이 서로 다르다고 인식하고 있음을 알 수 있다. 하지만 이는 임금의 곁에서 직접 모시지 못한 자신의 상황을 드러낸 것일 뿐, 곤궁하고 초라한 자신의 모습을 부끄러워하고 있는 것이 아니므로 선지의 내용은 적절하지 않다.

4. ③

> '복건을 쓴 사람'은 "간교한 꾀로 임금의 자리를 물려받는 자"와 "신하로서 임금을 치는 자"에게 가졌던 부정적 감정을 드러내며 이들을 비판한 것일 뿐, 상대방인 '임금'에게 부정적 감정을 가졌다고 볼 수는 없으므로 선지의 내용은 적절하지 않다.

오답풀이

① "그만두어라. 귀한 손님이 자리에 계시니 모쪼록 다른 일을 한가롭게 논하지 않아야 할 것이다."라는 '임금'의 발화에서 확인할 수 있다. 참고로 대화에 참여하지 않은 제삼자인 "귀한 손님"은 '원자허'를 가리킨다.

② "요, 순, 우, 탕이 나라를 주고받은 이후로 간교한 꾀로 임금의 자리를 물려받는 자가 이들을 빙자하고, 신하로서 임금을 치는 자가 이들을 명분으로 삼았습니다."라는 '복건을 쓴 사람'의 발화에서 확인할 수 있다.

④ 간교한 꾀로 임금의 자리를 물려받거나, 신하가 임금을 치는 일에 대해 '복건을 쓴 사람'은 이들의 효시가 된 '네 임금'에게 책임을 전가하고 있으며, '임금'은 "도리어 빙자하거나 명분으로 삼는 자들이 잘못된 것이다."라며 '네 임금'을 빙자하는 이들에게 책임을 전가하고 있으므로 선지의 내용은 적절하다.

⑤ "네 임금과 같은 성스러움이 없는데다가 네 임금과 같은 시대 상황이 아니라면 옳지 않으니, 네 임금에게 어찌 죄가 있겠는가."라는 '임금'의 발화에서 확인할 수 있다.

5. ④

> 〈보기〉에 따르면 윗글에서는 비애와 원한의 정서가 부각되는 앞부분과 천도의 운행 차원에서 사건을 바라보고자 하는 뒷부분에서 이질성이 발생한다. 이를 고려하면, 앞부분의 '술잔을 잡고 목메어 흐느끼는' '임금'의 모습에서 비애와 원한의 정서가 부각되고 있다고 볼 수 있다. 그러나 '해월거사'의 "임금이 어리석고 신하가 어두워서"라는 발화는 예로부터 임금이 어리석고 신하가 어두워 나라가 위기에 처하는 일이 많았음을 드러내는 것일 뿐, '임금'과 정서적 거리를 두는 것이 아니므로 선지의 내용은 적절하지 않다.

오답풀이

① 〈보기〉에 따르면 윗글에서 발생하는 작품의 이질성은 역사적 사건에 대해 시간적·정서적 거리를 둠으로써 객관적 시각을 확보하게 된 독자의 인식이 반영된 결과라고 볼 수 있다. 따라서 '참혹한 일'을 정서적으로 대하지 않고 사건이 발생한 원인을 따지는 '해월거사'는, 계유정난을 객관적으로 바라보는 후대 독자들의 인식을 나타낸다고 볼 수 있다.

② '해월거사'는 충성스럽고 의로운 신하들이 현명한 임금을 보필했는데도 불구하고 '참혹한 일'이 발생했다며, 사건을 "하늘에다 돌리지 않을 수 없다."라고 말하고 있다.

〈보기〉를 고려할 때 이는 역사적인 사건인 계유정난을 천도의 운행 차원에서 바라보고자 했던 독자들의 의도를 드러낸다고 볼 수 있다.

③ 〈보기〉를 고려할 때 '복건을 쓴 사람'이 '신하로서 임금을 치는 자'를 언급하며 '크게 탄식'하는 것은, 수양 대군이 단종을 몰아내고 즉위한 일에 대한 '복건을 쓴 사람'의 비애와 원한의 정서를 보여 주는 것이라 할 수 있다.

⑤ 〈보기〉에 따르면 윗글에서 주인공의 감옥 이후에 나오는 '해월거사'의 발언은 후대의 독자에 의해 첨가된 것으로 볼 수 있다. 이를 고려할 때 '하늘에다 돌린다면 선인에게 복을 내리고 악인에게 재앙을 내리는 것이 하늘의 도가 아니란 말인가.'라는 '해월거사'의 물음은 천도의 운행 차원에서 사건을 바라보고자 하고 있으므로, 해당 부분은 후대의 독자에 의해 첨가된 것이라고 볼 수 있다.

---

8. 설총, 화왕계 / 윤선도, 몽천요

1. ④

> 장미가 화왕에게 "봄비가 내리면 목욕하여 몸의 먼지를 씻고, 상쾌하고 맑은 바람 속에 유유자적하면서 지냈습니다."라고 자신을 소개한 것을 통해, 장미는 정갈하고 안락한 삶을 살아왔음을 알 수 있다. 반면 백두옹이 화왕에게 자신이 "서울 밖 한길 옆"에 살며 "창망한 들판을 내려다보고 위로는 우뚝 솟은 산 경치를 의지하고 있"다고 소개한 것을 통해, 백두옹은 풍족한 삶이 아닌 자연에서 소박한 삶을 살아왔음을 알 수 있으므로 선지의 내용은 적절하지 않다.

오답풀이

① "전하의 높으신 덕을 듣자옵고"라는 장미의 발화와 "제가 온 것은 전하의 총명이 모든 사리를 잘 판단한다고 들었기 때문입니다."라는 백두옹의 발화를 통해 알 수 있다.

② '붉은 얼굴과~방랑하는 무희처럼 얌전하게 걸어' 나온 장미의 모습과 '둔중한(둔하고 느린)' 걸음으로 나와 공손히 허리를 굽'힌 백두옹의 모습을 통해 알 수 있다.

③ 장미가 '신선하고 탐스러운 감색 나들이옷을 차려입고' 온 것에서 장미의 아름답고 화려한 차림새를, 백두옹이 '베옷을 입고 허리에는 가죽띠를 두르고 손에는 지팡이'를 든 채 온 것에서 백두옹의 소박하고 초라한 차림새를 확인할 수 있다.

⑤ "꽃다운 침소에 그윽한 향기를 더하여 모시고자 찾아 왔습니다."라는 장미의 발화와 "나쁜 돌이 있다면 그것은 그것대로 전하의 몸에 있는 독을 제거해 올려야 할 줄 아옵니다."라는 백두옹의 발화를 통해 알 수 있다.

2. ②

> 〈제2수〉의 '백만억 창생을 어늬 결의 무르리'는 화자가 '옥황'에게 '백만억 창생'에 관하여 물을 겨를이 없었음을 한탄하는 설의적 표현으로 볼 수 있다. 하지만 〈제1수〉에서 화자의 기대는 제시되지 않았으므로 선지의 내용은 적절하지 않다.

오답풀이

① 〈제1수〉에서 '백옥경'에 올라간 화자는 '옥황'은 자신을 반기지만 '군선'은 자신을 꺼리는 대조적 상황을 경험한다. 이러한 대조적 상황은 〈제2수〉에서 화자를 보며 웃는 '옥황'과 자신을 꾸짖는 '군선'의 모습으로 유사하게 반복되므로 선지의 내용은 적절하다.

③ 〈제2수〉에서 화자는 '십이루'에서 '옥황'에게 '백만억 창생'에 관하여 묻고자 하였으나 그러지 못한 것에 대해 한탄하는 모습을 보인다. 화자가 묻고자 했던 '백만억 창생'에 관한 내용이 〈제3수〉에서 '하늘히 이저신 제 므슴 술로 기워 낸고'와 '백옥루 중수홀 제 엇던 바치 일워 낸고'라는 질문으로 구체화되고 있으므로 선지의 내용은 적절하다.

④ 〈제2수〉에서 화자는 '꿈'을 꾸어 '십이루'에 들어갔으나 자신이 궁금했던 바를 '옥황'

에게 묻지 못하는 문제적 상황에 처하였다. 이러한 상황은 〈제3수〉의 '옥황께 ᄉᆞᆲ와보쟈 ᄒᆞ더니 다 몯ᄒᆞ야 오나다'에서 여전히 해소되지 않은 상태임이 나타나므로 선지의 내용은 적절하다.

⑤ 〈제1수〉와 〈제2수〉에서 화자를 꺼리고 꾸짖은 '군선'들 때문에 〈제3수〉에서 화자가 '옥황'에게 궁금한 점을 질문하지 못하고 돌아온 것이므로 선지의 내용은 적절하다.

3. ③

㉠에서 백두옹은 장미와 같은 "간사하고 아첨하는 자"를 가까이하려는 화왕이 잘못되었다는 자신의 생각을 뒷받침하기 위해 "맹자"와 "풍당"이라는 역사적 인물을 제시함으로써 말하고자 하는 바를 강조하고 있다. 반면 ㉡에서는 자신의 생각을 뒷받침하기 위해 역사적 인물을 제시하고 있지 않으므로 선지의 내용은 적절하다.

오답 풀이

① ㉠은 자신의 가치를 알아보지 못하고, 아첨하는 장미에게 마음을 두고 있는 화왕을 우회적으로 비판하는 백두옹의 말이다. 백두옹이 자신이 내뱉은 말을 반성하거나 자신의 과오를 인정하고 있지는 않으므로 선지의 내용은 적절하지 않다.

② ㉡은 자신의 뜻을 펼치지도 못하고 '오호연월', 즉 자연으로 물러나기를 택한 화자가 자신에 대한 안타까움을 드러낸 것으로 볼 수 있다. 하지만 자연에 대한 부정적 인식을 드러내고 있지는 않으므로 선지의 내용은 적절하지 않다.

④ ㉠은 이상적인 자연의 모습을 상징적으로 표현하고 있지 않으며, 이를 통해 속세와의 단절에 대한 강한 의지를 드러내고 있지도 않다. 한편, ㉡에서 화자는 자신을 꺼리는 '군선'으로 인해 '오호연월', 즉 자연으로 물러나기를 택하고 있다. 하지만 이어지는 〈제2수〉와 〈제3수〉에서 현실의 문제에 대한 이야기를 계속하고 있다는 점을 고려해 볼 때, ㉡을 속세와의 단절에 대한 강한 의지를 드러내고 있다고 보기는 어렵다.

⑤ ㉠과 ㉡ 모두 자신이 말하고자 하는 바를 반어적으로 표현함으로써 자신의 삶을 개선하려는 의지를 보이고 있지 않으므로 선지의 내용은 적절하지 않다.

4. ③

〈보기〉에 따르면 (나)는 주위 신하들의 시기로 인해 선정(백성을 바르고 어질게 잘 다스리는 정치)의 뜻을 실천하지 못한 작가의 좌절감을 반영한 시조이다. 이 때 작가를 시기하여 선정의 뜻을 실천하지 못하게 한 존재는 '군선'이므로, 화자를 대하는 '옥황'의 태도는 작가가 현실에서 좌절감을 느낀 현실 상황과 관련이 없다.

오답 풀이

① 〈보기〉에 따르면 (가)는 신문왕에게 인재 등용에 관하여 충간(충성스러운 마음으로 윗사람의 잘못을 간함)하려는 의도로 창작된 설화이다. 이를 고려할 때, (가)에서 백두옹이 화왕에게 '군자 된 자'의 도리에 관하여 아뢰는 것은 인재 등용에 관하여 임금에게 충간하려는 작가의 의도를 우회적으로 전달하는 것으로 볼 수 있다.

② 〈보기〉에 따르면 (나)는 주위 신하들의 시기로 인해 선정의 뜻을 실천하지 못한 작가의 좌절감을 반영한 시조이다. 이를 고려할 때, (나)에서 화자가 꿈속에서 '백옥경'에 올라가 '옥황'을 만나 뵌 사건은 '옥황'에게 '백만억 창생'에 관하여 물음으로써 선정의 뜻을 실천하고자 한 작가의 소망이 담긴 것으로 볼 수 있다.

④ 〈보기〉에 따르면 (가)와 (나)는 외부 세계와의 밀접한 연관성을 바탕으로, 작중 인물과 사건, 배경 등이 이면적 의미를 지닌다는 점에서 우의적이다. 이를 고려할 때, (가)에서 아름다운 장미는 작가가 경계하는 대상으로, 신문왕의 총명을 흐리는 간신이라는 이면적 의미를 지닌다고 볼 수 있다. 한편, (나)에서 화자를 꺼리는 '군선'은 작가를 시기한 신하들이라는 이면적 의미를 지닌다고 볼 수 있으므로 선지의 내용은 적절하다.

⑤ 〈보기〉에 따르면 우의는 서사 문학에서는 윤리적 교훈을 설파하기 위해, 시가 문학에서는 부정적 현실을 비판하기 위해 주로 사용된다. (가)에서 장미를 가까이하려는 화왕을 비판하는 백두옹의 모습은 정직한 자를 가까이해야 한다는 윤리적 교훈의 설파라는 창작 의도를 암시한다고 볼 수 있다. 한편, (나)에서 화자를 꺼리고 꾸짖는 '군선'으로 인해 화자의 뜻이 좌절되는 것은 자신을 시기하는 신하들이 가득한 부정적 현실 비판이라는 작가의 창작 의도를 암시한다고 볼 수 있으므로 선지의 내용은 적절하다.

9. 조우인, 출새곡 / 혜초, 월야첨향로 피천득, 황포탄의 추석

1. ①

(가)의 화자는 현재 '객지'라는 변방에 부임되어 '고향'과 '대궐'을 그리워하고 있으며, (나)의 화자는 '남의 나라'인 '남쪽'에서 '내 나라'인 '북쪽'을 그리워하고 있다. 따라서 (가)와 (나)가 공간의 대비를 통해 화자의 소망과 현실 간의 괴리를 나타내고 있다는 선지의 내용은 적절하다.

오답 풀이

② (가) X , (나) O / (가)에서는 고향을 떠나 '객지'라는 변방에 부임된 부정적 현실에 대한 화자의 인식이 드러나지만, 화자와 대비되는 자연물이 나타나지 않았다. 반면, (나)의 '뜬구름'은 고향에 가지 못하는 화자의 처지와는 다르게 '고향'으로 '시원스럽게 돌아가'는 자연물이다. 이를 통해 화자는 고향으로 돌아가지 못하는 부정적 현실에 대한 인식을 드러내고 있다.

③ (가) X, (다) X / (가)의 화자와 (다)의 글쓴이 모두 부정적 현실에 대한 극복 의지를 드러내고 있지 않다.

④ (나) X, (다) O / (나)에서는 과거와 현재를 대비하고 있지 않으며, 이를 통해 화자의 바람을 간접적으로 제시하고 있지도 않다. 반면, (다)의 '과거는 언제나 행복이요, 고향은 어디나 낙원이다.'라는 표현은 현재 '나'가 처한 상황은 그렇지 않다는 것을 전제하므로, 과거와 현재의 대비가 나타난다고 볼 수 있다. 또한 이를 통해 고향으로 돌아가고 싶은 글쓴이의 바람을 간접적으로 드러내고 있다.

⑤ (가) O, (다) X / (가)는 '높게 쌓인 눈을 허위허위 넘어 드니'에서 '허위허위'라는 음성 상징어를 사용하여 인물의 역동성을 드러내고 있다. 반면, (다)에서는 음성 상징어가 나타나지 않는다.

2. ⑤

(다)의 2문단을 통해 '공원'에 있는 사람들은 명절 분위기를 즐기는 중국인들이 아니라 대체로 실직자나 망명객들 같은 불우한 처지의 사람들임을 알 수 있다. 따라서 공원에 오는 많은 사람들이 명절 분위기를 즐기느라 시간이 가는 줄 모른다는 선지의 내용은 적절하지 않다.

오답 풀이

① ⓐ에서는 전쟁 이후에 변방의 백성들은 피와 살이 말랐는데 고기를 먹고 있는 조정에서는 이를 알고 있냐며 현실 정치에 대한 비판 의식을 드러내고 있다.

② ⓑ에서는 백성들의 인심을 얻을지언정 '목랑성'의 '지리', 즉 지형적 이점이 부족할리 없다는 화자의 감탄이 드러나고 있다. 이때 '목랑성'의 지형적 이점은 '성 위에 낮게 쌓아~사면에 둘렀으니'에서 확인할 수 있다.

③ ⓒ는 '계림', 즉 화자의 고향을 향해서 날아갈 기러기가 없다는 의미로, 고향에 소식을 전할 방법이 없는 상황에 대한 화자의 안타까움이 드러난다고 할 수 있다.

④ '선창마다 찬란하게 불을 켜고 입항하는 화륜선(증기 기관의 동력으로 움직이는 배)들'은 먼 지역에서 중국으로 들어오는 배들로, 글쓴이는 이를 ⓓ와 같이 여기고 있다.

이는 다양한 문화적 교류에 대한 글쓴이의 개방적 가치관이 드러난 표현이라 볼 수 있다.

3. ②

(나)에서 화자는 구체적인 시간적 배경인 ㉠(달밤)에 고향길을 떠올리며 향수를 느끼고 있다. 반면, (다)의 ㉡(달밤)은 글쓴이가 다른 누군가 경험했을 시간을 상상한 것이므로 선지의 내용은 적절하다.

오답풀이

① (나)의 화자는 ㉠에 고향을 그리워하고 있을 뿐, ㉠을 통해 그리움을 달래고 있지 않다. 한편 (다)의 ㉡은 글쓴이가 다른 누군가의 과거 경험을 상상하며 떠올린 시간적 배경이므로, ㉡이 글쓴이의 그리움을 달래 준다고 볼 수 없다.
③ (나)의 화자는 ㉠을 통해 고향을 그리워하고 있을 뿐, 자아 성찰을 하고 있지 않다. (다)의 글쓴이 역시 ㉡을 통해 자아 확대를 하고 있지 않다.
④ ㉠은 타향에 와 있는 (나)의 화자의 현실과 관련이 있다고 볼 여지가 있으나, ㉡은 (다)의 글쓴이가 겪은 과거와는 관련이 없다.
⑤ (나)의 화자가 고향을 떠나 있는 현실에 대한 안타까움을 드러내고는 있으나, ㉠이 현실에 대한 화자의 비관적 인식을 드러낸다고 할 수는 없다. 또한 (다)의 글쓴이는 미래에 대한 희망적 인식을 드러내고 있지 않으며, 이와 ㉡은 관련이 없다.

4. ④

'나'가 '텅 빈 식당'에서 저녁을 먹고 계획도 없이 버스를 타 황포탄 공원으로 향한 것은 맞다. 하지만 '실직자, 망명객'들은 황포탄 공원을 메운 사람들일 뿐, 이들이 식당에 갔었는지는 알 수 없다. 또한 글쓴이가 황포탄 공원으로 산책을 나간 시각은 '자정'이 아닌 '밤 아홉 시가 지나서'이다.

오답풀이

① '영창에 비친 소나무 그림자'는 글쓴이가 '나 같은 사람이 또 하나 있었다면' 떠올렸을 것이라 생각한 과거 고향의 이미지이다. 이는 '과거는 언제나 행복이요, 고향은 어디나 낙원이다.'라는 말을 통해 '낙원'과도 같은 고향에서 느꼈던 '나'의 행복한 감정과 관련이 있음을 알 수 있다.
② '나'는 '파크 호텔', '일품향'에서 중추절 파티를 연 학생들 무리에 섞이지 못하고, '텅 빈 식당'에서 저녁을 먹었다. 따라서 '텅 빈 식당'은 들뜬 명절 분위기에 섞이지 못하는 '나'의 외로움을 나타낸다고 볼 수 있다.
③ '황포탄 공원'으로 향한 '나'는 고향을 떠나 객지에서 명절을 맞이하는 자신과 유사한 처지인 '유태인, 백계 노서아 사람, 서반아 사람, 인도인'을 보며 동질감을 느끼고 있다.
⑤ '나'와 '같은 달'을 보는 사람들은 글쓴이와 마찬가지로 고향을 떠나 객지에서 명절을 맞이하고 있는 처지이다. 이때 '나'가 '누런 황포 강물'에서 '서울 한강'을 떠올리는 것은 고향에 대한 그리움 때문이라고 할 수 있으며, 글쓴이는 자신과 마찬가지인 사람들이 '같은 달'을 쳐다보면서 '바이칼 호반', '갠지즈 강변', '마드리드 거리'와 같은 각자의 고향을 떠올릴 것이라 추측하고 있으므로 선지의 내용은 적절하다.

5. ②

화자가 '봄의 화창한 경치'를 본 것은 맞으나, 이를 보고 '태평 시대'에 '임금의 은혜'로 누린 속세에서의 '일춘 행락(봄날에 노니는 즐거움)'을 떠올린 것은 아니다. '일춘 행락'은 봄날의 경치를 즐기고 있는 화자가 느낀 것으로, 과거가 아닌 현재의 감정이다.

오답풀이

① 〈보기〉에 따르면 (가)는 왕명을 받은 화자가 함경도의 판관으로 부임하는 과정 등을 서술한 기행 가사이다. 이를 고려하면 '마운령', '마곡역', '성진'을 거쳐 '목랑성'에 이르는 과정을 묘사한 부분에서 기행 가사적인 성격이 드러난다고 볼 수 있다.
③ 〈보기〉에 따르면 (가)는 중앙 정계에 대한 강한 미련을 바탕으로 현실을 소극적으로 수용하는 화자의 태도를 보여 준다. 이를 고려하면 화자가 '평생 먹은 뜻', 즉 속세에서의 뜻이 있음에도 자신이 '시운'과 '운명'의 탓으로 '임금 곁을 멀리 떠'나게 되었다고 여기는 것은 현실을 소극적으로 수용하는 모습이라고 볼 수 있다.
④ 〈보기〉에 따르면 (가)의 화자는 제목을 통해 자신의 상황을 왕소군처럼 변방으로 나가는 것 혹은 유배되는 것으로 인식하고 있음을 드러내고 있다. 이를 고려하면, '유배지에서도 변치 않는 충성심은 원망하는 마음도 한때일 뿐이고'라는 의미의 '초택 청빈은 원사도 한 제이고'는 함경도에 판관으로 부임하는 것을 유배되는 것으로 인식하는 화자의 내면이 나타난 구절이라 볼 수 있다.
⑤ 〈보기〉에 따르면 (가)가 사대부들의 여느 기행 가사와 달리 부정적 정조를 두드러지게 표출하는 것은, 화자가 함경도에 판관으로 부임하게 된 자신의 상황을 왕소군의 처지와 비슷하게 여기는 것에서 기인한 것으로 볼 수 있다. 이를 고려하면, '이 술잔 가득 부어 이 시름 잊자 하니'에 나타나는 부정적 정조는 화자가 자신의 현재 처지를 왕소군의 처지와 동일시하고 있기 때문이라 볼 수 있다.

---

10. 김기홍, 농부사 / 신지, 영언십이장

1. ④

시에 있는 모든 표현법이나 시어들은 주제 의식을 드러내기 위한 것이니, 앞부분만 판단하면 된다. (가)의 '세상의 중한 일이 이밖에 또 있을까', '생업이 없는 후에 선심인들 어찌 나리' 등에서 물음의 형식을 활용하여 농업을 중시하는 삶이라는 작품의 주제 의식을 부각하고 있다. 한편, (나)의 '네 벗인 줄 모르쏘냐', '그 아니 대장부인가' 등에서 물음의 형식을 활용하여 자연에서의 초연한 삶이라는 작품의 주제 의식을 부각하고 있다.

오답풀이

① (가) X, (나) X / (가)에서는 부정 명령형이 사용되지 않았다. 한편, (나)의 '백구야 날지 마라'는 부정 명령형으로 볼 수 있다. 그러나 이는 '백구'에 대한 비판적 인식이 아닌, 친밀감을 드러내기 위해 사용된 것이므로 선지의 내용은 적절하지 않다.
② (가) X, (나) X / (가)와 (나) 모두 계절을 나타내는 어휘가 나타나지 않으며, 이를 통해 화자의 고달픈 처지를 부각하고 있지도 않다.
③ (가) X, (나) O / (가)에는 '금은', '옥'과 같은 색채어가 나타난다. 하지만 동일한 색채어를 반복하고 있지는 않으며, 대상의 생명력을 강조하고 있지도 않다. 반면, (나)에서는 '백구'와 '청산', '산청청'에서 각각 흰색과 푸른색의 동일한 색채어를 반복하여 자연물의 생명력을 강조하고 있다.
⑤ (가) X, (나) O / (가)는 초월적 공간이 아니라 일상적 공간을 설정하고 있다. 반면, (나)의 '반구정'은 '맑은 계곡 위'에 있고 '백구'가 오간다는 점에서 자연의 정취를 환기하므로, 향토적 분위기를 자아내는 일상적 공간으로 볼 수 있다.

2. ②

'생업이 없는 후에 선심인들 어찌 나리'에서 화자는 '생업'이 없다면 '선심' 또한 나지 않을 것이라는 생각을 드러내고 있다. 이는 '선심'이라는 도덕적 가치보다 '생업'이 먼저 갖추어져야 한다는 화자의 인식을 보여 주므로, '생업'이 '선심'이 갖추어진 뒤에 가능하다는 선지의 내용은 적절하지 않다.

오답풀이

① '금은이 귀하여도 기갈(배고픔과 목마름)을 못 없애고 / 옥과 비단이 보배라도 흉년에 쓸데없다'에서 화자는 '금은'은 배고픔과 목마름을 없애지 못하고, '옥과 비단' 또한 흉년이면 쓸모가 없다고 말하고 있다. '금은'과 '옥과 비단'은 '기갈'과 '흉년'이라는 현실적인 어려움을 해결하는 데 실질적인 도움이 되지 못한다는 점에서, 화자가 가치를 두지 않는 대상이라고 볼 수 있다.

③ '농사의 어려움을 글마다 이르시니 / 주공의 칠월시는 그중에 간절하니 / 읊으며 노래 불러 뉘 아니 감동하리'에서 화자는 '농사의 어려움'을 적은 '주공의 칠월시'에 대해 말하고 있다. '주공의 칠월시'가 계절별로 백성들이 행하는 농사일과 삶의 고단한 모습을 생생하게 그려 낸다는 점에서, 화자가 농사일의 고됨을 간과하고 있지 않음을 보여 준다고 할 수 있다.

④ '성인도 저러하니 그 아니 어려우랴 / 우부도 다 알거든 그 아니 쉬울쏘냐'에서 화자는 농사일이 '성인'에게도 어려운 일이면서 '우부'도 다 알만큼 쉬운 일이라고 말하고 있다. 이때 '성인'과 '우부'가 농사짓는 일의 양면적 속성을 드러낸다는 점에서, 화자가 '아이들'에게 농사의 이치를 효과적으로 전달하기 위해 끌어들인 존재라고 볼 수 있다.

⑤ '초하룻날 술 마시며 풍년을 누리다가 / 공명을 못 이룰지라도 격양가로 늙으리라'에서 화자는 공명을 이루지 못하더라도 풍년을 맞아 격양가를 부르며 늙고 싶다는 소망을 드러내고 있다. 이때 '격양가'가 세속적 성취인 '공명'과 대비된다는 점에서, 이들은 헛된 욕망을 좇지 않고 주어진 삶의 조건 안에서 만족을 찾으려는 화자의 태도를 보여 준다고 할 수 있다.

3. ⑤

〈보기〉에 따르면 (가)에서는 농사를 삶의 기반으로 삼아 생활의 안정을 확보한 뒤 유교적 이상을 이루려는 현실적이고 구체적인 지향이 드러난다. (가)의 '세상의 중한 일이 이밖에 또 있을까'에서 '중한 일'은 농사를 가리키는 것으로, 이는 농사를 삶의 기반으로 삼는 화자의 태도를 보여 준다고 할 수 있다. 한편 〈보기〉에 따르면 (나)에서는 자연을 바람직한 삶의 원리가 내재한 존재로 보고, 그러한 자연과의 합일을 통해 세속적 가치에서 벗어나 유교적 이상을 실현하려는 관념적인 지향이 드러난다. (나)의 〈제1수〉에서 '네 벗인 줄 모를쏘냐'는 화자가 '백구'의 '벗'을 자처하여 자신도 '백구'와 같이 '무심한' 존재임을 강조하고, '백구'로 표상되는 자연과 합일하려는 태도를 보여 주는 것이라 할 수 있다. 이때 '백구'는 욕심이 없는 '무심한' 존재로 화자가 닮고 싶어 하는 대상일 뿐, 타인과 조화롭게 살아가는 원리를 내재한 자연물이 아니므로 선지의 내용은 적절하지 않다.

오답풀이

① 〈보기〉에 따르면 (가)에서는 농사를 삶의 기반으로 삼아 생활의 안정을 확보한 뒤 유교적 이상을 이루려는 현실적이고 구체적인 지향이 드러난다. (가)의 화자는 '예부터 성현님도 농업을 먼저' 했다고 말하면서, 그 예로 '대순', '후직', '이윤', '제갈량'을 언급하고 있다. 따라서 이들은 농사를 중시하는 현실적 삶 속에서도 '성현'으로서 유교적 이상을 실현한 사례에 해당한다고 볼 수 있다.

② 〈보기〉에 따르면 (가)의 작가는 향촌에 머무르는 상황에서도 유교적 가치를 추구함으로써 사대부로서의 정체성을 지키려 했으며, 이에 따라 (가)에서는 농사를 삶의 기반으로 삼아 생활의 안정을 확보한 뒤 유교적 이상을 이루려는 현실적이고 구체적인 지향이 드러난다. (가)의 화자는 '아침에 밭을 갈고 밤이거든 글을 읽어 / 충효를 본을 삼'겠다고 말한다. 이는 농사를 통해 이룬 생활의 안정을 바탕으로 유교적 가치를 실천하는 구체적인 방식을 보여 주는 것이라 할 수 있다.

③ 〈보기〉에 따르면 (나)의 작가는 향촌에 머무르는 상황에서도 유교적 가치를 추구함으로써 사대부로서의 정체성을 지키려 했으며, 이에 따라 (나)에서는 세속적 가치에서 벗어나 유교적 이상을 실현하려는 관념적인 지향이 드러난다. (나)의 〈제10수〉에서 화자는 '큰 도를 행하'는 자신의 모습을 제시하고, '부귀빈천위무인들 이 마음'이 '요

동하'지 않을 것이라는 의지를 드러내고 있다. 이는 '부귀빈천위무'라는 세속적 가치에 얽매이지 않고 사대부의 정체성을 지키려는 화자의 가치관을 보여 준다고 할 수 있다.

④ 〈보기〉에 따르면 (나)에서는 자연을 바람직한 삶의 원리가 내재한 존재로 보고, 그러한 자연과의 합일을 통해 세속적 가치에서 벗어나 유교적 이상을 실현하려는 관념적인 지향이 드러난다. (나)의 〈제11수〉에서 화자는 '청산은 만고청이요 유수는 주야류라'며 '청산'이 항상 푸르고 '유수'가 밤낮으로 흐르는 속성에 주목하고 있다. 이때 '산수같이 하오리라'는 그러한 자연을 본받아 유교적 이상을 실현하기 위한 노력을 게을리하지 않으려는 화자의 지향점을 나타낸 것으로 볼 수 있다.

III. 현대 산문

1. 윤흥길, 장마

1. ④

> 윗글은 시간의 흐름에 따라 순행적으로 진행되고 있다. 따라서 동시에 벌어진 사건을 나란히 배치하였다는 선지의 설명은 적절하지 않다.

오답풀이

① '벼락에 맞아 죽어 넘어지는 하나하나의 모습이 눈에 선히 보인다는 듯이~자꾸 저주를 쏟았다.'에서 확인할 수 있다.
② 윗글은 1인칭 관찰자 시점의 소설로, 화자인 '나'의 시점에서 중심인물들의 내면 심리를 간접적으로 제시하고 있다.
③ '그러던 두 분 사이에 얼추 금이 가기 시작한 것은 저 사건~외할머니가 유일한 내 편이 되어 궁지에 몰린 외손자를 감싸고 역성드는 바람에 할머니는 그때 단단히 비위가 상했던 것이다.'에서 요약적으로 갈등이 시작된 배경을 제시하고 있다.
⑤ 할머니와 외할머니의 대화에서 지역 방언을 그대로 사용하여 현장감을 살리고 있다.

2. ④

> ⓓ에서 할머니가 말한 "인명은 재천"은 사람의 목숨이 하늘에 달려 있다는 의미이므로, 이를 통해 '할머니'가 운명론적 세계관을 가진 인물임을 파악할 수 있다. 그러나 '외할머니'는 자식을 잃은 슬픔으로 분노와 안타까움을 표출하고 있을 뿐, 운명론적 세계관을 부정하고 있지는 않으므로 선지의 내용은 적절하지 않다.

오답풀이

① '외할머니'는 자신의 아들이 '국군'이고, 그의 적이 '뿔갱이'임을 인지하고 있으며, 아들의 전사 통지서를 받자 그들에 대한 적개심을 표출하고 있다.
② 여기가 지금 누구의 집인 줄 알고 떠드느냐는 '할머니'의 말은 '외할머니'가 피난을 와 '할머니'의 집에 얹혀살고 있는 신세임을 지적한 것이다.
③ '할머니'는 '뿔갱이'에 대한 '외할머니'의 저주가 곧 빨치산이 된 자신의 아들을 향한 것이라 생각하여 '외할머니'를 비난하였다.
⑤ ⓔ에서 '누구'는 '할머니'를 지칭하고 있다. '외할머니'는 '할머니'가 아들 농사를 제대로 짓지 못했다며 '뿔갱이'인 '삼촌'과 '할머니'를 비판하고 있다.

3. ④

> [중략 부분 줄거리]를 통해 '할머니'는 '구렁이'를 죽은 아들의 현신이라 생각하고 있음을 알 수 있다. 따라서 ⓑ는 할머니가 죽은 아들의 마지막 배웅을 제대로 하지 못하고 졸도해 버린 자기 대신에 사돈인 '외할머니'가 그 일을 해주었다는 사실에 대해 고마워한 것으로 파악할 수 있다.

오답풀이

① ⓑ에는 자신을 대신하여 아들의 마지막을 보살펴 준 사돈(외할머니)에 대한 감사함의 마음이 담겨 있으므로 반어적인 표현이라고 볼 수 없다.
② ⓑ는 구렁이를 떠나보내며 아들의 죽음을 받아들인 외할머니가 할머니에게 고마움을 표현한 것이다. 따라서 할머니와 외할머니는 아들의 죽음을 부정하였다고 볼 수 없으므로 선지의 내용은 적절하지 않다.
③ 할머니가 외할머니에게 느끼는 감정은 한때 자신의 아들이 죽었다는 이유로 '뿔갱이'를 저주했음에도 아들을 잃은 처지에 공감하여 인간적인 태도로 자신이 할 일을 대

신해 준 것에 대한 고마움이다. 할머니는 외할머니에게 자신의 아들에 대한 적대감을 우호감으로 바꾼 것에 대해 놀라워하지 않았으므로 선지의 내용은 적절하지 않다.
⑤ 외할머니가 구렁이를 달래어 보낸 것은 할머니에게 화해를 청하기 위해 한 일이 아니며, 외할머니가 한 일을 듣고 화해를 먼저 요청한 인물은 할머니이므로 선지의 내용은 적절하지 않다.

4. ⑤

> '외할머니'가 '뿔갱이'들에게 저주를 퍼붓는 것은 그녀가 공산주의와 자본주의의 이념 대립의 본질에 대한 깊이 있는 인식을 지니고 있기 때문이 아니라 단지 자식을 잃었기 때문이다. 〈보기〉를 참고하면, 작가가 '할머니'와 '외할머니'를 이념적으로 대립하는 인물로 설정한 것은 당시의 민중들이 느꼈던 이념 대립의 성격이 이념에 대한 깊이 있는 인식과는 아무 관련이 없었다는 사실을 보여 주기 위한 것이라 할 수 있다.

오답풀이

① 〈보기〉를 참고하면, '외할머니'가 '할머니의 머리카락을 태워 감나무에서 내려오게' 하는 등의 행위를 한 것은 무속 신앙적 세계관에 근거한 것으로 볼 수 있다.
② 〈보기〉를 참고하면, 직접적인 이념적 대립을 보이는 인물들인 '삼촌'과 '외삼촌' 대신에 '할머니'와 '외할머니'를 중심으로 이야기를 전개한 것은, 민중들의 관점에서 본 이념 대립의 성격을 보여 주기 위함이라고 할 수 있다.
③ 〈보기〉를 참고하면, '점쟁이'가 '삼촌'이 올 것이라 예언한 것은 무속 신앙적 세계관에 해당하며, 예언한 바로 그날 구렁이가 '나'의 집에 들어온 것은 지나치게 인위적인 구도로 볼 수 있다.
④ '할머니'는 자신이 졸도했을 때 '외할머니'가 구렁이를 잘 달래 보낸 것을 알고 '외할머니'를 큰방으로 모셔 고마움을 전하였다. 〈보기〉를 참고하면 이는 이념 너머에 존재하는 보다 근원적인 것, 즉 믿음의 체계인 무속 신앙을 공유하여 둘 사이의 대립이 화해에 이른 것으로 볼 수 있다.

2. 이광수, 무정 / 염상섭, 만세전

1. ③

> (다)와 달리 (나)에서는 인물 간의 갈등이 아니라, 인물과 상황(문명이 없는 현실)의 갈등을 중심으로 서사가 전개되고 있으므로 선지의 내용은 적절하지 않다.

오답풀이

① (나)에서는 인물들이 여관에서 이야기를 나누고 있는 장면만이 나타나지만, (다)에서는 여관, 대합실, 매점, 대합실 밖, 목욕탕 등으로 공간의 이동이 드러난다.
② (나)는 전지적 작가 시점을, (다)는 1인칭 주인공 시점을 유지하여 서술의 일관성을 확보하고 있다.
④ (나)에서는 시간의 흐름에 따른 '선형', '영채', '병욱'의 내면 변화를 확인할 수 있다.
⑤ (다)의 '궐자의 흘겨 뜨는 눈은 부리부리하고 험상궂었으나,'에서 외양 묘사를 통해 인물의 성격을 드러내고 있다.

2. ②

> (가)의 마지막 문단에서 '자신의 정체성을 인식하거나 그에 맞서 자신의 이상을 사회 속에 실현하려 투쟁하는 인물'을 '사회적 개인'이라고 설명하였으므로, 조선인들이 일본인들로부터 멸시받는 상황을 보며 자신의 정체성을 인식해가는 (다)의 '나'는 '사회적 개인'으로 볼 수 있다.

오답풀이

① (가)의 3문단에 따르면 '소설이 사회 현실 반영이라는 제약에서 벗어날 때 작가의 독창적 관점으로 보편적이고 본질적인 인간의 삶과 문제를 다룰 수 있다고 주장'한 것은 (나)를 쓴 작가 이광수가 아닌, 김동인이다. 또한 (나)의 '형식'은 사회적 문제인 계몽이라는 목적 의식을 가진 인물이므로 선지의 내용은 적절하지 않다.

③ (나)의 '세 처녀'는 교육을 통한 계몽을 다짐하며, 수재를 만나 고생하고 있는 민중들을 구하고자 하므로 이들이 초자연적 요소와 대결을 하고 있다고 볼 수는 없다.

④ (다)의 '나'가 상념에 잠긴 공간은 목욕탕이며, 이는 추상적인 공간이 아니다. 또한 (가)에 3문단에 따르면 예술지상주의적 소설은 김동인 소설의 특징이므로 선지의 내용은 적절하지 않다.

⑤ (나)의 '병욱'은 동경 유학생으로 지식인에 해당한다. 당시 조선인의 현실에 대해 냉철한 판단을 하고 자신의 이상을 실현하려는 인물이므로, '병욱'은 '사회적 개인'이라고 볼 수 있다. (가)의 마지막 문단에 따르면 '사회적 개인'이 '자아' 역할을 하는 것은 근대소설의 특징에 해당하므로, '병욱'이 개연성이 떨어지는 인물이라는 선지의 내용은 적절하지 않다.

3. ⑤

> 전혀 다른 삶을 살던 네 사람을 같은 열차 안에서 우연히 만나도록 한 설정은 개연성이 떨어지는 사건 전개 방식으로, 그 이후에 벌어질 토론을 위한 것으로 볼 수 있으므로 선지의 내용은 적절하다.

오답풀이

① (나)에는 한자어가 특별히 많이 사용되지 않았다. 또한 설령 한자어가 많이 사용되었다 하더라도 '한글로 써야 한다'라는 원칙에 어긋나는 것은 아니므로 선지의 내용은 적절하지 않다.

② 인물들이 나누는 대화는 철저하게 구어체로 처리되어 있다. 참고로 고전소설의 문어체가 뭔지 감이 안 와서 손이 간 학생들이 있었을 것이다. 문어체라면 [형식 왈 "누가 하나요?" 이에 세 처녀는 정신의 감동을 느꼈더라] 이 정도의 서술이 나왔을 것이다.

③ '세 처녀는 아직도 경험하여 보지 못한 듯한 말할 수 없는 정신의 감동을 깨달았다. 그리고 일시에 소름이 쪽 끼쳤다.' 등에서 (나)가 3인칭 전지적 작가 시점을 취하고 있는 소설임을 알 수 있다. 하지만 이 작품이 3인칭 시점에서 쓰인 소설이라 하더라도 그것은 [A]에서 말하는 '소설만의 독립적인 미학 구축'과는 아무 관련이 없다.

④ (나)에 전기성은 드러나지 않았지만, '혹 독자 여러분이 기억하시는지 모르거니와~아직도 철이 나지 못한 모양이라 하니 가엾은 일이다.'에서 서술자의 개입을 확인할 수 있으므로 선지의 내용은 적절하지 않다.

4. ①

> 국어에서 가장 많이 범하는 실수가 단어 자체의 의미만 가지고 주관적 판단을 내리는 경우이다. 여기서도 '민족문학적 성격'에 대한 명확한 이해를 지문을 통해 한 후에, 선지로 접근을 했어야 한다. (가)의 [B]에서 논하고 있는 '민족문학'은 중국 중심의 한자에서 벗어나서 우리나라 사람이 우리말로 쓴 문학을 지칭하는 것이지 '일본인들에 대한 적개심을 표현하고 있는 문학'을 의미하는 것이 아니다.

오답풀이

② '방죽이 터져 나오듯 일시에 꾸역꾸역 쏟아져 나오는 시커먼 사람떼'에서는 배에서 쏟아져 나오는 사람들을 '방죽이 터져나오'는 것에 빗대어 표현하고 있으므로, 작가의 독창적 관점을 보여 준다고 할 수 있다. 따라서 이는 '개성이 활동하는 묘사'라고 볼 수 있다.

③ [B]에서 '세계'는 '현실 사회의 모순 구조'라고 하였다. 즉, '세계와 자아와의 대결'이라는 말은 인물이 현실 사회에 대한 불만을 가지는 것으로 볼 수 있다. 따라서 주인공이

형사에게 조선인이라는 이유로 집요하게 검문을 받으며 분노를 느끼는 모습에서 '세계'의 역할을 하는 것은 일제 강점기라는 현실 사회임을 알 수 있다.

④ 일단 '자율성'의 개념을 정확하게 정립해야 한다. (가)에 따르면 염상섭은 김동인으로부터 '자율성'을 받아들였으며, 김동인은 이념이나 사상 전파의 도구가 아닌 소설의 자율성을 강조하였다. 이것은 (나)와 (다)의 비교를 통해 선명하게 드러난다. (다)는 (나)에서와는 달리 주인공이 작가의 분신처럼 작가의 사상을 표현하고 있지 않다. 즉, (나)에서는 작가의 분신인 형식이 작가의 생각을 대변하고 작가의 생각을 주인공의 입을 통해서 제시하고 있는 것에 반해, (다)는 인물의 내면 심리만 제시할 뿐, 인물을 작가의 사상을 표현하기 위한 도구로 사용하고 있지 않다는 점에서 소설의 자율성도 중요하게 생각하는 작품으로 볼 수 있는 것이다.

⑤ [B]에 따르면 염상섭은 소설에서 당대 현실을 다루어야 한다고 주장한다. 따라서 일제 강점기의 만세 운동 이전에 일어났던 사건을 다룬 것은, 작가의 문학관이 반영된 것으로 볼 수 있다.

3. 이상, 날개

1. ④

> ㉣에서 '나'는 '화려한 아내의 치마와 저고리'가 걸려 있는 '아내의 방'을 묘사하며, 그녀의 옷에 대해 '여러 가지 무늬가 보기 좋다.'라고 평가하고 있다. 이는 '아내'에 대한 '나'의 동경과 '아내'의 물품을 보며 느끼는 '나'의 즐거움을 드러낸 것이므로, '나'가 화려함을 추구하는 아내의 사치스러운 삶을 비판적으로 바라보고 있음이 드러난다고 볼 수 없다.

오답풀이

① '해가 영영 들지 않는' '나'의 방은 해가 드는 '아내'의 방과 대비되어 '나'보다 아내가 상대적으로 우월한 위치에 있음을 보여 준다. 한편 ㉠에서 '나'는 볕이 들지 않는 윗방을 자신의 방으로 당연히 여기며 이에 대해 불평을 보이지 않는 모습을 보이고 있는데, 이는 '나'가 자신보다 '아내'가 상대적으로 우월한 위치에 있음을 수용하고 있는 것으로 볼 수 있다.

② '나'는 '직업이 없'어 '하루 한 번도 세수를 하지 않'은 채 집안에만 머무는 모습을 보이므로, 생계를 내버려 둔 인물임을 알 수 있다. 이러한 '나'가 '아내'의 방에서 돋보기와 휴지를 가지고 불장난을 하는 자신의 무의미한 행동을 두고 '고 얼마 안 되는 동안의 초조한 맛'이 '재미있'다고 평가하고 있으므로 선지의 내용은 적절하다.

③ '아내'의 방에서 그녀가 사용하는 화장대, 돋보기, 지리가미, 손잡이 거울을 가지고 노는 '나'의 모습을 통해 '나'는 '아내'의 방 속 사물들을 유희의 대상으로 여기고 있음을 알 수 있다. 하지만 '나'는 이러한 놀이에 대해 금세 싫증을 느끼고, ㉢ 이후 아내의 물건을 통해 '아내의 체취', '아내의 동체(한 몸)' 등을 떠올리는 모습을 보였으므로, '나'의 관심이 '아내'에게로 향하고 있다고 볼 수 있다.

⑤ '나'는 인간 사회와 생활에 대해 스스러움을 느끼는 인물로, '18 가구의 아무와도 얼굴이 마주치는 일이 거의 없'이 외출을 하지 않고 타인과 유대감을 쌓지 않는 모습을 보인다. 반면 '아내'는 '나'와 달리 밤낮을 가리지 않고 외출을 하고 많은 내객을 접하는 모습을 보이므로, ㉤에서 '아내'와는 달리, 집 밖의 타인들과 관계를 맺지 않는 '나'의 폐쇄적 태도가 드러난다고 볼 수 있다.

2. ③

> '나'가 아내의 방에서 들창을 열어 '들이비치는 햇살이 아내의 화장대를 비쳐 가지각색 병들('화장품 병')이 아롱이 지면서 찬란하게 빛나고, 이렇게 빛나는 것을 보는 것을 '오락'이라고 표현한 점에서, '화장품 병'은 '나'에게 일종의 놀잇감임을 알 수 있다. 한편, '나'는 '아내에게 내객이 많은 날'이면 '불장난', '화장품 냄새' 맡기와 같은 유희를 즐기지 못한 채 온종일 방에서 이불을 쓰고 누워 있어야만

했으며, 아내는 그러한 '나'에게 '오십 전짜리 은화'를 주었다고 하였다. 따라서 '은화'는 '나'가 아내의 방에서 이루어지는 유희를 포기한 대가로 얻게 되는 보상 이라고 할 수 있다.

오답풀이

① '나'가 '아내'의 화장품 냄새를 맡으며 '이국적인 센슈얼한 향기'를 느낀 것은 맞지만, 이는 화장품 냄새에 대한 '나'의 주관적 인식일 뿐 실제로 아내가 이국적인 생활을 하고 있다고 보기는 어렵다. 한편, '은화'는 '아내에게 내객이 많은 날'에 '나'가 온종일 자신의 '방에서 이불을 쓰고 누워 있는 대가로 '아내'에게 받는 보상일 뿐, '나'의 여유로운 생활을 의미하지는 않는다.

② '나'의 유희심이 육체적인 것에서 정신적인 것으로 비약하여, '나'가 '가지각색의 화장품 병들을 들여다'보며 '아내의 체취의 파편'을 떠올리고 있으므로 '화장품 병'은 '나'의 정신 작용을 자극한다고 볼 수 있다. 반면 '나'는 아내가 준 '은화'를 쓰는 것에 큰 관심을 가지지 않으며, 금고가 가벼워진 것에 대해 '그런 것에 내 주의를 환기시키기도 싫었다.'라며 무관심한 태도를 보이고 있다는 점에서 '나'가 현실에 대한 인식을 제대로 하고 있지 않음을 알 수 있다. 따라서 '은화'가 '나'의 현실 인식을 일깨운다고 볼 수는 없다.

④ '화장품 병'은 '나'에게 일종의 놀잇감이자 '나'로 하여금 '아내의 체취의 파편'을 느끼게 하는 소재로, 이를 통해 '아내'가 화려한 삶에 대한 자부심을 느끼고 있는지는 알 수 없다. 한편, '아내'는 온종일 '방에서 이불을 쓰고 누워 있어야만' 하는 '나'에게 은화를 줌으로써 '나'가 겪는 불편함에 대해 보상하고 있을 뿐, 자기 자신에 대해 부끄러워하는 모습을 보이고 있지는 않다.

⑤ '아내'는 직업이 없는 '나'를 대신하여 생계를 책임지고 있지만, 경제적 성취에 대한 '아내'의 의지는 확인할 수 없다. 또한 '화장품 병'은 '나'의 놀잇감이자 '나'로 하여금 '아내의 체취의 파편'을 느끼게 하는 소재로 제시되었을 뿐, 경제적 성취를 이루려는 '아내'의 의지를 드러내는 데 활용되고 있지 않다. 한편 '나'는 '직업이 없'이 '아내'에게 기생하여 살아가는 인물로, 자신이 경제 활동을 하지 않는 것에 대한 죄책감을 느끼거나 불만을 토로하는 모습을 보이지 않는다. 따라서 '은화'가 경제적 성취를 이루지 못한 '나'의 불만을 상징한다고 볼 수는 없다.

3. ③

> [A]에서 '나'는 '아내에게 직업이 있었던가? 나는 아내의 직업이 무엇인지 알 수 없다.'와 같이 아내의 직업에 궁금증을 보인다. 그러나 [B]에서 '나'는 '아내의 직업이 무엇인가를 연구하기에 착수하였으나 좁은 시야와 부족한 지식으로는 이것을 알아내기 힘들다고 하였으며, '끝내 내 아내의 직업이 무엇인가를 모르고 말려나 보다.'라며 아내의 직업을 알아내는 것을 체념하는 태도를 보이고 있다. 따라서 [A]에 나타난 '나'의 궁금증은 [B]에서 '나'의 노력에도 불구하고 풀리지 않았음을 알 수 있다.

오답풀이

① [A]에서 '나'는 밤낮으로 외출하는 아내의 직업에 대해 의문을 품고 있을 뿐, 아내의 직업을 알아내려는 시도를 하고 있지는 않다. 한편, [B]에서 아내가 자신의 직업을 알아내려는 '나'를 방해하는 모습은 나타나지 않으므로 선지의 내용은 적절하지 않다.

② [A]에서 '나'는 아내의 직업에 대해 의문을 품고 있을 뿐, 자신의 방에서 단서를 찾고 있지는 않다. 한편, [B]에서 '나'는 자신의 '좁은 시야'와 '부족한 지식'으로 인해 아내의 직업이 무엇인지 알아내기 힘들다고 하였으므로, '나'가 아내에 관한 비밀을 밝혀내고 있다고 볼 수 없다.

④ [A]를 통해 '나'는 아내에게 내객이 많은 날 온종일 자신의 방에서 이불을 쓰고 누워 있어야 한다는 것을 알 수 있다. 하지만 '나'는 그런 날이면 '불장난'도, '화장품 냄새'도 맡을 수 없어 '의식적으로 우울하였을' 뿐, 자신을 구속하는 아내에게 불만을 품지는 않는다. 한편, [B]에서 아내가 준 음식을 먹는 '나'의 모습은 나타나지 않으므

로 선지의 내용은 적절하지 않다.

⑤ [A]에서 '나'는 아내의 직업에 대한 의문을 품고 있을 뿐, 아내의 부정(부부로서의 정조를 지키지 않음)에 대해 의혹을 제기하고 있지는 않다. 한편, [B]에서 '나'는 '좁은 시야'와 '부족한 지식'을 가진 자신의 무능을 인정하며 아내의 직업을 알아내는 것에 체념하고 있을 뿐, 아내의 결백에 대한 확신을 드러내고 있지는 않다.

4. ④

> 〈보기〉에 따르면 윗글에서 자신을 둘러싼 현실을 이해하지 못하는 '나'의 무지한 모습은 현실 원리의 억압을 회피하려는 무의식의 작용으로 해석할 수 있다. 그런데 '나'가 아내에게 생긴 누깔잠을 금고형 벙어리의 무게와 연관 짓는 것은, 벙어리에 들어 있는 은화로 아내가 누깔잠을 샀다는 합리적인 추측에 해당한다. 이를 통해 자신을 둘러싼 현실을 이해하지 못하는 무지한 '나'의 모습이 나타난다고 보기는 어려우므로 선지의 내용은 적절하지 않다.

오답풀이

① '나'는 아내가 외출하면 그녀의 방으로 가 혼자 아내의 물건을 가지고 노는 '오락'을 즐긴다. 〈보기〉를 참고하면 이는 외부와 단절된 채 자기만의 세계에 몰두하는 '나'의 유아적인 모습이라고 볼 수 있으므로 선지의 내용은 적절하다.

② '나'는 아내에게 내객이 많은 날은 아내의 방에 가서 오락을 즐길 수 없기에 우울해하는 모습을 보인다. 〈보기〉를 참고하면 '나'가 오락을 즐기지 못한 채 자신의 방에 온종일 갇혀 있는 것은 '현실 원리'를 고려하여 욕구의 충족을 연기한 것으로 볼 수 있다. 즉, 우울함을 느끼는 '나'의 모습을 통해 쾌감을 추구하려는 '나'의 쾌락 원리와 현실 원리가 균형을 이루지 못하는 현대인의 존재적 분열 상태를 보여 준다고 할 수 있으므로 선지의 내용은 적절하다.

③ '나'는 돋보기를 가지고 놀다가 싫증이 나면 거울 장난으로, 거울 장난도 싫증이 나면 화장품 병을 보며 노는 모습을 보인다. 〈보기〉를 참고하면 이는 쾌감을 추구하고 불쾌감을 회피하는 쾌락 원리에 지배되어 있는 모습으로 볼 수 있으므로 선지의 내용은 적절하다.

⑤ '나'는 아내에게 내객이 있는 날에는 밖으로 나가 유희를 즐기지 못하고 자신의 방에서 이불을 쓰고 누워 있어야만 된다고 하였다. 〈보기〉를 참고하면 이는 현실 원리와 충돌하지 않기 위해 '나'가 의식적으로 욕구의 충족을 미루는 모습으로 볼 수 있으므로 선지의 내용은 적절하다.

4. 채만식, 태평천하

1. ④

> 서술자가 특정 인물인 '윤 직원 영감'에 주목하여 종학이 사상 관계로 경시청에 피검(수사 기관에 잡혀감)된 중심 사건에 대한 그의 반응을 중점적으로 제시하고 있을 뿐, 여러 인물들의 다양한 시각을 제시하여 사건을 입체적으로 조망하고 있지는 않다.

오답풀이

① 종학이 피검된 사실을 알리는 전보(남을 통하여 소식을 알림)가 오고, 그에 대한 '윤 직원'의 심리와 반응이 시간의 흐름에 따라 진행되고 있으므로 선지의 내용은 적절하다.

② '지체를 바꾸어 윤 주사를 점잖고~꼬옥 맞겠습니다.', '윤 직원 영감은 시방 종학이 사회주의를 한다는 그 한 가지 사실이~더 분하고, 물론 무서웠던 것입니다.', '마지막의 으응 죽일 놈 소리는 차라리 울음소리에 가깝습니다.' 등에서 작품 밖의 서술자가 작중에 개입하여 주인공 '윤 직원'이 처한 상황에 대한 논평을 드러내고 있다.

③ '윤 직원 영감은 마치 묵직한 몽치로 뒤통수를 얻어맞은 양', '윤 직원 영감은 먼저에

는 몽치로 뒤통수를 얻어맞은 것같이 멍했지만,~꺼져 내려가는 듯 정신이 아찔했습니다.', '윤 직원 영감은 팔을 부르걷은~성난 황소가 영각을 하듯 고함을 지릅니다.'에서 다양한 비유를 활용하여 종학이 경시청에 피검되었다는 소식을 듣고 놀란 주인공 '윤 직원'의 행동과 심리를 묘사하고 있다.

⑤ "동생 놈은 버젓한 경찰서장인디, 형 놈은 게우 군 서기를 댕기구 있담?", "착착 깎어 죽일 놈!" 등에서 비속어가 그대로 노출된 구어체를 활용하여 대화를 구성함으로써 현장감과 사실감을 살리고 있음을 알 수 있다.

2. ②

[앞부분 줄거리]를 통해 '윤 직원'은 어린 시절 화적패의 습격으로 아버지를 잃었던 비극적인 경험을 겪었음을 알 수 있다. 이를 고려할 때, '윤 직원'이 '종학이가 사회주의를 한다는 그 한 가지 사실이 진실로 옛날의 드세던 부랑당 패가 백 길 천 길로 침노(남의 나라를 불법으로 쳐들어가거나 쳐들어옴)하는 그것보다도 더 분하고, 물론 무서'워하며 사회주의에 대한 강한 적대감을 드러낸 것은 유년기에 그가 겪었던 비극적인 개인사와 관련이 있다고 볼 수 있다.

오답풀이

① '윤 직원'이 전보의 내용을 믿지 못하고 되묻는 것은 그가 '종학'에게 걸고 있던 기대 때문이지, 아들인 '윤 주사'를 신뢰하지 못해서가 아니다. 또한 '윤 직원'이 전보의 내용을 끝까지 믿지 않은 것도 아니므로 선지의 내용은 적절하지 않다.

③ '윤 주사'가 '종학'의 피검으로 인한 아버지의 분노를 통쾌하게 여기는 모습은 나타나지 않는다.

④ '경손 애비'는 '윤 직원'의 정신 차리라는 구박에 아무런 대꾸도 하지 않고 "네"라고 대답했을 뿐, 이에 반발하여 '종학'이 사회주의 운동을 한다고 고발하지 않았다.

⑤ '윤 직원'은 시대 상황이 자신을 포함한 모든 사람에게 '태평천하'라 여기고 있으며, 암울한 시대 현실을 비판적으로 인식하고 있지도 않으므로 선지의 내용은 적절하지 않다.

3. ③

ⓒ은 진나라를 망하게 할 자가 '호'라는 예언을 들은 진시황이 변방의 호나라가 진나라를 망하게 한다고 여겨 만리장성을 쌓았으나, 진나라를 망하게 한 것은 다름 아닌 진시황의 아들 '호해'였다는 의미이다. 이는 '윤 직원'의 집안을 망칠 사람이 외부의 부랑당 패가 아니라 사회주의에 빠진 손자 '종학'임을 드러내기 위해 활용된 것이므로, '종수'가 ⓒ의 '호해'와 같은 자식이라는 선지의 내용은 적절하지 않다.

오답풀이

① ㉠에서 경시청에 피검된 종학의 소식을 알리는 '전보'는 윤 직원 영감과 그 집안이 몰락하는 계기가 되므로, 해당 전보가 사건 전개의 반전을 가져온다는 선지의 내용은 적절하다.

② '그러나 그것은 결단코 자기가 믿고 사랑하고 하는 종학이의 신상을 여겨서가 아닙니다.~무서웠던 것입니다.'를 고려할 때 ⓛ은 종학에 대한 걱정으로 인한 충격이 아니라, 자신의 안위(편안함과 위태함)에 대한 걱정으로 인한 충격으로 볼 수 있다.

④ ㉣에서 '윤 직원'이 일제 강점기를 좋은 세상이라고 말하는 것을 통해, '윤 직원'은 왜곡된 역사의식을 지닌 인물임을 알 수 있다.

⑤ ㉤은 시대적 현실을 외면한 '윤 직원'의 몰락을 표현한 부분으로, 이를 통해 일제 강점기 친일 지주 계층인 '윤 직원'의 타락한 삶에 대한 비판이라는 주제 의식을 엿볼 수 있다.

4. ②

윗글에서 '종학'이 검거되는 상황은 친일 지주 계층인 '윤 직원'을 풍자하기 위한

설정일 뿐, 사회주의 운동에 대한 작가의 부정적이고 비판적인 인식을 우회적으로 드러내기 위한 설정이 아니다.

오답풀이

① 〈보기〉에서 채만식은 일제의 사상 탄압과 검열을 피하여 사회 현실을 우회적으로 비판할 수 있는 방법으로 풍자를 택하였다고 하였다. 이를 고려할 때 윗글이 창작·발표되던 시기는 조선에 대한 일제의 사상 탄압과 검열이 심하게 자행되던(제멋대로 해 나가게 되던) 때라고 볼 수 있다.

③ 전보를 받고 놀라는 '윤 직원'의 모습을 '엉덩이를 꽁 찔는 바람에, 하마 방구들이 내려앉을 뻔했습니다.'와 같이 과장하여 표현하고 있다. 〈보기〉를 고려할 때 이는 우리 전통극과 판소리에 자주 등장하는 '인물의 희화화'를 계승하여 활용한 것으로 볼 수 있다.

④ '윤 주사를 점잖고 너그러운 아버지로,~꼬옥 맞겠습니다.'는 서술자가 개입하여 윤 직원 영감의 경망스러운 태도를 우회적으로 비꼬고 있는 부분이다. 〈보기〉를 고려할 때 이는 '인물의 희화화'를 통해 해학성을 드러낸 것으로, 작가가 '측공법'을 위해 작품에 가미한 요소라고 할 수 있다.

⑤ 〈보기〉를 고려할 때 역사의식이 없는 인물인 '윤 직원'을 주인공으로 설정하고, 제목을 '태평천하'로 한 것은 반어적인 표현을 통해 사회 현실을 우회적으로 비판하기 위한 작가의 의지로 볼 수 있다.

---

5. 송기숙, 당제

1. ①

윗글은 한몰 영감과 한몰댁이 아들의 생환을 기다리는 현재 사건과 한몰댁이 징용에 끌려갔던 한몰 영감을 기다렸던 과거 사건의 순서를 뒤바꾸어 제시하고 있다. 이를 통해 한몰댁이 아들의 생환을 굳게 믿는 이유를 드러내고 있으므로 선지의 내용은 적절하다.

오답풀이

② 특정 인물의 시선을 통해 다른 인물에 대한 반감을 표현한 부분은 나타나지 않는다.

③ 한몰 영감의 징용과 죽음 소식, 아들의 의용군 입대와 죽음 소식이라는 유사한 사건이 반복해서 제시되고 있으나, 이를 통해 인물 간의 갈등이 심화되고 있지는 않다.

④ 한몰댁과 한몰 영감 간의 대화를 통해 두 사람이 아들의 생환에 관한 믿음을 공유하게 되었음이 나타날 뿐, 인물들 간 대화를 통해 특정 인물의 생각과 행동을 희화화하고 있는 부분은 나타나지 않는다.

⑤ 작품 밖의 서술자가 관찰자적 시각을 주로 취하여 서술하고 있긴 하나, '무작정 갈겨대는 기관총과 신식 소총 앞에 대창 들고 대드는 것은 버마재비(사마귀)가 수레바퀴에 대드는 꼴이었다.', '이건 달걀 섬에 절구질도 아니고, 콩마당에 도리깨질도 아니었다.' 등에서 주관적인 의미의 서술도 드러나고 있으므로 선지의 내용은 적절하지 않다.

2. ⑤

한몰댁은 아들이 '지리산 전투'에서 죽었다는 소식에도 '눈물 한 방울 흘리지 않았'으므로, 아들의 소식 앞에서 감정의 동요를 드러내지 않았음을 알 수 있다. 그러나 한몰댁은 과거 남편의 '사망 통지서와 함께 유골'을 받았을 때에도 '눈물 한 방울 흘리지 않았'으므로, 한몰댁이 남편의 생사가 불확실할 때에 슬픔을 억누르지 못했다는 선지의 내용은 적절하지 않다.

오답풀이

① '무작정 갈겨대는 기관총과 신식 소총 앞에 대창 들고 대드는 것은 버마재비가 수레 바퀴에 대드는 꼴이었다. 모처럼 제대로 한번 싸워보겠다고 들떴던 다음이라 도망치는 심사는 더 처참했다.'를 통해 의병들은 일본군과의 싸움에 앞서 의지를 불태웠으나, 압도적인 전력 차이로 인해 '미륵굴'로 몰려들었음을 알 수 있다.

② '미륵굴'은 일제 강점기에 의병들이 일본군에 의해 학살 당한 곳이며, 이로 인해 마을 사람들은 '왜정시대 내내 숨도 크게 쉬지 못하고 살았'으므로 그들에게 '미륵굴'은 잊지 못할 아픔을 남긴 공간이라 할 수 있다. 하지만 한몰댁은 '미륵굴'에서 '호랑이가 나오는 꿈을 꾸고 아들을 낳았'으므로, 그녀에게는 아들을 낳게 해 준 꿈의 장소에 해당함을 알 수 있다.

③ 한몰 영감은 '함께 갔다 돌아온 이웃 동네 친구'에게 자신의 아들이 '지리산 전투에서 죽었다'는 말을 듣고 '며칠 동안 숟가락을 들지 않았'으므로 선지의 내용은 적절하다.

④ 한몰댁은 과거 한몰 영감이 '징용' 나갔을 때 "미륵바위 곁에 서" 있었던 꿈을 꿨는데, 이후 사망 통지서까지 왔던 한몰 영감이 살아 돌아왔다. 이후 아들이 "의젓하게 서서 웃고 있는" 꿈을 꾼 한몰댁은 한몰 영감의 경우를 토대로 아들의 생존에 대해 확신했으므로 선지의 내용은 적절하다.

3. ④

> 윗글에서 ㉠(유골)은 '갱 속에서 꺼낸 시체를 한꺼번에 태워서' '조금씩 나'눈 것으로 추정된다는 점에서, '징용' 나간 이들의 죽음을 획일적인 것으로 만드는 폭력성을 상징한다고 볼 수 있다. 한편 한몰댁은 ㉡(미륵보살)을 떠올리며 남편의 생존 가능성을 확신하였으므로, ㉡은 현실에 맞서 삶의 가능성을 놓지 않으려는 의지를 상징한다고 볼 수 있다.

오답풀이

① ㉠은 '사망 통지서와 함께' 집에 도착했지만, 한몰댁은 '자기 남편 유골 같지 않았고, 죽었다는 실감도' 느끼지 못했다고 하였다. 따라서 한몰댁의 입장에서 ㉠이 죽음이 엄연한 현실임을 나타내는 증거라고 볼 수는 없다. 한편 한몰댁은 '전날 밤 꿈에 나타난' ㉡을 떠올리며 남편의 귀환을 믿게 되었다. 따라서 ㉡이 현실에서 도피하려는 무의식의 발현으로 한몰댁의 꿈에 나타났다고 볼 수는 없다.

② ㉠은 '갱 속에서 꺼낸 시체를 한꺼번에 태워서' '조금씩 나'눈 것으로 추정된다는 점에서, 죽음의 익명성을 드러내는 물리적 표지라고 볼 수 있다. 한편 한몰댁의 꿈에 나타난 ㉡은 한몰댁에게 남편이 보호받고 있다는 믿음을 주므로, 죽음의 불가피성을 드러내는 관념적인 상징이라고 볼 수 없다.

③ 한몰댁은 ㉠을 받고도 남편의 죽음을 믿지 않았으므로, ㉠이 죽음을 인간적인 차원에서 받아들이도록 하는 매개라고 볼 수는 없다. 한편 한몰댁은 ㉡을 떠올리며 남편이 생존해 있을 것이라는 가능성을 더욱 믿게 되었으므로, ㉡이 죽음을 초월적인 차원으로 승화시키는 계기라고 볼 수는 없다.

⑤ 한몰댁은 ㉠을 받고도 남편의 죽음을 실감하지 못하다가 ㉡을 떠올리며 그의 생존 가능성을 믿게 되었다. 따라서 ㉠과 ㉡을 죽음으로 인한 상실감으로부터 점차 벗어나는 과정에서 나타나는 심리적 변화의 징표로 볼 수는 없다.

4. ②

> 〈보기〉를 참고할 때, 동네 사람들이 세운 '창의비'가 '벼슬아치의 비석'에 비해 초라하게 묘사된 것은 공적으로 기려지지 못한, 희생된 민중의 상처와 고통을 부각하기 위함이다. '창의비'를 세운 주체가 민중이므로, 초라한 모습의 '창의비'가 민중에 관한 일이 왜곡된 방식으로 기억됨을 보여 준다고 해석할 수는 없다.

오답풀이

① 윗글에서 일본군들은 '미륵굴'로 도망친 의병들을 '굴 앞에 기관총을 차려놓고 갈겨

대'는데, 이는 '며칠 전 안중근 의사가 중국 하얼빈역에서 이등박문(이또오 히로부미)을 쏘았기 때문'에 일어난 일로 전해진다. 〈보기〉를 참고할 때, 이 사건은 격변의 시대에 우리 민족이 겪은 집단적 희생의 비극을 보여 준다고 할 수 있다.

③ 윗글에서 한몰댁의 시어머니는 아들의 '사망 통지서'와 '유골'을 받고 정신을 잃은 뒤, '시름시름 앓다가 그 길로 세상을 뜨고' 만다. 〈보기〉를 참고할 때, 이는 일제 강점기 강제 징용으로 우리 민족이 희생되었던 역사적 비극으로 인해 고통 받는 개인의 삶을 보여 준다고 할 수 있다.

④ 윗글에서 한몰댁은 남편의 사망 소식을 듣고도, '그때까지 그래왔듯이 새벽마다 미륵 바위 앞에서 더 정성스레 치성을 드'린다. 〈보기〉를 참고할 때, 이는 격동 속에서도 민중이 저마다의 방식을 통해 내적인 강인함을 유지하였음을 보여 준다고 할 수 있다.

⑤ 윗글에서 한몰 영감은 한몰댁의 이야기를 듣고, '자기 아들이 죽지 않았다는 걸, 옛날 사망 통지서까지 왔던 자기가 지금 살아 숨을 쉬고 있는 것만큼이나 확실하게 믿'게 된다. 〈보기〉를 참고할 때, 이는 고통스러운 현실에서도 희망을 놓지 않으려는 민중의 태도를 보여 준다고 할 수 있다.

6. 차범석, 산불 / 장진, 웰컴 투 동막골

1. ③

> (가)에 따르면 역사적 기억은 현재적 관점에서 재구성되기에, 동일한 역사적 기억이라 하더라도 그것이 문화적으로 재현되는 시대적 상황에 따라 매우 다르게 형상화될 수 있다. (다)는 남북의 관계 개선이 이루어지던 2000년대의 시대적 상황과 당대의 관객이 한국 전쟁이라는 역사적 기억을 간접적으로 체험한 세대임을 고려하여 한국 전쟁이라는 역사적 기억을 재현한 작품이므로 선지의 내용은 적절하지 않다.

오답풀이

① (가)에 따르면 (나)는 이념 대립에서 자유로울 수 없었던 1960년대의 시대적 상황을 고려하여 한국 전쟁이라는 역사적 기억을 재현한 작품이므로 선지의 내용은 적절하다.

② (가)에 따르면 (나)는 공동체의 균열이라는 비극을 보여 주는 방식으로 한국 전쟁이라는 역사적 기억을 재현한 작품이다. 따라서 (나)에서 곡물 추렴 문제를 두고 나타나는 양 씨와 최 씨 간의 대립 구도는 전쟁으로 인해 균열된 공동체의 모습을 드러낸다고 할 수 있다.

④ (가)에 따르면 (다)는 공동체의 회복을 염원하며 화합의 가능성을 제시하는 방식으로 한국 전쟁이라는 역사적 기억을 재현한 작품이다. (다)에서 대치하고 있는 국군과 인민군을 동등하게 대하며 그들의 대립을 완화시키는 노모를 통해, 공동체 화합의 가능성을 확인할 수 있으므로 선지의 내용은 적절하다.

⑤ (가)에 따르면 문학 작품은 공동체가 경험한 특정한 기억을 저장하는 '문화적 재현'으로 기능하기도 한다. (나)와 (다)는 모두 좌우의 이념 대립이 극단으로 치달은 한국 전쟁 시기를 배경으로 하는 작품으로, (나)의 '반동', (다)의 '괴뢰들'이라는 단어는 그러한 극단적인 이념 대립에서 파생된 단어에 해당하므로 선지의 내용은 적절하다.

2. ④

> (가)에 따르면 (나)의 공간적 배경인 P부락은 둘로 나뉜 채 갈등을 지속하는 한반도를 표상(상징)하며, 곡물 추렴 문제를 두고 헐뜯고 싸우는 인물들의 갈등의 근원에는 인민군의 편과 국군의 편을 가르는 분할과 배제의 논리가 자리하고 있다. 점례는 최 씨와의 다툼으로 저녁이 되도록 곡식을 다 모으지 못한 시어머니 양 씨에게 "안 할려면 몰라도 책임을 맡은 이상은 정해진 시간에 해내야" 한다며 타박하는 모습을 보인다. 이때, 좌우의 이념 대립으로 인해 갈등을 벌이는 인물

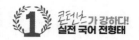

은 양 씨와 최 씨, 점례와 최 씨이다. 즉, 점례는 양 씨와 이념적 대립 관계에 있지 않으므로 이들의 모습에서 좌우의 이념 대립이 극심했던 한반도의 상황이 드러난다고 볼 수는 없다.

오답 풀이

① (가)에 따르면 (나)의 P부락은 생존의 위기에 직면한 주민들이 첨예하게 대립하는 공간이다. 최 씨는 어려운 살림에 "큰맘 먹고 퍼" 온 쌀을 공출로 내놓았으나, 양 씨가 기준 미달이라며 식량을 채워 오라고 하자 화를 낸다. 이는 생존의 위기에 직면한 주민들이 첨예하게 대립하는 모습으로 볼 수 있다.

② (가)에 따르면 (나)에서 곡물 추렴 문제를 두고 헐뜯고 싸우는 인물들의 모습은 인간성을 파괴하는 전쟁의 비극을 드러낸다. 양 씨가 공출 문제로 갈등을 일으킨 최 씨를 두고 "자위대에서 나오면 이렇게들 협력을 안하니까 못하겠다고 사실대로 말하"겠다고 하는 모습은 인간성을 파괴하는 전쟁의 비극을 드러내는 것이라 할 수 있다.

③ (가)에 따르면 (나)에서 곡물 추렴 문제를 두고 헐뜯고 싸우는 인물들의 갈등의 근원에는 인민군의 편과 국군의 편을 가르는 분할과 배제의 논리가 자리하고 있다. 최 씨가 점례네 집안을 "반동"이라고 몰아세우는 것은 인민군에게 협조하는 이들과 협조하지 않는 이들을 '분할'하고, 인민군에게 협조하지 않는 이들을 '배제'하는 행위이므로 선지의 내용은 적절하다.

⑤ (가)에 따르면 (나)에서 P부락의 주민들은 유사한 처지이면서도 서로를 위로하거나 화합하는 모습으로 그려지지 않는다. 최 씨는 사위를 잃은 인물이며, 양 씨는 아들을 잃은 인물이므로, 둘 다 이념 대립으로 인해 가족을 잃었다는 점에서 유사한 처지라고 볼 수 있다. 그럼에도 불구하고 양 씨의 죽은 자식을 들먹이며 "반동"이라고 몰아세우는 최 씨의 모습은, 균열된 공동체의 모습을 보여 준다고 할 수 있다.

3. ②

(가)에 따르면 (다)의 동막골은 이념과 거리가 먼 순박하고 천진한 주민들이 살아가는 공간으로, 전쟁 이전의 평화로웠던 공동체를 표상한다. 그런데 '크게 하품을 하는 영희. 하품이 옮았는지 상상도 쩍-'은 순박하고 천진한 주민들의 모습이 아니라, 서로 대치하느라 밤을 새운 인민군과 국군의 모습을 보여 준다. 긴장 속에서 피로를 느끼는 이들의 모습이 전쟁 이전의 평화로웠던 공동체를 상징한다고 보기는 어렵다.

오답 풀이

① "왜놈이나……? 떼놈이나……?"라는 촌장의 대사를 통해, 촌장은 현재 우리 민족이 둘로 나뉘어 싸우고 있는 상황을 모르고 있음을 알 수 있다. 이는 이념과 거리가 먼 동막골 주민들의 순박함과 천진성을 드러낸다고 볼 수 있다.

③ "그래하믄 밥이 나오나, 옥시기가 나오나?"는 인민군과 국군이 "밤새 으르렁대고 소래기 질러대고" 해 봤자 아무런 도움도 되지 않음을 드러내는 노모의 대사이다. 이는 좌우의 이념 대립이 무의미하다는 주제 의식을 전달한다고 볼 수 있다.

④ '부락민에게 적대적이었던 인민군들. 노모로 인해 격한 감정이 봄눈 녹듯 살짝 풀린다.'는 노모가 인민군 치성의 얼굴을 손수 닦아 준 이후의 진술로, 날이 서 있던 긴장감이 조금 풀리고 화해의 분위기가 조성되고 있음을 나타낸다.

⑤ (가)에 따르면 (다)에서는 국군과 인민군의 치열한 대립으로 인한 경직된 상황이 동막골 주민의 개입으로 인해 곧 희극적으로 전환된다. 현철은 노모의 행동을 강하게 제지하는데, 이로 인해 조금 누그러지는 듯하던 분위기는 다시 냉기가 흐르게 된다. 이때 현철의 "…… 물 같아서요! 한 바가지로 지금 몇 명쨉니까!"라는 대사는 예기치 못한 웃음을 자아냄으로써 경직된 상황을 다시 희극적으로 전환하는 계기에 해당한다고 볼 수 있다.

4. ④

(다)에서 영희는 '또 뭔짓을 하려는 거지 하는 심정'으로 노모를 경계하는 치성에

게 "어떻게 난처해질지 모르니 그냥 대 주시라요."라며 노모의 뜻을 따르라고 요구했으므로 선지의 내용은 적절하다.

오답 풀이

① (나)에서 양 씨는 쌀을 내놓은 최 씨에게 한 홉은 채워야 한다며 쌀이 없으면 보리, 감자라도 가져오라고 말한다. 즉, 양 씨는 최 씨에게 다른 품목을 가져와서라도 정해진 공출량을 맞출 것을 요구했을 뿐, 공출 품목을 변경해 오라고 한 것은 아니므로 선지의 내용은 적절하지 않다.

② (나)에서 "자네보다 나가 열 살 위인데 반말 좀 썼기로 어때?"라는 양 씨의 발화를 고려해 볼 때, 양 씨가 최 씨보다 나이가 많음을 알 수 있으므로 선지의 내용은 적절하지 않다.

③ (나)에서 "내 아들이 반동으로 몰린 게 누구 때문이었지?"라는 양 씨의 질문에 최 씨가 "내 사위를 빨갱이로 몰아 죽인 놈들은 모두 웬수야! 내 딸 사월이를 청상과부로 만든 놈을 왜 내가 가만 둬!"라고 답한 것을 통해 최 씨는 자위대의 압력에 의해 어쩔 수 없이 양 씨의 아들을 반동으로 몰아세운 것이 아니라, 복수를 하기 위해 반동으로 몰아세웠음을 알 수 있다.

⑤ (다)에서 노모가 '얼굴을 찰싹 치며 머리를 들이대라고 손짓'한 대상은 현철이 아니라 치성이다. 또한 노모는 자신의 행동을 강하게 제지하는 현철을 물끄러미 바라보았으므로 선지의 내용은 적절하지 않다.

5. ③

ⓒ에서는 김 선생을 위협하며 부락을 방문한 '손님'이 인민군들인 상황을 보여 주고 있다. ⓒ 이후에 부락에 먼저 와 있던 국군 현철과 상상이 인민군과 마주하자 다급하게 총을 겨누고, 생각지도 못한 국군을 발견한 인민군들 또한 총을 겨누는 장면이 제시되는 것으로 보아 이들의 첫 만남은 예기치 못한 것임을 알 수 있다. 따라서 ⓒ에서 국군에게 노골적으로 적대감을 드러내며 다가오는 인민군들의 얼굴을 화면에 가득 담아야겠다는 연출 계획은 적절하지 않다.

오답 풀이

① ㉠에서 부락민들은 호기심 어린 표정으로 상상을 주시하고 있는데, 이어지는 내용으로 보아 이는 상상이 들려주는 전쟁 관련 이야기를 듣기 위함이다. 이를 상상의 시점에서 촬영하면 부락민들의 호기심 어린 표정을 화면에 담아냄으로써 그들이 전쟁이 났다는 소식에 관심을 갖고 있음을 보여 줄 수 있다.

② ㉡은 부락민들과 국군이 이야기를 나누는 도중, 멀리서 아이들의 노랫소리가 들려오고 있는 상황을 표현하고 있다. 이어지는 내용으로 보아 아이들은 김 선생, 인민군들과 함께 오는 중인데, 점점 크게 들려오는 아이들의 노랫소리를 효과음으로 처리하면 인민군과 국군의 만남이라는 새로운 사건 발생을 암시할 수 있다.

④ ㉣은 국군과 인민군이 서로를 발견하고 놀라 위협하는 상황을 표현하고 있다. 마주서서 날카롭게 대립하는 인민군과 국군의 모습을 빠르게 번갈아서 비추는 방식은 서로에게 총을 겨누고 있는 긴박감이 넘치는 상황을 역동적으로 보여 줄 수 있다.

⑤ ㉤을 본 부락민들과 군인들은 모두 당황하며 노모를 주시하는데, 이들이 위치한 촌장 집 마당 전체를 한 화면에 담아내면 노모의 등장이라는 새로운 사건과 등장인물들의 반응을 보여 줌으로써 전환된 분위기를 표현할 수 있다.

---

7. 조세희, 내 그물로 오는 가시고기

1. ③

ⓒ은 '나'가 '사촌'을 관찰하여 서술한 것이므로, 지각의 주체는 '나'이고 지각의 대상은 '사촌'이다. 이때 ⓒ에서 지각의 주체인 '나'를 알리는 표지는 제시되지 않

앉으나 지각의 대상인 '사촌', 즉 '그 시간에 그 법정에서 웃은 사람'은 제시하고 있으므로 선지의 내용은 적절하다.

오답풀이

① ㉠은 서술자인 '나'가 '독재적인 아버지'에 관한 자신의 생각을 서술한 것이다. 이때 누구의 생각인지 그리고 누가 전달하고 있는지를 명시한 표현은 나타나지 않으므로 선지의 내용은 적절하지 않다.

② '나는 모르는 난장이를 생각했다.'를 고려해 볼 때, ㉡은 서술자 '나'가 '난장이'의 행동을 상상한 것이라고 볼 수 있다. 따라서 ㉡에서 '~을 것이다'라는 추측의 진술이 활용된 것은 맞지만, 이는 '나'가 상상한 '난장이'의 모습일 뿐 서술자 '나'가 지각한 내용이 아니므로 선지의 내용은 적절하지 않다.

④ ㉣은 숙부가 돌아가신 후 공장에서 벌어지는 사건들이 집에도 알려지고 있으며 이번에는 '기계 공장 쪽에서 심상치 않은 문제가 일어난 것 같다'는 어머니의 말을 들은 '나'가 떠올린 생각이다. 즉, ㉣은 서술자 '나'의 생각이므로 ㉣을 관찰 대상의 생각이 서술자의 목소리로 전달된 것이라고 볼 수는 없다.

⑤ ㉤은 '나'가 '그'에 관해 떠올린 생각을 서술한 것이다. 이때 '자신을 분석하고, 동료들을 분석하고, 저희들을 경제 권력으로 억압한다는 우리를 분석'한다는 것에서 '그'의 행동이 제시되었다고 볼 수 있다. 그러나 이때 행동의 주체는 '그'로 명시되어 있으므로 행동의 주체가 생략되었다고 볼 수 없다.

2. ①

'나(경훈)'는 '난장이'가 '독재적인 아버지'였으리라 생각하면서 '자식들의 작은 잘못도 결코 용서하지 않았을 것'이라고 추측한다. 또한 '나'는 그가 사랑, 존경, 믿음을 모르는 성격적 결함으로 인해 무서운 매와 벌로 자식들을 훈육하였을 것이며, 그로 인해 그의 '큰아들'이 사회생활을 잘할 수 없게 길들여져 '나'의 숙부를 죽였으리라 생각한다. 즉, '경훈'은 '난장이'가 성격적 결함 탓에 자식을 '무서운 매와 벌'로 훈육하였기에 그의 '큰아들'이 사회생활을 잘할 수 없게 되었다고 생각한 것이므로 선지의 내용은 적절하지 않다.

오답풀이

② '나(경훈)'는 '아버지들'이 공원(공장에서 노동에 종사하는 사람)들을 괴롭혔으며 "인간을 위해 일한다면서 인간을 소외시켰다"는 '사촌'의 말을 듣고는, "형이 말하는 걸 들어 보면 참 근사해."라고 말하였다. 그러나 '경훈'이 "사실은, 공장을 지어 일을 주고 돈을 주었지. 제일 많은 혜택을 입은 게 바로 이들야."라고 덧붙이는 것을 통해, '경훈'은 '사촌'의 말이 겉으로는 그럴듯해 보이지만 실상은 그와 다르다고 여기고 있음을 알 수 있다.

③ '나(경훈)'는 "아무리 좋은 공장에서 일해도 그렇지, 많은 사람들이 어떻게 똑같이 행복해질 수 있겠"냐는 어머니에게, "약을 쓰면" 된다고 말하였다. 이를 통해, '어머니'와 달리 '경훈'은 '약'을 개발해 공장 노동자들에게 먹임으로써 그들이 똑같이 행복을 누릴 수 있다고 생각했음을 알 수 있다.

④ '나(경훈)'는 공장 노동자들에게 약을 먹이면 그들이 "행복한 마음으로 일만 하게" 만들 수 있다며, "처음엔 경비가 많이 들겠지만 장기적으로 보면 이 이상 좋은 방법"이 없다고 말하였다. 또한 "몇몇 나라들이 그들의 사회 제도로부터 이탈하려는 사람들에게 이미 약물을 투여하기 시작했"음을 언급하는 것을 통해, '경훈'은 공장 체제를 유지하기 위해서는 노동자들에게 약물을 투여하는 것이 최선의 방법이라고 생각했음을 알 수 있다.

⑤ '나(경훈)'는 '여덟 개의 손가락을 가진 사나이'가 자기 자신을 분석하고, 동료들을 분석하고, 자신과 같은 공장 노동자들을 '경제 권력으로 억압하는' 이들, 즉 자본가들을 분석하다가 끝내 '불행해질 사람'이라고 생각하였다. 이를 통해, '경훈'은 노동자들이 자본가가 지닌 힘을 파헤치려 할수록 그들이 불행해지리라고 생각했음을 알 수 있다.

3. ⑤

'나'는 '여덟 개의 손가락을 가진 사나이'를 떠올리면서 '그'가 '공원들보다 더 더러운 옷을 입고, 공원들 것보다 더 더러운 손수건을 썼다.'라고 하였다. 그리고 ⓔ에서 '멍청한 사촌'이 그 '여덟 개의 손가락을 가진 사나이'의 소식을 들었다면 역시 '그 사나이'는 다르다고 말했으리라 추측한다. 이는 '여덟 개의 손가락을 가진 사나이'를 특별한 사람으로 여길 '사촌'이 자신보다 어리석다고 여기는 '나'의 모습을 보여 주는 것이라 할 수 있다.

오답풀이

① '사촌'은 '난장이'의 '큰아들'이 '사회생활을 잘할 수 없게 길들여'졌기에 '숙부를 죽였'을 것이라는 '나'의 말을 '제대로 듣지도 않고 손을 들어 저'으며, "네가 틀렸어. 그가 공판정에서 한 말을 그대로 믿어야 돼.", "(아버지들이) 이들을 괴롭혔어."와 같이 말하였다. 이를 고려해 볼 때, ⓐ는 '사촌'이 '나'의 말에 관심이 없음을 표현하는 모습이 아닌, '나'의 말이 옳지 않다는 인식을 드러내는 모습이라고 할 수 있다.

② '사촌'은 "우리 아버지들이 뭘 어떻게 했"기에 '난장이'의 '큰아들'이 숙부를 죽인 것이냐는 '나'의 질문에 "이들을 괴롭혔"기 때문이라고 답하고는 ⓑ에서 '방청석 공원들을 돌아보며' "우리 아버지들"이 "인간을 위해 일한다면서 인간을 소외시켰다"고 속삭인다. 이들이 '법정 안'에 있다는 점에서 공개적인 장소에 있다고 볼 수는 있으나, 이들이 한 말은 공원들에게 유리한 말이므로, 공원들에게 불리한 말을 삼가기 위해 ⓑ와 같은 모습을 보였다는 선지의 내용은 적절하지 않다.

③ '나'는 '어머니'에게 "우리 공장 노동자들이 행복한 마음을 갖고 일하게 할 수 있는 방법을 알아냈다"고 말한다. 이에 '어머니'가 "그런 생각은 안 하는 게 좋"다며 "아무리 좋은 공장에서 일해도 그렇지, 많은 사람들이 어떻게 똑같이 행복해질 수 있겠"냐고 말한 것을 고려해 볼 때, ⓒ는 '나'의 생각을 기특하게 여겨서가 아닌 실현 불가능한 일을 실현할 수 있다고 믿는 '나'를 순진하다고 생각해 나타난 반응이라고 할 수 있다.

④ '어머니'는 공장 노동자들에게 '약'을 먹이면 "행복한 마음으로 일만 하게" 할 수 있다는 '나'의 말을 듣고 "아버지는 작은 일 하나하나로 너희들을 판단하"시므로 "그런 생각을 아버지에게 말씀드리진" 말라고 조언한다. 이에 대해 '나'는 아버지가 '경영자에게 가장 필요한 능력'을 갖추지 못하면 '큰 권한을 넘겨 줄 수 없다'라고 말한 것과 달리, '자식들에게 주어지는 어머니의 사랑의 크기는 언제나 같았다'라며 ⓓ와 같이 생각한다. 따라서 '나'가 어머니의 질책을 받았다고 볼 수 있으나, '어머니'의 말을 계기로 그간의 믿음이 흔들리기 시작했음을 보여 준다고 할 수는 없다.

4. ③

〈보기〉에 따르면 윗글은 인간의 더 나은 삶을 위해 존재하는 사회 체제가 오히려 인간성의 상실을 초래하는 모습을 통해 자본주의 체제의 모순을 표현한 작품이다. '나'는 '어머니'에게 "공장 노동자들이 행복한 마음을 갖고 일하게 할 수 있는 방법"을 알아냈다며, "그들이 공장에서 먹는 밥이나 음료수"에 약을 넣으면 된다고 말한다. 그러나 이는 "그들이 행복한 마음으로 일만 하게 하는 약"이라는 점에서, 노동자들의 삶은 고려하지 않은 채 자본가의 욕심만을 앞세운 생각이라고 할 수 있다. 따라서 '나'가 공원들이 행복한 마음을 갖고 일할 수 있는 약을 만들자고 한 것이 인간에게 더 나은 삶을 모색하려는 노력의 가능성을 보여 준다고 할 수 없다.

오답풀이

① 〈보기〉에 따르면 윗글은 인간의 더 나은 삶을 위해 존재하는 사회 체제가 오히려 인간성의 상실을 초래하는 모습을 통해 자본주의 체제의 모순을 표현한 작품이다. '나'의 사촌은 "우리 아버지들이 뭘 어떻게 했"길래 '난장이'의 '큰아들'이 숙부를 죽였는지 묻는 '나'의 질문에, 아버지들이 그들을 괴롭혔으며 "인간을 위해 일한다면서 인간을 소외시켰다"고 답한다. 이러한 '사촌'의 말은 인간의 삶을 더 풍요롭게 만들자

는 명분을 내세워 인간을 소외시키고 인간성을 상실시키는 자본주의 사회 체제의 모순을 드러낸 것으로 볼 수 있다.

② 〈보기〉에 따르면 윗글은 현실 사회를 구성하는 대다수의 삶과 동떨어진 서술자를 활용하여 노동자들의 삶과 그들에 대한 자본가의 인식 간의 격차를 부각한다. '나'는 자신과 '나'의 아버지들이 "인간을 위해 일한다면서 인간을 소외시켰"다는 '사촌'의 말을 듣고 아버지들은 "공장을 지어 일을 주고 돈을 주"어 노동자들에게 '혜택'을 제공한 것이라고 말한다. 이러한 '나'의 말은 공원들의 삶에 관한 노동자 계층과 자본가 계층의 인식 차이를 드러낸다고 볼 수 있다.

④ 〈보기〉에 따르면 윗글은 자본주의 체제가 인간성의 상실을 초래하는 모습을 보여 준다. '나'의 아버지는 자식들에게 '경영자에게 가장 필요한 능력'에 대해 말하곤 했는데, '나'는 이러한 아버지의 말이 '그 재능을 갖지 못한 사람들에게는 큰 권한을 넘겨 줄 수 없'음을 통보한 것이라 여긴다. 이는 아버지가 '경영자'로서의 '능력'에 따라 자식을 차별적으로 대우하려 한 것임을 보여 준 것이며, 자식들에게 주어지는 사랑의 크기가 언제나 같았던 '나'의 어머니와는 대비되는 모습이라 할 수 있다. 또한 이는 자식들을 사랑으로 대하지 않고 자식들에게 자본을 축적하는 경영자의 능력만을 요구하는 모습이라는 점에서, 자식을 향한 사랑이 전제되지 않은 가족 내의 인간성 상실 문제를 보여 준다고 할 수 있다.

⑤ 〈보기〉에 따르면 윗글의 서술자인 '나'는 자본주의 체제의 수혜자로서, 현실 사회를 구성하는 대다수, 즉 노동자들의 삶과 동떨어진 인물이다. '나'는 '남쪽에 있는 공장'에서 올라오곤 했던 '여덟 개의 손가락을 가진 사나이'를 떠올리고, 그가 '공원들보다도 더 더러운 옷을 입고, 공원들 보다 더 더러운 손수건을 썼다'며 '우리 반대쪽에 서 있는 사나이'라고 생각한다. 이는 '경제 권력'을 지닌 '나'의 가족들과 달리, '그'가 '경제 권력'의 억압을 받는 존재임을 보여 주므로, '나'가 자신의 삶을 노동자들의 삶과 동떨어진 것으로 인식하고 있음을 드러낸다고 볼 수 있다.

---

8. 이용악, 낡은 집 / 이효석, 메밀꽃 필 무렵

1. ②

> (나)가 서사적 특징을 지니고 있는 것은 맞다. 하지만 "털보네는~팔아나 먹지"라는 '마을 아낙네들'의 대화를 직접 인용하여 궁핍한 '털보네'에 먹여 살려야 할 자식이 하나 더 태어난 것에 대한 걱정을 드러내고 있을 뿐, '털보네'와 '마을'의 갈등을 형상화하고 있지는 않으므로 선지의 내용은 적절하지 않다.

오답풀이

① (가)에 따르면 서사는 작품 외적 자아인 '이야기하는 자아'와 작품 내적 자아인 '이야기되는 자아'로 분리된다. (나)에서 '나'라는 작품 외적 자아가 작품 내적 자아인 '나의 동무'가 태어난 일부터 가족과 함께 마을을 떠나게 된 일까지를 독자에게 전달하고 있으므로 선지의 내용은 적절하다.

③ (가)에 따르면 '서정'은 세계에 대한 자아의 인식과 해석을 그리는 양식이기에 '세계의 자아화'라는 말로 표현되며 비유, 상징의 사용은 모두 '세계의 변형'을 위하여 서정이 기대하는 장치이다. (다)의 '짐승 같은 달의 숨소리가 손에 잡힐 듯이 들리며'는 작품의 외적 자아가 비유를 사용하여 배경을 묘사하고 있는 부분이므로, 세계를 자아화하고 있는 서정적인 장면이라고 할 수 있다.

④ (가)에 따르면 서사는 세계와 내적 자아 사이의 대립을 외적 자아가 서술하는 양식이다. 하지만 (다)에서는 '이야기되는 자아'인 '허 생원', '조 선달', '동이'와 세계 사이의 대립이 두드러지게 나타나지 않으므로, 서사적 성격이 약한 작품이라고 할 수 있다.

⑤ (가)에 따르면 '서정적인 소설'은 작가가 특정한 사회나 시대 상황을 초월하는 보편적 인간형이나 인간의 내면세계에 관심이 많은 경우 주로 나타나며, 「메밀꽃 필 무렵」이 이에 해당한다. (다)는 일제 강점기라는 혹독한 사회 현실과 대결하며 살아가는 인물이 아니라, 우연히 만났다 헤어진 첫사랑인 '성 서방네 처녀'를 그리워하며 반평

생을 떠도는 '허 생원'이라는 보편적 인간형에 해당하는 인물을 그리고 있으므로 서정적이라고 할 수 있다.

2. ①

> 화자는 가난한 민중을 대표하는 '털보네'에 대한 관찰을 통해 시상을 전개하고 있으므로 선지의 내용은 적절하다.

오답풀이

② 말을 건네는 방식은 활용되지 않았으며, 이를 통해 대상과의 친밀감을 높이고 있지도 않다.

③ '털보네'라는 특정 대상에 주목하고 있지만, 이를 통해 교훈적 의미를 전달하고 있지는 않다.

④ 시적 공간의 탈속성을 내세우고 있지 않으며, 이를 통해 이상향에 대한 화자의 동경을 드러내고 있지도 않다.

⑤ '외양간', '짓두광주리', '방앗간' 등의 향토적 소재가 사용된 것은 맞다. 하지만 화자가 자신의 친구인 '털보의 셋째 아들'에 대한 이야기를 중심으로 처절하게 가난했던 '털보네'의 현실을 그려 내고 있을 뿐, 자신의 과거에 대한 그리움을 드러내고 있지는 않다.

3. ④

> (다)에서 '허 생원'은 과거 '봉평'에서 달이 너무나 밝은 까닭에 옷을 벗으러 물방앗간으로 들어갔다가 '성 서방네 처녀'와 마주쳤다. 따라서 과거 봉평에서의 '달'은 '허 생원'이 '성 서방네 처녀'와 만나게 되는 계기로 볼 수 있다.

오답풀이

① (나)에서 '동무'의 '도토리의 꿈'은 '동무'가 가난하고 어려운 상황에서 가졌던 소박한 꿈을 의미할 뿐, '일곱 식솔'이 '어데론지 사라지'게 되는 사건과는 관련이 없으므로 선지의 내용은 적절하지 않다.

② (나)에서 마을 사람들이 이전에 '살구나무'의 '먹음직한 열매' 때문에 '낡은 집'을 찾았던 것은 아니므로 선지의 내용은 적절하지 않다.

③ (다)에서 '허 생원'이 '달'을 계기로 과거의 사건을 얘기하는 것은 맞다. 하지만 '조 선달'은 '허 생원'의 이야기를 그와 친구가 된 이래 귀에 못이 박히도록 들어왔다고 하였으므로, 이를 '조 선달'이 듣고 싶어 하는 과거의 사건으로 볼 수는 없다.

⑤ (다)에서 '허 생원'은 달빛이 펼쳐진 밤에 '성 서방네 처녀'와의 추억이 있는 과거를 떠올리며 "옛 처녀나 만나면 같이나 살까……"라고 이야기하고 있다. 하지만 이는 '성 서방네 처녀'에 대한 그리움을 드러낸 것일 뿐, '조 선달'과의 대화에서 '성 서방네 처녀'와 재회할 것임을 확신하고 있는 것은 아니다.

4. ④

> (나)에서 '방앗간 한구석'은 (나)의 '나의 동무'의 '어미'가 '밤'에도 '분주히 일하는' 공간일 뿐, '나의 동무'가 어머니와 함께 '도토리의 꿈'을 키우던 공간이 아니다. 또한 〈보기 1〉에 따르면 이용악의 시에서 이야기가 집단적인 것일 경우 그 공간은 부정적 성격만을 보이며, (나)는 우리 민족의 집단적 이야기를 하고 있는 작품이라고 하였으므로, (나)의 공간이 긍정적 성격을 보인다는 선지의 내용 역시 적절하지 않다.

오답풀이

① 〈보기 1〉에 따르면 (나)는 '나의 동무'의 이야기를 통해 시대적 상황 때문에 낯선 땅으로 떠날 수밖에 없었던 우리 민족의 집단적 이야기를 하고 있는 작품이다. 또한 이용악 시에서 그 이야기가 집단적인 것일 경우 그 공간은 부정적 성격만을 보인다.

이를 고려할 때, (나)의 '낡은 집'은 '털보네'를 비롯하여 '은동곳도 산호 관자도 갖지 못했던' 가난한 '백성들'의 집단적 이야기를 담고 있는 공간이므로 부정적 성격을 보인다고 할 수 있다.

② 〈보기 1〉에 따르면 이용악 시의 이야기가 개인적인 것일 경우 공간은 긍정과 부정의 양면적 성격을 보이지만, 집단적인 것일 경우 그 공간은 부정적 성격만을 보인다. 〈보기 2〉의 '국숫집'은 화자의 개인적 서사를 담고 있는 공간이므로 긍정과 부정의 양면적 성격을 보인다. 그 중 '아버지'의 부재에 초점을 맞추면 '국숫집'은 부정적인 성격을 드러내는 공간이라고 볼 수 있다. 한편, (나)의 '낡은 집'은 '털보네' 집이지만 1연에서 '이 집에 살았다는 백성들'이라는 시구를 통해 '털보네'의 개인적 서사를 집단적 서사로 확장하고 있으므로 이는 부정적 성격을 띠는 공간으로 볼 수 있다.

③ 〈보기 2〉의 '국숫집'은 화자의 개인적인 이야기를 담고 있는 공간이다. 즉, 어린 시절의 화자가 '아버지의 제삿날' '단 하루'만 쉬며 고되게 노동을 하던 공간이자 현재 화자가 그리워하는 유년 시절을 상징하므로 양면적 공간으로 볼 수 있다.

⑤ 〈보기 1〉에 따르면 (나)는 '나의 동무'의 이야기를 통해 시대적 상황 때문에 낯선 땅으로 떠날 수밖에 없었던 우리 민족의 집단적 이야기를 하고 있는 작품이다. '꿀벌 하나 날아들지 않는' '뒤울안'은 '털보네'가 '북쪽'으로 떠난 뒤 '흉집'으로 변해버린 '털보네' 집에 딸린 공간이다. 따라서 '뒤울안'은 시대적 상황으로 인하여 우리 민족이 집단적으로 낯선 땅으로 떠난 후 폐허가 된 우리 민족의 부정적 현실을 상징한다고 볼 수 있다.

5. ②

"그때부터 봉평이 마음에 든 것이 반평생을 두고 다니게 되었네. 반평생인들 잊을 수 있겠나."에서 이야기하는 주체인 '허 생원'이 봉평을 다니는 행동을 지속하게 된 이유가 드러난다.

오답풀이

① '허 생원'의 이야기는 자신과 '성 서방네 처녀'와의 이야기일 뿐이다. 그 이야기에 이야기하는 주체인 '허 생원'과 청자인 '조 선달'이 함께 경험한 과거의 사건은 제시되어 있지 않다.

③ 이야기하는 주체인 '허 생원'이 현실을 부정적으로 인식하는 부분은 나타나지 않으므로 선지의 내용은 적절하지 않다.

④ 이야기하는 주체인 '허 생원'과 이야기 속의 다른 인물인 '성 서방네 처녀'는 갈등을 일으키지 않았으며, 갈등이 해소되는 과정도 묘사되지 않았다.

⑤ 이야기하는 주체인 '허 생원'이 이야기 속의 다른 인물인 '성 서방네 처녀'와 다시 만나게 될 것임을 예고하는 단서는 제시되지 않았다.

6. ②

ⓒ을 '수탈적 근대화가 시작되기 이전의 시기'로 볼 여지는 있다. 하지만 작품의 주된 공간인 '낡은 집'은 대대손손 가난했던 사람들이 살던 곳이므로, 그 시기가 '풍요로웠던 시절'을 의미한다고 볼 수는 없다.

오답풀이

① ㉠에서 '털보네' 가족의 생계 수단이었던 '당나귀'와 '둥글소'가 없어졌음을 알 수 있다. 화자는 '털보네' 가족이 남긴 자취인 외양간에 남은 '내음새'를 통해 어려운 상황 속에서도 살아 보려 애쓰던 '털보네'를 떠올리고 있으므로 선지의 내용은 적절하다.

③ ㉢은 아기가 태어났음에도 기뻐하기보다는 식솔(한집안에 딸린 구성원)이 한 명 더 늘어났다는 사실에 소주를 마시며 생계를 걱정하고 있는 '털보'의 모습으로 볼 수 있으므로 선지의 내용은 적절하다.

④ ㉣의 '평 궈먹은 자리'라는 표현은 어떤 존재나 사건의 흔적을 찾을 수 없을 때 쓰는 표현이므로 선지의 내용은 적절하다.

⑤ ㉤에서 '조 선달'은 '성 서방네 처녀'가 '허 생원'과 단 한 번의 인연을 맺은 채 사라져

버려 인연이 더 이어지지 않은 것에 대해 수가 좋았다며 "신통한 일"이라고 말하였다. 그리고 이어서 "새끼 낳을" 것이 걱정이 늘고 진저리가 나는 일이라고 하는 것을 통해 '조 선달'이 '허 생원'과 '성 서방네 처녀'의 인연이 더 이어지지 않은 것을 다행이라고 생각한다는 사실을 알 수 있다.

9. 염상섭, 삼대

1. ④

'덕기로서는 부친에게 일일이~도리로도 그러하였다.'를 통해 덕기가 아버지인 상훈을 무시하지 않고 오히려 배려하고 있음을 알 수 있다.

오답풀이

① 상훈은 조 의관의 장례식장에서 창훈이 "어이, 어이." 하고 '헛소리'를 내고 있다고 보았으므로, 창훈이 진심으로 슬퍼하고 있지 않는다고 생각하고 있음을 알 수 있다.

② '그런 놈이니 제 아비에게 비상이라도 족히 먹였을 것이요,~최 참봉과 창훈이다.'를 통해 병원에서 창훈과 최 참봉이 상훈을 비난하고 있음을, "두고 보자. 언제까지 큰소리들을 할 것이냐!"라고 상훈은 이를 악물었다."를 통해 상훈이 훗날을 기약하며 그들의 비난을 참고 있음을 확인할 수 있다.

③ '수원집 모녀 편으로는 250석이니,~봉제사 안하는 예수교 동티(공연히 건드려서 스스로 걱정이나 해를 입음).'에서 조 의관이 조상의 제사를 모시지 않는 기독교를 믿는 상훈을 못마땅히 여기면서도 수원집 모녀보다는 더 많은 유산을 물려주었음을 확인할 수 있다.

⑤ '그런 놈이니 제 아비에게 비상이라도 족히 먹였을 것이요, 제 죄가 무서우니까 시신도 안 남게 갈가리 찢어발겨 없애서, 증거가 안 남게 만들어 가지고 불에 살라버리든지~봉인첩설을 하는 것도 최 참봉과 창훈이다.'를 통해 확인할 수 있다.

2. ①

[A]의 '덕기가 재산은 상속하였으망정 조부의 유지도 계승할 것인가? 그는 금고 문지기는 될 수 있을지언정 사당 문지기로서도 조부가 믿듯이 그처럼 충실할 것인가 의문이다.'에서 덕기에 대한 서술자의 판단이 나타나고 있다.

오답풀이

② [B] X / [B]의 "너 알아 하려무나, 의논들 해서 좋도록 하렴." 등에서 인물의 반응이 대화로 제시되고는 있으나, 전반적으로 대화 중심이 아니라, 행동 묘사나 심리의 직접 제시를 통해 이루어지고 있으므로 선지의 내용은 적절하지 않다.

③ [A] O, [B] O / [A]에는 조 의관에 대한 덕기의 태도가 드러나며, [B]에는 상훈에 대한 덕기나 다른 인물들의 태도가 드러난다.

④ [A] O, [B] O / [A]에는 덕기의 내면 심리가 직접 제시되었으며, [B]에는 상훈과 덕기의 내면 심리가 직접 제시되어 있다.

⑤ [A] O, [B] X / [A]의 '영감의 봉건사상이 마지막으로 승리의 개가를 불러보는'에서 '봉건사상'이 '승리의 개가'를 부른다는 의인법을 사용하여 인물의 성격을 드러내고 있다. 반면 [B]에는 인물의 성격을 드러내는 상징적 소재가 활용되지 않았다.

3. ④

'남들은 노래에 수원집에게 홀딱 빠졌으니~상훈의 단 300석밖에 차례가 안간 것을 생각하면 많은 편이나, 적은 셈이다.'에서 세간의 평가와 달리 조 의관이 재산마저 모두 수원집에게 줄 정도로 빠져 있었던 것은 아님을 알 수 있다. 하지만 아들인 상훈보다 조금 적은 양의 재산을 물려주었으므로 수원집을 전혀 아끼지 않았다고 보기는 어렵다.

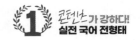

오답풀이

① 조 의관이 '유서'에 누구에게 얼마만큼의 재산을 물려줄 것인가에 대해 적어 둔 것은 가족들에 대한 자기 나름의 기준에 따른 평가에 의한 것으로 볼 수 있다.

② 조 의관이 자신의 '유서'가 든 금고를 열 수 있는 열쇠를 덕기에게 물려주었으며, '덕기가 재산은 상속하였을망정 조부의 유지도~조부가 믿듯이'에서 덕기가 조상의 제사를 받들 것이라 믿고 조 의관이 그에게 재산을 상속해 주었음을 확인할 수 있으므로, 덕기가 집안의 진짜 계승자임을 알 수 있다.

③ '그러나 덕기가 재산은 상속하였을망정 조부의 유지도 계승할 것인가? 그는 금고 문지기는 될 수 있을지언정 사당 문지기로서도 조부가 믿듯이 그처럼 충실할 것인가 의문이다.'를 통해 확인할 수 있다.

⑤ '조부의 성미와 고루한 사상에 대하여서나, 부자간에 그처럼 반목하는 것은 덕기로서도 불만이 없지 않으나 자손을 위하여 그렇게 다심하게도 염려하는 것을 생각하면 고맙기 그지없다.'를 통해 확인할 수 있다.

4. ④

상훈이 덕기가 하는 일에 '무간섭주의'로 일관하였으며, '속은 토라졌던 것이다.'를 통해 그가 덕기에게 불만을 품고 있음을 알 수 있다. 하지만 덕기는 조 의관으로부터 금고 열쇠를 상속받은 것일 뿐, 자본주의적 세계관을 바탕으로 스스로가 원해서 열쇠를 갖게 된 것이 아니므로 선지의 내용은 적절하지 않다.

오답풀이

① 남편이 죽은 후 3년 상을 치르는 것은 유교적 가치관에 해당하며, 조 의관은 이를 수원집에게 요구하였다. 따라서 〈보기〉를 고려할 때, 조 의관은 유교적 가치관이 지배하고 있던 구한말을 대표하는 전통적 가치관의 소유자로 볼 수 있다.

② '칼질을 해서 부모를 욕을 보이자 하니 성한 놈이면 육시처참을 할 일이요,~떠들어놓은 사람은 창훈이었다.', '부모의 시신에 칼을 댄다는 것은 비록 묵은 관념이 아니기로,~창훈의 주장이 옳지 않은 것은 아니요'를 통해 창훈이 유교적 가치를 근거로 부검을 하자는 조상훈을 말렸음을 알 수 있다. 〈보기〉를 고려할 때 이는 당시에 유교적 가치관을 중시하는 전통적 윤리관이 남아 있음을 보여 주는 부분으로 볼 수 있다.

③ '상훈의 존재는 완전히 무시되었다.~상훈에게는 누구나 접구를 안 하려 하였다.'에서 조 의관의 금고를 상속받은 덕기와 그렇지 못한 상훈에 대한 주변 사람들의 행동이 드러나고 있다. 〈보기〉를 고려할 때 이는 유물론적 가치관인 자본주의에 종속된 당대인들의 모습을 드러낸 것으로 볼 수 있다.

⑤ '봉제사 안하는 예수교 동티다.~조부의 유지도 계승할 것인가?'에서 조 의관이 기독교적 가치관을 따르는 아들 상훈에 불만을 품고 결국 손자인 덕기에게 금고 열쇠를 물려주었음을 알 수 있다. 〈보기〉를 고려할 때 이는 기독교적 윤리관과 전통적 윤리관의 차이로 인한 세대 갈등이 나타난 것으로 볼 수 있으므로 선지의 내용은 적절하다.

IV. 고전 산문

1. 작자 미상, 전우치전

1. ⑤

> '우치'와 '강림도령'이 도술을 부린다는 점에서, 전기적 요소를 활용한 비현실적 장면이 부각된다는 것을 알 수 있다.

오답풀이

① 꿈에서 일어난 사건은 제시되어 있지 않다.
② 서술자가 개입하여 앞으로의 사건을 예고하는 부분은 제시되지 않았다.
③ 인물의 회상을 통해 인물 간 갈등의 원인을 제시하고 있지 않다.
④ 인물의 대화는 드러나지만, 이를 통해 구체적인 시대적 배경을 알려 주고 있지는 않다.

2. ⑤

> [A]에서 '양생'은 "형이 아무리 재주가 능하나 그 여자를 데려오지 못하리니"라고 하였으므로, 조력자인 '우치'의 초월적 능력을 해결책으로 보고 있지 않다. '우치'가 자신의 능력을 통해 문제를 해결하려 한다고 볼 여지도 있으나, 이것이 [A]에 제시되어 있다고 보기는 어렵다. 우치가 구름을 타고 날아가는 것은 [A] 밖에 있는 정보이기 때문이다. 한편 [B]에서 '강림도령'은 다른 정씨 여인을 '양생'과 관련한 문제의 해결책으로 제시하고 있을 뿐, 그녀의 헌신적인 행동을 해결책으로 제시하지는 않았다. 또한 '강림도령'은 우치의 노모를 고려해서 '우치'를 살려 준 것이지 '강림도령'의 헌신적인 행동으로 '우치'의 문제를 해결해 주고 있는 것이 아니다.

오답풀이

① [A]에서는 '정씨'를 사모하다 병에 걸린 '양생'의 문제 상황이, [B]에서는 일찍 부모를 여의고 의탁할 곳이 없어 극히 빈한한 또 다른 '정씨'의 문제 상황과 옥황상제를 빙자하다가 강림도령에게 걸린 '우치'의 문제 상황이 제시되고 있다.
② [A]에서 '우치'가 '양생'을 위해 '정씨'를 데리러 가는 행동이, [B]에서는 '우치'가 '강림도령'의 지시에 따라서 앞으로 할 행동이 제시되고 있다.
③ [A]의 '양생'은 '우치'의 재주가 아무리 뛰어나더라도 '정씨'를 데려오는 것은 쉽지 않을 것이라 의구심을 드러낸다. 반면, [B]에서 '우치'는 '강림도령'의 이름을 알고자 할 뿐, 그의 말에 의구심을 드러내지 않는다.
④ [B]의 '강림도령'은 노모를 돌봐야 하는 '우치'의 처지를 그에게 호의를 베푸는 이유로 제시하고 있다. 그러나 [A]의 '우치'는 '양생'을 그저 도우려 하고 있을 뿐 '형(양생)'을 위해 호의를 베푸는 이유는 밝히고 있지 않다.

3. ②

> '강림도령이 치밀어보고 손을 들어 한 번 구름을 가리키니,~도술이 높은 줄 알고 몸을 굽혀 빌어 왈', "소생이 눈이 있으나~원컨대 선생은 죄를 사하시고 선도를 가르치소서."에서 확인할 수 있다.

오답풀이

① '낭자가 부끄러워 머리를 숙이거늘, 우치가 인하여 환형단을 먹이고 물을 뿜으며 진언을 염하니 의심 없는 정씨의 얼굴이 된지라.'에서 환형단을 먹고 모습이 변한 것은 '우치'가 아닌 '낭자'임을 알 수 있다.

③ '양생이 한 번 보매 이는 오매사복하던 정씨거늘'에서 '양생'이 '낭자'를 자신이 사모(애틋하게 생각하고 그리워함)하던 여인인 '정씨'로 여기고 있음을 알 수 있다.
④ '홀연 향취가 나며 색구름이 동남으로 가거늘,~이는 전우치라.'로 보아 '강림도령'은 거지들과 함께 저잣거리를 배회하다가 하늘을 떠가는 구름을 보고 사태를 눈치 챈 것임을 알 수 있다.
⑤ '정씨'가 전생에 '문선랑'이었다는 것은 '우치'의 거짓말이며, '정씨'가 이를 깨달았다는 부분은 제시되어 있지 않다.

4. ⑤

> 〈보기〉는 소설 전체를 설명하는 내용으로 구성되기에, 소설의 일부만 실린 지문에는 없는 내용이 제시될 수도 있다. 문제 풀이의 제1원칙은 철저하게 출제된 지문을 바탕으로만 판단해야 한다는 것이다. 따라서 〈보기〉에 있더라도 출제된 지문에 없다면, 적절하지 않은 선지가 된다. 〈보기〉에서 '천상계의 존재가 인간계에 내려왔다가 다시 복귀'하는 것을 '적강(신선이 인간 세상에 내려오거나 사람으로 태어남)·승천(하늘에 오름) 모티프'라고 하였다. 하지만 출제된 지문에는 '적강과 승천의 내용'이 제시되어 있지 않다. '낭자'를 천상계의 존재로 볼 근거가 없으며, '우치'가 '낭자'를 '보자기를 씌워 구름을 타고' 데려가는 것은 천상계를 오간 것이 아니므로 승천 모티프와는 무관하다.

오답풀이

① '우치'가 '강림도령'에게 자신의 죄를 사실대로 말하는 장면에서 그가 '임금을 속'이는 것과 같이 사회에 반하는 행위를 한 까닭이 '집이 빈한(살림이 가난하여 집안이 쓸쓸함)'하여 '노모'를 봉양할 수 없었기 때문임을 알 수 있다. 〈보기〉에 따르면 사회적 질서에 반하는 주인공의 행동은 당대의 부정적 상황을 부각하며, 이는 당대의 현실에 대한 작가의 비판 의식이 반영된 결과이므로 선지의 내용은 적절하다.
② 〈보기〉에 선지의 모든 정보가 없다고 적절하지 않은 것은 아니다. 〈보기〉에는 선지를 판단할 명확한 근거가 있기도 하지만 보조적인 근거만 있을 때도 있다. '차설'과 더불어 '재설'이라는 표지는 에피소드의 시작을 알리는 표지이다. 〈보기〉에 따르면 당대 소설을 향유하는 방식은 전기수가 읽어 주는 소설을 듣는 방식이었기 때문에 이때 장면별, 혹은 에피소드별로 시작을 알려 주는 표지가 필요했다. 이처럼 ㄴ 표지의 활용을 통해 당대의 소설 향유 방식을 추측할 수 있다.
③ 〈보기〉에 따르면 도술 대결에서 패하고 반성하는 내용이 '도술 대결 모티프'이다. '강림도령'이 '우치'를 도술로 제압하고, '우치'가 '몸을 굽혀' 용서를 구하는 모습은 '우치'가 '강림도령'과의 도술 대결에서 패배했음을 보여 주며, 이는 '도술 대결 모티프'에 해당하므로 선지의 내용은 적절하다.
④ 윗글에서 '정씨'는 자신의 절개를 지키는 인물이다. 이런 '정씨'를 납치하는 '우치'의 행위는 타인의 절개를 훼손하는 행위로, 절개를 윤리적 가치로 평가하는 사회적 질서에 반하는 것이다. 이를 통해 '우치'가 〈보기〉에서 제시한 '사회적 질서에 반하는 행동을 하는 주인공'임을 확인할 수 있다.

2. 작자 미상, 숙향전

1. ①

> 윗글은 여러 인물들 간의 대화를 통하여 사건을 전개하고 있다.

오답풀이

② 윗글은 시간의 흐름에 따라 순행적으로 사건이 전개되므로, 시간의 역전적 구성(=역순행적 구성)은 나타나지 않는다.
③ 윗글에는 서술자의 개입이 나타나지 않는다.
④ 윗글에 구체적인 시간적, 공간적 배경이 명확히 제시되지 않았다.

⑤ 윗글은 3인칭 전지적 작가 시점으로 서술되며, 시점의 변화가 나오지 않는다.

2. ④

> 윗글에는 "하루는 꿈에 마고할미가 와서 말하기를 이 상서를 보려거든 따라오라기에 한 산골로 들어가 보니 큰 궁전에서 상공을 보고 왔사옵니다."라고 제시되어 있을 뿐, 산골 궁전에서 '마고할미'로부터 이선을 구해주었다는 내용은 제시되지 않았다.

오답풀이

① (중략) 이전을 보면 황제가 약을 구해 오라고 이선을 보낸 곳은 '인간 세계'가 아닌 곳이다. 또한 이선과 가족들은 모두 이선이 돌아오지도 못할 수도 있다고 염려했기 때문에, 약을 구하는 과정에서 많은 고난을 겪었음을 알 수 있다. 또한 (중략) 이후에 이선이 무사히 돌아온 것을 보면, 고난의 과정에서 구원을 받았음을 알 수 있다.

② 이선은 황태후를 위해 목숨을 걸고 약을 구해와 황태후를 살려 주었다. 황제가 이에 고마움을 느끼며 천하의 반을 나누어 주려고 한 것은 이선의 은혜에 보답하고, 고생을 보상하려는 것으로 이해할 수 있다.

③ 이선은 떠나기 전 "나의 생사는 북창 밖에 있는 동백을 보아 짐작하되 나무가 울거든 병든 줄 알고 가지 무성하거든 무사히 돌아올 줄 알고 기다리십시오."라고 말하였는데, 이를 고려할 때 "북창 앞의 동백나무 가지가 날로 쇠진"한 것은 이선에게 무슨 일이 생겼음을 암시하는 장치에 해당한다고 이해할 수 있다.

⑤ 〈보기〉를 보면 「숙향전」의 사건은 '탐색', '고난과 구원', '보은과 보상' 등의 서사 모티프로 짜여 있는데, 이선이 약을 찾아 길을 떠나는 장면은 이의 시작인 '탐색' 부분으로 이해할 수 있다.

3. ⑤

> 숙향이 이선에게 양왕의 딸과 혼인하기를 권하는 것은 이선이 초왕에 봉해진 다음의 일이다. 또한 숙향은 이선에게 양왕의 딸을 "하늘이 정한 배필"이라고 말하고 있으므로 이를 사대부 집안의 풍속이라고 할 수 없다. 그렇지 않다 하더라도 이선이 오래 집을 떠났다가 돌아왔기 때문에 숙향이 이선에게 혼사를 권하고 있는 것이 아니다.

오답풀이

① 현대어에서 '부인'은 자기 아내가 아닌 남의 아내를 높여 부르는 말이다. 그러나 @를 보면 조선 후기 당시에는 사대부 남자가 자기 아내를 부를 때 '부인'이라는 호칭을 사용하여 공대(상대에게 높임말을 함)하였음을 확인할 수 있다.

② ⓑ에서 이선은 숙향에게 자신을 지칭할 때 '저'가 아닌 '나'라고 하지만, @에서 숙향은 이선에게 자신을 가리킬 때 '첩'이라고 낮춰 말하고 있으므로 선지의 내용은 적절하다.

③ ⓒ에 사용된 어휘와 '-십시오'와 같은 어미 등을 보면 조선 후기 부부들이 대화에 사용하던 언어는 현대어와 크게 차이가 없음을 알 수 있다.

④ ⓔ를 통해 당시 궁궐의 언어에서는 '욕신(欲臣), 사(死), 과도(過度), 역명(逆名), 소신(小臣)'과 같은 한자어가 많이 사용되었음을 확인할 수 있다.

---

3. 작자 미상, 정진사전

1. ②

> [A]에서는 여장을 한 김수제의 외양을 묘사하여 정 소저가 김수제의 여장에 속게 될 것이라는 사건의 전개 양상을 암시하고 있으므로 선지의 내용은 적절하다.

오답풀이

① [A]에서는 인물의 회상이 나타나지 않으며, 인물 간의 갈등이 표면화되고 있지도 않다.

③ [A]에서는 서술자의 서술로서 '정 소저를 속일 일을 생각하'며 '기뻐'하는 박 소저의 내면을 직접적으로 제시하고 있을 뿐, 인물의 내적 독백을 인용하고 있지는 않다.

④ [A]에서는 '구름 같은', '기름에 적신 듯' 등과 같이 비유적 표현을 활용하고 있으나, 이를 통해 인물이 처한 상황의 급박함을 부각하고 있지는 않다.

⑤ [A]에서는 박 소저가 김수제를 여장시키는 연속적인 행위를 나열하고 있으나, 이를 통해 인물 간 위계를 드러내고 있지는 않다.

2. ④

> ㉠(이 일)은 정 진사의 아들이 정 소저인 척 여장을 하고 박 소저와 최 소저를 속인 일을, ㉡(그 일)은 박 소저와 최 소저가 정 진사의 아들에게 시집가게 된 일을 가리킨다. 박 소저의 아버지인 박춘천으로부터 ㉠에 관한 전말을 듣게 된 정 진사는 ㉡에 대해 "저는 말할 수 없으니 노형은 돌아가 따님과 의논하소서."라며 ㉡의 당사자인 딸과 직접 의논하라는 생각을 밝혔으므로 선지의 내용은 적절하지 않다.

오답풀이

① 박 소저는 ㉠이 벌어진 경위를 "정 진사 댁 소저와~어찌 하오리까."라고 털어놓으면서, "먼저 아셨으니 소저 낯이 없습니다."라며 이미 부모가 사건에 관해 알아버렸음을 부끄러워하였으므로 선지의 내용은 적절하다.

② "사위 하나를 가지고 둘이 보는 법도 있답니까."에서 박춘천은 ㉡을 치러야 할지도 모른다는 당혹감을 드러내고, "이 일이 속히 난처하니 정 진사를 불러 의논할 수밖에 없도다."라며 '심부름꾼을 보내'어 정 진사를 불러왔으므로 선지의 내용은 적절하다.

③ 최 승지는 "노형은 실제를 모르거든 안에 들어가 물어보면 알리다."라며 ㉠에 대해 알 수 있는 방법을 박춘천에게 제시했다. 한편 "그때 나라에 상소하여 처분을 기다릴 수밖에 없습니다."에서 박춘천은 ㉡에 대한 처분을 '나라'로 표상되는 제삼자에게 맡기려 하므로 선지의 내용은 적절하다.

⑤ "벌써 글렀나이다."라는 최 승지의 발화를 통해 최 승지가 ㉠을 이미 벌어진 문제로 여겼음을 알 수 있으며, "그것은 모르는 말이로소이다. 이런 일을 아이들이 어찌 처단하리오?"를 통해 ㉡이 당사자인 아이들의 의견만으로는 결정할 수 없는 사안이라고 판단하고 있음을 알 수 있다.

3. ④

> @는 "실제를 모르거든 안에 들어가 물어보면 알" 것이라는 최 승지의 말을 들은 박춘천이 실제가 무엇인지 확인하기 위해 박 소저에게 한 말이므로, 박 소저가 숨기고 있는 비밀을 알아내기 위한 말이라고 할 수 있다. ⓑ는 김수제가 "청할 말씀 있사오니 시행"해 줄 것이냐고 묻는 박 소저에게 무슨 일인지를 묻는 말이므로, 박 소저가 계획하고 있는 일이 무엇인지 관심을 드러내고 있는 말이라고 할 수 있다.

오답풀이

① @는 박 소저가 숨기고 있는 비밀이 있는지 박 소저의 의중(마음속)을 떠보는 말이라고 볼 수 있으나, ⓑ는 박 소저의 고통을 위로하는 말이라고 볼 수 없다.

② @는 박 소저의 의심을 키우는 말이 아니며, ⓑ 또한 박 소저의 반성을 유도하는 말이 아니다.

③ @는 박춘천이 최 승지에게 들은 실제가 무엇인지 박 소저에게 듣기 전에 발화한 것이므로, 박 소저의 잘못을 지적하기 위한 말이라고 볼 수 없다. 또한 ⓑ는 김수제가 박 소저의 계획에 대해 관심을 드러내는 말이므로, 박 소저에 대한 불신을 드러내

는 말이라고 볼 수 없다.
⑤ ⓐ는 박 소저의 누명을 벗겨 주기 위한 말이 아니며, ⓑ 또한 박 소저를 위협하기 위한 말이 아니다.

4. ②

박 소저와 최 소저가 외간 남자인 정 진사의 아들에게 속아 함께 시간을 보냈음을 알게 된 박춘천은, "근래 처자들은 방도가 좋아 혼인을 저희끼리 정하여 저희끼리 언약하니 처자들은 왈패로다. 허나 부모 걱정을 덜었도다."라고 말하였다. 이때 박춘천이 "혼인을 저희끼리 정하여 저희끼리 언약"한 "처자들"에 대해 "왈패"라고 표현했다는 점에서, 박춘천은 전통적 가치관에서 벗어난 세태에 대해 긍정적으로 인식하는 인물이 아님을 알 수 있다. 따라서 해당 발화를 통해 박춘천이 부모 주도로 혼사가 이루어지던 전통적 관행을 부정하는 일탈적 인식을 하고 있음을 알 수 있다는 선지의 내용은 적절하지 않다.

오답풀이

① 〈보기〉에 따르면 윗글에는 여장을 통해 이성을 속이는 화소가 나타난다. 윗글에서 박 소저는 부모에게 지난 일에 관해 고하며, 밤늦게까지 함께 시간을 보낸 정 소저가 사실은 정 소저가 아니라 "다른 사람"이어서 최 소저와 자신이 "곤욕"을 당했다고 말하였다. 중략 이후 부분에서 박 소저가 김수제에게 전하는 말에서도, 정 진사의 아들이 여장 후 누이인 정 소저로 위장하여 여성 인물들을 속인 정황이 드러나고 있으므로 선지의 내용은 적절하다.

③ 〈보기〉에 따르면 윗글은 여장을 통해 이성을 속이는 화소를 반복적으로 배치하여 오락성을 극대화한다. 윗글에서 박 소저는 자신이 정 소저 남매에게 '부당하고 기괴한 장난'을 당했다며, 김수제에게 그에 대한 '설치'를 부탁한다. 이때 박 소저가 계획한 '설치'는 김수제를 여장시켜 정 소저를 속이는 것이므로, 여장과 관련한 과거의 사건이 동일한 속임수를 유발하는 동기가 되었다고 할 수 있다.

④ 〈보기〉에 따르면 애정 소설에서 남성 인물의 여장은 여성을 가까이서 탐색하려는 욕망과 긴밀히 맞물려 있다. 윗글에서 김수제는 박 소저가 '설치'를 부탁하자, '집에서 혼사를 그 집에 정하리라 한 번 보고자 하'는 마음에 긍정적인 반응을 보인다. 이때 '한 번 보고자 하'는 것은 혼인할 여성을 가까이서 직접 탐색하고자 하는 김수제의 욕망을 보여 준다고 할 수 있다.

⑤ 〈보기〉에 따르면 이성 간의 자유로운 교류가 금기시되던 시기에는 여장과 관련된 일탈적 요소가 독자들의 흥미를 자극했다. 윗글에서 박 소저는 김수제를 여장시켜 정 소저의 '침소 방'을 찾아가도록 하는 계획을 꾸민다. 〈보기〉를 고려하면, 이러한 장면에서 당대 독자는 이성 간의 자유로운 교류를 막는 금기가 거듭 깨지는 서사의 전개를 기대하며 흥미를 느꼈을 것으로 추측할 수 있다. 이때 '거듭'이 허용되는 이유는 김수제의 여장 이전에 정 진사의 아들이 여장한 채로 박 소저와 최 소저를 속인 사건이 있었기 때문이다.

---

4. 작자 미상, 수궁가

1. ③

'잦은 / 빈번한 / 빠른 장면 전환'은 평가원에서 자주 등장하는 선지다. 쉽게 말해 '시간과 공간으로 이뤄진 장면'이 여러 번 바뀌는 것을 말하는데, 보통 3개 이상의 장면이 제시되면 잦은 장면 전환을 허용하면 된다. 여기서는 '별주부'와 '호랑이'의 대화 장면, '토끼'와 '독수리'의 대화 장면 총 두 개의 장면이 제시되었기에 잦은 장면 전환이 나타났다고 보기 어렵다. 따라서 극적인 긴장감이 조성되어 있기는 하지만, 그것이 잦은 장면 전환을 통하여 이루어지고 있는 것은 아니므로 선지의 내용은 적절하지 않다.

오답풀이

① '창과 아니리의 교차'는 모든 판소리의 특징이다. 여기서도 '창(엇모리, 중중모리, 휘모리, 중모리)'과 '아니리'가 교차되면서 이야기가 전개되고 있다.
② '별주부'를 '말라버린 쇠똥', '하느님 똥'과 같이 해학적으로 표현하여 웃음을 유발하고 있다.
④ '왕모래 좌르르르르르 헛치고 주홍 입 쩍 벌리고 자래 앞에 거 우뚝 서 홍행홍행 허는 소리 산천이 뒤덮고' 등에서 음성 상징어를 활용하여 '호랑이'의 행동을 생동감 있게 그려 내고 있는 것을 확인할 수 있다.
⑤ 공간의 이동을 통한 상황이나 반응의 변화는 평가원이 자주 출제하는 요소다. 평가원 기출 「수궁가」에서 [공간의 이동을 통해 국면이 전환된다.]가 정답 선지로 출제된 적도 있다. '토끼'가 지상에서 바위 속으로 이동함으로써 '독수리'와 '토끼'의 우열 관계에 변화가 생겼으므로 선지의 내용은 적절하다.

2. ⑤

'별주부'는 자신을 먹을 것으로 여기는 '호랑이'에게 자신이 "수국 전옥주부공신 사대손 별주부"임을 밝힌다. 그러나 '호랑이'는 '별주부'의 실체를 알면서도 '왕배탕'을 먹겠다며 '별주부'를 먹을 것으로만 여기고 있으므로, '별주부'의 실체를 모른 채 먹을 것으로만 여긴다고 볼 수 없다.

오답풀이

① '자래 앞에 거 우뚝 서 홍행홍행 허는 소리 산천이 뒤덮고 땅이 툭 깨지난 듯 자라가 깜짝 놀래 목을 움치고 가만히 엎졌을 때'에서 '별주부(자라)'가 '호랑이'가 내려오는 소리를 듣고 놀라서 엎드렸음을 확인할 수 있다.
② '별주부'는 '호랑이'에게서 벗어나기 위해 꾀를 써 "우리 수국 퇴락하야 천여 칸 기와집을 내 솜씨로 올리려다 목으로 철컥 떨어져 이 병신이 되었으니"라며 자신의 목에 관한 내력을 거짓으로 꾸며 말하였으므로 선지의 내용은 적절하다.
③ 토끼는 "그것이 다른 것이 아니오라 이번에 제가 수궁엘 들어갔었지요.", "수궁엘 들어갔더니 용왕께서 의사줌치를 하나 주십디다."와 같이 수궁에 가서 용왕을 만난 사실을 '독수리'에게 밝혔으므로 선지의 내용은 적절하다.
④ '호랑이'는 목을 숨기고 엎드려 있는 '별주부'의 겉모습만 보고 생물이 아닌, '하느님 똥'으로 여겼으므로 선지의 내용은 적절하다.

3. ④

'토끼'가 "그것이 다른 것이 아니오라 이번에 제가 수궁엘 들어갔었지요.", "수궁엘 들어갔더니 용왕께서 의사줌치를 하나 주십디다."라며 ⓑ(의사줌치)를 얻게 된 경위를 말하였으나, 이는 꾸며낸 것이므로 ⓑ를 '토끼'가 과거에 타인에게서 얻은 대상으로 볼 수 없다. 그리고 '별주부'가 ⓐ(도량 귀신)를 타인에게서 얻게 된 경위는 윗글에 드러나 있지 않다. 또한 ⓐ 역시 ⓑ와 마찬가지로 가상의 대상이므로, 타인에게서 얻었다고 볼 수 없다.

오답풀이

① ⓐ와 ⓑ는 각각 '별주부'와 '토끼'가 꾸며낸 대상으로, 모두 실체가 없는 허구적인 대상이다.
② ⓑ는 "니 목숨을 살려줄 테니 그것 좀 날 줄래?"에서 알 수 있듯이 '독수리'가 갖고 싶어 하는 대상인 반면, ⓐ는 그렇지 않다.
③ ⓐ는 '호랑이'를 위협하기 위해 '별주부'가 지어낸 것으로 '호랑이'에게 두려움을 주기 위한 대상이지만, ⓑ는 그렇지 않다.
⑤ ⓐ와 ⓑ는 모두 '별주부'와 '토끼'가 위기에서 벗어나기 위해 지어낸 대상이므로 선지의 내용은 적절하다.

PART 04. 고전 산문

4. ①

'호랑이'의 공격으로 위기에 처하게 된 '별주부'가 자신의 '목'을 활용하여 '호랑이'로부터 벗어나려 했다는 사실은, '별주부가 한 꾀를 얼른 내고 목을 길게 빼어 호랑이 앞으로 바짝바짝 달려들며'에서 확인할 수 있다. 이후 '호랑이'는 '별주부'에게 존댓말을 사용하는 등 약한 모습을 보이는데, 이를 확인한 '별주부'가 '호랑이'를 "이놈"이라고 부르며 공격하는 태세로 전환하고 있는 것이므로, '목'을 활용한 전략으로 전세를 역전한 '별주부'가 '호랑이'에게 역공을 시작하고 있음을 알 수 있다.

오답 풀이

② ㉡에서 '호랑이'는 허세를 부리고 있을 뿐, '별주부'에 대한 복수를 다짐하고 있지는 않다.

③ ㉢ 이후에 이어지는 이야기로 미루어 보건대 '토끼'는 진심으로 자신의 처지를 서러워하는 것이 아니라, '독수리'를 속이기 위해 능청을 떨고 있는 것이므로 선지의 내용은 적절하지 않다.

④ '독수리'는 '토끼'의 꾀를 파악하지 못했으며, "수궁천리 먼먼 길에 겨우겨우 얻어내온 것"이 무엇인지 궁금해하고 있다.

⑤ ㉤에서 '토끼'가 '독수리'에게 허세를 부리고 있는 것은 맞지만, 이 허세는 '독수리'가 들어올 수 없는 바위 속에 있기에 가능한 것이다. 따라서 ㉤은 위기에서 벗어나고자 하는 말이 아니다.

5. ⑤

〈보기〉에 따르면 토끼의 '주요 과제'는 '수궁에서 살아남기'이므로, 수궁으로 들어가는 시점에서 토끼의 '과제'가 시작된다는 선지의 내용은 적절하다. 반면 '별주부'의 '주요 과제'는 토끼를 수궁으로 유인하는 것이 아니다. 토끼를 수궁으로 유인해 '토끼의 간을 얻기'가 '별주부'의 '주요 과제'인데, '토끼'가 수궁까지 왔다가 꾀를 부려 다시 육지로 함께 올라간 후 '토끼'가 달아나 버리면서 '별주부'의 '주요 과제'는 실패로 종결되고 있다. 따라서 별주부의 '주요 과제'는 해결되지 않았으므로 선지의 내용은 적절하지 않다.

오답 풀이

① '별주부'는 '토끼의 간 얻기'라는 '주요 과제'를 해결하는 과정에서 '호 생원', 즉 '호랑이'를 만나게 되었다. 이는 우연한 계기로 '별주부'에게 '종속 과제'가 발생하는 것이라고 이해할 수 있다.

② '호랑이'를 만난 '별주부'는 '호랑이의 위협으로부터의 탈출'이라는 '종속 과제'를 해결하기 위해 자신의 정체를 '두꺼비'로 가장하는 전략을 사용하고 있으나, '별주부'를 잡아먹으려는 의도를 관철하려는(목적을 기어이 이루려는) '호랑이'로 인해 전략 실패를 경험하고 있다.

③ '별주부'를 따돌리고 육지로 돌아온 '토끼'는 '주요 과제'를 해결하고 바로 '독수리'에게 잡히는데, 이는 '토끼'에게 새로운 '종속 과제'가 부여되는 것으로 볼 수 있다.

④ '토끼'는 '독수리의 위협으로부터의 탈출'이라는 '종속 과제'를 해결하기 위해 '의사줌치'를 언급함으로써 원하는 것을 얻고자 하는 독수리의 욕망을 자극하고 있다. 그리고 바위로 유인하여 '독수리'의 위협에서 벗어났으므로, 상대방의 욕망을 자극하여 유인하는 '전략'을 통해 '종속 과제'를 성공적으로 해결하였음을 알 수 있다.

---

5. 작자 미상, 토끼전

1. ④

[A]에는 용왕의 명으로 군졸이 토끼의 배를 가르려 하는 장면이 묘사되고 있는

데, 이 과정에서 사건의 긴박감이 고조된다고 볼 수 있다. 한편 [B]에는 용왕이 토끼를 위해 잔치를 벌이는 장면이 묘사되고 있는데, 이 과정에서 토끼와 용왕 사이에 형성된 긴장이 완화되면서 흥겨운 분위기가 조성된다고 볼 수 있다.

오답 풀이

① [A]에서 서술자는 용왕의 명으로 군졸이 토끼의 배를 가르려 하는 장면을 묘사하고 있을 뿐, 서사에 직접 개입하여 앞으로 일어날 사건을 암시하고 있지는 않다.

② [B]에는 용왕이 토끼를 극진히 대접하는 장면이 묘사되고 있을 뿐, 특정 인물을 희화화하여 사건의 반전 효과를 나타내고 있지는 않다.

③ [A]에는 '토끼가 기가 막혀 달첨지의 말을 돌이켜 생각하나'와 같은 진술이 제시되고 있으나, '달첨지의 말'이 무엇인지는 드러나지 않으므로 이를 회상 장면의 삽입으로 보기 어렵다. 반면, [B]는 토끼를 위해 벌여진 잔치 공간이 묘사됨으로써 사건 전개가 지연된다고 볼 여지가 있다.

⑤ [A]에는 토끼를 향한 용왕의 발화가 제시되는데, 이를 통해 용왕이 어떤 '도사'를 만나 토끼의 간을 얻어먹으면 살아나리라는 말을 들은 사건에 대한 정보가 드러나고 있다. 반면 [B]는 용왕이 토끼를 위해 잔치를 벌이는 장면이 상세히 묘사되고 있으므로, 요약적 제시가 나타난다고 보기는 어렵다.

2. ④

토끼는 "종묘사직(왕실과 나라)과 억조창생(수많은 백성)을 뉘게 미루시려나이까?"라며 용왕이 맡은 책임을 환기하고 있으나, 이는 자신이 용왕의 병세를 진심으로 걱정하는 것처럼 보이게 하여 용왕의 의심을 덜려는 목적에서 한 말이다. 토끼가 용왕에게 나라를 올바르게 다스리는 데 필요한 덕목을 일깨우려 한다고 보기는 어려우므로 선지의 내용은 적절하지 않다.

오답 풀이

① "토끼 족속이란 것은 본시 곤륜산의 정기로 태어나서,~매양 오랫동안 먹었으므로"에서 토끼는 스스로 고상하고 순결한 존재임을 드러내고 있다. 이를 바탕으로 토끼는 사람들의 '간 달라고 보채이는 그 소리'를 대답하기 괴로워 '고봉준령 깊은 곳에 깊이깊이 감추어 두었다고 말하며 간을 두고 다닐 수밖에 없게 된 이유를 제시하고 있다.

② "저 미련한 별주부가 거기 대하여 한마디 말하는 기색이 반점도 없었으니, 아무리 내가 영웅인들 수부의 일이야 어찌 아오리까?"에서 토끼는 자신이 간을 두고 온 책임을 별주부에게 전가하고, "미리 알게 하였더라면~그 아니 좋았겠는가?"라고 말하며 상황을 미리 알지 못한 데 대한 아쉬움을 드러내고 있다.

③ "만경창파 멀고 먼 길을 두 번 왕래함이 별주부 네 탓이라. 그러나 병환은 시급하신데 언제 다시 다녀올는지 그 아니 딱하오니까?"의 '만경창파 멀고 먼 길'에서 토끼는 현재 장소와 육지와의 거리감을 제시하며, 용왕의 병세를 걱정하는 자신의 마음이 진심임을 강조하고 있다.

⑤ "일등공신 너도 되고 나도 되어 부귀공명하였으면 그 아니 좋았겠는가?", "어언간 소신은 일등공신이 아니 되옵나이까? 이러한 좋은 일에 어찌 조금이나마 속여서 아뢰올 가능성이 있사오리까?"에서 토끼는 '일등공신'이라는 높은 지위에 오르고자 하는 욕망을 드러내며, 용왕이 자신에게 품은 의심을 덜려 하고 있다.

3. ④

㉣에서 용왕이 '크게 노하여 꾸짖어 말'한 것은, 토끼를 잡아 간을 내라는 귀위선생의 말 때문이다. 용왕은 육지에 간을 두고 와 현재 간이 없다는 토끼의 말을 믿고 토끼를 달래어 간을 가져오게 하려 하고 있으므로, ㉣은 귀위선생의 발언이 토끼의 심기를 건드려 일을 그르칠 것을 염려한 용왕의 반응을 보여 준다고 할 수 있다.

오답풀이

① ㉠에서 토끼가 '고개를 번듯 들어 전상을 바라'볼 수 있었던 것은, 목숨을 내놓아야 하는 위기 상황에서 대책을 생각하다가 문득 '한 꾀'를 얻어 마음을 '담대히' 먹었기 때문이다. 이를 토끼가 당면한 어려움을 해결할 수 없다고 확신한 태도로 볼 수는 없으므로 선지의 내용은 적절하지 않다.

② ㉡에서 용왕이 토끼를 '불러올려 상좌에 앉히고 공경하여 말'한 것은, 토끼의 말을 '곧이 듣고' 토끼를 달래고자 했기 때문이다. 용왕이 토끼의 말에 미심쩍은 구석이 있다고 여겨, 그 진위(참과 거짓 또는 진짜와 가짜)를 확인해 보고자 한 것으로 보기는 어렵다.

③ ㉢에서 토끼가 '단정히 앉아 공손히 대답'한 것은, 자신을 죽이려 하다가 마음을 바꾼 용왕의 태도에 조응하는 반응으로 볼 수 있다. 여기서 토끼가 일이 뜻대로 이루어져 기쁜 마음을 감추지 못했다고 보기는 어렵다.

⑤ ㉤에서 귀위선생이 '무료히 물러 나와 탄식을 마지아니'한 것은, 토끼에게 속지 말고 "급히 잡아 간을 내어 지극히 위독하신 옥체를 보중케 하"라는 자신의 간언을 용왕이 "헛된 소리"라고 말하며 물리쳤기 때문이다. 귀위선생이 용왕의 환심을 사기 위해 토끼를 모함하려 하지는 않았으므로 선지의 내용은 적절하지 않다.

4. ⑤

〈보기〉에 따르면 이 작품에는 강자와 약자의 관계를 교묘하게 이용하여 약자에서 강자로 올라서는 인물의 면모가 제시되는데, 이러한 역전의 서사는 중세적 질서의 전복을 긍정한다는 점에서 근대 문학의 정신에 접근해 있다고 볼 수 있다. 윗글에서 이러한 역전의 서사는, 용왕에 의해 배가 갈라져 죽을 뻔했던 토끼가 꾀를 내어 용왕을 속인 후, 없어서는 안 될 존재로 여겨지며 극진하게 대접받는 모습에서 드러난다고 볼 수 있다. 그런데 귀위선생이 용왕에게 '흐지부지하'여 토끼를 '잃어버릴' 수 있음을 지적하는 것은 약자가 강자에게 충성하는 의미에서 일어난 일로, 약자에서 강자로 올라서는 인물의 면모로 보기 어렵다. 또한 결국 용왕에게 귀위선생의 말은 무시당하므로, 이를 통해 중세적 질서의 전복을 긍정하는 작품의 주제 의식을 부각한다고 볼 수는 없다.

오답풀이

① 〈보기〉에 따르면 강자와 약자의 관계는 사회적 신분 질서 속에서 절대적으로 형성되기도 한다. 윗글에서 토끼는 '병이 중'한 용왕을 위해 자기 간을 내주고 원치 않게 '목숨'을 잃을 위기에 놓여 있다. 이는 신분 질서 속에서 용왕보다 사회적으로 약자인 토끼의 면모를 드러낸다고 볼 수 있다.

② 윗글에서 토끼는 '소신 같은 목숨'과 '귀하신 옥체'의 '가벼움과 무거움이 아주 다르'다고 말하는데, 〈보기〉의 내용을 고려할 때 이는 사회적 신분 질서 속에서 절대적으로 형성된 약자와 강자의 관계를 긍정하는 발언으로 볼 수 있다.

③ 〈보기〉에 따르면 강자와 약자의 관계는 구체적인 대결 국면이나 상황 속에서 상대적으로 형성되기도 한다. 윗글에서 용왕은 간이 육지에 있다는 토끼의 말에 속아 넘어가, 토끼를 '잘 달래어 간을 얻을 생각으로 "과인의 망령됨을 허물치 말라."라고 말하며 자신의 '망령됨'을 인정한다. 이는 약이 필요한 입장으로서 토끼를 달래야만 하는 용왕의 모습을 드러낸다는 점에서, 상대적 약자로 전락한 용왕의 모습을 보여 준다고 할 수 있다.

④ 윗글에서 용왕은 토끼를 감싸며 '충효가 겸전한 자'로 여기고, 토끼는 자기가 간을 두고 온 것이 별주부 때문이라며 그의 '충성치 못함'을 탓하기도 한다. 이는 군졸들에게 배가 갈라져 목숨을 잃을 뻔했던 토끼가 귀위선생과 같은 다른 신하들에 비해 상대적으로 강자의 위치에 올라서게 되었음을 보여 준다고 할 수 있다.

6. 작자 미상, 지봉전

1. ④

[A]에서 서술자는 '유흥을 가까이하는 일과 남녀 간의 관계에 이르러서는 담담하기가 참선하는 승려와 같았'던 이 공이 백옥에게 반해 그녀와의 이별을 슬퍼하게 된 원인을 '항상 잊지 않는 뜻과 애틋하게 그리는 정은~사물의 이치와 형세가 스스로 그러한 것이리라.'라고 설명하고 있다. 이는 서술자의 개입을 통해 이 공의 심리 변화의 원인을 설명한 것이므로 선지의 내용은 적절하다.

오답풀이

① [A]에서 시간의 역전은 드러나지 않으며, 이를 통해 사건의 진상(사물이나 현상의 거짓 없는 모습이나 내용)을 밝히고 있지도 않다.

② [A]에서는 평양을 떠나는 이 공의 행차 모습에 대한 묘사와 이별 상황에 놓인 이 공과 백옥의 반응 등을 자세히 서술하여 서사의 전개를 느리게 하고 있으므로 선지의 내용은 적절하지 않다.

③ [A]의 '이 공은 평생 일을 처리하는 것이~굽신거리는 법이 없었다.'에서 인물의 성격이 직접 제시되고 있을 뿐, 인물의 외양을 묘사하는 부분은 나타나지 않는다.

⑤ [A]에서 인물의 내적 독백은 나타나지 않으며, 이를 통해 사건의 의미를 직접 제시하고 있지도 않다.

2. ⑤

백옥이 의도적으로 ㉠(옛날 시 한 편)의 글자 중 일부의 순서를 바꾸어 읊은 것을 계기로 이 공이 백옥에게 관심을 가지게 되었으므로, ㉠은 이 공의 호기심을 유발해 관계가 시작되도록 한 것으로 볼 수 있다. 한편, '백옥에게 완전히 빠'진 이 공이 그녀와 이별하는 과정에서 그녀의 ㉡(시)을 듣고 감정이 복받쳐 '애간장을 끓이며 눈물을 흘렸'으므로, ㉡은 관계의 변화에 따른 인물의 상실감을 부각한다고 볼 수 있다.

오답풀이

① 이 공이 자신의 위엄을 앞세워 기생인 백옥에게 노래를 부르라고 명령하고, 이에 백옥이 ㉠을 부른다는 점에서 ㉠은 인물 간의 위계를 드러낼 뿐, 인물 간의 위계가 뒤집히도록 한다고 볼 수는 없다. 한편, 이 공과 이별하는 자리에서 백옥이 읊은 ㉡을 통해 백옥은 '상심한 마음'을 드러내고 이 공은 '애간장을 끓이며 눈물을 흘'리므로, ㉡으로 인해 인물들의 서로 다른 심리가 표면화되도록 한다고 볼 수 없다.

② 백옥이 일부러 잘못 읊은 ㉠으로 인해 이 공이 백옥에게 관심을 가지게 되어, 둘의 관계 변화가 시작되므로, ㉠은 인물 간의 긴장감이 고조되도록 하는 역할을 한다고 볼 여지가 있다. 반면, 이 공과 백옥은 갈등을 겪고 있지 않으며 ㉡을 통해 이별의 슬픔을 나누고 있으므로, ㉡으로 인물 간에 지속되던 갈등이 해소된다고 볼 수 없다.

③ 백옥은 의도적으로 ㉠을 잘못 읊어 이 공의 관심을 끌고자 했을 뿐, 이를 통해 이 공의 역량을 확인하고자 한 것은 아니므로 ㉠은 인물이 상대의 역량을 확인하는 계기가 된다고 볼 수 없다. 한편, ㉡을 통해 인물들이 재회를 기약하고 있지는 않으므로, ㉡은 인물이 상대와의 재회를 기대하는 이유가 된다고 볼 수 없다.

④ ㉠으로 인해 백옥과 이 공 사이에 환상적 분위기가 조성되고 있지는 않다. 반면, 영광스러운 모습으로 평양을 떠나는 이 공이 화려한 행차가 이루어지는 주변 상황과 맞지 않게 백옥의 ㉡을 들으며 눈물을 흘리고 있으므로, ㉡으로 인해 주변 상황에 맞지 않는 인물의 반응이 초래된다고 볼 수 있다.

3. ②

ⓑ는 백옥의 뛰어난 외모에 반한 이 공이 그녀에게 '수청들라는 명을 내'리자 백옥이 한 행동이다. [앞부분 줄거리]를 참고했을 때 백옥의 목적은 이 공을 유혹

하는 데 있음을 알 수 있으므로, ⓑ는 이 공의 명령을 거절함으로써 그를 초조하게 만들기 위한 백옥의 치밀한 계교라고 볼 수 있다. 따라서 백옥이 수청을 들라는 이 공의 명을 받은 상황에서 그의 속내를 간파하지 못했다고 보기는 어려우므로 선지의 내용은 적절하지 않다.

오답 풀이

① [앞부분 줄거리]를 통해 백옥은 이 공을 유혹하여 그에게서 부채를 얻어내고자 함을 알 수 있다. 이를 고려할 때, 백옥이 '옛날 시'의 한 구절을 잘못 부른 것은 이 공의 관심을 끌어 환심을 사기 위함이라고 볼 수 있다. 따라서 시를 잘못 읊었다는 이 공의 말에 대해 백옥이 ⓐ와 같이 답한 것은 이 공의 환심을 사고자 의도적으로 꾸민 일에 관해 설명하는 진술로 볼 수 있다.

③ ⓒ에서 이 공은 수청을 들라는 자신의 명령을 거절하는 백옥의 대답을 잘라 버린다. 이는 '아리따운 자태와 위엄 있는 용모'를 지닌 백옥에게 호감을 느껴 그녀를 곁에 두고 싶은 마음에, 이 공이 자신의 위엄을 앞세워 백옥의 반발을 차단하려는 진술이라고 볼 수 있다.

④ 이 공이 임금에게 하사받은 '부채를 지극히 아끼고 소중히' 하는 것은, '그가 임금을 공경하는 정성의 일단'을 보여 준다. 그러나 애정을 나눈 백옥과 이별하게 되자, 이 공은 ⓓ와 같이 말하며 부채를 백옥에게 주고자 한다. 따라서 ⓓ는 백옥에게 부채를 주려는 자신의 행위를 정당화하기 위한 진술로 볼 수 있다.

⑤ [앞부분 줄거리]를 통해 백옥은 이 공을 유혹하여 그에게서 부채를 얻어내고자 함을 알 수 있다. 하지만 백옥의 계획을 알지 못하는 이 공은 금이나 비단 등을 "변변찮은 것으로 보"고 "사소한 부채를 달라 하"는 그녀의 "기개가 가상하고 그 정이 가긍(불쌍하고 가여움)하"다며 결국 백옥에게 부채를 건네주고 만다. 따라서 ⓔ는 이 공이 백옥을 기특하게 여겨 그녀의 소망을 이뤄 주고자 한 행동으로 볼 수 있다.

4. ①

〈보기〉에 따르면 윗글에서는 주인공의 내적 갈등을 부각함으로써 유혹에 넘어간 주인공의 실수를 인간의 한계에서 비롯된 것으로 설명하고, 이를 누구나 겪을 법한 일로 그려 낸다. '잡기도 버리기도 어려운 묘한 백옥의 모습'에 이 공의 '혼이 다 달아났다'는 것은, 이 공이 백옥의 유혹에 빠지게 되었음을 의미한다. 이는 절개를 시험당하는 주인공인 이 공이 욕망과 원칙 사이에서 갈등하는 것이 아니라, 욕망에 따라 행동하게 될 것임을 보여 주는 것이므로 선지의 내용은 적절하지 않다.

오답 풀이

② 〈보기〉에 따르면 윗글은 주인공의 부정적 면모를 부각하여 그의 권위를 실추시키는 데에 집중하는 일반적인 풍자 소설과 달리, 주인공의 고결한 성품을 부각함으로써 그의 실수를 누구나 겪을 법한 것으로 그려 낸다. 이 공의 기질이 '대단히 강직하고, 습성은 탐욕스럽지 않고 검소하'다는 것은, 그가 지닌 고결한 품성을 강조하는 것이다. 이는 이 공이 유혹에 빠져 실수를 범하더라도 그의 권위를 실추시키지는 않으려는 의도를 내포한 것으로 볼 수 있다.

③ 〈보기〉에 따르면 윗글은 저속한 욕망은 경계하면서도, 정서적 유대나 애정과 같은 정신적 욕망은 긍정하려는 인식을 보여 준다. 이 공은 백옥의 유혹에 넘어간 후 '뭇 기녀들을 모두 물리쳐 보'내고 백옥과 '더러는 거문고를 켜며 노래를 부르고, 더러는 시를 지으며 술을 마시면서 소요하는 것으로 하루하루를 보'내는데, 이는 이 공이 백옥과 교류하며 정서적 유대를 쌓고자 한 것임을 드러내는 것이다. 따라서 이 공이 백옥의 '화려한 문장과 능한 재주를 마음속으로 감복'하고 '백옥과의 관계를 가까이' 했다는 것은, 그가 백옥의 유혹에 넘어간 이유에 정서적 유대를 향한 욕망 또한 존재함을 보여 주는 것이라 할 수 있다.

④ 〈보기〉에 따르면 윗글에서는 유혹에 넘어간 주인공의 실수를 인간의 한계에서 비롯된 것으로 설명하고, 이를 누구나 겪을 법한 것으로 그려 낸다. 서술자는 백옥의 유혹에 빠진 이 공을 두고 '항상 잊지 않는 뜻과 애틋하게 그리는 정은~고고한 사람

이라도 쉽게 이지러지는 데서 나오는 것이니, 이는 사물의 이치와 형세가 스스로 그러한 것이리라.'라고 평가한다. 이는 이 공의 실수를 누구나 겪을 법한 일로 바라보고 있음을 드러내는 것이므로 선지의 내용은 적절하다.

⑤ 〈보기〉에 따르면 윗글은 주인공이 유혹에 빠져 절개와 품성을 시험받는 '시험과 유혹'의 화소를 활용한다. 이 공은 임금에게 하사받은 '부채'를 '잘 때나 깰 때나 언제든지 지니'며 '지극히 아끼고 소중히' 하였으나, 온갖 재물은 변변찮게 여기며 오직 '부채'만을 원하는 백옥에게 '자신도 모르는 사이에' 던져 준다. 이는 유혹에 빠진 주인공이 자신이 고수하던 뜻을 끝내 굽히게 되었음을 나타내는 것으로 볼 수 있다.

---

7. 김만중, 구운몽

1. ④

[A]의 '황태후의 명으로 이미 받은 납채를 내어 주라 하시니 이는 예로부터 듣지 못하던 바입니다.'에서 양소유는 '이미 받은 납채를 내어 주라 하'는 현재 상황이 전례가 없음을 드러내어, 자신에게 내려진 명을 수용하기 어려운 근거로 삼고 있음을 알 수 있다.

오답 풀이

① [A]의 서두에서 양소유는 '한림학사 겸 예부상서'라며 자신의 직위를 밝히며 '머리를 조아려 절하며 황제 폐하께 아'뢴다고 하였으므로, 황제께 올리는 상소에 예를 표하기 위해 직위를 밝힌 것임을 알 수 있다. 따라서 상대에게 위압감이 느껴지도록 하였다는 선지의 내용은 적절하지 않다.

② [A]에서 양소유는 '인륜은 왕정의 근본이요, 혼인은 인륜의 대사'라며 보편적 원리를 먼저 제시한 후에 자신의 견해를 제시하고 있으므로 선지의 내용은 적절하지 않다.

③ [A]에서 양소유는 상대의 감정에 호소하거나, 억울하게 누명을 쓴 자신의 문제를 해결해 달라고 상대에게 간청하고 있지 않다. 양소유는 '왕정과 인륜을 살펴' 달라며 상대를 설득하고 있으므로 선지의 내용은 적절하지 않다.

⑤ [A]에서 양소유는 '어찌 혼인을 삼가 왕정을 구하지 아니하겠습니까?'라며 상대에게 질문을 던짐으로써 '왕정'을 살펴 자신의 상황을 고려해 달라고 요청하고 있을 뿐, 입장을 바꾸어 자신의 처지를 헤아려 보라는 의도를 전달하고 있지는 않다.

2. ②

ⓛ은 황제가 양소유를 '대사마 대원수'로 임명하고 군사 3만을 주어 '토번'을 물리치게 하는 부분으로, '상소'로 인해 하옥된 양소유가 다시 중요한 일을 맡게 되었음을 보여 준다. 그러나 조정 대신이 하옥된 양소유를 "양 상서"라고 부르고 있다는 점에서, 양소유가 하옥되면서 '한림학사 겸 예부상서'의 직위를 박탈했다고 볼 수 없다. 또한 양소유는 하옥되기 전에도 조정 대신들에게 "지금도 양 상서가 아니면 당할 사람이 없"다는 평가를 받으며 군사적인 능력을 인정받고 있었으므로, ⓛ 이전에 명예가 떨어졌다고 보기는 어렵다. 따라서 ⓛ으로 양소유가 지위를 되찾고 실추된 명예를 회복하게 되었다고 볼 수는 없다.

오답 풀이

① ㉠에서 조정 대신들이 양소유가 세웠던 공을 언급하여 '감옥'에 갇혀 있던 양소유가 '토번'을 정벌할 인물로 지명되어 전장으로 나가게 된다. 따라서 ㉠으로 양소유는 자신에게 불리한 상황에서 벗어날 기회를 얻게 되었다고 볼 수 있다.

③ ㉢에서 천자가 큰 공을 세운 양소유에게 공주와의 "혼인을 우격다짐(억지로 우겨서 남을 굴복시킴) 못할 것"이라며 민망해하자, 태후는 양소유와 공주의 혼인을 성사시키고자 "정 사도의 여자에게 다른 혼인을 급히 하게 하"자는 대책을 제시하였으므로 선지의 내용은 적절하다.

④ ㉣에서 태후가 공주의 의견을 알 수 없다고 말하자, 공주는 "다만 양 상서가 처음에

납폐하였다가 다시 첩을 삼으면 예가 아니요,~어찌 원통치 아니하겠습니까?"라고 말하며 양 상서에게 정가 여자를 첩으로 삼게 하자는 태후의 의사에 반대하는 자기 뜻을 솔직하게 밝히고 있다.

⑤ ⓜ에서 태후가 정가 여자를 부르겠다고 말하자, 공주는 이에 대해 "재상가의 여자를 어찌 불러들이겠"냐며 자신이 "직접 가 보겠"다는 의사를 드러내었다. 이는 명에 따라 정가 여자를 궁으로 불러들이는 대신 직접 자신이 찾아감으로써 상대에 대한 예의를 갖추려는 태도를 보인 것이다. 따라서 ⓜ에 대해 공주가 정가 여자의 체면을 살릴 수 있는 다른 방안을 제시하였다고 볼 수 있다.

3. ④

> 태후는 공주가 "선왕의 귀한 딸이요, 지금 임금의 사랑하는 누이"이지만 정가 여자는 "여염집(일반 백성의 살림집) 천한 사람"이라며 공주에게 정가 여인과의 신분 차이를 언급하였다. 이에 공주는 "선비가 어질면 만승천자도 벗한다"며 정가 여자와의 신분 차이를 관계치 않고, 정가 여자의 "자색과 덕행"을 높이 평가하는 모습을 보인다. 이를 고려할 때 태후는 공주가 사람을 판단할 때 신분이 아닌, 인품을 기준으로 삼고 있음을 드러내도록 하는 역할을 한다고 볼 수 있다.

① 태후는 상에게 상소를 올린 양소유에 대한 처분을 모두 맡기지 않았다. 오히려 태후는 양소유가 상소를 통해 난양 공주와의 혼인을 거절하였음을 알게 되자 '크게 화를 내'며 그를 감옥에 가두라고 명하였다. 또한 이는 태후가 자신의 뜻을 드러낸 것일 뿐, 상이 자신의 뜻을 굽히지 않도록 지지한 것이 아니므로 선지의 내용은 적절하지 않다.

② "전일에도 군병을 죄하지 아니하고 삼 진을 정벌"했다며 양소유가 쌓은 공적을 상에게 상기시킨 인물은 태후가 아닌 조정 대신이다. 또한 상이 태후에게 "조정에는 양소유가 아니면~비록 죄가 있으나 국사를 먼저 생각하십시오."라며 개인의 감정보다 국가를 우선하도록 촉구한 것이므로 선지의 내용은 적절하지 않다.

③ 태후는 양소유가 정가 여자와 혼인할 수 없게 정가 여자가 "다른 혼인을 급히 하게 하면 어떠"하냐고 상에게 제안하였으며, 이를 들은 공주는 "정가의 혼사는 제 집 일인데 어찌 조정에서 권하겠"냐며 태후의 뜻에 반대하는 입장을 보였다. 즉 태후는 공주에게 정가 여자의 혼인 자리를 찾도록 하지 않았으며, 공주가 정가 여자의 입장을 고려하도록 일깨우는 역할을 했다고 보기도 어려우므로 선지의 내용은 적절하지 않다.

⑤ 태후가 "명일에 정가 여자를 부르겠다"고 말하였으므로 공주에게 정가 여자와 만나게 해 주겠다고 약속한 것으로 볼 여지가 있으나, 정가 여자에 관한 공주의 오해가 해소되도록 중재하고 있지는 않으므로 선지의 내용은 적절하지 않다.

4. ③

> 〈보기〉에 따르면 이 작품에서는 갈등이 파국으로 치닫지 않도록 하는 변수가 마련되어 인물들의 협력과 공존을 끌어내는데, 이러한 전개는 유교적 덕목이나 권위를 손상하지 않으면서도 이상적 대안을 모색할 수 있음을 보여 준다. 윗글에서 황태후는 양소유가 난양 공주와의 혼사를 먼저 치른 뒤에 정 사도의 여자를 첩으로 삼게 하자는 방안을 공주에게 제안하는데, 이에 대해 공주는 그것이 "예가 아니"며 정 사도 집안의 입장에서도 "원통"한 일이라며 반대한다. 따라서 황태후의 제안은 양소유와 정 사도 집안의 입장을 고려한 대안이라기보다는 황실의 입장과 권위를 앞세운 일방적인 처사로 볼 수 있다. 따라서 황태후의 제안이 모두의 권위를 해치지 않는 이상적 대안이라는 선지의 내용은 적절하지 않다.

① 〈보기〉에 따르면 고전 소설에서 '늑혼 모티프'는 이미 정혼한 남성에게 황실이 부당하게 결혼을 강제하는 상황과 관련되어 있다. 윗글에서 양소유가 올린 상소에는 황태후

가 '이미 받은 납채를 내어 주라'고 명령하였음이 제시되어 있다. 이는 정혼한 남성 인물인 양소유가 황실의 권위에 의해 정가 여자와의 혼인을 물려야 하는 부당한 압력을 받는 상황이라고 볼 수 있다.

② 〈보기〉에 따르면 이 작품에서는 신의를 지키려는 양소유와 양소유를 부마로 삼으려는 황실이 충돌하지만, 갈등이 파국으로 치닫지 않도록 하는 변수가 마련되어 인물들의 협력과 공존을 끌어낸다. 윗글에서 토번이 침략하자 상은 양소유를 옥에 가둔 황태후에게 "조정에는 양소유가 아니면 도적을 당할 사람이 없"으므로 "국사를 먼저 생각"하자며 그녀를 설득하였다. 이는 토번의 침략이 인물 간의 협력을 끌어내는 변수로 기능하고 있음을 보여 준다고 할 수 있다.

④ 〈보기〉에 따르면 이 작품에서는 갈등이 파국으로 치닫지 않도록 하는 변수가 마련되어 인물들의 협력과 공존을 끌어내는데, 이러한 전개는 유교적 덕목을 손상하지 않으면서도 이상적 대안을 모색할 수 있음을 보여 준다. 윗글에서 난양 공주는 자신이 "일생 투기(질투)를 알지 못하며, 양소유가 "두 부인 취함"이 마땅하다고 말한다. 이는 유교 사회에서 여성의 질투심을 금기시하는 덕목, 즉 '투기'하지 않는다는 유교적 덕목을 지키면서 황실과 양소유 사이의 갈등을 해결하려는 난양 공주의 해결책을 보여 준 것이라 할 수 있다.

⑤ 〈보기〉에 따르면 이 작품에서는 신의를 지키려는 양소유와 양소유를 부마로 삼으려는 황실이 충돌한다. 윗글에서 황태후가 정가 여자를 양소유의 첩으로 삼게 하자고 하자, 난양 공주는 "처음에 납폐하였다가 다시 첩을 삼으면 예가 아니"라며 반대한다. 이는 양소유가 정가 여자에게 보인 신의를 무너뜨리는 일임을 강조한 것이므로, 난양 공주는 정혼한 여성 인물인 정가 여자에게 신의를 지키려는 남성 인물인 양소유를 두둔하였다고 볼 수 있다.

---

8. 신석정, 그 먼 나라를~ / 윤동주, 또 다른 고향 / 정약용, 수오재기

1. ②

> '염원(마음에 간절히 생각하고 기원함)'이라는 표현은 대단한 개념이 아니다. 화자가 원하는 것이 있으면, 그것이 화자에게 있어서 염원인 것이다. (가)는 '먼 나라'라는 공간을 통해 '어머니'와 평화로운 삶을 살고 싶은 '나'의 소망을 드러내고 있다. (나)는 '또 다른 고향'이란 공간을 통해 참다운 자아를 회복하고 부정적인 현실을 극복하고 싶은 '나'의 의지를 드러내고 있다. (다)는 '수오재'라는 공간에 대한 이해를 통해 진정한 '나'를 지키고픈 화자의 의지를 드러내고 있다.

① (가) X, (나) O, (다) O / (다)에서는 명확하게 깨달음을 얻는 '나'의 모습이 나타난다. 한편, (나)에서는 자신의 부정적 자아와 긍정적 자아를 인식하고 부정적 자아를 극복하려고 한다는 점에서 깨달음을 얻는 모습을 허용할 수 있다. 하지만 (가)에서는 깨달음을 얻는 '나'의 모습을 드러나지 않는다.

③ (가) X, (나) O, (다) X / (가)에서는 대립적인 소재가 쓰이고 있지 않다. (나)는 '백골'과 '아름다운 혼', '고향'과 '또 다른 고향'이란 대립적인 소재를 통해 부정적인 현실 인식을 드러낸다고 볼 수 있다. (다)에서는 '천하 만물'과 '나'라는 대립적인 소재를 통해 '나'의 깨달음을 드러내고 있으나, 현실을 부정적으로 인식하고 있지는 않다. (다)의 '나'가 부정적으로 바라보는 것은 과거 '커다란 길'을 뛰어다녔던 자신의 모습이다.

④ (가) X, (나) X, (다) X / (가)~(다)에서는 뚜렷한 공간의 이동이 나타나지 않는다. (가)와 (나)는 청유형이나 명령형으로 그 세계에 도달하고 싶은 마음을 표현하고 있을 뿐이다. 한편 (다)에서는 귀양 오기 전 '나'의 심리와 귀양 오고 난 뒤의 '나'의 심리를 대조하여 이를 구체적으로 제시한다고 볼 수 있으나, 공간의 이동을 통해 제시하고 있지는 않다.

⑤ (가) X, (나) X, (다) X / (가)와 (나)의 '나'는 각각 '먼 나라', '또 다른 고향'이라는 이상향(화자가 원하는 곳)에 도달하고자 한다. 하지만 그러지 못해 좌절하는 모습은 (가)와 (나) 모두 나타나지 않는다. 한편, (다)의 '나'는 이상향에 도달하고자 하지 않는다.

2. ④

(가)와 (나) 모두 말을 주고받는 방식을 사용하지 않았다. (가)의 화자는 어머니에게 말을 건넴으로써 '먼 나라'에 가고자 하는 의지를 드러내고 있지만, 청자인 어머니의 답변은 없다. 한편, (나)의 화자는 말을 건네는 방식이 아닌 독백의 어조를 사용함으로써 '또 다른 고향'에 가고자 하는 의지를 드러내고 있다.

오답풀이

① '흰 물새', '흰 염소', '노란 은행잎', '푸른 하늘' 등에서 다양한 색채어를 활용하여 시의 분위기를 다채롭게 조성하고 있다.
② (가)는 2, 3, 6, 9연에서 '먼 나라'의 평화롭고 탈속적인 모습을 구체적으로 제시하여 시상을 전개하고 있으며, '어머니'에게 함께 가자고 하는 것으로 보아 화자에게 '먼 나라'는 이상적 공간임을 알 수 있다.
③ (나)에서는 '짖는다'라는 청각적인 심상을 활용하여, 내면 갈등을 겪고 있던 화자의 모습으로부터 성찰을 통해 내면 갈등을 극복하려는 화자의 모습으로 시상을 전환하고 있으므로 선지의 내용은 적절하다.
⑤ (가)는 '그 먼 나라를 알으십니까?'의 반복을 통해, (나)는 '우는 것이냐'의 반복을 통해 각각 화자의 내면을 드러내고 있다.

3. ③

(가)의 '깊은 삼림대'를 끼고 돌면 '나'가 지향하는 '먼 나라'가 나온다. 따라서 '깊은 삼림대'는 '나'가 지향하는 평화로운 공간으로 이어진다고 볼 수 있다. 한편 (다)의 '커다란 길'은 '나'가 '어렸을 때에 과거가 좋게 보여서' 이를 지향한 끝에 도달한 공간으로, '나'가 걸었던 관직의 길을 의미한다. 따라서 '나'가 지향했던 세속적인 공간을 상징한다고 할 수 있다.

오답풀이

① (가)의 '먼 바다'는 화자의 이상향인 '먼 나라'에 있는 곳이므로, '나'가 떠나온 공간으로 보기는 어렵다. (다)의 '바닷가'는 조정에서 십여 년 간 일하다가 '나'가 멈추게 된 곳으로, 자신의 삶을 다시 한 번 되돌아본 후 자리를 잡고 머무른 공간이다. 따라서 '나'가 떠나갈 공간으로 보기는 어렵다.
② (가)에서 '꿩 소리'가 '나'에게 유난히 한가롭게 들린다고 제시되어 있지만, 꿩은 이상 세계인 '먼 나라'에 있는 존재로 '나'의 상상 속에 있는 대상이다. 따라서 '꿩 소리'가 '나'에게 한가로운 흥취를 더해 준다고 보기는 어렵다. 한편, (다)의 '음악 소리'는 '나'가 본질적인 자아를 지키는 데에 어려움을 유발하는 소재이다.
④ (가)의 '능금'은 '먼 나라'에 도달한 '나'와 '어머니'가 얻을 수 있는 과일이므로, 풍요와 결실을 의미하는 것으로 볼 수 있다. 반면, (다)의 '천하의 곡식'은 도둑이 훔쳐간다 하더라도 그 양이 많아 개의치 않을 대상이다.
⑤ (가)의 '나'는 '아무도 살지 않는 그 먼 나라'를 지향하고 있으므로, 다른 사람들과 공존하려는 뜻을 가지고 있다고 볼 수 없다. 또한 '어머니'가 다른 사람들과 공존하려는 '나'의 뜻을 함께한다고 보기 어렵다. 반면 (다)의 '큰형님'은 '나'를 잃지 않은 존재이므로, 본질적인 자아를 지키려는 '나'의 생각과 부합하는 삶을 살아온 존재라고 할 수 있다.

4. ③

'지조 높은 개'가 짖음으로써 '나'가 '아름다운 또 다른 고향'으로 쫓기는 사람처럼 가기 때문에 ⓒ에서 화자의 인식의 전환이 이루어진다고 볼 수 있지만, 이를 갈

등이 해소된 상황이라고 보기는 어렵다. 화자의 이상향인 '아름다운 또 다른 고향'에 도달했을 때 비로소 자아에 대한 인식 간의 괴리에서 촉발된 갈등이 해소되었다고 볼 수 있다.

오답풀이

① '백골'이 '나'를 '따라와 한방에 누웠다'는 표현을 통해 '백골'은 화자의 부정적 자아임을 짐작할 수 있다. 또한 〈보기〉에서 '내면에 부정적 모습이 존재한다는 사실을 깨닫'는다고 하였으니, '백골'은 화자의 내면에 존재하는 부정적인 모습임을 알 수 있다.
② 백골을 들여다본다는 것과 누가 우는지 묻고 있는 것을 내면을 성찰하는 태도로 볼 수 있다. 또한 〈보기〉에서 '내면에 대한 성찰을 통하여 자신의 긍정적 자아를 발견하기도 한다'고 하였다. ⓒ에서 화자가 언급한 것 중에서 '나'는 화자 자신, '백골'은 화자의 부정적인 모습이므로 나머지 하나인 '아름다운 혼'이 긍정적 자아임을 알 수 있다.
④ 〈보기〉에서 '자신의 부정적 자아와의 단절을 통해서만 긍정적 자아로 거듭날 수 있음을 인식'한다는 것을 통해, '백골 몰래' 어딘가를 가려는 화자가 부정적 자아와의 단절이 필요하다는 사실을 인식하고 있음을 알 수 있다.
⑤ '아름다운 또 다른 고향'에 가고자 하는 화자의 모습을 통해, 긍정적 자아로 거듭날 수 있는 길을 택하고자 하는 화자의 의지를 엿볼 수 있다.

5. ④

화자의 관심사는 평가원이 자주 출제하는 요소다. 특히 화자가 자신에 대해 집중하고 있는지, 외부 세계인 세태에 대해 집중하고 있는지 살펴보아야 한다. (다)는 귀양지에서 '나'를 다시 찾게 된 현재 자신의 상황과, 과거에 급제하고 관료로 생활하던 과거 자신의 상황을 비교함으로써 과거 자신이 살아온 삶의 방식, 즉 과거 자신의 삶에 대한 비판적인 인식을 드러내고 있다. 그러나 이를 사회 현실에 대한 비판적인 인식을 드러낸 것으로 보기는 어렵다.

오답풀이

① '나는 처음에 이 이름(수오재)을 듣고 이상하게 생각하였다.'라는 자신의 경험으로 글을 시작하고 있다. 〈보기〉에 따르면, 기는 글쓴이가 어떤 사건이나 경험을 하게 된 과정을 기록함으로써 독자의 공감을 불러일으킨다고 하였으므로 선지의 내용은 적절하다.
② '나보다 더 절실한 것은 없다. 그러니 굳이 지키지 않더라도 어디로 가겠는가?'라는 의문에 대해 '벌떡 일어나 이렇게 스스로 말하였다.'라면서 답변하는 방식을 활용하여, 자신이 얻은 깨달음을 구체적으로 드러내고 있다.
③ (다)의 글쓴이는 달아나기를 잘하고 출입이 무상한 '나'와 달리, '천하 만물'은 고정된 실체이고 널리 퍼져 있으므로 지킬 필요가 없는 대상이라는 개성적인 발상을 드러내고 있다.
⑤ 글의 첫 부분에서는 자신의 집의 이름을 수오재라고 붙인 큰형님의 뜻을 이해하지 못했지만 끝부분에서 "이것이 바로 큰형님이 그 거실에 '수오재'라고 이름 붙인 까닭일 것이다."라며 큰형님의 뜻을 이해하게 됐음을 밝히고 있다. 그리고 이를 통해 독자들에게 '나는 나를 지켜야 한다.'라는 교훈과 깨달음을 제시하고 있다.